L'ORDRE DE LA LIBERTÉ

DROIT ET POLITIQUE DANS LA PENSÉE
DE HANNAH ARENDT

DANS LA MÊME COLLECTION

Magali BESSONE, *Faire justice de l'irréparable. Esclavage colonial et responsabilités contemporaines*, 2019.

Charles GIRARD, *Délibérer entre égaux. Enquête sur l'idéal démocratique*, 2019.

Pierre-Étienne VANDAMME, *Démocratie et justice sociale*, 2021.

Isabelle DELPLA, *Du pays vide. Réfuter le solipsisme politique*, 2023.

Bruce ACKERMAN et James FISHKIN, *Éveiller la raison publique. Pour une « journée de la délibération »*, 2024.

L'ESPRIT DES LOIS
Directeurs : Stéphane CHAUVIER et Céline SPECTOR

Christian VOLK

L'ORDRE DE LA LIBERTÉ

DROIT ET POLITIQUE DANS LA PENSÉE DE HANNAH ARENDT

Traduction
par
Émilie BRUSSON

PARIS
LIBRAIRIE PHILOSOPHIQUE J. VRIN
6 place de la Sorbonne, V^e^
2025

Titre original : *Arendtian Constitutionalism: Law, Politics and the Order of Freedom*

Imprimé en France

ISSN 2682-1699
ISBN 978-2-7116-3203-9

www.vrin.fr

ABRÉVIATIONS

Arendt/Jaspers	H. Arendt et K. Jaspers, *Briefwechsel 1926-1969* [1985], éd. L. Köhler et H. Saner, München, Piper, 2001, trad. fr. E. Kaufholz-Messmer, *Correspondance, 1926-1969*, Paris, Payot-Rivages, 1996.
CD	« Civil Disobedience », *in* H. Arendt, *Crises of the Republic*, New York, Harvest Books, 1972, p. 51-102, trad. fr. G. Durand, « La désobéissance civile », dans *Du mensonge à la violence. Essais de politique contemporaine*, Paris, Calmann-Lévy, 1972, p. 53-104.
DiT	« Diskussionen mit Freunden und Kollegen in Toronto (November 1972) » [1979], *in* H. Arendt, *Ich will verstehen. Selbstauskünfte zu Leben und Werk*, éd. R. Beiner et U. Ludz, München, Piper, 1998, p. 71-113, trad. fr. M. Köller et D. Séglard, « Pensée et action, discussion télévisée avec des amis et des collègues à Toronto (du 3 au 6 décembre 1972) », dans H. Arendt, *Édifier un monde. Interventions, 1971-1975*, Paris, Seuil, 2007.
DT	*Denktagebuch*, vol. 1 et 2, éd. U. Ludz et I. Nordmann, München, Piper, 2003, trad. fr. S. Courtine-Denamy, *Journal de pensée*, t. 1 et 2, Paris, Seuil, 2005.
DUR	*Die ungarische Revolution und der totalitäre Imperialismus*, München, Piper, 1958, trad. fr. A. Guérin *et al.*, « La révolution hongroise », *Les origines du totalitarisme*, « Quarto », Paris, Gallimard, 2002.
EaS	M. Weber, *Economy and Society. An Outline of Interpretive Sociology* [1921], trad. angl. et éd. G. Roth, C. Wittich, Berkley, CA, University of California Press, 1978, vol. 1 et 2.
EJ	*Eichmann in Jerusalem. A Report on the Banality of Evil* [1963], New York, Penguin, 2006, trad. fr. A. Guérin *et al.*, « Eichmann à Jérusalem », *Les origines du totalitarisme*. « Quarto », Paris, Gallimard, 2002.

ETH	*Elemente und Ursprünge totaler Herrschaft. Antisemitismus, Imperialismus, totale Herrschaft* [1951], München, Piper, 2003.
FuG	J. Habermas, *Faktizität und Geltung*, Frankfurt, Suhrkamp, 1994, trad. fr. R. Rochlitz et C. Bouchindhomme, *Droit et démocratie. Entre faits et normes*, Paris, Gallimard, 1997.
FuP	« Freiheit und Politik », *Die Neue Rundschau* 69, 4, 1958, p. 670-694.
GEH	M. Weber, *General Economic History*, trad. angl. F. H. Knight, New York, Cosimo, Inc., 2007.
HC	*The Human Condition* [1958], Chicago, IL, Chicago University Press, 1998, trad. fr. G. Fradier, *La condition de l'homme moderne*, Paris, Calmann-Lévy, 2018.
JW	*The Jewish Writings*, éd. J. Kohn et R. H. Feldmann, New York, Schocken, 2007, trad. fr. S. Courtine-Denamy, *Écrits juifs*, Paris, Fayard, 2011.
LiP	« Lying in Politics », *in* H. Arendt, *Crises of the Republic*, New York, Harvest Books, 1972, trad. fr. G. Durand, « Du mensonge en politique », dans *Du mensonge à la violence. Essais de politique contemporaine*, Paris, Calmann-Lévy, 1972.
LoK	*Das Urteilen. Texte zu Kants Politischer Philosophie* (Lecture on Kant), éd. R. Beiner, München, Piper, 1985, trad. fr. M. Revault d'Allonnes, H. Arendt, *Juger. Sur la philosophie politique de Kant*, Paris, Seuil, 1991.
LoM/W	*Life of the Mind/Willing : Vom Leben des Geistes : Das Denken. Das Wollen*, M. Mc-Carthy (Hrsg), München, Hermann Vetter, 2002, trad. fr. L. Lotringer, *La vie de l'esprit. La pensée. Le vouloir*, Paris, Puf, 2013.
LR	*Von der Menschlichkeit in finsteren Zeiten. Rede über Lessing*, München, Piper, 1960, trad. fr. E. Adda *et al.*, « De l'humanité dans de "sombres temps" », dans *Vies politiques*, Paris, Gallimard, 1986, p. 11-41.
MuG	*Macht und Gewalt* [1970], München, Piper, 1998.
NuD	« Nationalstaat und Demokratie » [1963], in *Hannah Arendt.net-Zeitschrift für politisches Denken* 1, 2, 2006.
OR	*On Revolution*, New York, Viking, 1963, trad. fr. M. Berrane *et al.*, *De la révolution*, Paris, Gallimard, 2013.
OT	*Origins of Totalitarianism* [1951], New York, Harvest Books, 1994, trad. fr. A. Guérin *et. al.*, *Les origines du totalitarisme*, « Quarto », Paris, Gallimard, 2002.
OV	*On Violence*, New York, Harvest Books, 1970, trad. fr. G. Durand, « Sur la violence », dans *Du mensonge à la violence*, *Essais de politique contemporaine*, Paris, Calmann-Lévy, 1972.

PaB M. Weber, « Politik als Beruf » [1919], *in* J. Winckelmann (Hrsg.), *Gesammelte Politische Schriften*, Tübingen, Mohr, 1980, trad. fr. C. Colliot-Thèlène, *Le savant et le politique* [1919], Paris, La Découverte, 2003.

PRPI « Public Rights and Private Interests », *in* M. Mooney, F. Stuber (eds.), *Small Comforts for Hard Times : Humanists on Public Policy*, New York, Columbia University Press, 1977.

PuR M. Weber, « Parlament und Regierung im neugeordneten Deutschland » [1918], *in* J. Winckelmann (Hrsg.), *Gesammelte Politische Schriften*, Tübingen, Mohr, 1980.

RoLR « Reflections on Little Rock » [1959], *in* H. Arendt, *Responsibility and Judgement*, éd. J. Kohn, New York, Random House, 2003, trad. fr. J.-L. Fidel, *Responsabilité et jugement*, Paris, Payot & Rivages, 2009.

TPR « Thoughts on Politics and Revolution. A Commentary », *in* H. Arendt, *Crises of the Republic*, New York, Harvest Books, 1972, trad. fr. G. Durand, « Politique et révolution », dans *Du mensonge à la violence. Essais de politique contemporaine*, Paris, Calmann-Lévy, 1972.

ÜR *Über die Revolution*, München, Piper, 2000.

VA *Vita activa oder Vom tätigen Leben* [1958], München, Piper, 2002.

WB « Walter Benjamin » [1968], *in* H. Arendt, *Menschen in finsteren Zeiten*, éd. U. Lutz, München, Piper, 1989, trad. fr. E. Adda *et al.*, « Walter Benjamin », dans *Vies politiques*, Paris, Gallimard, 1986.

Wg M. Weber, *Wirtschaftsgeschichte* [1923], München, Duncker & Humblodt, 1924, trad. fr. C. Bouchindhomme, *Histoire économique. Esquisse d'une histoire universelle de l'économie et de la société*, Paris, Gallimard, 1992.

WiP *Was ist Politik ? Fragmente aus dem Nachlaß* [1993], éd. U. Ludz, München, Piper, 2003, trad. fr. M. Frantz-Widmaier, S. Taussig, C. Nail, *Qu'est-ce que la politique ?*, Paris, Seuil, 2014.

WuG M. Weber, « Wirtschaft und Gesellschaft. Grundriss der verstehenden Soziologie, 1. und 2. Halbband » [1921], *in* J. Winckelmann (Hrsg.), *Gesammelte Politische Schriften*, Tübingen, Mohr, 1976.

NOTE DE LA TRADUCTRICE

Je reprends le même système d'abréviations que l'auteur pour les références allemandes et anglaises des œuvres d'Arendt, de Weber et de Habermas. La page de la traduction française, dont la référence est indiquée dans la table des abréviations, est signalée dans les notes à la suite de l'abréviation de l'original allemand ou anglais (par ex. pour l'édition anglaise des *Origines du totalitarisme* : OT, p. XX, trad. fr., p. XX).

À noter que les éditions anglaise (1re éd. 1951) et allemande (1re éd. 1955) des *Origines du totalitarisme* diffèrent, et que l'édition française éditée sous la direction de Pierre Bouretz et sur laquelle je m'appuie (parue dans la collection « Quarto » de Gallimard en 2002) traduit le texte anglais, ce qui explique pourquoi je propose ma propre traduction de certains passages des *Elemente und Ursprünge totaler Herrschaft*, qui ne figurent pas dans l'édition française. De même pour les éditions anglaise (1re éd. 1963) et allemande (1re éd. 1965) de *De la révolution* : l'édition française traduit le texte anglais, ce pourquoi je donne ma propre traduction des passages de *Über die Revolution* qui sont absents de l'édition française.

Il n'a pas toujours été possible de retrouver les citations mentionnées dans la traduction française de l'œuvre d'Arendt, le plus souvent dans le cas d'un mot ou d'une expression isolés. Dans ce cas, j'indique seulement la référence originale et j'en propose une traduction.

Quand aucune traduction française n'est mentionnée, cela signifie qu'il s'agit de ma propre traduction. Dans de rares cas, j'ai pris la liberté de modifier la traduction de référence quand le contexte l'exigeait.

Les astérisques (*) signalent un mot en français dans le texte original.

Je tiens enfin à remercier chaleureusement Niklas Plätzer pour sa relecture avisée.

INTRODUCTION

> La question centrale d'une politique à venir concernera toujours le problème de la législation[1].

La pensée politique de Hannah Arendt naît de sa confrontation avec la catastrophe constitutive du XXe siècle, la Shoah. Presque aucun autre penseur des cent dernières années n'a pleinement réfléchi aux conséquences de la « rupture de civilisation » (*Zivilisationsbruch*[2]) avec tant de cohérence et d'intensité. Contrairement à beaucoup d'autres auteurs de son temps, la pensée d'Arendt ne se retire pas de la sphère politique devant la crise. Bien au contraire : elle considère que le retrait de la sphère publique et le souci exclusif de son propre bien-être ont été des facteurs décisifs dans l'établissement du régime national-socialiste. C'est pourquoi il est notable qu'Arendt, en conclusion de son œuvre volumineuse sur les éléments du totalitarisme, se tourne vers la question « Qu'est-ce que la politique ? »[3] – une question qui restera le thème central de ses travaux intellectuels jusqu'à sa mort.

On peut mesurer la fécondité de cette entreprise intellectuelle au fait que l'analyse de son œuvre nous apparaît sans fin ; en effet, le dialogue avec la pensée d'Arendt semble s'intensifier au fur et à mesure qu'on la fréquente, et celle-ci paraît s'appliquer constamment à de nouveaux phénomènes. Il y a de vifs débats sur les questions que pose sa justification des droits de l'homme[4], sur son interprétation de la question

1. H. Arendt, *Journal de pensée*, t. 1, trad. fr. S. Courtine-Denamy, Paris, Seuil, 2005, septembre 1951, p. 162.

2. D. Diner (Hrsg.), *Zivilisationsbruch : Denken nach Auschwitz*, Frankfurt, Fischer, 1988.

3. H. Arendt aborde la question « Qu'est-ce que la politique ? » dès son travail sur les origines du totalitarisme. Le premier fragment sur ce sujet date de 1950, WiP, p. 9, trad. fr. M. Frantz-Widmaier, S. Taussig, C. Nail, *Qu'est-ce que la politique ?*, Paris, Seuil, 2014.

4. Voir Postface, a), p. 351.

sociale[1], sur la relation entre penser, agir, et le pouvoir du jugement[2], sur la fondation, la révolution et la mémoire[3], sur le mal et la banalité[4]. Ces débats sont stimulés par les publications posthumes, qui paraissent régulièrement, et présentent sous une lumière entièrement nouvelle des sujets qui avaient longtemps été considérés comme étant en sommeil[5]. Pourtant, avec toute l'activité générée dans le champ de la recherche arendtienne, il est surprenant qu'une question soit restée (en grande partie) ignorée : la question de la nature et du sens du droit dans la pensée de Hannah Arendt. Cela constitue le point de départ de mon travail. Je soutiens tout au long de ce livre que la question du droit est une question cruciale dans la pensée d'Arendt[6].

Il y a des raisons qui expliquent le manque d'attention porté à la question du droit dans le champ de la recherche arendtienne à ce jour : aucune œuvre d'Arendt ne l'aborde explicitement ni au premier chef. L'analyse du droit par Arendt ne semble pas être particulièrement systématique, mais elle est plutôt, au premier regard, épisodique, et même sporadique par nature. Néanmoins, je démontrerai que l'analyse arendtienne des questions juridiques est en fait constante et systématique. Jusqu'à présent, seuls quelques passages ont été examinés dans le champ de la recherche arendtienne, par exemple ses idées sur l'aporie des droits de l'homme ou sur le cas Eichmann. Pourtant, dans chaque cas, l'attention portée à ces

1. Le débat sur l'interprétation par Arendt de la question sociale s'est ouvert au moins depuis la conférence de Toronto de 1972 (voir DiT, p. 98 *sq.*), conduisant à des accusations selon lesquelles la pensée politique d'Arendt aurait ignoré les questions de justice sociale. J'aborderai ce débat en détail dans le chapitre II, et me tournerai vers une autre tension inhérente à sa pensée dans le chapitre V.

2. Dans le champ de la recherche arendtienne, il y a un débat philosophique quant à savoir si le jugement et l'action, la pensée et le jugement, et la pensée et l'action sont liées ou non. Sur ce débat philosophique, voir Postface, b), p. 352.

3. *Cf.* sur ce point l'étude de Stefan Ahrens *Die Gründung der Freiheit*, Frankfurt, Peter Lang Publishing, 2005, tout comme l'excellent travail de Jürgen Förster *Die Sorge um die Welt und die Freiheit des Handels*, Würzburg, Königshausen & Neumann, 2009. Je parle de ces deux travaux dans le chapitre V. Voir également A. Kalyvas, *Democracy and the Politics of the Extraordinary : Max Weber, Carl Schmitt, and Hannah Arendt*, Cambridge, Cambridge University Press, 2008, et J. A. Frank, *Constituent Moments : Enacting the People in Postrevolutionary America*, Durham, NC, Duke University Press, 2010.

4. Voir Postface, c), p. 353.

5. Les *Denktagebücher* de Hannah Arendt (les journaux de pensée), édités par Ursula Ludz et Ingeborg Nordmann et publiés en 2003, sont absolument cruciaux pour mon travail. Sont tout aussi importants l'article « The Great Tradition », publié par Kohn dans deux numéros spéciaux de la revue *Social Research* en 2007 et 2008, tout comme le volume d'articles *The Jewish Writings* de 2007, qui montre bien les évolutions de l'approche d'Arendt vis-à-vis du concept de « nation ».

6. Voir Postface, p. 354.

idées arendtiennes ne va pas au-delà de leur pertinence contextuelle ; elle n'est pas dirigée vers une analyse globale du concept de droit chez Arendt, et les résultats ne sont pas étudiés sous cet angle, n'étant considérés que comme une position adoptée au sein de débats spécifiques. Ainsi l'expression « le droit d'avoir des droits »[1] a été critiquée, analysée et débattue dans la perspective du débat sur sa justification politico-morale[2], des critiques ont été soulevées quant à savoir si les droits de l'homme sont ou non une aporie[3], et la relation d'Arendt à l'égard des questions de souveraineté populaire démocratique a été problématisée[4]. Il en va de façon très similaire avec ses idées sur le droit dans le livre sur Eichmann. Ici aussi, les remarques d'Arendt sur la signification des problèmes juridiques pour la communauté, sa critique du principe « *nulla poene sine lege* », son verdict idéal, son plaidoyer pour une cour pénale internationale, sa catégorie de crimes contre l'humanité, toutes ces questions ont été largement et habilement discutées, quoique principalement – et de la manière la plus profitable – comme faisant partie de la question de la « justice transformative »[5]. Dans le cas du livre sur Eichmann également, on n'a jamais puisé dans les idées d'Arendt en matière de théorie du droit et de philosophie du droit au moment d'envisager la position générale du droit dans sa pensée[6].

1. « Right to have rights », ETH, p. 614.

2. Voir en général sur ce point F. I. Michelman, « Parsing "a Right to have Rights" », *Constellations* 3, n° 2, 1996 ; C. Lefort, *Essais sur le politique : XIXe et XXe siècles*, Paris, Seuil, 1986 ; E. Balibar, « Is a Philosophy of Human Rights Possible ? New Reflections on Equaliberty », *The South Atlantic Quarterly* 103, n° 2-3, 2004 ; S. Parekh, « A Meaningful Place in the World : Hannah Arendt on the Nature of Human Rights », *Journal of Human Rights* 3, n°1, 2004 ; S. Benhabib, *The Rights of Others*, Cambridge, Cambridge University Press, 2004 ; S. Benhabib, *Hannah Arendt. Die melancholische Denkerin der Moderne*, Frankfurt, Suhrkamp, 2006 ; S. Gosepath, « Hannah Arendts Kritik der Menschenrechte und ihr "Recht, Rechte zu haben" », *in* Heinrich-Böll-Stiftung (Hrsg.), *Hannah Arendt : Verborgene Tradition –Unzeitgemäße Aktualität ?*, Berlin, Akademie Verlag, 2007.

3. *Cf.* H. Brunkhorst, « Sind Menschenrechte Aporien ? Kritische Bemerkungen zu einer These Hannah Arendt », *Kritische Justiz* 29, n°3, 1996, et *Hannah Arendt*, München, CH Beck, 1999, p. 95 *sq*. Voir aussi J. Rancière, « Who is the Subject of the Rights of Man ? », *South Atlantic Quarterly* 103, n° 2-3, 2004, p. 297.

4. *Cf.* S. Benhabib, *The Rights of Others*, *op. cit.*, p. 60-69.

5. Voir en particulier L. Bilsky, *Transformative Justice. Israeli Identity on Trial*, Ann Arbor, MI, The University of Michigan Press, 2004, et « Between Justice and Politics : The Competition of Storytellers in the Eichmann Trial », *in* S. E. Aschheim (ed.), *Hannah Arendt in Jerusalem*, Los Angeles, CA, University of California Press, 2001.

6. Les réflexions de Lida Maxwell font exception. Se référant au livre d'Arendt sur Eichmann, Maxwell développe « l'affirmation d'Arendt selon laquelle le droit dépend de l'action politique » (« Toward an Agonistic Understanding of Law. Law and Politics in Hannah Arendt's Eichmann in Jerusalem », art. cit.). Je suis d'accord avec cette explication, mais je cherche à démontrer que la politique dépend *aussi* du droit dans la pensée d'Arendt.

Le fait que la recherche arendtienne ait mis un certain temps avant d'envisager la réflexion sur la signification du droit est dû à l'histoire de l'exégèse de son œuvre. Pendant une très longue période, Arendt n'était considérée que comme « la penseuse de la *polis* »[1]. On lui a attribué le mérite d'avoir retrouvé des intuitions fondamentales sur la nature du politique en se référant l'Antiquité grecque, mais on lui a aussi reproché, pour le même motif, d'avoir idéalisé l'Antiquité[2]. En tout cas, la *polis* a toujours été considérée comme le point de repère permettant de comprendre sa pensée. En ce qui concerne ses travaux sur l'Antiquité grecque, on a dit que Arendt considérait la question du droit comme une question pré-politique. On a prétendu en trouver la preuve dans des passages de *La condition de l'homme moderne/Vita activa* dans lesquels Arendt subsume supposément le droit, la législation et la juridiction des Grecs sous la catégorie de « travail » et les sépare de l'action politique, par nature entièrement différente[3].

Et pourtant il s'avère intenable d'assigner à Arendt le rôle d'une avocate des formes politiques de l'Antiquité grecque – une simplification proscrite par toute interprétation qui ne s'arrête pas à la *Vita activa*. Des auteurs tels que Margaret Canovan et Ernst Vollrath ont toujours critiqué cette façon d'interpréter son œuvre. Pas plus tard qu'en 1974, Canovan écrivait : « Nous devons abandonner l'image classique d'Arendt évaluant la politique moderne à l'aune d'une théorie de l'action simple et dépourvue d'ambiguïté, dérivée principalement d'une certaine idéalisation d'Athènes »[4]. C'est cette position qui a prévalu dans de récents travaux plus exégétiques d'auteurs tels que Tsao, Hammer et Tamineaux, qui se réfèrent en particulier à l'importance de la tradition romaine dans la

1. D. Sternberger, « Hannah Arendt – Denkerin der Polis », *in* E. Nordhofen (Hrsg.), *Physiognomien. Philosophen des 20. Jahrhunderts in Portraits*, Königstein, Athenäum-Verlag, 1980, et « Metamorphosen der Bürgerschaft », *in* A. Reif (Hrsg.), *Hannah Arendt. Materialien zu ihrem Werk* Wien, Europaverlag, 1979.

2. Voir J. Habermas, « Hannah Arendt's Communication Concept of Power, *Social Research* 44, n° 1, 1977, 14 *sq.* ; P. Springborg, « Hannah Arendt and the Classical Republican Tradition », *in* G. T. Kaplan, C. S. Kessler (eds.), *Hannah Arendt – Thinking, Judging, Freedom*, Sydney, Allen & Unwin, 1989, p. 12 ; P. J. Euben, « Arendt's Hellenism », *in* D. R. Villa, *The Cambridge Companion to Hannah Arendt*, Cambridge, Cambridge University Press, 2000, p. 152 ; N. K. O'Sullivan, « Hellenic Nostalgia and Industrial Society », *in* A. de Crespigny, K. Minogue (eds.), *Contemporary Political Philosophers*, New York, Dodd, Mead, 1975, p. 228 et « Politics, Totalitarianism and Freedom, The Political Thought of Hannah Arendt », *Political Studies* 21, n° 2, 1973.

3. VA, p. 241-251. Voir aussi HC, p. 192-199.

4. M. Canovan, *Hannah Arendt : A Reinterpretation of Her Political Thought*, Cambridge, Cambridge University Press, 1992, p. 138. Voir aussi E. Vollrath, « Revolution und Konstitution als republikanische Grundmotive bei Hannah Arendt », *in* B. Baule (ed.), *Hannah Arendt und die Berliner Republik*, Berlin, Aufbau-Verlag, 1996, p. 138 *sq.*

pensée d'Arendt[1]. Le changement de perspective, d'Athènes vers Rome, a permis de souligner les moments où il est question de sauvegarde et de préservation de l'ordre dans la pensée d'Arendt, et de les considérer dans le contexte de sa vision du politique. Car le droit romain est fondé précisément sur l'idée contractuelle suivante : *pacta sunt servanda*. Dans la tradition romaine, cependant, les contrats n'ont pas de caractère pré-politique, mais ont en fait un fond authentiquement politique[2]. Leur caractère politique tient au fait qu'ils établissent une relation entre deux ou plusieurs personnes, parties, pays, etc. au moyen de « propositions et contre-propositions »[3]. Pourtant la recherche sur Arendt n'a pas progressé davantage sur ce point. Bien qu'on ait à présent abandonné l'idée de voir en Arendt une « penseuse de la *polis* », les conséquences de cette nouvelle perspective sur la tradition romaine n'ont pas été complètement saisies[4].

Si nous essayons de comprendre pourquoi cette étape si évidente n'a pas déjà été franchie, nous nous retrouvons confrontés à ce qu'on estime encore être le cœur de la vision arendtienne de la liberté et de l'action politiques : le commencement. Arendt est considérée comme « la penseuse du commencement »[5]. Albrecht Wellmer parle à ce propos de « l'universalisme révolutionnaire » d'Arendt[6], qui ne présente

1. Voir sur ce point R. T. Tsao, « Arendt against Athens. Rereading the Human Condition », *Political Theory* 30, n°1, 2002, et J. Taminiaux, « Athens and Rome », *in* D. R. Villa (ed.), *The Cambridge Companion to Hannah Arendt*, *op. cit.* Dean Hammer est cité comme modèle à ce stade, lui qui a décrit le résultat de cette nouvelle perspective sur l'œuvre d'Arendt de la façon suivante : « C'est seulement quand différentes parties du monde paraissent indiscernables que tout peut être indistinctement englouti. La capacité à distinguer conduit, pour Arendt, à un désir conforme de se soucier et de préserver les choses du monde. [...] Les Romains ont justement offert à Arendt cette possibilité en montrant comment la pensée politique peut surgir de, et évoquer, un monde qui est perçu sensuellement. », D. Hammer, « Hannah Arendt and Bearing with Strangers », *Contemporary Political Theory* 13, n° 3, 2012, p. 144 *sq.*

2. *Cf.* J. Klabbers, « Possible Islands of Predictability : The Legal Thought of Hannah Arendt », art. cit., p. 10.

3. « Proposals and counterproposals », WiP, p. 109.

4. Le travail de Jürgen Förster, *Die Sorge um die Welt und die Freiheit des Handels*, fait ici exception. Dans son livre, l'importance des institutions dans la pensée d'Arendt est reconstruite systématiquement et conceptuellement reliée à sa réflexion. Ainsi, il va même plus loin que les importantes indications de Canovan (« Lasting institutions. Arendtian Thoughts on Nations and Republics », *Graduate Faculty Philosophy Journal* 21, n° 2, 1998) et de Vollrath (*Die Rekonstruktion der politischen Urteilskraft*, Stuttgart, Klett, 1977).

5. M. Brumlick, « Zwischen Polis und Weltgesellschaft. Hannah Arendt in unserer Gegenwart », *in* Heinrich-Böll-Stiftung (Hrsg.), *Hannah Arendt : Verborgene Tradition – Unzeitgemäße Aktualität?*, *op. cit.*, p. 312.

6. A. Wellmer, « Hannah Arendt über die Revolution », *in* H. Brunkhort *et al.* (eds.), *Recht auf Menschenrechte. Menschenrechte, Demokratie und internationale Politik*, Frankfurt, Suhrkamp, 1999, p. 130.

précisément aucun fondement normatif. Les divers protagonistes du champ de la recherche arendtienne sont d'accord pour dire qu'initier des commencements inédits est l'idée centrale de la pensée politique d'Arendt – quoiqu'ils jaugent et évaluent cette idée de façon très différente[1]. Si on considère Arendt comme « la penseuse du commencement », et qu'on voit dans ce commencement le cœur de sa vision du politique, alors les questions concernant le droit comme « facteur de stabilisation »[2] de l'ordre politique sont d'une importance secondaire.

Reconsidérer l'histoire de la réception de son œuvre révèle ainsi clairement les défis majeurs de mon entreprise : toute interprétation de l'œuvre d'Arendt qui met principalement l'accent sur la question du droit – qui entend montrer, en fait, que le droit constitue le centre de gravité de sa pensée – ne peut échapper à une analyse renouvelée de sa conception du politique. Avec Arendt, une analyse du droit doit toujours s'accompagner d'une analyse de sa conception du politique. Car elle doit enrichir la perspective d'Arendt comme « penseuse du commencement », pour y inclure le problème de l'ordre et montrer qu'il ne s'agit pas d'une relation hiérarchique. En d'autres termes, une telle entreprise doit être en mesure d'allier le concept d'ordre, en tant que « catégorie fondamentale du politique »[3], et la pensée d'Arendt.

Pour apporter cette preuve, il me faut d'abord esquisser l'arrière-plan qui permet d'appréhender les considérations d'Arendt. C'est-à-dire son analyse de la période européenne de l'entre-deux-guerres, entreprise principalement dans les *Elemente und Ursprünge totaler Herrschaft* et

1. Dans son excellent essai « The Rule of the People : Arendt, Archê, and Democracy », Patchen Markell développe un argument qui rejoint, à un certain degré, le mien. Markell soutient que les théoriciens de la démocratie sont restés prisonniers de l'opposition binaire interruption/stabilité et que, par conséquent, ils n'ont interprété les remarques d'Arendt sur les nouveaux commencements politiques que comme quelque chose qui puisse seulement se produire par l'interruption, plutôt que par la réactivité : « De la même façon, le but d'Arendt n'est pas simplement de réhabiliter les phénomènes qui, au sein de cette matrice, se situent à l'opposé du régime : selon elle, les "commencements" ne désignent pas la perturbation spontanée des schémas existants, mais le sens selon lequel l'action, qu'elle soit disruptive ou non, implique l'attention et la réactivité aux événements du monde ; et ce qui menace le "commencement" ainsi entendu n'est pas la mise en œuvre de la régularité, mais l'érosion du contexte dans lequel les événements appellent les réactions et, ainsi, dans lequel il y a du sens à agir tout court » (P. Markell, « The Rule of the People : Arendt, Archê, and Democracy », *American Political Science Review* 100, n° 1, 2006, p. 2).

2. CD, p. 79, trad. fr., p. 107.

3. Voir sur ce point l'excellente étude d'Andreas Anter, intitulée *Die Macht der Ordnung. Aspekte einer Grundkategorie des Politischen* (Tübingen, Mohr Siebeck, 2007), qui a inspiré nombre de mes idées.

les *Origines du totalitarisme*. Dans le premier chapitre de ce livre, « Les paradoxes de l'État-nation », je montrerai que la question de l'ordre politique et juridique est une question centrale dans la pensée d'Arendt. Car ce que révèle le problème des réfugiés et des minorités chez Arendt, c'est la « désintégration interne »[1] de l'ordre des États-nations. Pour Arendt, ce processus de désintégration, tel que je le soutiens dans le premier chapitre, c'est en premier lieu une désintégration du fondement constitutionnel de l'État-nation – son ordre, pour ainsi dire. Avec son analyse de la période de l'entre-deux-guerres, Arendt illustre le caractère impraticable d'une forme de gouvernement telle que l'État-nation dans un monde en voie de mondialisation.

Du point de vue de la méthode, mon intention est de ressaisir le contenu théorique de la description que fait Arendt de la période de l'entre-deux-guerres en analysant les « paradoxes de l'État-nation ». Ce contenu théorique de l'analyse d'Arendt se manifeste dans le fait que le droit, la politique et l'ordre sont intrinsèquement liés les uns aux autres. Cependant, dans ce chapitre, les termes « État » et « nation » doivent d'abord être définis. Les acquis théoriques de cette approche – en particulier, souligner d'une part que la problématique de l'ordre est un problème juridique et le présenter, d'autre part, comme l'aspect central de la réflexion d'Arendt – ont un inconvénient, celui de devoir adopter (temporairement) le concept arendtien d'État-nation, au lieu de retracer systématiquement les origines de ce terme. Je pallierai cet inconvénient dans le deuxième et le troisième chapitres, en menant une analyse approfondie du concept d'État-nation chez Arendt. Le sujet du deuxième chapitre est le concept de nation chez Arendt, ou plus précisément la dimension politico-théorique de ce concept. Le terme de « nation » est utilisé de maintes façons par Arendt, mais c'est seulement en travaillant sa dimension conceptuelle – ce que j'appelle sa dimension politico-théorique – que nous pouvons parvenir à l'origine des contradictions structurelles de l'ordre d'un État-nation. Arendt mène une réflexion sur cette dimension politico-théorique du concept de nation dans son analyse de Rousseau dans *De la révolution*. C'est en expliquant l'analyse arendtienne de Rousseau par le réajustement de la question sociale lors de la Révolution française, qu'apparaît clairement son interprétation spécifique de la *volonté générale*[*] de Rousseau. Par ce biais, le discours d'Arendt sur la pitié – auparavant ignoré par la recherche – acquiert une portée politico-théorique inédite :

1. OT, p. 270, trad. fr., p. 264.
* En français dans le texte original.

pour Arendt, la pitié n'est pas seulement une ressource émotionnelle décisive pour la revendication rousseauiste de « l'aliénation totale »[1] ; le discours d'Arendt sur la pitié est également une analyse du dispositif intrinsèque du concept de « nation ».

Une fois que j'aurai examiné le concept arendtien de nation, je me tournerai dans le troisième chapitre vers sa vision de l'État moderne. Je rappellerai que la vision arendtienne de l'État s'inspire de Max Weber. Weber a décrit et analysé, comme aucun auteur avant lui, l'origine et la nature de l'État européen sous tous ses aspects. Je montrerai que l'État moderne est aussi « une institution comportant des structures rationnelles organisées » [*rationaler Anstaltstaat*][2] pour Arendt. Le « droit formel-rationnel » constitue le cœur de ce concept d'État. En particulier dans sa réflexion sur l'impérialisme, Arendt a défendu le concept formel et rationnel du droit contre la pratique gouvernementale des appareils impérialistes de domination. Contrairement au régime impérialiste des décrets, le droit rationnel est caractérisé précisément par sa fiabilité et sa vérifiabilité[3].

Les deux chapitres vont de pair dans la mesure où ils complètent la vision arendtienne de l'État-nation européen. Depuis la Révolution française, la nation, en tant qu'idée politique de l'ordre, est liée à l'État, en tant que garant de l'ordre, pour former l'État-nation. Ce lien entre la nation et l'État européen moderne est, comme je le démontrerai dans le quatrième chapitre, problématique à deux égards : il ressort clairement de la première section du chapitre « La souveraineté populaire et le droit » que la volonté nationale n'est pas une source adéquate du droit, puisqu'elle prive le droit de sa fiabilité et de sa vérifiabilité – sa rationalité, pour ainsi dire. La thèse est ici que la revendication du caractère absolu de la volonté générale ne laisse la place qu'à un droit substantiellement indéterminé qui est sans cesse redéfini, en fonction de l'humeur et de la disposition nationales. Je présenterai cette critique arendtienne comme une critique juridico-philosophique de la souveraineté populaire. Elle met en lumière le fait que la rationalité du droit – au sens d'une sphère juridique « impartiale » et autonome – ne peut se réaliser que sur la base d'une conception différente du politique.

1. J.-J. Rousseau, *Du contrat social*, Paris, GF-Flammarion, 2012, Livre I, chap. VI, p. 52.

2. EaS, p. 653, trad. fr. J. Grosclaude, *Sociologie du droit*, Paris, Puf, 2013, p. 43.

3. Dans le même temps, cependant, Arendt souligne que c'est précisément cette idée européenne du droit, de l'État et de l'indépendance qui conduit les États européens à l'impérialisme.

Pourtant, le risque pour la stabilité de l'ordre politique n'est pas seulement dû à la nation en tant que concept d'ordre, mais aussi – comme je le démontre dans la seconde partie du quatrième chapitre, « La souveraineté populaire et la politique » – à l'État moderne (européen), avec sa structure hiérarchique et son pouvoir centralisé. Puisque la composition structurelle et hiérarchique de l'État moderne ne laisse aucun espace pour la participation politique de ses citoyens, celui-ci engendre des phénomènes tels que « la massification » politique[1], le manque d'expérience politique et le sentiment d'insignifiance politique. Cela fournit le terreau idéal sur lequel des mouvements de masse antidémocratiques de toutes sortes peuvent fleurir. En bref, la pensée politique de Hannah Arendt est une critique de l'État en tant que forme de gouvernement et ordre politique hiérarchisé et centralisé. Cependant, ce qui est crucial dans ce contexte, c'est le fait que cette composition structurelle est le prérequis permettant au droit d'être rationnel dans la tradition européenne de la pensée politique. De cette façon, le concept de droit lui-même devient le centre de la critique : au sein de la tradition européenne, la rationalité du droit s'accompagne de la formalisation de la politique, qui elle-même déclenche les effets qui sapent précisément ce que le droit rationnel est supposé préserver : la stabilité et la permanence de l'ordre politique. Par conséquent, pour que le droit soit « rationnel », cela requiert non seulement une conception différente du politique, mais aussi une vision différente du droit. La relation intrinsèque entre droit et politique doit être reconnue.

La tâche que je me donne dans le cinquième et dernier chapitre est de détailler les conséquences de cette relation intrinsèque. L'interprétation arendtienne du pouvoir comme condition fondamentale de toute communauté a des conséquences à la fois pour le concept de politique et pour le concept de droit. Dans la pensée d'Arendt, le droit est *désubstantialisé* et devient un concept relationnel, un concept qui met en relation. Je montrerai que le droit n'est pas une expression du pouvoir ; il permet bien plutôt d'expliciter la constellation des pouvoirs en place. D'un autre côté, cependant, le pouvoir n'est pas un concept « émancipatoire »[2]

1. OT, p. 316, trad. fr., p. 624.

2. W. Meints-Stender, « Reflektierende Urteilskraft als Ethos der Macht – eine Annäherung an einen emanzipatorischen Begriff von Macht », *in* K.-H. Brier, A. Glantschow (Hrsg.), *Politische Existenz und republikanische Ordnung*, Baden-Baden, Nomos, 2012, p. 199. Voir aussi B. Parekh, *Hannah Arendt and the Search for a New Political Philosophy*, Atlantic Highlands, NJ, Humanities Press, 1981, p. 160 *sq.* ; D. Luban, « On Habermas, on Arendt, on Power », *Philosophy and Social Criticism* 6, n°1, 1979.

ou « intrinsèquement normativement positif »[1] pour Arendt. Bien au contraire : il y a des constellations de pouvoirs qui constituent un obstacle à la diversité des opinions et à la pluralité. En différenciant ces constellations de pouvoirs de celles préférées par Arendt, j'exposerai par étapes le fondement normatif de la vision arendtienne du politique. Le fait même qu'Arendt exige une « éthique de la puissance à partir de la faculté de juger »[2] rend cette entreprise à la fois raisonnable et importante. C'est dans cette optique que je soutiens que le contenu normatif de sa vision du politique se cache dans une forme spécifique de l'action politique – à savoir, « agir les uns avec les autres », qui devrait se distinguer d'« agir les uns pour les autres » ainsi que d'« agir les uns contre les autres »[3] –, qui réalise à travers sa conduite et sa mise en œuvre les prérequis procéduraux de la faculté de juger. Ce type spécifique de normativité du politique a des conséquences pour le droit : si le droit est un concept relationnel, qui met en relation, alors le droit est un concept habilitant dans la vision d'Arendt. Le droit légitime ouvre un espace propice dans lequel un « agir politique les uns avec les autres » sur la base de la faculté de juger *peut être* réalisé au moyen de procédures et d'institutions protégées juridiquement. Pour saisir proprement l'impact des idées d'Arendt sur la faculté de juger, on a besoin (en premier lieu) *non pas* de les interpréter comme un concept de sagesse pratique, mais plutôt de les considérer comme une « procédure méthodique »[4] pour trouver le bon jugement. C'est seulement grâce à cette procédure que nous pouvons parler de la « rationalité de la faculté de juger »[5]. Pour Arendt, la faculté de juger est la réponse à sa recherche d'un type de rationalité qui rend possible un ordre politique permanent, stable et libre au-delà des formes traditionnelles de la *raison d'État**. Dans ce livre, je montrerai que ce type de rationalité est né de la déconstruction d'autres concepts et d'autres conceptions de la rationalité. Rationnel, au sens arendtien, n'est pas ce qui paraît être efficace sur fond d'un calcul moyens-coûts, mais plutôt ce qui maintient un ordre politique libre, dans lequel et grâce auquel le conflit politique peut avoir lieu. J'illustrerai le fait qu'Arendt reconstitue les éléments et les traces de la formation de

1. A. Allen, « Power, Subjectivity, and Agency : Between Arendt and Foucault », *International Journal of Philosophical Studies* 10, n° 2, 2010, p. 143.

2. « Ethics of power developed on the basis of the power of judgement », DT, p. 818, trad. fr. t. 2, p. 1012.

3. Voir HC, p. 180, voir trad. fr., p. 305.

4. E. Vollrath, *Grundlegung einer philosophischen Theorie des Politischen*, Würzburg, Königshausen & Neumann, 1987, p. 271.

5. *Ibid.*, p. 253.

cette « rationalité de la faculté de juger » – d'une « politique de la faculté de juger » pour reprendre l'expression de Dick Howard[1] – à la fois dans les fondements et dans les institutions de la République américaine. Pour Arendt, la République américaine diffère fondamentalement de la tradition européenne en raison de ce type spécifique de rationalité politique.

Avant de développer mes arguments, je souhaite revenir brièvement sur le choix du titre de ce livre, « L'ordre de la liberté »[2]. Ce titre reflète des aspects de la pensée d'Arendt qu'on a longtemps considéré comme irréconciliables : la liberté et l'ordre. À cet égard, le titre résume le cœur même de mon argumentation. De façon générale, l'ordre signifie dans ce contexte un ensemble d'institutions politiques et de principes normatifs juridico-politiques abstraits qui déterminent et maintiennent une forme spécifique d'interaction politique. En d'autres termes : il est d'une importance capitale pour Arendt d'étudier la liberté politique dans le contexte de formes institutionnalisées qui se rapportent à nous-mêmes et aux autres. Par conséquent, je soutiendrai que la liberté politique au sens arendtien ne saurait signifier la « caesura »[3], la rupture caractéristique d'un ordre ; la réalisation d'une forme jusque-là latente d'égalité politique[4] ou la « création d'une nouvelle hégémonie »[5]. La liberté politique dans la vision d'Arendt ne se résume pas à l'agir instituant du social[6] ou à « l'action extraordinaire que représente l'auto-institution collective »[7]. Et le concept arendtien de liberté politique ne saurait être considéré non plus comme faisant partie de la tradition morale et philosophique de la pensée de l'autonomie qui, appliquée à la théorie de la démocratie, conçoit la liberté comme l'identité naturelle de la volonté individuelle et de la volonté collective, assurée par le discours rationnel[8]. Dans ce livre, je démontrerai que le concept arendtien de liberté politique doit être compris comme le reflet de l'expérience qui consiste à détenir le pouvoir d'agir dans les

1. D. Howard, *Die Grundlegung der amerikanischen Demokratie*, Frankfurt, Suhrkamp, 2001, p. 25.

2. Le titre de la version allemande de ce livre est *Die Ordnung der Freiheit. Recht und Politik im Denken Hannah Arendts.*

3. M. Abensour, « Die rebellierende Demokratie », *Blätter für deutsche und internationale Politik* 57, n° 5, 2012, p. 91.

4. Voir J. Rancière, *La Mésentente : Politique et philosophie*, Paris, Galilée, 1995.

5. C. Mouffe, *L'illusion du consensus*, trad. fr. P. Colonna d'Istria Paris, Albin Michel, 2016, p. 52.

6. Voir C. Castoriadis, *L'Institution imaginaire de la société*, Paris, Seuil, 1975.

7. A. Kalyvas, *Democracy and the Politics of the Extraordinary : Max Weber, Carl Schmitt and Hannah Arendt*, *op. cit.*, p. 204.

8. Voir par exemple FuG, p. 134, trad. fr., p. 119.

affaires publiques et politiques[1]. Une telle vision de la liberté politique repose sur un espace politique garanti et perpétué institutionnellement au sein duquel le fait « d'agir les uns avec les autres » peut se réaliser, s'organiser et peut avoir lieu. Je soutiens qu'Arendt, par conséquent, était très soucieuse de la question d'une bonne adéquation du droit, de la politique et de l'ordre – ce qu'on appelle la triade du constitutionnalisme – et qu'elle envisage des formes adéquates pour l'institutionnalisation de l'action politique conflictuelle[2]. En adoptant cette approche, je propose une interprétation alternative de la pensée d'Arendt, qui consiste à ne voir en Arendt ni l'avocate des anciennes formes politiques (le communautarisme aristotélicien), ni une autrice qui souscrit pleinement aux prémisses de la théorie de la délibération, de l'existentialisme ou de la démocratie radicale. De mon point de vue, Arendt est une penseuse de l'ordre politique qui se soucie et qui met en lumière l'importance d'un ordre politique libre, stable et durable dans et grâce auquel la lutte et le désaccord politiques peuvent se produire et apparaître. L'État moderne, cependant, en tant que pouvoir hiérarchiquement structuré et centralisé, est incapable de fournir et de protéger un tel ordre. Bien qu'Hannah Arendt soit une penseuse de l'ordre, elle est néanmoins une penseuse critique de l'État[3]. C'est pourquoi toute son œuvre politique peut être lue et comprise comme la recherche d'une conception nouvelle et alternative de l'ordre, de « manifestations et matérialisations du pouvoir »[4] nouvelles et alternatives, et d'une logique d'organisation de la vie politique elle aussi nouvelle et alternative. Ce type de caractérisation – défendre l'ordre mais critiquer l'État – peut s'illustrer par son examen des institutions révolutionnaires qui ont conduit à la formation d'un ordre :

> [R]ien, en effet, ne contredit plus nettement les vieilles idées admises sur les tendances « naturelles » à l'anarchie et au non-respect des lois chez un peuple laissé à l'abri de la contrainte de son gouvernement que l'émergence des conseils, lesquels, où qu'ils soient apparus, et façon très marquante au cours de la révolution hongroise, se sont employés à réorganiser la vie politique et économique du pays et à établir un ordre nouveau[4].

1. Voir aussi J. A. Frank, *Constituent Moments : Enacting the People in Postrevolutionary America*, *op. cit.*, 2010, p. 45 et p. 210.

2. Nous voyons ici la proximité d'Arendt avec la pensée de Claude Lefort, pour qui l'institutionnalisation du conflit au sein de la société constitue le cœur d'un système démocratique (Voir C. Lefort, « La question de la démocratie », dans *Essais sur le politique. XIXe-XXe siècles*, Paris, Seuil, 1986, p. 17-32.

3. Voir MuG, p. 130.

4. OV, p. 140.

4. OR, p. 275, trad. fr. M. Berrane *et al.*, *De la révolution*, Paris, Gallimard, 2013, p. 414.

Mais l'expression « l'ordre de la liberté » renvoie également à deux autres dimensions, un sens herméneutique, et un sens relatif à l'histoire des idées. En ce qui concerne l'histoire des idées, il faut souligner que Walter Benjamin et Hannah Arendt étaient amis. Ils tenaient une correspondance régulière l'un avec l'autre et jouaient aux échecs ensemble. Et après le suicide de son ami, Arendt publia une partie de ses travaux aux États-Unis. Seyla Benhabib a attiré l'attention sur le fait que l'approche méthodique d'Arendt était en partie inspirée par « l'historiographie fragmentaire »[1] de Benjamin, et combien en fait Arendt a adapté la pensée de Benjamin à sa propre façon de traiter la matière historique. Leur relation n'a été documentée que récemment, et de manière impressionnante, dans un volume comprenant textes, lettres et notes. Dans leur introduction, les directeurs du volume, Erdmut Wizisla et Detlev Schöttker, abordent un sujet qui a longtemps préoccupé les étudiants d'Arendt. Ils écrivent :

> Il n'y a aucune référence à Benjamin dans le texte d'Arendt *Sur la violence* (1970), bien qu'elle aborde des questions et des sujets auxquels il a également consacré des considérations cruciales : la première partie de son texte concerne le concept de progrès, qui est au cœur des thèses de « Sur le concept d'histoire » ; et dans la deuxième partie, Arendt se réfère à l'ouvrage de Georges Sorel *Réflexions sur la violence*, dont parle Benjamin dans son essai « Critique de la violence » (1921)[2].

La raison qu'en donnent Wizisla et Schöttker est qu'Arendt ne voulait pas être mêlée « à la métaphysique et à l'esthétique politiques de Benjamin »[3]. Pour ce qui concerne la métaphysique politique, cela est sans doute vrai. Les réflexions de Benjamin sur la « violence divine »[4] dans son essai « Zur Kritik der Gewalt » sont diamétralement opposées à la pensée d'Arendt. Le fait qu'Arendt ne le critique pas nommément dans ses publications est probablement le signe de son attachement et de son respect pour son ami disparu. Pourtant, dans le même temps, il est difficile, quand

1. S. Benhabib, *Hannah Arendt. Die melancholische Denkerin der Moderne*, *op. cit.*, p. 158.

2. D. Schöttker, E. Wizisla, *Arendt und Benjamin. Texte, Briefe, Dokumente*, Frankfurt, Suhrkamp, 2006, p. 41.

3. *Ibid.*, p. 41.

4. W. Benjamin, « Zur Kritik der Gewalt », *in* W. Benjamin (ed.), *Zur Kritik der Gewalt und andere Aufsätze. Mit einem Nachwort versehen von Herbert Marcuse* (1920-1921), Frankfurt, Suhrkamp, 1965, p. 60, trad. fr. *Critique de la violence*, trad. fr. N. Casanova, Paris, Payot et Rivages, 2018, p. 96.

on étudie le droit, de passer à côté de la thèse de Benjamin selon laquelle la violence est derrière *chaque* loi – en d'autres termes, qu'on est toujours directement mêlé à la violence, quelle que soit la forme de l'organisation politique. À cet égard, Benjamin insiste lourdement sur ce point lorsqu'il analyse le pacifisme. Le cœur de son argument est que la critique que font les pacifistes de la violence se réduit au service militaire obligatoire, mais ne remet pas en cause l'ordre juridique lui-même. Benjamin critique cette vision « naïve », puisqu'elle passe totalement à côté du fait que le service militaire obligatoire est une « application de la violence conservatrice du droit »[1]. Toute critique de la violence doit également être une « critique de toute force autoritaire »[2]. Si on laisse de côté de « l'anarchisme puéril »[3], même l'impératif catégorique kantien ne propose pas de critique adéquate. Pour Benjamin, toute loi positive « prétendra certainement reconnaître et promouvoir l'intérêt de l'humanité dans la personne de chaque individu » – du moins si elle est « consciente de ses racines »[4], c'est-à-dire si elle se réfère à un certain type de système de normes. La loi devrait « représenter » et « garantir » précisément l'ordre contenu dans le système de normes. C'est dans ce contexte que Benjamin formule la phrase programmatique de son essai :

> Il faut aussi peu épargner une critique à cet ordre que le droit prétend avec raison défendre, qu'est impuissante devant lui cette contestation livrée seulement au nom d'une « liberté » informe, sans pouvoir définir un *ordre supérieur de liberté*[5].

Dans ce célèbre passage, Benjamin place ce nouvel ordre de la liberté dans les mains de la violence messianique. En mettant les mots « l'ordre de la liberté » à la fois dans le titre de mon livre et comme titre du dernier chapitre, je renvoie au fait que les réflexions d'Arendt sur le droit et la politique doivent être conçues en considérant le problème du droit et de la violence tel qu'exposé par Benjamin. Mais la réponse d'Arendt diffère fondamentalement par nature de celle de Benjamin.

1. W. Benjamin, *Zur Kritik der Gewalt, op. cit.*, p. 40.
2. *Ibid.*, p. 40.
3. *Ibid.*, p. 41.
4. *Ibid.*, p. 41.
5. « Zur Kritik der Gewalt » [1920-1921], *in* W. Benjamin (Hrsg.), *Zur Kritik der Gewalt und andere Aufsätze. op. cit.*, p. 41, nous soulignons. Voir W. Benjamin, *Critique de la violence et autres essais, op. cit.*, trad. fr., p. 71.

Le titre de mon ouvrage ne renvoie pas seulement à l'histoire des idées, mais aussi à une dimension herméneutique : selon Gadamer, « comprendre consiste en partie à recouvrer les concepts d'un passé historique de sorte qu'ils incluent notre propre capacité de les concevoir »[1]. Gadamer nomme l'imbrication du passé et du présent dans l'interprétation textuelle une « fusion d'horizons »[2]. Dans ce contexte, il parle de la « nécessité herméneutique » d'aller au-delà de la « simple reconstruction » et « d'entrer dans l'ouverture de la question »[3] dans le processus de compréhension. En d'autres termes, penser ce que l'auteur n'a pas pensé. Par conséquent, si on entreprend d'interpréter un penseur dans les champs de la philosophie politique, de la théorie politique et de l'histoire des idées, alors on ne doit pas seulement être conscient des questions et des problèmes historiques, sociaux et politiques dans lesquels s'insère l'œuvre et auxquels elle réagit, mais on doit aussi réfléchir à sa propre situation en tant qu'interprète[4]. De cette manière, la réflexion herméneutique comme méthode de théorie politique, et une de ses conséquences qu'est la « fusion d'horizons », renvoient une fois de plus à Arendt en tant que « penseuse du commencement » : assurément, la pensée d'Arendt peut et doit également être interprétée comme une réflexion sur le commencement. Il est très probable que quiconque parcourt les quelques 1000 pages des *Elemente und Ursprünge totaler Herrschaft*, ou même les 530 pages de *Origins of Totalitarianism*, remarque avec une certaine stupéfaction et une profonde émotion, à la fin de cette histoire de la terreur et de l'extermination, la confiance que porte Arendt au caractère inconditionnel d'« un nouveau commencement », et comment elle fait appel à saint Augustin et son *initium ut esset, creatus est homo*[5].

Si nous regardons l'histoire de sa réception, ce genre d'interprétation – « l'universalisme révolutionnaire » d'Arendt – rompt implicitement avec l'interprétation conservatrice de sa pensée, à savoir Arendt comme théoricienne de l'anti-totalitarisme, qui fut représentée par une élite de professeurs allemande et américaine conservatrice dans les années 1960

1. H. G. Gadamer, *Wahrheit und Methode. Grundzüge einer philosophischen Hermeneutik*, Tübingen, Mohr Siebeck, 1975, p. 356.

2. *Ibid.*, p. 290.

3. *Ibid.*, p. 356.

4. Voir S. Benhabib, *Hannah Arendt. Die melancholische Denkerin der Moderne*, *op. cit.*, p. 22 *sq.*

5. ETH, p. 979 ; OT, p. 479. Voir également sur ce point l'analyse du concept de natalité par P. Bowen-Moore dans *Hannah Arendt's Philosophy of Natality*, New York, St Martin's Press, 1989.

et 1970, et qui fit d'Arendt une référence si peu séduisante pour le mouvement étudiant[1]. Si nous prenons conscience que la recherche scientifique a mis l'accent sur l'importance d'Arendt comme théoricienne du commencement au moment même de l'effondrement de l'impérialisme soviétique et des mouvements de libération est-européens – ce qui n'est pas une découverte mais un lieu commun dans l'histoire des idées politiques –, alors la signification de la « fusion d'horizons » devient davantage tangible dans l'interprétation de son œuvre. Les révolutions est-européennes étaient aussi inattendues dans le champ de la théorie politique qu'elles ne l'étaient en réalité. Le nouveau commencement politique révolutionnaire n'avait pas de place dans les débats sur les théories du système et les questions de justice. Aucun auteur politique et aucune théorie politique à cette époque ne pouvaient rendre compte des nouveaux commencements politiques en des termes conceptuels. À l'inverse, et surtout contrairement à la théorie de la révolution étroitement économiste issue de la tradition marxiste, l'œuvre d'Arendt donnait la possibilité de comprendre en termes politiques cette rupture inattendue avec l'ancien système. Les révolutions est-européennes, par conséquent, constituent le noyau historique contemporain à partir duquel on interprète Arendt comme penseuse des nouveaux commencements.

L'interprétation de l'œuvre d'Arendt comme capacité à commencer a conservé toute sa pertinence en 2025 – et comment pourrait-il en être autrement, étant donné les nouvelles formes de contestation politique, du printemps arabe et du mouvement Occupy à l'activisme environnemental et aux récentes manifestations en faveur de la démocratie dans différents endroits du monde. Mais « l'horizon du présent »[2] a également évolué, dans une certaine mesure. D'un point de vue géographique, l'interprétation de la pensée d'Arendt s'inspire moins des événements qui ont eu lieu à Varsovie, Prague, Budapest ou Riga que ce n'était le cas à la fin des années

1. Les raisons pour lesquelles Arendt avait si peu d'attrait pour le mouvement étudiant ne tenaient pas seulement à ses idées sur la domination totale, qui faisaient implacablement référence à la terreur du communisme soviétique, mais cela s'expliquait aussi par le fait qu'aucune critique du capitalisme ne transparaît dans son œuvre au premier regard. Pendant des décennies, sa critique de la modernité fut interprétée comme une réhabilitation de l'Antiquité. Les travaux d'Isaac (*Arendt, Camus and Modern Rebellion*, New Haven, CT, Yale University Press, 1992), de Jaeggi (*Welt und Person : zum anthropologischen Hintergrund der Gesellschaftskritik Hannah Arendts*, Berlin, Lukas, 1997), de Benhabib (*Hannah Arendt. Die melancholische Denkerin der Moderne*, *op. cit.*), etc., ont montré à quel point ce jugement est en réalité biaisé (voir également sur ce point mes remarques sur l'architecture de la modernité chez Arendt dans C. Volk, *Urteilen in dunklen Zeiten. Eine neue Lesart von Hannah Arendts « Banalität des Bösen »*, *op. cit.*, p. 60-113).

2. H.-G. Gadamer, *Wahrheit und Methode*, *op. cit.*, p. 289.

1980 et au début des années 1990. Aujourd'hui, à l'inverse, des lieux comme Guantánamo, Lampedusa, le camp de Moria, Nauru, le Machrek ou le désert de Sonora sont au premier plan. La montée de nouvelles formes d'autoritarisme et de populisme antidémocratique, le durcissement des lois sécuritaires dans les démocraties modernes, y compris la suspension des droits pour les suspects dans la guerre mondiale contre la terreur, l'incapacité de l'action politique de la part d'une supposée communauté mondiale devant les crimes de masse, les écoutes et la surveillance de masse des citoyens, et les tragédies quotidiennes aux frontières de ce monde, particulièrement de la « Forteresse Europe », forment l'horizon à partir duquel envisager la pensée politique de Hannah Arendt au début du XXIe siècle. On peut penser trouver des liens dans l'œuvre de Hannah Arendt parce que l'on sait que sa pensée politique naît de la confrontation à la crise. Car sa thèse sur le non-respect du droit comme première étape dans le « long processus de préparation à l'extermination des êtres humains »[1] n'est pas seulement le résultat de la réflexion théorique ; ce non-respect du droit fut pour Arendt une expérience réelle, qui a défini son propre horizon. Elle a perdu la citoyenneté allemande en 1937 à cause de la loi sur la citoyenneté du Reich, et a dû rester apatride jusqu'en 1951. Arendt écrivit un jour à Günther Anders que son passeport américain était « le plus beau livre » qu'elle ait jamais vu[2]. La question de l'*ordre de la liberté* est par conséquent une question inhérente à sa vie et à sa pensée politique. Le but de ce livre est d'enrichir la réception de son œuvre en mettant en lumière la signification systématique de l'ordre politique et du droit dans la pensée de Hannah Arendt.

1. ETH, p. 612. Voir aussi OT, p. 296.

2. A. Synagoge (Hrsg.), *Hannah Arendt. Lebensgeschichte einer deutschen Jüdin*, Essen, Klartext Verlagsgesellschaft, 1997, p. 46.

CHAPITRE PREMIER

LES PARADOXES DE L'ÉTAT-NATION

> Quiconque était exclu de la vieille trinité peuple-territoire-État, qui formait la base de la nation, demeurait par la force des choses sans toit et sans patrie ; quiconque avait perdu les droits inscrits dans la citoyenneté demeurait privé de droits. Rien de ce qui s'était véritablement produit depuis la Première Guerre mondiale ne pourrait jamais être réparé, et aucun désastre, pas même le déclenchement d'une Seconde Guerre mondiale, ne pourrait être empêché. Chaque événement avait le caractère d'une catastrophe, et chaque catastrophe était définitive[1].

> Pendant des mois j'ai erré, gonflé à bloc par un malin plaisir apocalyptique à l'idée du magasin de porcelaine européen et du cyclone dont l'œil commence à s'approcher avec une précision mathématique[2].

INTRODUCTION

La façon dont Hannah Arendt analyse le problème des minorités et des réfugiés dans la période de l'entre-deux-guerres européenne a suscité beaucoup d'intérêt, et particulièrement en dehors du champ de la théorie politique dans son sens le plus strict[3]. Des auteurs tels que Michael

1. H. Arendt, *Origines du totalitarisme*, *op. cit.*

2. Lettre de Ernst Jünger à Gerhard Günther, 3 octobre 1930.

3. Au sein du champ de la théorie politique, les réflexions d'Arendt sur la situation des apatrides sont débattues principalement dans la perspective des droits de l'homme (voir par ex. P. Birmingham, *Hannah Arendt and Human Rights. The Predicament of Common Responsibility*, Bloomington, IN, Indiana University Press, 2006 ; S. Benhabib, *The Rights of Others*, Cambridge, Cambridge University Press, 2004 ; S. Parekh, « A Meaningful Place in the World : Hannah Arendt on the Nature of Human Rights », *Journal of Human Rights* 3,

Marrus, Claudena Skran, Gérard Noiriel ou Aristide Zolberg font tous référence à l'œuvre d'Arendt dans leurs études sur les minorités et les réfugiés. Aristide Zolberg, par exemple, affirme que l'analyse d'Arendt sur la période de l'entre-deux-guerres « nous donne l'élément-clé permettant de comprendre comment survient le problème des réfugiés »[1]. Il conclut en disant qu'Arendt établit dans son œuvre un lien direct entre le problème des réfugiés et des minorités et la diffusion de l'idée de l'État-nation dans les États de l'est et du sud-est. En accord avec Arendt, Claudena Skran soutient que, du point de vue des nouveaux gouvernements nationaux, les minorités posaient problème, « parce qu'elles ne correspondent pas aux normes d'un monde d'États-nations ». Les flux massifs de réfugiés, poursuit Skran, étaient des « corollaires des efforts menés pour arriver à des États-nations ethniquement purs et des systèmes politiques idéologiquement homogènes »[2]. Comme le fait remarquer Michael Marrus, la raison principale pour laquelle les auteurs qui traitent du sujet des minorités et des réfugiés font référence aux analyses d'Arendt est que celle-ci fut une des premières à souligner « la situation particulièrement difficile des réfugiés » et à décrire « comment ils se trouvaient réduits à une existence solitaire, sauvage, chassés d'un endroit à l'autre par des gouvernements nationaux qui étaient les seuls à pouvoir accorder aux individus les droits élémentaires »[3].

Bien que Zolberg, Skran et Marrus soulèvent un point important dans le raisonnement d'Arendt, le discours sur lequel ils fondent leurs arguments me semble problématique. Pour ce qui est de l'objet de leur enquête, tous

n°1, 2004 ; F. I. Michelman, « Parsing "a Right to Have Rights" », *Constellations* 3, n° 2, 1996 ; H. Brunkhorst, « Sind Menschenrechte Aporien ? Kritische Bemerkungen zu einer These Hannah Arendts », *Kritische Justiz* 29, n°3, 1996). Dans leurs travaux, Waltraud Meints-Stender et Wolfgang Heuer abordent les mêmes questions sous l'angle du problème politique de l'exclusion (W. Meints-Stender « Hannah Arendt und das Problem der Exklusion – eine Aktualisierung », *in* Heinrich-Böll Stiftung (Hrsg.), *Hannah Arendt : Verborgene Tradition*, *op. cit.*, et W. Heuer, « Europa und seine Flüchtlinge. Hannah Arendt über die notwendige Politisierung von Minderheiten », in *ibid.*).

1. A. Zolberg, « The Formation of New States as a Refugee-Generating Process », *The Annals of the American Academy of Political and Social Science* 467, n°24, 1983, p. 30. Aristide Zolberg introduit deux modifications à l'égard des réflexions d'Arendt : pour lui, les flux de réfugiés ne sont pas seulement dus à l'hétérogénéité ethnique, mais également aux différences religieuses. En outre, il souligne que chaque révolution engendre des vagues de réfugiés, à mesure que les membres de l'ancien régime sont chassés ou prennent la fuite (voir *ibid.*, p. 30 *sq.*).

2. C. Skran, *Refugees in Inter-War Europe. The Emergence of a Regime*, Oxford, Oxford University Press, 1995, p. 29.

3. M. Marrus, *The Unwanted. European Refugees in the Twentieth Century*, Oxford, Oxford University Press, 1985, p. 4.

trois parlent de l'État-nation comme d'un acteur souverain qui poursuit ses intérêts de façon autonome, et qui porte ainsi la responsabilité de la situation humanitaire précaire des réfugiés. Pourtant, si on considère l'analyse d'Arendt du point de vue de la théorie politique, cette façon de présenter l'État-nation comme acteur souverain est trompeuse. Le problème des réfugiés et des minorités, selon moi, révèle la « désintégration interne »[1] de l'ordre des États-nations, et l'inapplicabilité de ses concepts dans une société mondialisée. Pour Arendt, le problème des minorités ne démontre pas la souveraineté de l'État-nation, mais bien plutôt son inadéquation comme forme de gouvernement et le déclin simultané d'une Europe composée d'États-nations. Dans le contexte de la période de l'entre-deux-guerres, la question de la fiabilité, de la stabilité et de la durabilité d'un ordre politique incarné par l'État-nation devient le pilier de son analyse.

Dire qu'Arendt est attachée au problème de l'ordre politique peut surprendre pour deux raisons. Généralement, Arendt n'est pas considérée comme une penseuse de l'ordre mais comme une penseuse de la contingence, du commencement révolutionnaire. Ainsi, Albrecht Wellmer souligne « l'universalisme révolutionnaire » d'Arendt[2], qu'« aucun fondement normatif extra-politique ne protège ni ne justifie »[3]. Si l'on analyse son œuvre uniquement dans la perspective de la contingence et des commencements révolutionnaires, il n'est pas nécessairement évident d'associer sa pensée aux questions relatives à l'ordre politique[4]. Indépendamment des questions d'ordre et de révolution, de contingence et de nouveaux commencements, mon analyse pourrait déconcerter pour une seconde raison : aborder la période de l'entre-deux-guerres sous l'angle du déclin de l'ordre coïncide parfaitement avec la teneur des débats au sein de la théorie de l'État de l'époque. Depuis Bodin, la question de l'ordre politique a été la question centrale parmi les théoriciens de l'État; dans la période de l'entre-deux-guerres, les penseurs politiques allemands en particulier ont concentré leur critique du « système de Weimar » sur la question de l'ordre – indépendamment de leurs positions politiques

1. OT, p. 270, trad. fr., p. 564.

2. A. Wellmer, « Arendt on Revolution », *in* D. R. Villa (ed.), *The Cambridge Companion to Hannah Arendt*, *op. cit.*, p. 224.

3. *Ibid.*, p. 229.

4. Le fait que l'ordre et le nouveau commencement aient un lien direct l'un avec l'autre résulte de la perte de pouvoir et d'autorité d'un ordre ancien précédant un nouveau commencement politique tel qu'une révolution. Dans *De la révolution*, Arendt écrit donc qu'« une révolution n'aboutissait pas à l'abolition de l'État et du gouvernement mais qu'au contraire elle visait à fonder un nouvel État et à établir un nouveau type de gouvernement » (OR, p. 265, trad. fr., p. 399).

et idéologiques. Max Weber, par exemple, dit que l'objectif principal de l'État était d'« imposer son système d'ordre »[1]. Hans Kelsen affirme que « l'État moderne est essentiellement un ordre coercitif – un ordre coercitif centralisé »[2]. Pour Carl Schmitt, le plus vif critique de Kelsen, « la sécurité publique et l'ordre » représentent non seulement l'« intérêt étatique »[3] le plus haut, mais aussi la base de sa théorie de la souveraineté. En outre, dans ses œuvres ultérieures, Schmitt décrit sa propre théorie de l'État comme une « pensée de l'ordre concret »[4]. Rudolf Smend, un autre opposant de Kelsen, définit l'État comme un régime qui existe « en vertu d'un ordre »[5]. Pour Hermann Heller, la « question de la relation entre le pouvoir [*Herrschaft*] et l'ordre » est le « problème de base de toutes les théories de l'État »[6]. Parce qu'aucun livre d'Arendt ne *semble* traiter explicitement de la triade « État, droit, et ordre », on considère qu'il est hasardeux d'associer Arendt à ces débats sur la théorie de l'État.

Dans ce qui suit, je comblerai ce vide et montrerai à quel point la pensée d'Arendt a bel et bien affaire à la relation entre l'État, le droit et l'ordre. Cependant, Arendt ne réfléchit pas à l'ordre politique sur la base de postulats anthropologiques, moraux ou éthiques[7]. Au contraire, sa

1. EaS, p. 55, M. Weber, *Économie et société*, I, *Les catégories de la sociologie*, trad. modifiée, Paris, Pocket, 1995, p. 97.

2. H. Kelsen, *Pure Theory of Law* [1934], trad. angl. M. Knight, Berkeley, CA, University of California Press, 2002, p. 54.

3. C. Schmitt, *Politische Theologie. Vier Kapitel zur Lehre von der Souveränität* [1922], Berlin, Duncker & Humblot, 2004, p. 54, trad. fr. J.-L. Schlegel, *Théologie politique I*, Paris, Gallimard, 1988.

4. C. Schmitt, *Über die drei Arten des rechtswissenschaftlichen Denkens* [1934], Berlin, Duncker & Humblot, 1993, p. 13, trad. fr. M. Köller et D. Séglard, *Les trois types de pensée juridique* [1934], Paris, Puf, 1995.

5. R. Smend, « Staat und Politik » [1945], *in* R. Smend (Hrsg.), *Staatsrechtliche Abhandlungen und andere Aufsätze*, Berlin, Duncker & Humblot, 1994, p. 368.

6. H. Heller, « Die Souveränität. Ein Beitrag zur Theorie des Staats- und Völkerrechts » [1927], *in* H. Heller (Hrsg.), *Gesammelte Schriften. Recht, Staat, Macht*, 2 vol., Leiden, Sijthoff, 1971, p. 57. Dans son étude sur les théoriciens de l'État allemands qui ont abordé la question de l'ordre, Andreas Anter fait valoir un point important lorsqu'il écrit que « [l]'histoire des idées allemandes sur l'ordre est une histoire d'aspiration : aspiration à l'unité, à l'intégration et à la communauté ».

7. C'est un chemin qu'a emprunté Leo Strauss, par exemple (L. Strauss, *Naturrecht und Geschichte*, Stuttgart, Koehler, 1956). C'est pourquoi il n'est pas surprenant que Harald Bluhm soit le premier, dans son étude sur Strauss, à tenter de ramener également, quoique prudemment, le problème de l'ordre au premier plan de la pensée d'Arendt. Au niveau de la critique de la modernité, Bluhm fait le lien entre Strauss et Arendt via Voegelin, et les qualifie tous trois de penseurs de l'ordre (H. Bluhm, *Die Ordnung der Ordnung. Das politische Philosophieren von Leo Strauss*, Berlin, Akademie Verlag, 2002). Ce qu'on peut remettre en cause dans la catégorisation initialement convaincante de Bluhm, c'est

critique est *immanente* et commence par la façon dont des États-nations se perçoivent et se décrivent eux-mêmes. Qu'est-ce que cela signifie? Vu sous l'angle d'une analyse systémique, l'État-nation est une forme de gouvernement qui, selon Arendt, est fondée sur des principes spécifiques, qui interagissent et dont résulte une certaine forme d'ordre – l'ordre national gouvernemental. Sans prétendre à l'exhaustivité, Arendt liste, par exemple, le droit des peuples à l'autodétermination, l'identité de l'État et de la nation, l'idée de la souveraineté démocratique du peuple, la souveraineté de l'État, la *Rechtsstaatlichkeit* (constitutionnalité), etc. Le principe de constitutionnalité est un principe particulièrement charnière pour la stabilité, la sécurité et la fiabilité de l'ordre de l'État-nation. L'État-nation, écrit Arendt, est « un État essentiellement constitutionnel »[1]. Dans son analyse de l'entre-deux-guerres, elle compare le comportement véritable des États avec la façon dont ils se perçoivent et les efforts qu'ils ont essayé de faire pour garantir la paix après les expériences désastreuses de la Première Guerre mondiale. Arendt en vient à la conclusion qu'une Europe d'États-nations, en raison des principes d'ordre auxquels elle s'était engagée et à travers lesquels elle essayait d'appréhender la réalité, n'était à aucun moment en mesure de résoudre ou de désamorcer les problèmes posés par les réfugiés et les minorités. À cause de cela, le fondement juridique et politique des États-nations a commencé à se dissoudre et – les deux faits sont directement liés – les relations entre les différents États se sont envenimées. On en vient à l'hypothèse d'Arendt selon laquelle, au sein d'une Europe fondée sur les principes d'ordre de l'État-nation,

qu'il *anthropologise* la vision critique d'Arendt vis-à-vis de l'ordre. La réflexion d'Arendt, dit Bluhm, est fondée sur une « anthropologie formelle », qui pour sa part recherche à « refléter l'Antiquité, l'authentique pensée politique des Grecs » (*ibid.*, p. 247). À ce jour, un certain nombre d'études ont démontré de façon convaincante que la thèse de la « nostalgie hellénistique » d'Arendt (N.K. O'Sullivan, « Hellenic Nostalgia and Industrial Society », *in* A. de Crespigny, K. Minogue (eds.), *Contemporary Political Philosophers*, New York, Dodd, Mead, 1975) doit être révisée. Le sens de ces études est que l'Antiquité grecque ne peut plus servir d'arrière-plan normatif à la critique d'Arendt. Pourtant, cela n'élimine pas « l'insistance sur le problème de l'ordre » (H. Bluhm, *Die Ordnung der Ordnung*, *op. cit.*, p. 248), qui doit plutôt se trouver ailleurs. Car la question de l'ordre politique est en effet centrale dans la pensée d'Arendt.

1. Ici, je cite un passage de *Nationalstaat und Demokratie*. Le texte allemand dit : « Denn dass der Nationalstaat in seinem Wesen ein Rechts- und Verfassungsstaat und nur als solcher lebensfähig war, hatte sich bereits in Anfängen vorher erwiesen und sollte vor allem nach dem zweiten Weltkrieg ganz offenbar werden ». Arendt a présenté cette communication dans une émission allemande sur WDR en 1963 dans le cadre d'une discussion avec Eugen Kogon. Lorsque cela est pertinent, nous mentionnerons également le texte allemand sur lequel se fonde notre propre traduction.

« garantir la paix sur la terre paraît aussi utopique que la recherche de la quadrature du cercle »[1].

Dans ce chapitre, je démontrerai que l'hypothèse arendtienne du déclin de l'ordre constitutionnel peut être établie principalement au moyen de quatre *paradoxes de l'État-nation*. Je présenterai sa thèse de « la désintégration de l'État-nation »[2] et mettrai en avant des aspects tangibles et concrets pour comprendre les paradoxes d'un système d'États-nations. Ces contradictions internes – le *paradoxe du droit à l'autodétermination*, le *paradoxe de la désassimilation et de la dénaturalisation*, le *paradoxe de la privation des droits*, le *paradoxe des droits de l'homme* –, qui résultent directement des principes de l'État-nation, ont montré leur potentiel subversif pendant l'entre-deux-guerres. Il n'y a aucun paradoxe qui justifie à lui seul l'hypothèse d'un effondrement à l'échelle européenne de tout l'ordre des États-nations. Essayer de trouver une théorie close ou une chronologie historique derrière le discours d'Arendt sur la désintégration de l'ordre ne coïncide pas non plus avec son idée d'« historiographie fragmentaire »[3]. L'objectif doit plutôt être d'esquisser un portrait dans lequel la relation entre toutes les menaces que constituent les différents paradoxes envers l'ordre se manifeste et procure ainsi une impression de « *Totalgeschehen* »[4]. Cependant, « le déclin de l'État-nation »[5] représente davantage que la simple fin d'une forme de gouvernement. Avec l'État-nation, c'est « tout un mode de vie »[6] [« *a whole way of life* »] qui périt, ce sont ses normes et ses valeurs morales, qui avaient été encouragées par un ordre juridique et politique, qui disparaissent de la vie publique. La collaboration de nombre de sociétés européennes avec les Nazis dans l'extermination des Juifs européens et la « résistance scandaleusement faible »[7] rencontrée par la Gestapo dans les forces de police nationale des pays conquis ne sont que les exemples les plus frappants de ces conséquences considérables, incitant Arendt à parler de la fameuse « totalité de l'effondrement moral »[8] en Europe. S'y ajoute bien sûr la

1. TPR, p. 229, trad. fr., p. 314.

2. OT, p. 22, trad. fr., p. 193.

3. S. Benhabib, *The Reluctant Modernism of Hannah Arendt*, Lanham, Rowman & Littlefield, 2003, p. 94.

4. W. Benjamin, *Das Passagen-Werk. Aufzeichnungen und Materialen, Gesammelte Schriften* [1928-1940], vol. 1, R. Tiedemann, H. Schweppenhäuser (Hrsg.), Frankfurt, Suhrkamp, 1991, p. 575.

5. OT, p. 267, trad. fr., p. 552.

6. WiP, p. 226.

7. ETH, p. 600, trad. modifiée, p. 589.

8. EJ, p. 125.

privation absolue de droits des apatrides en général et des réfugiés juifs en particulier, qui représente pour Arendt une étape cruciale dans « l'assez long processus de préparation à l'extermination des êtres humains »[1]. Sans chercher aucunement à discuter des questions de responsabilité ou de culpabilité particulières, il existe de son point de vue des liens de dépendance entre la politique européenne des frontières et de l'asile d'une part, et le très grand nombre de victimes de la politique d'extermination nationale-socialiste de l'autre. C'est notamment pour cette raison que le déclin de l'Europe des États-nations occupe une place aussi importante dans son analyse du totalitarisme.

C'est précisément le fait qu'Arendt intègre son analyse de l'État-nation au contexte des éléments du totalitarisme qui soulève des questions quant à la méthode utilisée. Car quoiqu'elle mobilise une grande quantité de documents et de descriptions historiques, dans le but de cerner l'inapplicabilité d'un ordre d'État-nation, elle ne traite en aucun cas de façon scientifique ou historique de la période de l'entre-deux-guerres. Face à la « rupture de civilisation » [*Zivilisationsbruch*], elle considère qu'il est nécessaire d'aborder l'histoire de façon entièrement différente. Comme on le sait, Walter Benjamin lui donne à ce stade l'orientation dont elle a besoin. Conformément aux idées de Benjamin, les méthodes d'Arendt peuvent être considérées comme de « l'historiographie fragmentaire »[2] : Arendt rassemble des « "fragments de pensée" »[3], les analyse, les réorganise et les place dans un nouveau cadre de compréhension, permettant au « cristal de l'événement total »[4] [*Kristall des Totalgeschehens*] de se former. Comme Benjamin, qui compare sa propre façon de traiter les citations avec des

1. ETH, p. 612. Arendt dit ici que ce processus débuta par l'explication suivante : « les Juifs sont des citoyens de seconde zone, que l'on priva de leur nationalité avant de les déporter dans des ghettos et des camps de concentration, où ils furent à nouveau offerts au monde en sacrifice, désormais dépourvus de tout droit, pour voir si quelqu'un allait les réclamer : c'est seulement lorsqu'on put prouver qu'ils étaient parfaitement "superflus" ou apatrides au sein de l'humanité tout entière qu'ils furent alors exterminés » (*ibid.*). Arendt met ainsi en évidence le fait que le « droit de vivre » n'est contesté qu'à partir du moment « où la privation absolue de droits – ce qui signifie que personne ne se dit prêt à garantir des droits à cette catégorie précise de la population – est un *fait accompli* » (*ibid.*). Skran commente ce point en disant que la compréhension du rapport entre la fermeture des frontières et le nombre de victimes de l'Holocauste après 1945 n'engendra pas de « changement dans la norme en matière d'asile ». Alors qu'il y eut plusieurs tentatives « d'intégrer un "droit à l'asile" pour les individus dans le droit international », on ne parvint pas à se mettre d'accord pour adopter véritablement l'expression « être accordé ». Ultimement, seul le « principe de non-refoulement » fut acté (C. Skran, *Refugees in Inter-War Europe*, *op. cit.*, p. 178).

2. S. Benhabib, *The Reluctant Modernism of Hannah Arendt*, *op. cit.*, 2003, p. 158.

3. WB, p. 230.

4. W. Benjamin, *Das Passagen-Werk...*, *op. cit.*, p. 575.

bandits de grand chemin qui attaquent et débarrassent « le flâneur » de ses convictions, Arendt retire aussi les faits et les événements de leur contexte traditionnel pour les insérer dans un nouveau récit politique[1]. Ce récit est tributaire à la fois du « caractère phénoménal des événements et des circonstances politiques »[2] et du « présent en tant que tel »[3]. C'est en lui que s'exprime la revendication de la pensée politique d'Arendt d'être très « présente »[4]. Dans ce contexte méthodologique, l'intention n'est pas de préserver ou de raconter le passé tel qu'il était, mais plutôt de le raconter tel qu'il apparaît dans la perspective actuelle. Les faits historiques ne deviennent pas pour autant aléatoires, mais ils ne parlent jamais d'eux-mêmes. Le même principe s'applique à son tour aux remarques historiques d'Arendt : elles ne constituent pas tant une description factuelle des événements historiques qu'une pensée politique illustrative. Cette nature, « dans un certain sens significative, symbolique »[5], des événements passés n'apparaît au présent que lorsqu'elle est intégrée dans un récit. Par conséquent, la thèse arendtienne du déclin de l'ordre européen des États-nations ne devrait pas être considérée seulement comme *un* élément dans sa vision du régime totalitaire, mais dans le même temps comme une façon interventionniste de montrer que l'État-nation est une forme de gouvernement inapplicable à l'ère de la mondialisation. Quoiqu'il puisse être légitime d'accuser Arendt de ne pas avoir décrit correctement certains événements historiques et de ne pas avoir été à la pointe du dernier état de la recherche historique dans ses remarques, reste à savoir si on peut tirer un gain quelconque d'une telle critique, en sachant que les mérites d'Arendt résident dans ses conclusions conceptuelles[6]. C'est pourquoi en premier lieu, ce chapitre examinera l'argument politico-théorique d'Arendt en faveur du déclin de l'État-nation, et démontrera que la triade de l'État, du droit et de l'ordre forme très certainement la base de sa pensée politique.

1. *Cf.* L. Disch, *Hannah Arendt and the Limits of Philosophy*, Ithaca (NY)-New York-London, Cornell University Press, 1994, p. 188.

2. E. Vollrath, « Hannah Arendt und die Methode des politischen Denkens », *in* A. Reif (Hrsg.) *Hannah Arendt : Materialen zu ihrem Werk*, Wien, Europaverlag, 1979, p. 65.

3. WB, p. 236.

4. Je me réfère ici à la citation de Jaspers par laquelle Arendt commence aussi bien *Elemente und Ursprünge totaler Herrschadft* qu'*Origins of Totalitarianism* : « Weder dem Vergangenen anheimfallen noch dem Zukünftigen. Es kommt darauf an, ganz gegenwärtig zu sein » (ETH, p. 5).

5. WB, p. 231.

6. Cela n'aurait d'intérêt que si, en apportant un autre éclairage sur les événements historiques, on pouvait arriver à un récit différent qui remettrait en question les affirmations politico-théoriques d'Arendt en général. J'indiquerai ces nouveaux éclairages au cours de ce travail, quand ce sera pertinent (voir chap. II).

À cette fin, et étant parfaitement conscient que nous ne nous soucions pas des conclusions historiques attestées, je suivrai les remarques historiques d'Arendt et en tirerai son argument politico-théorique.

LE PARADOXE DU DROIT À L'AUTODÉTERMINATION

Le premier paradoxe qui met en danger l'ordre de l'État-nation concerne le droit à l'autodétermination nationale, un des principes fondamentaux du modèle européen de l'État-nation. Sieyès fut un des premiers à stipuler que « toute nation doit être libre »[1]. Ernest Renan voit dans « le vœu des nations [...] le seul critérium légitime, celui auquel il faut toujours en revenir »[2] et poursuit en développant l'idée libératrice et émancipatrice de l'autodétermination, plus de cent ans après la Révolution française. Puisque seules quelques nations ont pu bénéficier de « l'autodétermination et la souveraineté nationales », Arendt montre clairement dans ses remarques sur la période de l'entre-deux-guerres comment cette idée libératrice de l'autodétermination est devenue un instrument de répression. Elle soutient que dans ce contexte, les États nouvellement reconnus se retrouvèrent rapidement dans le rôle de l'oppresseur. Les « peuples à qui l'on refusait un État »[3], d'un autre côté, prirent conscience que « la véritable liberté, la véritable émancipation et la véritable souveraineté populaire ne pouvaient s'obtenir que par une complète émancipation nationale, et que les peuples privés d'un gouvernement national choisi par eux-mêmes étaient privés de droits humains »[4]. Compris comme un signe d'émancipation nationale, le droit à l'autodétermination était considéré comme une justification universelle des actions politiques oppressives des nouveaux États-nations, tout comme des mouvements indépendantistes des groupes minoritaires, selon le droit international. Cette dialectique de répression et d'autonomie coexistait avec la haine ethnique qui « se mit à jouer un rôle central dans les affaires publiques de tous les pays »[5] dans la période de l'entre-deux-guerres, et qui reflète l'hypothèse arendtienne de la « désintégration interne » du système européen de l'État-nation.

Malgré les accords de paix, les pactes protégeant les minorités et les autres traités politiques, les États-nations européens ne furent pas « capables

1. P.-E. Sieyès, *Qu'est-ce que le tiers État ?*, Paris, Puf, 1982, p. 64.
2. E. Renan, *Qu'est-ce qu'une nation ?*, Paris, Presses Pocket, 1992, p. 55.
3. OT, p. 271, trad. fr., p. 565.
4. OT, p. 272, trad. fr., p. 567.
5. OT, p. 268, trad. fr., p. 562.

de rétablir l'ordre dans ce chaos de haine réciproque »[1]. Arendt note que, dans cette atmosphère de haine ethnique, « les considérations pratiques et le sentiment tacite d'intérêts communs »[2], qu'impliquait autrefois l'idée d'États-nations, devinrent impossibles. Il devint instantanément manifeste qu'« une entière souveraineté était possible seulement aussi longtemps qu'un concert des nations européennes existait »[3]. C'est seulement tant que « cet esprit de solidarité et d'entente tacites »[4] existait parmi les États souverains qu'il était possible qu'un équilibre entre les différents intérêts d'une part, et le respect pour la souveraineté des autres États d'autre part pussent mener à un ordre politique fonctionnel. Sans cet *esprit*, la situation a rapidement conduit à cette « lutte à mort »[5] qui aurait dû être évitée dans la perspective des États-nations établis, avec pour toile de fond les expériences du désastre de la Première Guerre mondiale. La revendication par Kelsen de « l'ordre juridique national comme subjectivisme étatique »[6], et sa théorie selon laquelle toute idée de souveraineté nationale ne peut fonctionner que si elle est fondée sur la reconnaissance réciproque, coïncide avec le scepticisme d'Arendt à l'égard des principes tels que la souveraineté absolue. Néanmoins, si on conçoit l'autodétermination dans le contexte de la haine ethnique, la première question à poser est de savoir comment, selon Arendt, le principe de l'autodétermination nationale a pu exercer une influence aussi déterminante sur la politique européenne.

Même avant 1914, approximativement cent millions de personnes en Europe se virent refuser le droit à l'autodétermination[7]. Après la Première Guerre mondiale, cette situation n'était plus tenable. D'abord, les contraintes politiques forcèrent les États-nations établis à combler le vide politique qui suivit l'effondrement de la monarchie austro-hongroise, du règne du tsar russe et de l'empire ottoman. Comme les vieux États-nations

1. ETH, p. 561. Ceci est ma propre traduction des *Elemente und Ursprünge totaler Herrschaft*. Arendt écrit : « Selbst die Friedensverträge, welche die Nationalitäten in "Staastvölker" und Minderheiten aufteilten, haben in dieses Chaos gegenseitigen Hasses keine Ordnung bringen können ». Puisque certains passages ou certaines expressions furent ajoutés à la version allemande du livre d'Arendt sur le totalitarisme, je me réfèrerai parfois aux *Elemente und Ursprünge totaler Herrschaft*. Dans ces cas-là, quand c'est pertinent, je donnerai la version allemande sur laquelle se fonde ma traduction; pour le reste, je ne ferai que citer la référence.

2. OT, p. 278, trad. fr., p. 575.

3. *Ibid.*

4. *Ibid.*

5. OT, p. 278, trad. modifiée, p. 575.

6. H. Kelsen, *Pure Theory of Law* [1934], *op. cit.*, p. 345.

7. Arendt tire ce chiffre d'études menées par l'historien et diplomate anglais Sir Charles Kingsley Webster (voir OT, p. 272, trad. fr., p. 567).

européens étaient confrontés à des mouvements indépendantistes dans leurs colonies, il n'aurait pas été possible de refuser l'autodétermination nationale aux groupes ethniques dans l'est et le sud de l'Europe à moins d'employer la violence militaire – une option qui fut jugée inimaginable après l'expérience choquante de la guerre moderne. Arendt soutient qu'au vu de ce contexte historico-politique (un vide politique de pouvoir et une conscience nationale ravivée), les accords de paix de 1919-1920 devaient ouvrir la voie à l'émancipation nationale de tous les groupes ethniques et de tous les pays européens. En outre, selon Arendt, les accords de paix étaient une tentative de maintenir une Europe organisée en États-nations, de défendre l'idée des États-nations comme base d'un ordre paisible nouveau pour le XXe siècle et de « conserver le statu quo européen »[1]. Puisqu'une solution différente, fédérale, supranationale n'était pas envisageable, l'idée de l'autodétermination nationale fut étendue à l'ensemble de l'Europe.

Cependant, il n'était pas possible d'appliquer simplement le principe de l'État-nation à l'Europe de l'est et du sud-est. Aucune des régions nouvellement structurées ne pouvait satisfaire les exigences sur lesquelles reposaient les États-nations traditionnels tels que la France ; aucun de ces territoires n'était uni-national. Au contraire, Arendt souligne que ces régions formaient toutes un mélange bariolé de groupes ethniques qui se définissaient comme des groupes politiques. Elle est d'accord avec Mussolini pour dire que le problème fondamental de la Tchécoslovaquie n'était pas simplement qu'elle était tchécoslovaque, mais plutôt qu'elle était la « Tchéco-Germano-Polono-Magyaro-Ruthéno-Roumano-Slovaquie »[2]. Si le but était de créer des États-nations sur la base du droit à l'autodétermination, on se retrouvait en fait avec des États-nationalités[3]. En outre – et c'est un point décisif dans les réflexions d'Arendt –, les groupes ethniques impliqués étaient constitués de gens dont la conscience nationale n'avait été éveillée que récemment, d'après l'exemple des nations occidentales. Plutôt que de regarder en arrière vers une histoire de l'État, et de lier la nationalité aux institutions juridiques de l'État, Arendt se place dans la tradition de Meinecke, en distinguant le concept de nation étatique de celui de nation culturelle : dans ces groupes ethniques le concept de nationalité « ne s'était pas encore développ[é] au-delà d'une conscience ethnique inarticulée ». À l'inverse de la conception occidentale de la nationalité, « leur qualité nationale semblait plus une question privée,

1. OT, p. 271, trad. fr., p. 566.
2. OT, p. 270, trad. fr., p. 565, note 5.
3. ETH, p. 567. La version allemande emploie le terme de « Nationalitätenstaaten ».

sans attaches, inhérente à la personnalité même, qu'une question d'intérêt public et de civilisation »[1]. En bref, dans l'Europe de l'est et du sud-est, le concept d'État-nation avait depuis le début une connotation ethnique.

Arendt part du principe que les dirigeants politiques des vieux États-nations pensaient ou espéraient que les problèmes de nationalité dans l'Europe de l'est et du sud-est pouvaient être canalisés à l'aide de traités protégeant les minorités. Le système des minorités tel qu'ils l'avaient conçu garantissait que les groupes ethniques importants pouvaient participer à l'administration et au gouvernement d'un pays, en fonction de leur proportion dans la population. Les autres groupes dissidents moins importants devaient renoncer à leurs droits politiques, en particulier le droit à l'émancipation nationale, pour pouvoir disposer du droit à parler leur propre langue, à ouvrir leurs propres écoles, à pratiquer leur propre religion, etc. Arendt souligne le fait que l'adjectif « national » fut évité à tout prix au moment de caractériser les minorités en question. Ainsi la « Tchéco-Germano-Polono-Magyaro-Ruthéno-Roumano-Slovaquie » devint la Tchécoslovaquie, dans laquelle sept millions de Tchèques se retrouvèrent sous l'égide du groupe minoritaire comprenant deux millions de Slovaques. Pour décrire la véritable intention des traités sur les minorités, Arendt cite l'ancien ministre des affaires étrangères britannique Sir Austen Chamberlain : « l'objet des traités des minorités était [...] de garantir [...] ces mesures de protection et de justice qui les [les minorités] prépareraient peu à peu à se fondre dans la communauté nationale à laquelle ils appartenaient »[2].

Tout en définissant une nation – comme la Pologne, la Roumanie ou la Lituanie – ou deux nations – telles que la Tchécoslovaquie et la Yougoslavie – comme la nation d'un État dans le but de garantir les prérequis constitutionnels d'une identité nationale, les dirigeants politiques européens croyaient avoir réalisé des avancées décisives pour assurer un futur réglementaire robuste dans cette partie de l'Europe. La réalité qui commençait à transparaître en Europe réfutait la vision décrite par Chamberlain. Premièrement, les traités sur les minorités, qui avaient été conçus comme des exceptions, devinrent la règle. Il n'y avait aucune région dans l'est et le sud-est de l'Europe qui n'était pas convoitée simultanément par plusieurs nationalités. En outre, quand l'idée avait été envisagée, beaucoup de groupes ethniques n'avaient tout simplement pas été identifiés. De ce fait, les divisions territoriales, quelles qu'elles fussent,

1. OT, p. 231, trad. fr., p. 513.
2. OT, p. 273, trad. fr., p. 568.

parurent arbitraires dès le début. Deuxièmement, la classification en nations fondée sur ces divisions semblait tout aussi artificielle. Un groupe ethnique se voyait élevé au rang de nation étatique, sa volonté politique était déclarée comme « seul critère légitime » et il était internationalement reconnu sur la base de l'autodétermination ; tandis que l'autre groupe ne parvenait à obtenir qu'un statut de groupe ethnique, religieux, ou linguistique[1]. La situation, qui fut jugée inacceptable par les minorités et mena partout à des tentatives séparatistes, s'accompagna d'une politique de « l'obstruction systématique »[2]. Voyant leurs propres minorités de l'autre côté de la frontière, beaucoup d'États nouvellement créés considéraient également le tracé des frontières comme un tracé insatisfaisant, ce qui conduisit à de nombreux conflits frontaliers, dont certains dégénérèrent en guerre. Les conflits frontaliers, d'autre part, encourageaient les conflits internes parmi les différents groupes ethniques et révélaient, pour reprendre les mots de Pearson, la « nature hybride des nouveaux États »[3]. Très vite, il apparut que si les constellations étaient « inadaptées », les confits *intra*-étatiques entre la population et les minorités, ou même entre les minorités elles-mêmes, pouvaient rapidement conduire à des conflits *inter*-étatiques.

Arendt décrit la manière dont les dirigeants politiques européens, qui s'inquiétaient de la situation conflictuelle croissante, ont clairement et expressément « insist[é] sur les "devoirs" que les minorités avaient envers les nouveaux États »[4], et ceci dès 1922, au cours de la troisième assemblée de la Société des Nations. C'est à ce moment-là, au plus tard, que les véritables implications du terme « minorités » devinrent manifestes. Arendt cite l'homme politique français Aristide Briand, qui

1. Voir OT, p. 270, trad. fr., p. 565. Dans toutes les régions, que ce soit en Pologne par la suite, dans les États baltes, en Hongrie, en Tchécoslovaquie, en Yougoslavie, etc., les différents groupes ethniques vivaient les uns à côté des autres dans des localités plus ou moins séparées. Cela se traduisait par le fait qu'un groupe ethnique, par exemple les Polonais, qui n'étaient qu'une minorité en Lituanie, constituaient la majorité de la population nationale dans la région voisine. Arendt affirme que pour tous ces peuples qui n'avaient pas été reconnus comme nations, et qui furent ainsi privés d'un territoire national, les traités symbolisaient « un jeu arbitraire qui octroyait la domination aux uns et la servitude aux autres » (ETH, p. 568, trad. fr., p. 565). Raymond Pearson appuie le point de vue d'Arendt lorsqu'il parle, au sujet du rôle de Benes et de Masaryk dans la création de la Tchécoslovaquie, d'une « campagne clandestine de lobbying secret des Alliés » (R. Pearson, *National Minorities in Eastern Europe 1848-1945*, London, Macmillan, 1983, p. 150) et ajoute que ceci conduisit à la naissance d'un sentiment partagé par de nombreuses minorités désavantagées, celui d'avoir été victimes d'un complot.

2. ETH, p. 567.

3. R. Pearson, *National Minorities in Eastern Europe 1848-1945*, *op. cit.*, p. 184.

4. OT, p. 272, trad. fr., p. 568.

note : « Le processus que nous devrions viser, ce n'est pas la disparition des minorités, mais une sorte d'assimilation »[1]. Pour Arendt, depuis le tout début, l'État-nation visait l'assimilation des minorités. Sur cette base, Arendt discerne deux conceptions différentes du concept de minorité. D'un côté, nous comprenons la minorité comme un groupe dissident séparé de la majorité, mais qui est protégé par l'État voisin où la minorité ne représente pas une minorité mais la majorité de la population. De l'autre, l'idée d'une minorité au sein de l'État-nation selon Arendt a été calquée sur la situation des Juifs. Puisque les Juifs vivaient dans tous les pays et se satisfaisaient du statut de minorité, ils étaient l'illustration de la « *minorité par excellence** »[2].

Ce qui est notable dans cette équation, c'est le fait qu'elle a permis de reconfigurer le concept de minorité, de sorte qu'il a fini par coïncider avec les attentes des vieux États-nations d'un côté, et de l'autre avec les exigences de souveraineté absolue des États nouvellement créés. Puisque les Juifs n'avaient pas leur propre État, mais se conformaient au modèle d'un nouveau concept de minorité, la notion politique de minorité changea; le terme « minorité » fut dépolitisé; il fut privé de sa « connotation politique ». Un concept de minorité ainsi dépolitisé allait dans le sens du fondement de l'idée d'État-nation, puisqu'il pouvait changer toute une partie de la population en une minorité silencieuse qui devait se comporter comme telle envers la majorité. Arendt soutient que ce désir silencieux, qui fut affiché peu de temps après dans la revendication politique de Briand en faveur de l'assimilation, ne fut pas réalisé. D'un côté, la vision dépolitisée des minorités, non ambitieuse politiquement, ne reflétait pas la situation réelle. Le degré d'« ambition politique » et de « politisation » réelles d'une minorité dépendait fortement de la minorité en question. Ce qui s'appliquait *de facto* aux minorités juives non protégées, ou aux Roms et aux Sintis, dans tous les États européens, ne s'appliquait pas nécessairement à la minorité allemande en Tchécoslovaquie, comme l'a montré la crise des Sudètes. D'un autre côté, de nombreux groupes ethniques n'étaient pas satisfaits de la situation. La plupart des minorités se définissaient comme des groupes politiques et se considéraient par conséquent comme « les malchanceux restants »[3] qui, en raison de préoccupations politiques hégémoniques ou d'intérêts sinistres, furent empêchés de rejoindre leur

1. OT, p. 272, trad. fr., p. 568, note 10.
2. OT, p. 289, trad. fr., p. 589.
3. ETH, p. 565.

pays d'origine. C'est la raison pour laquelle, en troisième lieu, l'appel à l'assimilation était à leurs yeux absolument inacceptable[1].

Dans le même temps, la tradition de la pensée de l'État-nation, qui avait été globalement acceptée depuis la Révolution française, partait du principe que le peuple et la nation devaient être une seule et même chose, et que les minorités n'étaient, tout au plus, que des anomalies temporaires. Mais cela encourageait en retour la nationalisation des minorités, parce que seule la persévérance politique constante et permanente dans leur identité nationale pouvait enrayer la menace d'absorption par la majorité sur le long terme. De cette manière, comme l'affirme Zolberg, les minorités devinrent des « marginaux politiques »[2]. Il est incontestable que ce processus de nationalisation a pris appui sur le sol fertile d'un concept ethnique de nationalité qui détenait un potentiel supplémentaire de conflit. Arendt souligne dans ses réflexions que le système des minorités intensifia l'escalade politique de la question de la nationalité. Autrement dit, les « moyens » par lesquels les États-nations établis essayaient de résoudre la question de la nationalité et de garantir la paix européenne ne faisaient qu'inciter à de nouveaux conflits. L'exigence d'assimilation de l'État-nation dégénéra en protestation de la part des minorités et mit en lumière que

> le statu quo européen ne pouvait évidemment pas être préservé et c'est seulement après la chute des derniers vestiges de l'autocratie européenne qu'il devint clair que l'Europe avait été régie par un système qui n'avait

1. Dans le même temps, Pearson souligne que « seules les minorités loyales qui furent persécutées de façon déraisonnable ou gratuite par un État, exclusivement sur la base de la nationalité, étaient couvertes par la garantie de la Société [des Nations] ». Si les minorités en venaient à se rebeller envers leur statut ou l'exigence d'assimilation, la Société des Nations le classait uniquement comme une affaire interne pour le « pays d'accueil » (R. Pearson, *National Minorities in Eastern Europe 1848-1945*, *op. cit.*, p. 142). Comme Arendt, Pearson conclut également que les États-nations établis se préoccupaient en premier lieu de défendre une Europe organisée dans le sens des États-nations. Dans ce contexte, la Société des Nations a agi – et c'est « le grief principal » de Pearson envers la Société des Nations – comme un « gendarme plutôt qu'un juge » : « [L]es droits et les torts de telle ou telle minorité étaient toujours fermement subordonnés à la préoccupation plus large que représentait la préservation de la paix par la défense du Traité de Versailles – [...] même si une minorité faisait l'objet d'un abus scandaleux » (R. Pearson, *National Minorities in Eastern Europe 1848-1945*, *op. cit.*, p. 145). C'est pourquoi au sein de l'ordre de l'État-nation – dont le concept de minorité n'était qu'une expression –, il n'y avait aucun moyen de canaliser les conflits qui s'intensifiaient sans cesse entre les minorités et les citoyens de l'État.

2. A. Zolberg, « The Formation of New States as a Refugee-Generating Process », *The Annals of the American Academy of Political and Social Science* 467, art. cit., p. 28. Notre traduction [NdT].

jamais tenu compte d'au moins 25 % de sa population ni répondu à ses besoins[1].

En outre, il apparut très tôt que les puissances plus anciennes n'étaient pas prêtes à prendre en compte les minorités ou le système des minorités. Depuis le début, les nouveaux États se plaignaient d'un « manque de parole non déguisé » et de « mesure discriminatoire »[2] entre les États nouvellement créés et les États établis, tels que la France, qui s'excluaient eux-mêmes, sans compromis, du système des minorités. Arendt montre que la position des États plus anciens était compréhensible dans une perspective nationale et souverainiste, parce que « [les] restrictions implicites [des traités sur les minorités] sur la souveraineté nationale auraient affecté la souveraineté nationale des pouvoirs européens depuis longtemps en place »[3]. Arendt souligne le fait que pas une des anciennes puissances n'était préparée à accepter cela[4]. Ainsi, le potentiel de conflit que présentait le système des minorités n'était pas seulement évident dans l'Europe de l'est et du sud-est, mais il affectait graduellement les relations entre les nouvelles et les anciennes puissances. Dans cet esprit, Pearson montre comment les nouveaux États étaient encouragés à « introduire des discriminations envers les minorités par bravade nationale, comme une déclaration d'indépendance permanente »[5]. La mise en œuvre unilatérale du système des minorités conduisit les nouveaux États à penser que « l'esprit de solidarité » n'était pas partagé par les anciennes puissances, et ils se sentirent forcés de manifester leur souveraineté nationale par d'autres moyens. Arendt arrive à la conclusion que « l'atmosphère de

1. OT, p. 271, trad. fr., p. 567.
2. OT, p. 270, trad. fr., p. 566.
3. OT, p. 273, trad. fr., p. 568.
4. Pearson arrive à la même conclusion qu'Arendt dans son étude, à savoir qu'aucun État n'était préparé à restreindre ses droits souverains. « Les États hôtes en voulaient à la Société des nations dès le départ. À une époque où les nouveaux États étaient naturellement hypersensibles au sujet de leur indépendance, ils se virent accorder la reconnaissance internationale à la seule condition de signer des traités sur les minorités qui à l'évidence portaient atteinte à leur souveraineté. Comment expliquer que des États souverains puissent être contraints de soumettre leur juridiction à la Société des Nations et à la Cour permanente de Justice internationale ? De façon plus pertinente encore, pourquoi les grandes puissances ou les autres États en dehors de l'Europe de l'est étaient-ils dispensés de tels traités sur les minorités ? La justice de la Société des Nations semblait aux yeux de la plupart des États hôtes partiale et ce depuis sa création, sans aucune application universelle ou même générale du principe de la protection des minorités » (R. Pearson, *National Minorities in Eastern Europe 1848-1945*, *op. cit.*, p. 142).
5. *Ibid.*

dégradation »[1] engendrée par une haine sans motif et sans but était la conséquence directe du fait qu'aucune des parties ne pouvait réellement être aidée par les outils politiques disponibles qu'un ordre d'État-nation pouvait fournir :

> Désormais, chacun était contre quelqu'un d'autre, et surtout contre ses voisins les plus proches – les Slovaques contre les Tchèques, les Hongrois contre les Slovaques, les Croates contre les Serbes, les Ukrainiens contre les Polonais, les Polonais contre les Juifs – et ainsi de suite avec des variations infinies, seulement limitées par le nombre de nationalités et de peuples au sein d'un État... Alors que les minorités haïssaient les peuples majoritaires, cela ne les empêchait pas d'haïr tout autant les autres minorités installées dans la même région, et de les persécuter où cela était possible[2].

Chaque nouvel État-nation qui s'efforçait d'obtenir sa liberté politique d'après les principes internationaux et qui cherchait à devenir membre de la « Maison des Nations » (Kurt Tucholsky) se retrouvait dans le rôle de l'oppresseur. D'un autre côté, les minorités nationales qui luttaient pour leur droit à établir leur propre État-nation ou cherchaient à s'affilier avec leur pays d'origine étaient déclarées criminelles ou ennemies de l'État. Dans une situation où chaque partie se référait au « dogme de la souveraineté d'État »[3], la communication et l'échange devinrent impossibles. La haine ethnique dans les États « chroniquement instables, démesurément ambitieux et déraisonnablement compétitifs »[4] dégénéra de telle manière que les minorités se virent confrontées à une alternative, « combattre ou fuir »[5], pour reprendre la conclusion de Pearson. Cependant, le résultat final des deux alternatives fut que beaucoup furent chassés ou fuirent leur pays d'origine, ce qui engendra des masses de réfugiés en quête de protection dans l'Europe de l'Ouest[6]. Le contexte politique et historique dans lequel la migration eut lieu créa une nouvelle catégorie politique inconnue jusqu'alors – « l'apatride » [*stateless person*]. Désormais, face au nouveau phénomène de privation de nationalité, les États-nations plus anciens se sont vus confrontés, eux aussi, à des problèmes massifs.

1. OT, p. 268, trad. fr., p. 562.
2. ETH, p. 561 *sq.*, trad. modifiée, p. 562-563.
3. H. Kelsen, *Pure Theory of Law* [1934], *op. cit.*, p. 346.
4. R. Pearson, *National Minorities in Eastern Europe 1848-1945*, *op. cit.*, p. 185.
5. *Ibid.*, p. 84.
6. Voir aussi *ibid.*, p. 184.

LE PARADOXE DE LA DÉSASSIMILATION ET DE LA DÉNATURALISATION

Le deuxième paradoxe de l'État-nation, le *paradoxe de la désassimilation et de la dénaturalisation*, que met en évidence le discours d'Arendt sur l'effondrement d'une Europe d'États-nations, commence par le phénomène de privation de nationalité. Arendt s'efforce de prouver que dans le cadre d'un État-nation, il n'existait aucun moyen de restaurer le « droit à agir » que le phénomène massif de privation de nationalité avait engendré. Le cœur de la critique d'Arendt est que le chemin menant à un accord international sur l'asile et la régulation des réfugiés était obstrué par l'atmosphère générale de haine ethnique chauvine et la peur de perdre sa souveraineté. C'est pourquoi les pays européens, paradoxalement, perdirent ces droits souverains qui, mis à part le *jus ad bellum*, avaient jusqu'alors relevé du domaine de la souveraineté nationale, à savoir « la souveraineté [...] en matière d'"émigration, [de] naturalisation, [de] nationalité et [d']expulsion" »[1].

Pour analyser le *paradoxe de désassimilation et de dénaturalisation*, il nous faut expliquer les implications politiques et juridiques de la privation de nationalité. Pour Arendt, la privation de nationalité n'est pas seulement « le phénomène de masse le plus nouveau de l'histoire contemporaine »[2], mais aussi l'expression la plus évidente de la « première grave atteinte aux États-nations »[3]. Avant la Première Guerre mondiale, la privation de nationalité était juste une bizarrerie qui arrivait dans des pays ayant retiré la citoyenneté à certaines personnes parce qu'elles étaient parties vivre dans un autre pays. Pendant la Première Guerre mondiale, la « dénaturalisation par simple décret »[4] était devenue plus fréquente en Europe. Cependant, cette mesure n'était appliquée qu'à des cas de citoyens naturalisés qui avaient leurs racines dans des pays devenus des ennemis d'État dans une période d'hostilités. Même ainsi, l'impact de la privation de nationalité était insignifiant jusqu'à la Révolution d'Octobre ; après la révolution, des millions de Russes fuyant leur pays face aux mouvements révolutionnaires furent privés de leur citoyenneté par le nouveau gouvernement. Dans l'ordre chronologique et sur une courte période, les Russes furent suivis par des centaines et des milliers d'Arméniens, de Hongrois, d'Allemands,

1. OT, p. 278, trad. fr., p. 575.
2. OT, p. 277, trad. fr., p. 573.
3. OT, p. 280, trad. modifiée, p. 578.
4. OT, p. 277, trad. fr., p. 574, note 20.

de Slovaques et de Juifs, qui cherchaient tous à fuir la persécution systématique, les génocides, les conflits frontaliers, les guerres civiles, les émeutes ou les pogroms, et qui étaient contraints de quitter leurs pays d'origine[1]. Mais quel était au juste le problème posé par la privation de nationalité, et à quel point rendit-il la « désintégration des États-nations » manifeste ?

Quoique les réfugiés soient tout sauf un phénomène inédit dans l'histoire, aux yeux d'Arendt les réfugiés de la période de l'entre-deux-guerres étaient fondamentalement différents des réfugiés des époques antérieures. À aucun autre moment dans l'histoire il n'y eut de telles masses de gens réduites à une « condition de complète privation de droits »[2]. Le fait que la privation de droits résulte directement de la privation de nationalité était dû à la formation des États-nations. Arendt met en lumière le fait que tant que le principe médiéval *quidquid est in territorio est de territorio* était valide, toute personne présente sur le territoire d'un État était sujette à la juridiction du souverain[3]. Cependant, puisqu'avec l'institution de l'État-nation comme paradigme principal de l'ordre politique, la volonté du peuple devint l'unique source du droit, l'identité et la cohésion d'un peuple devaient être déterminées par le principe d'exclusion et d'inclusion. La conséquence de cela était qu'un État n'accordait sa protection juridique qu'à ceux qui appartenaient au groupe des « inclus », c'est-à-dire ceux qui détenaient la citoyenneté en raison de leur nationalité ou ceux dont le pays avait signé certains traités, qui garantissaient que la citoyenneté étrangère fût reconnue dans les pays concernés.

Les vieux États tout comme les nouveaux s'efforcèrent de régler le problème des réfugiés en le « faisant disparaître [...] au moyen d'interprétations juridiques »[4]. L'une d'elles, pour Arendt, était la distinction intenable entre les réfugiés et les apatrides. Cela ne représentait rien d'autre que « la non-reconnaissance de l'apatridie »[5] en tant que phénomène de masse, et la volonté de faire du problème des réfugiés une « anomalie passagère »[6]. Selon Arendt, toutes ces ambitions du système judiciaire étaient vouées à l'échec du fait que « dans la pratique, les réfugiés étaient tous apatrides et presque toutes les personnes apatrides étaient virtuellement des

1. Voir OT, p. 278, trad. fr., p. 576.
2. OT, p. 296, trad. fr., p. 598.
3. Voir OT, p. 280, trad. fr., p. 578.
4. ETH, p. 582.
5. ETH, p. 579, trad. fr., p. 577.
6. ETH, p. 582, trad. modifiée, p. 582.

réfugiés »[1]. Pour Arendt, ces tentatives visant à masquer la véritable situation à l'aide de ruses juridiques ne pouvaient relever de la seule ignorance : jusqu'alors, on n'avait jamais entendu parler de personnes perdant tous leurs droits à la suite de la privation de leur nationalité. Derrière cette nouvelle identification de la privation de nationalité à la privation de droits se trouvait l'acceptation silencieuse de l'effondrement d'une des lois les plus anciennes et presque sacrée des communautés politiques : le droit à l'asile. La capacité de l'État de permettre à des personnes de rester sur son territoire est fondée sur la possibilité de les expulser vers des pays voisins ou vers leur pays d'origine. C'est seulement là où l'État est en mesure, légalement et dans les faits, de refuser le séjour qu'il est aussi en mesure d'accorder le droit de séjour. Avec des réfugiés *de facto* apatrides dans la période de l'entre-deux-guerres, cette condition a été abolie. Il n'était pas possible de les expulser puisqu'aucun pays ne les aurait acceptés. Puisqu'ils n'appartenaient pas à un État, ils étaient « indéportables »[2]. Cette « indéportabilité » des réfugiés en particulier, et l'effondrement du système du droit d'asile qui s'ensuivit, eut des conséquences pour la souveraineté de l'État-nation quand il fallut désigner ceux qui avaient la permission de rester et ceux qui devaient quitter le pays. Arendt écrit :

> Tout le système de naturalisation des pays européens s'est effondré lorsqu'il a été confronté aux apatrides, pour les mêmes raisons que celles qui avaient condamné le droit d'asile. La naturalisation était essentiellement une annexe de la législation de l'État-nation qui ne voulait reconnaître que les « nationaux », personnes nées sur son territoire et citoyens de naissance. La naturalisation était nécessaire dans des cas exceptionnels, pour les individus isolés que les circonstances auraient pu amener en pays

1. OT, p. 276. À part les réfugiés apatrides russes et arméniens qui étaient officiellement reconnus comme des personnes apatrides et protégés par l'Office international Nansen pour les réfugiés – et qui constituaient donc une sorte « d'aristocratie » parmi les millions de réfugiés apatrides –, la plupart des autres réfugiés étaient *de facto* apatrides (voir OT, p. 271, trad. fr., p. 566). Arendt cite l'histoire des réfugiés russes comme contre-exemple de la thèse de l'anomalie temporaire. Dans ses commentaires, elle se réfère au rapport sur l'immigration de Sir John Hope Simpson, ainsi qu'aux résultats des études d'Eugene Kulischer et de Winfried Hadsel, qui montrent que – mis à part la première vague de réfugiés russes – un demi-million de personnes étaient encore apatrides vingt-cinq ans après (voir sur ce point l'étude emblématique de Sir John Hope Simpson, *The Refugee Problem. Report of a Survey*, Oxford, Oxford University Press, 1939). La distinction juridique entre apatride et réfugié est presque ridicule dans un contexte où « en l'espace d'une génération, pas un seul groupe n'a pu être libéré de l'apatridie par voie de rapatriement ou de naturalisation » (ETH, p. 583).
2. OT, p. 276, trad. fr., p. 573.

étranger. L'ensemble du processus de naturalisation s'est brisé lorsqu'il a été question d'appliquer la naturalisation à des masses[1].

Quoique la solution pour désamorcer le problème de plus en plus explosif des réfugiés eût été, du moins théoriquement, la garantie de leurs droits fondamentaux et la naturalisation, Arendt souligne que cette possibilité fut bloquée de maintes façons. Premièrement, il est évident qu'un tel processus de naturalisation ne pouvait être mené que sur la base d'accords internationaux auxquels tous les États-nations devraient adhérer. Un État n'aurait jamais pu être en mesure de mettre en œuvre une telle politique à lui seul. Mais chaque pays, comme prisonnier d'un ordre d'États-nations, persistait dans sa souveraineté, et cela, ajouté à l'atmosphère envenimée de la haine ethnique, rendait impensable une solution internationale au problème des réfugiés et de l'apatridie. Pour illustrer les arguments d'Arendt, nous pouvons nous référer à Gérard Noiriel qui démontra comment, à cette époque, « la question du droit d'asile devint véritablement un problème juridique international car il s'agit de définir des normes qui puissent être admises par le plus grand nombre de pays »[2]. Comme le souligne Noiriel, en référence aux idées du ministre de l'intérieur français sur un traité sur les réfugiés et les minorités rédigé en 1928, l'avis général était que « l'ordre social et la sécurité française »[3] ne pouvaient être obtenus que de façon unilatérale, et que tout accord contraignant sur la question des réfugiés équivaudrait à une perte de souveraineté sur les questions de sécurité. À l'évidence, cela restreignait toute action politique concrète au niveau international[4].

Si l'on met de côté l'argument quelque peu spéculatif d'Arendt, reste qu'aucune bureaucratie n'aurait jamais eu la capacité de gérer et d'organiser la naturalisation de millions de réfugiés. Deuxièmement, il ne fallait pas présumer que les réfugiés acceptent l'assimilation comme prérequis de la naturalisation. En dehors de la volonté d'autodétermination nationale, la renaissance du nationalisme avait également modifié le profil des réfugiés. Avant cela, les réfugiés étaient de simples individus persécutés qui fuyaient par-delà les frontières. Désormais, des groupes ethniques entiers étaient en train de se déplacer, des groupes qui, en raison des dynamiques collectives, étaient incapables de s'assimiler. En réalité,

1. OT, p. 284 *sq.*, trad. fr., p. 583.

2. G. Noiriel, *La tyrannie du national. Le droit d'asile en Europe, (1793-1993)*, Paris, Calmann-Lévy, 1991, p. 104.

3. *Ibid.*, p. 114.

4. *Cf.* C. Skran, *Refugees in Inter-War Europe. The Emergence of a Regime*, Oxford, Oxford University Press, 1995, p. 142.

ils déclenchèrent plutôt un processus de « désassimilation » chez les citoyens déjà naturalisés dans leurs pays d'accueil qui partageaient les mêmes racines ethniques. Arendt écrit :

> Lorsqu'une vague de réfugiés rencontrait des membres de leur propre nationalité déjà établis dans le pays où ils immigraient – comme cela se produisit pour les Arméniens et les Italiens en France, par exemple, et pour les Juifs dans tous les pays du monde – on constatait une certaine régression de l'assimilation des premiers arrivés. Car il n'était possible de mobiliser leur aide et leur solidarité qu'en faisant appel à la nationalité d'origine qu'ils partageaient avec les nouveaux venus[1].

Ce qu'elle décrit ici est la transformation d'un concept ethnique de nationalité en un facteur politique décisif. Cela ne signifie pas, toutefois, que les minorités d'Europe de l'est et du sud-est n'avaient pas de sentiment ethno-nationaliste d'appartenance commune auparavant. Désormais, cependant, étant donné l'exil et la déportation, l'affiliation à un groupe ethnique revêtait également une importance nouvelle et décisive au sein des vieux États-nations. Lorsque les individus perdent toutes garanties extérieures d'appartenance au monde, telles que leurs droits et même leur pays d'origine, leur origine devient le point de référence central et une source cruciale de solidarité. Pour Arendt, « l'humanité créée par la fraternité » – qui ne signifie rien d'autre « que l'élément commun à tous les hommes n'est pas le monde, mais une nature humaine »[2] – a toujours remplacé par sa chaleur la lumière d'un monde commun dont furent privées les populations humiliées dans les périodes sombres de l'histoire. Même si la nationalité n'avait aucune signification politique pour les membres désormais naturalisés et assimilés du même groupe ethnique, et n'était qu'une question d'appartenance culturelle, ces personnes se sentaient à présent attirées par cette nouvelle conception de la nationalité. Les effets négatifs engendrés par les vagues de réfugiés chez les populations déjà installées et leurs sentiments d'appartenance augmentaient la peur des vieux États-nations de basculer dans un « dangereux » État multinational. Cette peur n'était pas infondée et provenait des difficultés des États-nations à gérer les autres groupes nationaux ; et elle bloquait, troisièmement, toute considération d'une politique de naturalisation.

1. OT, p. 285, trad. fr., p. 584, note 40.

2. LR, p. 26, trad. fr. E. Adda *et al.*, p. 25. Arendt explique ce droit à la « chaleur des peuples parias » (*ibid.*) dans son discours prononcé à l'occasion de la réception du prix Lessing, lorsqu'elle prend l'exemple des Juifs comme parias *par excellence**, et affirme que la perte du monde commun qui accompagne la fraternité n'est concédée qu'à ceux – et même si ce n'est pas sans danger – qui font partie des peuples humiliés. Aucun autre peuple ne pourrait se permettre un tel manque de réalité (voir LR, 26 *sq.*).

Néanmoins, les gouvernements des États-nations devaient réagir face au nombre croissant de réfugiés et au processus connexe de désassimilation. Arendt soutient que, lorsqu'il devint évident qu'on ne pouvait fermer les frontières entièrement et à tout prix, et que des réfugiés toujours plus nombreux affluaient dans chaque pays, les gouvernements commencèrent à révoquer les naturalisations déjà accordées [1]. Le problème était que cette dénaturalisation était tout aussi inefficace que la naturalisation et n'apportait pas véritablement de solution – ni à l'échelle des États-nations ni à celle de l'Europe tout entière. Au contraire, la tragédie de « la législation sur la dénaturalisation » [2] dans les années 1920 était qu'une fois qu'un État commençait à invalider des nationalités déjà accordées en réaction à l'afflux de réfugiés, les États frontaliers se sentaient obligés de faire de même. Il en résultait que les lois de dénaturalisation furent adoptées à travers toute l'Europe, et conduisirent à des « dénaturalisations massives » [3]. Dans une longue note de bas de page, Arendt raconte comment, en 1922, les lois de dénaturalisation commencèrent en Belgique, et comment des États tels que la Turquie, l'Autriche, la France, etc. lui emboîtèrent le pas [4]. Les fondements juridiques de ces lois de « dénaturalisation » étaient formulés de façon si vague qu'ils ne fournissaient rien de plus que des directives destinées à la police sur la manière de traiter les « étrangers indésirables » [5]. *De facto*, ce sont des clauses générales [6]. Loin de faire référence à des infractions effectives, « les lois » étaient rédigées en des termes à peine

1. On retrouve la même analyse chez Skran : « [puisque] les gouvernements ne pouvaient entièrement fermer leurs frontières, ils usèrent du refoulement comme moyen de renvoyer ceux qui les avaient traversées secrètement (*Refugees in Inter-War Europe*, *op. cit.*, p. 133).

2. ETH, p. 585, trad. modifiée, p. 584. La version allemande dit « Denaturalisierungs-gesetzgebung ».

3. ETH, p. 585, trad. fr., p. 584. La version allemande dit « einer Welle von Massende-naturalisationen ».

4. Voir OT, p. 279, trad. fr., p. 576.

5. OT, p. 283, trad. fr., p. 582.

6. L'assouplissement du droit par le biais de ces clauses générales s'accompagnait d'une série d'ordonnances qui, en conditionnant la naturalisation à des exigences irréalisables, constituait un retrait *de facto* de la citoyenneté. Arendt signale un décret ne donnant le droit aux docteurs de pratiquer que dix ans après leur naturalisation (voir ETH, p. 586, trad. fr., p. 584). Tout comme la loi française de 1932 « protégeant la main-d'œuvre nationale », qui faisait dépendre les permis de résidence pour tous les étrangers et les réfugiés de la situation économique, il est aussi fait fréquemment référence dans la recherche à la « révision de tous les permis de travail étrangers » en 1935 (C. Skran, *Refugees in Inter-War Europe*, *op. cit.*, p. 132). À la suite de cette nouvelle règle, les permis de travail furent refusés ou leur renouvellement reporté jusqu'à ce que leurs détenteurs aient déjà reçu leur ordre d'expulsion (*cf.* aussi sur ce point M. Marrus, *The Unwanted. European Refugees in the Twentieth Century*, Oxford, Oxford University Press, 1985, p. 145-149, G. Noiriel, *La tyrannie du national*, *op. cit.*, p. 114).

tangibles et parlaient de personnes « manquant gravement à leurs devoirs de citoyens belges », de ceux qui ne « méritai[ent] pas la citoyenneté italienne », ou alors ils privaient de nationalité les nouveaux citoyens « qui commettaient des actes contraires aux intérêts de la France »[1].

Alors que les lois de dénaturalisation se répandaient de pays en pays, la privation de nationalité prenait de l'ampleur, ce qui en retour déclencha un processus de désassimilation auquel les États réagissaient en accélérant le retrait de la nationalité. Ceci ne faisait que relancer tout le processus en l'amplifiant. Non seulement les conditions de vie des réfugiés étaient affectées par cette montée en puissance, mais c'était également le cas pour les États-nations, dont le périmètre d'action déclinait de « série de dénaturalisations » en « série de dénaturalisations ». Alors que de plus en plus d'États suivaient les lois de dénaturalisation et engendraient toujours plus d'apatrides, le nombre de pays qui avaient la capacité d'expulser les personnes apatrides se réduisait juridiquement. Arendt décrit une spirale de dénaturalisation et de désassimilation ou de désassimilation et de dénaturalisation, qui rendait les outils juridiques de l'État-nation sur la naturalisation et la déportation inefficaces. Ceci mettait précisément en lumière dans quelle mesure et sous quelles conditions la juridiction nationale pouvait affecter la réponse internationale, et le peu de volonté ou le peu de capacité de réaction de la souveraineté nationale. L'importance et l'effet des décisions juridiques des pays voisins sur le périmètre juridique et politique des autres États-nations devinrent évidents :

> Le désarroi des gouvernements européens était presque pathétique à voir, en dépit de leur conscience du danger que représentait le phénomène des apatrides pour leurs institutions juridiques et politiques établies, et en dépit de leurs efforts pour endiguer le flot. Il n'était plus besoin d'événements explosifs. Dès qu'un certain nombre d'apatrides étaient admis dans un pays par ailleurs normal, l'apatridie se répandait comme une maladie contagieuse. Non seulement les citoyens naturalisés se voyaient menacés

1. OT, p. 279, trad. fr., p. 576. Dans son livre *Über die drei Arten des rechtswissenschaftlichen Denkens* (*Les trois types de pensée juridique*), Schmitt soutint en 1934 qu'on pouvait très clairement discerner en Allemagne « le degré auquel l'âge du positivisme juridique avait touché à sa fin. De tous côtés et dans tous les domaines de la vie juridique, de prétendues clauses générales progressaient dans une mesure qui suspendait toute « sécurité » positive, des termes indéfinis de toutes sortes, la référence à des mesures extra-légales et des idées telles que les bonnes mœurs, la bonne foi, le caractère raisonnable et déraisonnable, la bonne cause, etc. » (C. Schmitt, *Über die drei Arten ses rechtswissenschaftlichen Denkens* [1934], Berlin, Duncker & Humblot, 1993, p. 48). Alors que Schmitt constate et se réjouit du chant du cygne du positivisme juridique, Arendt craint l'effondrement de toute une forme de gouvernement.

de retourner au statut d'apatrides, mais les conditions de vie faites à tous les étrangers sans exception se détérioraient elles aussi nettement[1].

L'inaptitude à trouver une régulation juridique et politique relative au traitement des réfugiés apatrides affectait tous les « étrangers » qui avaient une citoyenneté étrangère et dont le séjour était légalisé sous une certaine forme, généralement par un permis de travail. La différence déterminante entre les apatrides et ceux qu'Arendt appelle les « étrangers »[2] était la menace de déportabilité. En conséquence, la souveraineté étatique pouvait se manifester sur des questions de séjour ou non-séjour pour les « étrangers ». Arendt montre que les avantages supposés de l'apatridie n'échappaient pas aux « étrangers », qui faisaient alors tout leur possible pour obtenir ce statut. Pour que les gouvernements puissent répondre juridiquement aux questions de séjour ou d'expulsion, il leur est essentiel de déterminer ou de reconnaître le statut juridique d'une personne. Cependant, le « chaos inextricable »[3] s'aggravait tellement qu'il devint de plus en plus difficile de discerner qui était réfugié, qui était apatride ou qui était « étranger », et de plus en plus de gens devinrent « de nationalité indéterminée »[4]. Alors que la peur des gouvernements vis-à-vis de l'augmentation constante de réfugiés apatrides sur leur territoire allait croissant, on commença à s'apercevoir que le problème des réfugiés ne pouvait se résoudre par des moyens juridiques. Tout en ayant manifestement connaissance de l'inaptitude des États-nations en la matière, les États totalitaires employèrent consciemment et systématiquement la « dénaturalisation » comme « une arme puissante de la politique totalitaire »[5] de sorte à miner l'ordre européen des États-nations.

LE PARADOXE DE LA PRIVATION DE DROITS

Les réfugiés de la période de l'entre-deux-guerres étaient des apatrides, et en tant que tels ils se trouvaient en dehors de tout ordre juridique. Néanmoins, la situation telle qu'elle était obligeait les États à faire face au problème de la privation de nationalité. Puisque le réfugié apatride n'était pas « une personne juridique »[6], la situation ne pouvait se régler au niveau juridique, grâce aux modalités administratives caractéristiques

1. ETH, p. 288, trad. fr., p. 584-585.
2. OT, p. 227, trad. fr., p. 583.
3. ETH, p. 588, trad. modifiée, p. 585.
4. ETH, p. 581, trad. fr., p. 581. La version allemande dit « legal undeterminierbar ».
5. OT, p. 269, trad. modifiée, p. 577.
6. OT, p. 447.

d'un État constitutionnel. Arendt montre comment les apatrides mettaient en danger « l'État-nation en tant qu'État juridique et constitutionnel, c'est-à-dire le menaçait dans ses fondements »[1]. Arendt justifie ses thèses par le fait que les personnes apatrides qui se situaient hors de portée du droit, et qui constituaient « l'anomalie pour laquelle la loi générale n'avait rien prévu »[2], obligeait chaque gouvernement à commettre « des actes reconnus illégaux »[3]. Le paradoxe qui commençait à se faire jour était que les personnes apatrides dont le statut était dû au fait qu'elles ne correspondaient pas à l'ordre national, et représentaient même un danger pour l'ordre, réussissaient en vérité à mettre l'État dans une position où il devait sortir de son propre ordre juridique, et commençaient à « discréditer la légalité dans les affaires intérieures de l'État concerné et dans ses relations internationales »[4].

Arendt illustre le discrédit jeté sur les « relations internationales » en se servant du modèle des pratiques de déportation. Le concept d'ordre des États-nations et de la souveraineté nationale empêchait l'État-nation de renoncer à son « droit » d'expulser les réfugiés apatrides. Le droit « d'expulsion » ne reflète pas seulement le principe central de souveraineté territoriale, mais il exprime également le droit fondamental d'un État à l'autodétermination nationale. Cependant, il n'était pas possible d'expulser les apatrides sur des bases juridiques, puisqu'aucun autre État n'était là pour les accueillir. Si l'État en question voulait préserver sa souveraineté territoriale, il devait déporter la personne apatride, sans se conformer aux accords internationaux, ou même en allant à leur encontre. Il en résultait une augmentation constante des pratiques d'expulsion non légales, et l'augmentation de « l'illégalité dans le trafic frontalier interétatique »[5]. La police faisait passer en toute clandestinité des personnes apatrides par-delà la frontière sur le territoire du pays voisin. À l'évidence, les réfugiés enfreignaient les lois sur l'immigration de ce pays, et ainsi portaient atteinte à ses droits souverains. Le pays voisin, obéissant à son tour à la même logique, poussait les réfugiés apatrides vers un autre État la nuit

1. NuD. Dans son article, Arendt écrit : « Der Einbruch der Staatenlosen und die ihnen zugefügte schlechthinnige Rechtlosigkeit gefährdeten den Nationalstaat als Rechts- und Verfassungsstaat, d.h. sie gefährdeten ihn in seinen Grundlagen ».

2. OT, p. 286, trad. fr., p. 585.

3. OT, p. 283 *sq.*, trad. fr., p. 582.

4. ETH, p. 592; voir OT, p. 284. La version allemande dit : « Legalität überhaupt im Innern der betroffenen Staaten wie in ihren zwischenstaatlichen Beziehungen zu unterminieren ».

5. ETH, p. 594. La version allemande parle de « Illegalität im zwischenstaatlichen Grenzverkehr ».

suivante[1]. La propagation de telles pratiques d'expulsion révélait de façon bien trop évidente qu'il était impossible de reconnaître la sphère juridique et souveraine sur la base des principes d'un ordre d'États-nations, et que cela conduisait aux « *conflits mortels* » qu'on avait désiré éviter après les expériences de la Première Guerre mondiale. Arendt décrit une spirale de non-respect des juridictions de la souveraineté nationale en faveur de revendications de souveraineté sans foi ni loi. Du point de vue de l'ordre européen des États-nations, c'était la souveraineté qui abolissait la souveraineté, et ainsi ouvrait la voie à la prochaine guerre comme *ultima ratio*[2].

Outre l'illégalité du trafic aux frontières, qu'Arendt qualifie d'« escarmouches entre les polices stationnées aux frontières »[3], la mise à mal de la *légalité des affaires intérieures* est d'une importance décisive pour sa critique. La mise en œuvre des principes de la *Rechtsstaatlichkeit* (constitutionnalité) – c'est-à-dire la séparation des pouvoirs, l'autorité de l'ordre juridique, une juridiction indépendante, et l'efficacité réelle des lois – est en même temps la mise en œuvre d'un ordre d'État-nation. Ces principes garantissent un ordre étatique stable et durable, tout comme la confiance en termes juridiques entre les autorités de l'État et les habitants. En revanche, dissoudre la légalité dans les affaires intérieures constitue une attaque envers les caractéristiques essentielles de l'État-nation. Arendt décrit la manière dont cette attaque s'est déroulée et ce à différents niveaux. Au premier niveau, *la diffusion de l'illégalité dans la société* résultait directement du nombre croissant de réfugiés, et elle était liée au fait que les personnes sans permis de résidence ni permis de travail étaient simplement contraintes d'agir de façon illégale pour préserver leur existence. Arendt explique comment un accroissement du nombre de réfugiés illégaux a transformé la vie quotidienne de la société, en particulier en ce qui concerne certaines formes d'illégalité telles que tout travail clandestin[4]. En outre, elle souligne que le « mépris de l'autorité des lois » devrait être considéré comme un « signe [...] explicite de l'instabilité et de la vulnérabilité internes des gouvernements et des systèmes juridiques »[5].

1. Voir OT, p. 283 *sq*.

2. Ici Arendt est en accord avec Kelsen, qui formule dans *La théorie pure du droit* la critique selon laquelle au sein même de la notion de souveraineté étatique « chaque État est au centre du monde du droit » (H. Kelsen, *Pure Theory of Law* [1934], trad. angl. M. Knight, Berkeley (CA), University of California Press, 2002, p. 345).

3. OT, p. 284, trad. fr., p. 583.

4. Voir OT, 279, trad. fr., p. 584.

5. CD, p. 69, trad. fr., p. 94.

En lien étroit avec la diffusion de l'illégalité dans la société, Arendt revient en détail sur la « transformation du système juridique »[1]. Elle écrit :

> Car un délit criminel devient alors la meilleure opportunité pour regagner un semblant d'égalité humaine, même si elle constitue une exception à la norme. Le seul élément important est que cette exception est prévue par la loi. En tant que criminel, même un apatride ne sera pas plus mal traité que n'importe quel criminel, autrement dit, il sera traité comme tout le monde. C'est uniquement en contrevenant à la loi qu'il peut obtenir d'elle une certaine protection[2].

Elle semble vouloir dire que la privation de droits des réfugiés apatrides fait éclater *la structure de la norme juridique* des deux côtés : du côté de la *condition juridique*, tout autant que du côté de la *conséquence juridique*. Puisque d'après Kelsen la norme juridique incarne « la forme fondamentale du droit »[3], la *Rechtstaatlichkeit* (constitutionnalité) de l'État-nation implose. Que cela signifie-t-il précisément ? La condition juridique et la conséquence juridique déterminent ce que contient une loi en établissant une certaine sanction pour un certain crime, ainsi, elles constituent et garantissent le caractère formel de la loi. Cette relation ordonnée de la condition et de la conséquence « éclate » dans le cas du réfugié apatride. Le premier « éclatement » se produit du côté du crime, la condition juridique. Pour comprendre cela, on doit se souvenir que le « droit d'asile » était un droit sacré depuis l'Antiquité. Ce droit était toujours appliqué quand une personne se trouvait persécutée pour un crime qui était condamné dans son pays d'origine, mais pas dans le pays où elle demandait l'asile. C'est pourquoi le demandeur d'asile devait prouver qu'il avait commis une telle infraction. Bien que le « droit d'asile » fût devenu de plus en plus insignifiant au XIXe siècle en raison des accords interétatiques, Arendt montre qu'il a immédiatement retrouvé son importance politique avec l'émergence des réfugiés au XXe siècle. Mais ce qui était tragique, c'est que les réfugiés modernes ne pouvaient pas fournir de preuve qu'ils avaient commis une des infractions requises, quelles qu'elles soient. Ils étaient ce qu'un réfugié ne devrait jamais être : innocents. Ce genre d'innocence absolue était « la pire infortune »[4] pour ces réfugiés apatrides, parce que la sanction qui les attendait malgré ou en raison de cela était la « privation de tous leurs droits »[5] :

1. ETH, 594.
2. OT, 286, trad. modifiée, p. 586.
3. H. Kelsen, *Reine Rechtslehre* [1934], Aalen, Scientia-Verlag, 1994, p. 22.
4. OT, 295, trad. fr., p. 597.
5. Arendt fait référence à la politique d'asile des États-Unis pendant la Seconde Guerre mondiale. Après la défaite française, les États-Unis offrirent l'asile à ceux qui étaient menacés

> Les juristes sont tellement habitués à penser à la loi en termes de châtiment, lequel effectivement nous prive toujours de certains droits, qu'ils risquent d'avoir plus de difficulté que l'homme du commun à reconnaître que la privation de statut légal, c'est-à-dire de *tous* les droits, est désormais sans rapport avec des crimes spécifiques. *À notre époque la privation absolue de droits est le châtiment réservé à l'innocence absolue*[1].

Même si le réfugié apatride n'avait commis aucune infraction, et que par conséquent aucune condition juridique n'avait été enfreinte, l'État-nation « réagissait » en le dépossédant de tous ses droits. Par la formulation d'une « loi » qui sanctionnait l'innocence absolue par la privation absolue de droits, la cohérence de tout un système juridique était remise en question et le concept de loi était poussé à l'absurde. Si « l'innocence absolue » était passible de la peine maximale, comment alors sanctionner un voleur ?

C'est là qu'apparait l'étendue du paradoxe juridique, car en commettant un vol, le réfugié apatride pouvait obtenir tous les droits civiques garantis à un citoyen en tant que citoyen, si un crime venait à être commis. En d'autres termes, en commettant une infraction, le réfugié apatride devenait membre d'une communauté juridico-politique et retrouvait certains de ses droits civiques. Ce renversement paradoxal vient du fait qu'un processus juridique commençait alors à *normaliser* le réfugié apatride et lui octroyait des droits qu'il n'avait pas auparavant. S'il n'avait pas d'argent, on lui obtenait un avocat. Avant, il faisait l'objet d'un traitement inhumain de la part des forces de l'ordre. Après avoir commis une infraction, il pouvait porter plainte pour conditions de détention dégradantes, demander l'accès au dossier, obtenir des informations, etc. En bref, le réfugié apatride « est devenu une personne respectable »[2]. Le malaise vient de ce que l'infraction commise envers l'ordre juridique d'une société mettait la personne apatride en mesure de jouir de droits qu'il n'avait pas jusqu'alors, en dépit de son innocence. Alors que, dans le premier cas, priver le réfugié apatride de droits détruit la structure de la norme juridique en réalisant une condition juridique absurde, à présent cette structure est elle-même détruite par la conséquence juridique. La sanction pour vol, cambriolage, braquage de

d'être déportés en Allemagne. Pour avoir droit à l'asile, les demandeurs n'avaient qu'à prouver qu'ils avaient entrepris une action contre l'Allemagne nazie. Arendt souligne aussi le fait, premièrement, qu'il n'y avait pas un nombre significatif de réfugiés qui pouvaient remplir cette condition et, deuxièmement, que ceux qui le pouvaient n'étaient pas les plus menacés (voir OT, 294, trad. fr., p. 596, note 51).

1. OT, 295, trad. fr., p. 597. Dans la version allemande, le paragraphe se finit par « *Absolute Rechtlosigkeit hat sich in unserer Zeit als die Strafe erwiesen, die auf absolute Unschuld steht* » (ETH, p. 611). Cette dernière phrase est absente de l'édition française [NdT].

2. OT, 287, trad. fr., p. 586.

banque, revenait à donner des « droits civiques ». Selon Arendt, il en résulte que l'idée de légalité s'effondre dès qu'elle touche une personne qui a « cessé d'être une personne juridique »[1].

La corruption de la constitutionnalité qui résultait de la prise en charge insuffisante du problème des personnes apatrides ne s'arrêta pas avec le « renversement des principes juridiques ». Puisque les autorités craignaient qu'un traitement humain pût attirer des réfugiés potentiels mais aussi tenter les autres États d'expulser les leurs, la police se voyait accorder des pouvoirs exceptionnels inconnus jusqu'alors. C'est ainsi, selon Arendt, que les fondements de la séparation des pouvoirs étaient constamment ébranlés et que ceci, par conséquent, encourageait la « transformation des relations et des normes juridiques »[2]. En rupture totale avec la ligne politique des gouvernements démocratiques, cela conduisit à une « politique étrangère à direction policière »[3] qui n'a pas empêché la police de coopérer avec la Gestapo et la Guépéou soviétique dans les années 1930. La police avait l'autorisation de choisir ses propres méthodes pour combattre le problème des réfugiés. Munie des pleins pouvoirs vis-à-vis de la population, elle avait le droit d'expulser les réfugiés sans procès, sans ordre judiciaire et sans un examen juridique des faits. Cela engendra un transfert de pouvoir fondamental au sein de la structure constitutionnelle et politique de l'État-nation. Les décisions importantes n'étaient plus prises dans le cadre constitutionnel et sous le contrôle de la haute juridiction et des corps législatifs, mais elles étaient exécutées par la police sur le terrain, sans justification et sans davantage de publicité[4]. Par ce « mélange spectral »[5] de fondation et de préservation de la loi, les institutions constitutionnelles perdirent leur réputation et leur autorité. À titre d'exemple, Arendt décrit comment en France un ordre d'expulsion outrepassait un ordre émanant du ministère de l'Intérieur et avait des conséquences bien plus importantes, bien que la police fût constitutionnellement placée sous l'autorité du ministère de l'Intérieur[6].

Dans le même temps, la relation entre le « citoyen normal » et les institutions gouvernementales relevait encore du domaine de l'ordre

1. ETH, p. 609.

2. ETH, p. 597. La version allemande parle de « die Umkehrung aller gesetzlich vorgesehenen Verhältnisse und Maßstäbe ».

3. OT, p. 288, trad. fr., p. 588.

4. Voir OT, p. 287 *sq.*, trad. fr., p. 587 *sq.*

5. W. Benjamin, *Reflections : Essays, Aphorisms, Autobiographical Writings* [1978], P. Demetz (ed.), New York, Schocken, 1986, p. 286.

6. Voir OT, p. 287 *sq.*, trad. fr., p. 587, note 45.

constitutionnel. Cependant, à chaque nouveau réfugié, « [l']émancipation [de la police] vis-à-vis de la loi et du gouvernement » se poursuivait, la conduisant à « se transformer peu à peu en un État policier »[1]. Outre une domination presque illimitée et une « extension de l'arbitraire exercé par les décrets de la police »[2], cette situation a contribué au discrédit massif de l'ordre juridique de l'État-nation, et explique aussi pourquoi il y avait « de manière aussi scandaleuse [...], aussi peu de résistance de la part de la police des pays que [les Nazis] occupaient »[3].

1. OT, p. 287 *sq.*, trad. modifiée, p. 587. Les idées d'Arendt sur la police et l'État policier peuvent aussi être considérées comme un changement dans la phénoménologie de l'État et du gouvernement. Ce changement constitue également la base des travaux de Foucault sur l'histoire de la gouvernementalité. La distinction que fait Arendt entre l'État policier et l'État constitutionnel peut se retrouver chez Foucault dans la différenciation entre le « mécanisme juridique ou légal » et l'idée d'un « dispositif de sécurité », entre l'État comme domination souveraine du droit et ce qu'il appelle la *raison d'État* (voir M. Foucault, *Sécurité, territoire, population : cours au Collège de France 1977-1978*, Paris, EHESS-Gallimard-Seuil, 2004, p. 7 *sq.*). Alors que, dans le système des lois, tout ce qui est interdit est codifié, la fonction essentielle du dispositif de sécurité est de « répondre à une réalité, de manière à ce que cette réponse annule cette réalité à laquelle elle répond – l'annule, ou la limite, ou la freine ou la régule » (*ibid.*, p. 48). Le dispositif de sécurité vise à contrôler la réalité en mettant en œuvre ses éléments. Même si le but de la raison d'État est la « félicité de l'État » (*ibid.*, p. 263), Foucault montre que, derrière le dispositif de sécurité, on trouve un concept désubstantialiste d'État qui considère l'État comme la pratique du gouvernement. Il s'est détaché de toute sorte de finalité et fonctionne dans une « historicité ouverte ». « L'État », écrit Foucault, « c'est une pratique » (*ibid.*, p. 282). Une des ressources centrales de cette pratique est la police. Un gouvernement de ce type n'est pas indifférent à l'égard des lois. Mais il y a des moments et des événements qui font que la raison d'État ne peut plus se mettre au service des lois et au cours desquels elle se libère des lois au nom d'une certaine nécessité. Comme je le démontrerai plus loin avec Schmitt, Foucault a lui aussi un concept d'ordre substantiellement indéterminé et ne voit qu'une logique de pouvoir à l'œuvre. Contrairement à Foucault, qui considère l'histoire de l'État-nation comme un simple chapitre dans l'histoire de la discipline et la formation du sujet, Arendt met indéniablement l'emphase sur les moments de liberté (politique) qu'on peut trouver dans ce monde d'ordre, dont la perte peut avoir des conséquences catastrophiques (voir sur ce point M. Foucault, *Surveiller et punir. Naissance de la prison*, Paris, Gallimard, 1975, et « Qu'est-ce que les Lumières ? », dans *Dits et Écrits*, t. 4, Paris, Gallimard, 2001, de même que l'essai de Dolan sur Arendt, Foucault et le problème de la « normalisation de la population » dans les sociétés modernes (F. M. Dolan, « The paradoxical liberty of bio-power. Hannah Arendt and Michel Foucault on Modern Politics », *Philosophy and Social Criticism* 31, 3, 2005, p. 375)).

2. ETH, p. 599, trad. fr., p. 591. La version allemande dit : « eine Form polizeilich organisierter Gesetzlosigkeit ».

3. OT, p. 289, trad. fr., p. 589. La façon dont Arendt rend compte du changement de fonction de la police a une ressemblance frappante quoique méconnue avec les considérations de Walter Benjamin dans « Zur Kritik der Gewalt ». Comme Arendt, Benjamin indique aussi ce « mélange spectral » [*gespenstische Vermischung*] entre la fondation et la préservation de la loi au sein de la police.

Bien entendu, on pourrait dire avec Carl Schmitt que le fait de suspendre la constitutionnalité à presque tous les niveaux du système politique démontre que l'État défend sa souveraineté. Cependant, pour Arendt, la tentative de Schmitt est en accord avec l'approche métaphysique traditionnelle de la politique qui a besoin d'un point d'appui d'Archimède, tout en passant complètement à côté des dimensions historiques, sociales, sociétales, morales et juridiques de l'idée de nation et d'État-nation. Arendt serait sans doute d'accord pour dire que la conduite de la police ainsi que les changements systémiques au sein de l'État résultaient de la mise en danger de l'ordre elle-même engendrée par le problème des réfugiés. Cependant, à la différence de Schmitt, Arendt prend très au sérieux les caractéristiques libérales et constitutionnelles de la structure de l'État-nation et critique ces changements systémiques. Si nous voulons poursuivre cette discussion, nous devons nous demander en quoi consiste un ordre politique selon Schmitt. Qui est le souverain ? Qui peut déclarer un état d'urgence et abroger la constitutionnalité au nom de la sécurité et de l'ordre publics ? Ces questions nous conduisent à l'œuvre de Schmitt et nous éloignent de ma tentative d'explication de l'argument d'Arendt concernant l'effondrement de l'État-nation. Néanmoins, en interrogeant Schmitt sur ces questions, on rencontre beaucoup d'incohérences et de contradictions dans son œuvre. Sa définition du concept d'ordre passe d'une conception catholique et théologique dans ses premiers écrits[1] à un concept culturel et national dans *Parlementarisme et démocratie*[2], puis à un concept raciste et national-socialiste dans *Les trois types de la pensée juridique*[3]. Sans aucun doute, Schmitt a toujours considéré l'homme comme un *subjectum*[4], mais assujetti à qui et par qui reste une question absolument indéterminée. Hermann Heller avait déjà critiqué le

1. Voir C. Schmitt, *Der Wert des Staates und die Bedeutung des Einzelnen*, Tübingen, Mohr, 1914, p. 7.

2. Voir C. Schmitt, *Die geistesgeschichtliche Lage des heutigen Parlamentarismus* [1923], Berlin, Duncker & Humblot, 1991, p. 88 *sq.*

3. C. Schmitt, *Über die drei Arten des rechtswissenschaftlichen Denkens* [1934], *op. cit.*, p. 23. Particulièrement dans ses écrits de 1934, Schmitt s'éloigne de façon décisive du décisionnisme et décrit son état d'esprit légaliste comme « une conception concrète de l'ordre ». Alors que pour les décisionnistes – aux yeux de Schmitt, Hobbes est le prototype de ce mode de pensée légaliste –, l'ordre comme la norme sont justifiés et engendrés par la décision (voir *ibid.*, p. 23 *sq.*), dans la conception concrète de l'ordre chaque décision est elle-même soumise à l'ordre. Dans la conception concrète de l'ordre, chaque décision est le « résultat d'un ordre préexistant, un rétablissement, et non un établissement, de l'ordre » (*ibid.*, p. 23).

4. *Cf.* G. Meuter, *Der Katechon. Zu Carl Schmitts fundamentalistischer Kritik der Zeit*, Berlin, Dunker & Humblot, 1994, p. 491.

concept de souveraineté dans l'œuvre de Schmitt dans son article sur la souveraineté de 1927. Heller affirme que Schmitt est « intrinsèquement contradictoire et indéfendable »[1]. Outre ses « incohérences vis-à-vis du droit international »[2], d'après Heller on ne sait pas vraiment qui devrait jouer le rôle de souverain dans la théorie de Schmitt. Heller suppose que chez lui c'est le *Reichspräsident* qui endosse ce rôle, mais, poursuit-il, en vérité Schmitt évite de donner une réponse claire[3]. Dans *Le gardien de la constitution*, quelques années après, Schmitt rejette explicitement la thèse selon laquelle le *Reichspräsident* peut remplir le rôle de souverain[4]. Si l'on suit Arendt, on pense à la remarque polémique suivante, à savoir que le problème auquel sont confrontés de nombreux théoriciens de l'État, celui de déterminer le souverain – et Heller ne l'a pas du tout résolu de façon satisfaisante[5] –, était possiblement dû à la situation politique de la période de l'entre-deux-guerres, et au fait qu'il n'y avait personne en mesure d'exécuter les droits supposés de la souveraineté de façon unilatérale.

Pour Arendt, le discrédit jeté sur la constitutionnalité et la menace imminente d'un État policier révèlent des changements systémiques, dans la mesure où un déclin de l'ordre de l'État-nation devenait envisageable – un ordre qui avait *aussi* commencé autrefois avec le vœu d'établir la liberté politique. Elle conclut que, depuis les traités de paix de 1919-1920, les réfugiés et les apatrides « sont, tels une malédiction, le lot de tous les nouveaux États », portant à la fois, pour les nouveaux comme pour les vieux États-nations « les germes d'une maladie incurable »[6]. Pour Arendt, il devint clair que « l'État-nation ne saurait exister une fois que son principe d'égalité devant la loi a cédé. [...] Les lois qui ne sont pas égales pour tous constituent des droits et des privilèges, ce qui est en contradiction avec la nature même des États-nations »[7].

1. H. Heller, « Die Souveränität. Ein Beitrag zur Theorie des Staats- und Völkerrechts » [1927], *in* H. Heller (ed.), *Gesammelte Schriften. Recht, Staat, Macht*, Leiden, Sijthoff, 1971, 2 vol., p. 89.
2. *Ibid.*
3. Voir *ibid.*, p. 89 *sq.*
4. Voir C. Schmitt, *Der Hüter der Verfassung* [1931], Berlin, Duncker & Humblot, 1996, p. 132.
5. Voir la critique édifiante de O. Massing, « Souveränität – ein unverzichtbarer Anachronismus », *in* R. Voigt (ed.), *Abschied vom Staat – Rückkehr zum Staat?*, Baden-Baden, Nomos, 1993, p. 58 *sq.*
6. OT, p. 290, trad. fr., p. 590.
7. OT, p. 290, trad. fr., p. 590-591.

Le paradoxe des droits de l'homme

> Si je savais quelque chose qui me fût utile et qui fût préjudiciable à ma famille, je le rejetterais de mon esprit. Si je savais quelque chose utile à ma famille et qui ne le fût pas à ma patrie, je chercherais à l'oublier. Si je savais quelque chose utile à ma patrie, et qui fût préjudiciable à l'Europe, ou bien qui fût utile à l'Europe et préjudiciable au genre humain, je le regarderais comme un crime[1].

Le paradoxe des droits de l'homme, pourrait-on dire à partir des réflexions d'Arendt, traduit le danger qui menace un ordre d'État-nation par la *non-réalisation* des droits de l'homme. La teneur libérale et démocratique de l'État-nation a trouvé son expression la plus notable dans la Déclaration des droits de l'homme. Par conséquent, il n'est pas surprenant que la Révolution française ait débuté par la déclaration de droits inaliénables, qui devinrent le pilier de sa constitution. Au fil de son analyse, Arendt affirme que la vision traditionnelle des droits de l'homme ne pouvait se réaliser au sein d'une logique d'État-nation. Les conséquences humanitaires mises à part, Arendt soutient qu'avec un mépris politique évident des droits de l'homme, l'État-nation perd un principe de légitimation central de son ordre. « L'apatridie de masse »[2], la privation de droits des réfugiés, leur situation humanitaire difficile et leur illégalité révélaient que les aspects moraux et libéraux de la constitution nationale et le discours sur les droits de l'homme inaliénables « n'étaient qu'alibi, hypocrisie et lâcheté »[3]. De cette façon, non seulement l'État-nation désavouait l'idée libérale des droits de l'homme issue des Lumières, mais il ridiculisait aussi « les appréhensions politiques des États-nations pleinement développés »[4] et la « conscience nationale »[5], discréditant ainsi l'autorité de tout un ordre politique. Il s'ensuivait que les partisans d'un ordre d'État-nation, des hommes politiques, des parlementaires, des journalistes, des intellectuels, etc., perdirent le pouvoir de convaincre la population par le débat politique sur l'interprétation et l'évaluation des événements et de leurs conséquences. Ils manquèrent ainsi l'opportunité de mettre en lumière les différences vitales existant entre une forme autoritaire de gouvernement d'une part, et un gouvernement constitutionnel d'autre

1. Montesquieu, *Œuvres complètes. Pensées diverses*, Paris, Éditions Firmin Didot frères, 1854, p. 622.
2. OT, p. 298, trad. modifiée, p. 598.
3. OT, p. 269, trad. fr., p. 564.
4. OT, p. XVII.
5. OT, p. 133, trad. fr., p. 382.

part, et de prévenir des conséquences d'un changement systémique que les partis et mouvements radicaux de gauche ou de droite engendreraient. Mais pourquoi Arendt croit-elle que les principes libéraux des droits de l'homme ne pourront jamais être garantis au sein d'un ordre politique fondé sur l'idée d'États-nations ?

Tout d'abord, son discours sur les droits de l'homme nous met face à une affirmation agaçante : la situation des réfugiés apatrides ne saurait être comprise dans le cadre fourni par la vision traditionnelle des droits de l'homme. Arendt soutient qu'on ne peut pas parler de privation des droits de l'homme si une personne est privée de tel ou tel droit fondamental généralement considéré comme un droit humain. Dans ce cas, une personne ne fait que proclamer des droits individuels qui sont conçus pour garantir un minimum constitutionnel au sein d'une communauté politique[1]. Cependant, les réfugiés apatrides n'appartenaient à aucune communauté, et par conséquent il n'existait pour eux aucune loi. En même temps que leur nationalité, ils perdirent « une place dans le monde qui donne de l'importance aux opinions et rend les actions significatives »[2]. Ils devaient s'en remettre à la « charité des particuliers ou bien à l'impuissance des organismes publics »[3]. De façon sarcastique, Arendt appelle leur liberté de mouvement « *Hasenfreiheit* »[4] (liberté de lièvre), autrement dit une liberté illusoire, et elle parle de la liberté d'opinion comme d'une « liberté en monnaie de singe puisque, de toute façon, ce qu'ils peuvent penser ou dire n'a aucune importance »[5]. En bref, Arendt considère cette privation de droits comme la véritable violation des « droits de l'homme ». Elle montre que les auteurs de la Déclaration des Droits de l'Homme ne s'étaient pas rendu compte que ces droits individuels se fondaient sur le droit d'être un membre d'un groupe politique. Mais pourquoi personne n'avait pensé à un tel droit ? À quoi devraient répondre les droits de l'homme, sinon à la privation de droits ?

Pour répondre à ces questions, qui nous conduisent directement au centre des contradictions du concept traditionnel de droits de l'homme, il nous faut prêter attention aux dimensions de la Déclaration des droits de l'homme. Arendt distingue *quatre* dimensions. La première, la *dimension morale et spirituelle*, met en lumière le fait que l'homme se libère de toute autorité historique, sociétale, ou religieuse. Ce n'était plus Dieu ou

1. Voir OT, p. 295 *sq.*, trad. fr., p. 595 *sq.*
2. OT, p. 296, trad. fr., p. 599.
3. *Ibid.*, trad. fr. modifiée.
4. ETH, p. 613.
5. OT, p. 296, trad. modifiée, p. 599.

la tradition qui justifiait l'État ou ses lois, c'était l'être humain et sa dignité qui déterminait la norme du bien et du mal[1]. Pour la deuxième, la *dimension historique et fonctionnelle*, Arendt parle de « l'implication historique »[2] des droits de l'homme. Avec l'abolition des certitudes sacrées à la suite de la sécularisation et du déclin des coutumes et mœurs traditionnelles, on attendait des droits de l'homme qu'ils remplacent les anciennes garanties et les anciennes certitudes. À partir de ce moment-là, les droits de l'homme devaient sauvegarder quelque chose « qui ne pouvait être garanti politiquement ou qui n'avait jamais été garanti politiquement »[3]. Ainsi, l'idée des droits de l'homme avait « acquis une nouvelle connotation »[4], et ses objectifs de liberté, en particulier le postulat de droits inaliénables pour tous les êtres humains, devinrent dans le domaine politique « une sorte de loi complémentaire, un droit d'exception nécessaire pour ceux qui n'avaient pas de meilleure planche de salut »[5]. La tragédie de ce tournant était que seuls ceux qui étaient déjà impuissants dans le domaine public faisaient appel aux droits de l'homme. Arendt précise que pas une figure ou groupe politique d'importance ne fit référence à l'idée des droits de l'homme dans ses argumentaires. La conséquence était que les droits de l'homme demeurèrent politiquement tout aussi inefficaces qu'insignifiants. Même si ce raisonnement est essentiel à la justification politique des droits de l'homme pour Arendt – ce qui ouvrirait un autre débat[6] –, la troisième dimension des droits de l'homme est cruciale pour notre travail ici. Cette *dimension politique et juridique* illustre le fait que les droits de l'homme étaient étroitement liés à la souveraineté du peuple et, par conséquent, ils étaient destinés à se réaliser dans les droits civiques. Arendt écrit :

> L'homme apparaissait comme souverain unique en matière de loi, de même que le peuple était proclamé souverain unique en matière de gouvernement. La souveraineté du peuple (différente de celle du prince)

1. Voir OT, p. 290 *sq*., trad. fr., p. 591 *sq.*
2. Le texte anglais ne parle que d'une « autre conséquence [...] dont les artisans de la Déclaration n'étaient qu'à moitié conscients » (trad. fr., p. 591). La version allemande parle d'un « geschichtlich sehr wesentliche Sinn » (ETH, p. 602).
3. ETH, p. 602.
4. OT, p. 293, trad. fr., p. 594. Arendt distingue « l'idée des droits de l'homme » et « les droits de l'homme ». Par cette distinction, elle illustre la différence entre le principe et le contenu, qui est caractéristique de la philosophie du XVIIIe siècle.
5. *Ibid.*
6. J'ai défendu ailleurs l'idée qu'il existe une justification politique des droits de l'homme dans l'œuvre d'Arendt (voir C. Volk, « Die Garantie der Menschenrechte als politisches Argument. Eine Skizze des Arendtschen Rechtsverständnisses », *in* M. Biegi *et al.* (Hrsg.), *Demokratie, Recht und Legitimität im 21. Jahrhundert*, Wiesbaden, Verlag für Sozialwissenschaften, 2008).

> n'était pas proclamée par la grâce de Dieu mais au nom de l'Homme, si bien qu'il semblait que les droits « inaliénables » de l'homme trouveraient tout naturellement leur garantie et deviendraient une part inaliénable du droit du peuple à s'auto-gouverner[1].

Si on considère la fusion de la souveraineté du peuple et des droits de l'homme au regard de la dimension morale et spirituelle de l'idée des droits de l'homme, cette fusion porte à confusion. L'intention de la Déclaration des droits de l'homme n'était-elle pas de s'émanciper de toutes les autorités traditionnelles et de considérer l'homme comme la norme unique ? Pourtant parler d'une connexion entre les droits de l'homme et la souveraineté du peuple suggère que l'absolutisme isolant l'être humain ne durerait pas longtemps. L'être humain était catégorisé directement dans l'ordre et dans le contexte d'une communauté politique, à savoir la nation, et le droit à des droits inaliénables devint dépendant de la souveraineté du peuple. D'un côté, cette « surprenante conversion »[2] était le résultat de la structure du concept de droits de l'homme. D'un autre côté, elle était liée aux origines historiques du concept d'État-nation. Pour parler de la structure des droits de l'homme, je veux préciser l'objet véritable de l'analyse, à savoir le concept d'homme. À cause de ce concept d'homme comme « être humain abstrait »[3], les droits de l'homme étaient accordés sur la base de la dignité et de la nature humaines. Pour Arendt, le problème de cette approche tient à ce que « l'être humain abstrait » n'a jamais existé nulle part. Même les peuples autochtones vivaient ensemble dans une certaine forme de communauté humaine, et les êtres humains étaient reconnus au mieux comme hommes et femmes. Arendt arrive ainsi à la conclusion déroutante selon laquelle l'idée des droits de l'homme, dans cette version individualiste et abstraite, n'était pas opérationnelle en termes juridiques et politiques. L'idée devait être transformée de telle sorte que le concept de droits de l'homme englobe « la pluralité des êtres humains »[4]

1. OT, p. 291, trad. fr., p. 592.
2. ETH, p. 604.
3. ETH, p. 604, trad. fr., p. 592.
4. ETH, p. 604. La version allemande dit : « Die Paradoxie, die von Anfang an in dem Begriff der unveräußerbaren Menschenrechte lag, war, daß dieses Recht mit einem "Menschen überhaupt" rechnete, den es nirgends gab, da ja selbst die Wilden in irgendeiner Form menschlicher Gemeinschaft leben, ja, daß dieses Recht der Natur selbst förmlich zu widersprechen schien, da wir ja "Menschen" nur in der Form von Männern und Frauen kennen, also der Begriff des Menschen, wenn er politisch brauchbar gefaßt sein soll, die Pluralität der Menschen stets in sich einschließen muß. Diese Pluralität konnte nur wieder aufgeholt werden im Sinne der politischen Gegebenheiten des 18. Jahrhunderts, indem man den "Menschen überhaupt" mit dem Glied eines Volkes identifiziert. »

et, de cette façon, s'applique à la condition d'une communauté politique. Étant donnés les faits historiques et politiques du XVIIIe siècle, la pluralité ne pouvait se réaliser que si le concept d'individu abstrait était identifié au peuple. À première vue, il n'est pas absolument évident de comprendre pourquoi un concept d'homme individualiste et abstrait n'est pas applicable politiquement. Qu'est-ce que l'identification d'un individu avec le terme de « peuple » apporte de plus que le concept abstrait d'homme ? Du *concret* et de l'*objectivité*. Même si la proclamation des droits de l'homme inaliénables et indispensables émancipait les êtres humains des hiérarchies historiques traditionnelles et anéantissait les privilèges féodaux, croire en la nature et la dignité d'un être humain n'est pas plus concret que de croire en l'histoire[1]. Pourtant le citoyen d'un État était visible et perceptible. Avant tout, ce citoyen avait une autorité concrète qui pouvait traiter de droits civiques sous n'importe quelle forme. En résumé, l'homme était défini comme un absolu sur la base de justifications philosophiques. Mais puisqu'aucune autorité ne pouvait réaliser l'abstraction absolue, cette « idée des droits de l'homme » tomba si bas dans l'arène politique qu'elle vint se réfugier dans le giron de la souveraineté nationale. L'État-nation souverain était l'agent politique le plus puissant et le plus important et la seule autorité qui pouvait garantir toutes sortes de droits. Ce fait a transformé ces droits inaliénables et indispensables à qui chacun devrait pouvoir prétendre en droits que l'État en question accordait à ses citoyens. Dans le cas de l'État-nation, il s'agissait des droits civiques de la nation[2].

En sus de cette explication interne de la fusion des droits de l'homme et de la souveraineté, Arendt propose aussi une explication historique et politique qui a un lien direct avec la première. Les droits de l'homme n'avaient rien d'inaliénables et d'indispensables. Au contraire, la Révolution française en particulier a démontré qu'ils ont été conquis par la lutte contre la monarchie absolue. À ce stade nous pouvons parler de la *dimension historique et politique* de l'idée des droits de l'homme. Depuis le début, les droits de l'homme étaient issus de combats pour la

1. Voir OT, p. 297 *sq.*, trad. fr., p. 600 *sq.*

2. Étienne Balibar et Julia Kristeva montrent que ce tournant se trouve déjà dans la *Déclaration des droits de l'homme et du citoyen de 1789*. Alors que l'article premier dit que « les hommes » naissent et demeurent libres et égaux en droits, l'article 6 parle soudainement des « citoyens ». Kristeva commente : « On notera le génie des rédacteurs : le terme de "citoyen" apparaît dans une phrase où les *droits* se révèlent être des *devoirs* civiques : on va "concourir" ; et par cette réciprocité d'obligations et de jouissances que l'*homme* devenu *citoyen* sera protégé ainsi que, en cas d'infraction, puni » (*Étrangers à nous-mêmes*, Paris, Fayard, 1988, p. 223). En même temps, cependant, ce passage souligne le fait que les droits de l'homme n'étaient pas concevables dans un contexte autre que celui de l'État-nation.

liberté nationale et, par conséquent, ils étaient liés au droit du peuple à l'autodétermination. Par expérience historique, on pouvait affirmer que seule la volonté souveraine de son propre peuple était en mesure de garantir les droits de l'homme. Les droits avaient été obtenus en luttant contre les usurpations despotiques et furent déclarés inaliénables et indispensables dans chaque État civilisé. Il n'était pas nécessaire d'invoquer une quelconque autorité pour les établir. De ce fait, on pensait que les peuples qui avaient encore à subir des dirigeants despotiques ou tyranniques « n'avai[ent] pas encore atteint ce stade de civilisation »[1]. Le concept des droits de l'homme stigmatisait ces régimes privés de légitimité, et engageait chaque personne douée de raison à protester. De cette façon, les droits de l'homme fonctionnaient comme un critère distinguant le monde civilisé du « reste » non civilisé et sauvage. La privation de droits n'était pas seulement un signe de manque de civilisation ; cela signifiait aussi que les personnes sans droits n'existaient pas dans le monde civilisé.

Du point de vue d'Arendt, cette croyance était trompeuse. C'est au plus tard, alors que des millions de réfugiés passaient d'un pays européen à un autre, qu'on commença à comprendre à quel point l'hypothèse de droits inaliénables et indispensables dans le monde civilisé, organisé en États-nations, était en réalité fallacieuse. Bien plus, cela montrait qu'on était loin de pouvoir garantir les droits de l'homme et qu'un ordre d'État-nation ne pouvait réunir les conditions nécessaires. La seule garantie qu'on pouvait donner était la garantie des droits civiques pour les citoyens appartenant à une même nation. Arendt soutient qu'on ne pouvait inclure la « pluralité des êtres humains » dans le concept des droits de l'homme du XVIIIe au XXe siècles qu'à la condition de relier le concept d'homme comme individu abstrait à celui de peuple, et que cela découlait d'une croyance séculaire en la souveraineté de l'État derrière laquelle se rangeait aussi l'État-nation. C'est probablement aller trop loin que de généraliser les mots provocateurs de Carl Schmitt, « qui dit humanité veut tromper »[2] à toute une époque, mais il est vrai qu'ils expriment l'idée centrale d'un ordre politique qui reconnait la volonté souveraine d'une nation comme « seul critère légitime ». De même pour Arendt, au sein de la logique politique de l'État-nation, le terme « humanité » ne peut pas être un

1. OT, p. 291, trad. fr., p. 592. On peut lire dans ce sens chez John Stuart Mill, par exemple, que les peuples qui subissaient des dirigeants despotiques étaient eux-mêmes encore des « barbares » qui n'avaient pas encore atteint « la maturité de leurs facultés » (J. S. Mill, *On the Liberty and Subjection of Women* [1879], New York, Penguin, 2006, p. 16).

2. C. Schmitt, *La notion de politique*, trad. fr. M.-L. Steinhauser, Paris, Flammarion, 2009, p. 96.

« concept politique »[1]. Même si le terme existe bien sur un plan moral ou philosophico-moral, comme le montre *Vers la paix perpétuelle* de Kant[2], il n'a jamais joué de rôle important dans la pensée politique[3]. Pour mettre en œuvre quelque chose qui s'apparente à un droit humain et pour garantir à chaque être humain une place dans le monde, le terme *humanité* doit devenir un concept politique – ce à quoi s'attache Arendt dans son œuvre.

Cependant, le principe de souveraineté d'un ordre d'État-nation y est diamétralement opposé. La critique d'Arendt n'est pas motivée moralement, éthiquement, ou anthropologiquement, mais purement *politiquement*. Son hypothèse d'un « effondrement du système de l'État-nation » se manifeste à travers une perte massive de légitimité et d'autorité due au paradoxe des droits de l'homme. Alors que les autres paradoxes étaient axés sur le discrédit intérieur et interétatique d'un ordre d'États-nations en Europe, ici la critique d'Arendt visait à établir qu'en raison de la politique de l'État-nation, « les mots mêmes de "droits de l'homme" devinrent aux yeux de tous les intéressés – victimes, persécuteurs et observateurs aussi bien – le signe manifeste d'un idéalisme sans espoir ou d'une hypocrisie hasardeuse et débile »[4].

1. C. Schmitt, *La notion de politique*, *op. cit.*, p. 97.

2. I. Kant, *Vers la paix perpétuelle. Un projet philosophique*, trad. fr. M. Marcuzzi, Paris, Vrin, 2007.

3. Par conséquent, Seyla Benhabib soutient que dans la pensée politique de Kant, « le contrôle territorial d'exclusion » est « un privilège souverain incontrôlé [...] qui ne peut être limité ou éclipsé par d'autres normes et institutions » (*The Rights of Others*, *op. cit.*, p. 67).

4. OT, p. 269, trad. fr., p. 564. C'est à présent un lieu commun, quand on réfléchit au rôle des droits de l'homme dans la pensée de Hannah Arendt, de présumer qu'Arendt était « subrepticement » d'accord avec « les idées de Burke » (J. Kristeva, *Étrangers à nous-mêmes*, *op. cit.*, p. 226) et qu'elle « était conduite à ressusciter l'État-nation, même si sa propre analyse avait déjà montré de façon parfaitement claire où cela pouvait mener (N. Fraser, « Hannah Arendt in the 21st Century », *Contemporary Political Theory* 3(3), 2004, p. 257). Pourtant, on passe souvent à côté de deux points capitaux : premièrement, Arendt critique massivement Burke et toute la constitution anglaise pour ne pas avoir intégré les droits de l'homme sous quelque forme que ce soit. De son point de vue, c'est précisément leur absence et l'insistance constante sur les « droits du citoyen anglais » qui furent responsables de la formation d'une doctrine raciale très particulière et néfaste politiquement (voir ETH, p. 390). Deuxièmement, la thèse selon laquelle Arendt voulait reconstruire l'État-nation occulte la critique arendtienne de la nation et de l'État combinés, incluant sa remise en cause conceptuelle de l'établissement des communautés politiques. La pensée d'Arendt défend l'ordre mais critique l'État d'une part, et elle est cosmopolite et non tournée vers l'État-nation d'autre part (voir chap. IV et V).

Si on part du principe que le concept libéral de l'État-nation se manifeste par « l'idée des droits de l'homme », dans la « Foi des Lumières »[1] – et c'est ce que fait Arendt –, alors c'est tout un mode de vie [« *a whole way of life* »] qui perd son autorité, sa crédibilité et sa force de conviction. Essayer de convaincre le monde du potentiel libéral et démocratique de cette forme de gouvernement devient une farce.

Avec la thèse d'Arendt de « l'effondrement d'une Europe d'États-nations », la question de la stabilité d'un ordre d'États-nations passe au cœur de notre analyse dans ce chapitre. Je suis Arendt méthodiquement dans la mesure où j'ai analysé les implications théoriques de quatre phénomènes différents. Le bénéfice que j'en tire est de pouvoir démontrer que le problème de l'ordre, y compris son lien avec les questions du droit, de l'État et de la politique, sont centraux dans la pensée d'Arendt. Cependant, cela n'a été possible qu'au prix de concessions terminologiques. Plus précisément, je veux dire que des concepts clés tels que « nation » et « État » n'ont pas été développés ni travaillés sur un plan théorique, mais plutôt considérés comme acquis. Je vais combler ce manque dans les deux prochains chapitres, dans lesquels le contenu politique et théorique du concept arendtien de nation et d'État sera analysé et entièrement reconstruit.

1. J. Kristeva, *Étrangers à nous-mêmes*, *op. cit.*, p. 227.

Chapitre II

LE CONCEPT DE NATION DANS LA PENSÉE DE HANNAH ARENDT

> Un grand enthousiasme pour les « nouveaux spécimens de l'humanité » (Herder) emplissait le cœur des héros de la Révolution française, qui ne se souciaient pas seulement de la libération de la nation française, mais qui espéraient libérer tous les peuples sous les couleurs tricolores et d'en faire des nations. C'est ce que signifiait le mot « *fraternité* », qui devait s'étendre à toute la terre car « *la raison est de tous les climats* » (La Bruyère). Et pourtant, c'est précisément le siècle qui a libéré la nation et qui s'est enthousiasmé pour l'idée d'humanité qui a vu pousser les premiers germes du concept de race, concept qui a détruit les nations et anéanti l'idée d'humanité née de la nation[1].

Introduction

Un bref aperçu de l'abondante littérature consacrée à l'étude de la nation et du nationalisme suffit à montrer à quel point il est ambitieux d'essayer d'élaborer une définition *unique* du concept de « nation ». Quoique personne ne conteste le fait que la nation incarne une idée politique essentielle de l'ère moderne, « l'idée d'ordre »[2], il n'y a pas de consensus sur ce que recouvre le concept de nation à proprement parler. Andreas Anter montre que, malgré leurs différences, ceux qui ont tenté d'en donner une définition, comme Anderson, Fehrenbach, Gellner, Wehler, Furet ou Hobsbawm, sont au moins d'accord pour dire qu'il ne peut y avoir de

1. H. Arendt, *Les origines du totalitarisme*, trad. modifiée, p. 419-420.

2. A. Anter, *Die Macht der Ordnung. Aspekte einer Grundkategorie des Politischen*, Tübingen, Mohr Siebeck, 2007, p. 238.

définition *unique* de la « nation »[1]. Hobsbawm déclare par exemple, dans un texte désormais classique sur les nations et le nationalisme, qu'il est vain de vouloir définir le terme de « nation » en raison de l'ambiguïté, de l'inconstance et du flou des critères de définition[2]. Afin de bien rendre compte de cette inconstance et de cette ambiguïté, la recherche sur la nation et le nationalisme ne s'est pas contentée de distinguer trois grandes phases de formation des nations[3], elle a aussi distingué trois aspects du concept de nation, qui se développent tour à tour (ou qui peuvent se développer) au sein de ces phases[4].

Arendt a tenté d'aborder la complexité de l'idée de nation en étudiant le concept sous des angles très différents, en fonction du contexte problématique dans lequel il s'inscrit. Ce concept de nation est envisagé dans une perspective *historique et politique* tout au long de nombreux passages des *Origines du totalitarisme*. Selon cette perspective *historico-politique*, deux facteurs qui étaient restés distincts pendant le XVIIIe siècle, l'appartenance nationale et l'appareil étatique, ont fusionné à l'avènement de la Révolution française. De son point de vue, les mouvements de libération nationale se sont établis partout où

> les nations sont entrées sur la scène de l'histoire et se sont émancipées, lorsque la population a acquis une conscience d'elle-même en tant qu'entité culturelle et historique, et de son territoire en tant que foyer permanent, où l'histoire a laissé des traces visibles, dont la culture est le produit du travail commun de ses ancêtres et dont l'avenir dépend de l'évolution de la civilisation commune[5].

1. *Cf.* B. Anderson, *Die Erfindung der Nation. Zur Karriere eines erfolgreichen Konzepts*, Frankfurt, Campus, 1996 ; E. Fehrenbach, « Nation », *in* E. Fehrenbach, H. W. Hahn, J. Müller (Hrsg.), *Politischer Umbruch und gesellschaftliche Bewegung. Ausgewählte Aufsätze zur Geschichte Frankreichs und Deutschlands im 19. Jahrhundert*, München, Oldenbourg, 1997 ; E. Gellner, *Nationalismus und Moderne*, Berlin, Rotbuch Verlag, 1995, E. J. Hobsbawm, *Nationen und Nationalismus*, Frankfurt, Campus, 1991.

2. Voir E. J. Hobsbawm, *Nationen und Nationalismus*, *op. cit.*, p. 19.

3. T. Schieder, O. Dann, H.-U. Wehler (eds.), *Nationalismus und Nationalstaat. Studien zum nationalen Problem im modernen Europa*, Göttingen, Vandenhoeck & Ruprecht, 1991, p. 65-86.

4. Stefan Breuer, par exemple, montre qu'il faudrait, pour la seule période révolutionnaire, dissocier deux aspects distincts du concept de nation dans le cas de la France : un aspect individualiste et territorial, et un aspect holistique. Vers la fin du XIXe siècle, avec Barres et Maurras, cette conception holistique et territoriale de la nation est devenue une conception ethnique (*Der Staat. Entstehung, Typen, Organisationsstadien*, Opladen, Westdeutscher Verlag, 1998, p. 196).

5. OT, p. 229. Arendt fait ainsi siens les commentaires de Delos dans son livre *La Nation*. Dans sa recension pour *The Review of Politics* en 1946, elle écrit : « Ce qui suit constitue une clarification extrêmement bienvenue de certaines notions de base de l'écriture historique.

Comme Hobsbawm, Arendt met l'accent sur la perception qu'une foule de gens a d'elle-même en tant qu'unité, en fonction de déterminations historiques et culturelles. Cette perception a pu se former partout où des gens vivaient dans une région commune, cultivaient la terre, et entretenaient ainsi un certain degré de permanence et de continuité symbolique, qui pouvait créer de l'unité au fil des générations. Pour Arendt, l'idée d'appartenance nationale provient principalement d'une classe paysanne enracinée, et l'émergence des États-nations marque la fin des mouvements migratoires. Alors que les structures étatiques ont connu un développement beaucoup plus long, quoiqu'il ait commencé plus tôt, la conscience nationale ne s'est développée que bien plus tard, avant finalement de progresser soudainement au XIXe siècle pour devenir un facteur politique décisif.

Arendt adopte également un mode d'observation de la nation qu'on peut qualifier de *politique et phénoménologique*. La « nation » est alors définie comme un « peuple politiquement émancipé »[1] – par opposition à un peuple déterminé par sa culture, sa langue ou sa religion. Nous pourrions dire que l'aspect *politico-phénoménologique* du concept de nation fait office de définition de travail, en quelque sorte, qui ne révèle rien de la structure conceptuelle du terme – autre que le fait qu'elle s'applique à un peuple politiquement émancipé. En principe, le concept *politique et phénoménologique* de nation n'est employé que lorsqu'Arendt intervient dans les débats politiques de son temps – sans qu'elle ressente le besoin de faire de clarification conceptuelle.

Pourtant, aucune de ces deux approches ne nous permet de sonder les contradictions structurelles établies par Arendt à partir de son analyse de la période de l'entre-deux-guerres, qu'elle tente ensuite d'opposer à la nation, entendue comme concept politique d'ordre en général. Il apparaît très clairement dans la thèse d'Arendt que la nation est toujours associée à une exigence d'homogénéité. Lorsqu'elle étudie le problème des réfugiés et des minorités, elle démontre que l'État-nation de l'entre-deux-guerres ne parvient pas à prendre en charge l'hétérogénéité ethnique et que c'est cela qui cause sa perte. Son analyse est utile, au sens où elle donne un nom aux conséquences qui attendent l'État-nation quand les problèmes

Un peuple devient une nation quand "il prend conscience de lui-même selon son histoire » ; en tant que tel, il est attaché au sol qui est le produit d'un labeur passé et où l'histoire a laissé ses traces. Il représente le "milieu" dans lequel est né l'homme, une société fermée à laquelle on appartient par droit de naissance » (« The Nation », *The Review of Politics*, vol. 8, 1, 1946, p. 139).

1. NuD.

des personnes apatrides, des réfugiés et des minorités ne sont pas pris en charge : la subversion de sa qualité d'État de droit et de son ordre politique. Pourtant, il reste une étape intermédiaire parfaitement cruciale qui a été entièrement négligée jusque-là, à savoir déterminer pourquoi l'État-nation ne peut pas prendre en charge l'hétérogénéité. Ce silence n'est pas une coïncidence ; un aperçu du livre d'Arendt sur le totalitarisme ne nous donne qu'une réponse très insatisfaisante. L'État-nation, dit-elle, ne pourrait pas prendre en charge l'hétérogénéité parce qu'il est fondé sur l'homogénéité. Quant à savoir pourquoi l'État-nation se fonde sur l'homogénéité, s'il en va toujours ainsi, et ce qu'on entend en fait par « homogénéité » en premier lieu, Arendt reste dans l'ensemble silencieuse dans *Les origines du totalitarisme.* Ce silence conduit Hauke Brunkhorst à l'accuser d'omettre l'importante distinction – établie par Meinecke – entre la nation étatique et la nation culturelle. J'ai déjà écarté cette hypothèse dans le chapitre précédent. Il est certain qu'Arendt fait usage de cette distinction. Pourtant, cela ne suffit pas à rejeter l'objection de Brunkhorst. Bien au contraire : pour lui répondre, il serait certes possible de trouver des passages dans *Les origines du totalitarisme* qui font référence à la différence entre nation culturelle et nation étatique. Cependant, on pourrait soutenir, pour aller dans le sens de Brunkhorst, qu'Arendt ne tire aucune conclusion à l'issue de ces passages pour sa conception de la « nation ». Au contraire, elle regroupe des phénomènes différents, et sous-estime le potentiel démocratique que comprend le concept français de nation et ce qu'il peut impliquer en matière de garantie des droits de l'homme. Brunkhorst écrit :

> L'image que la République française avait d'elle-même était, comme celle de la Révolution de 1789, par essence *assimilatoire* et *juridique*, culminant avec l'impérialisme, mais jamais ethnique. La politique française en matière de droits de l'homme ne s'est jamais intéressée à l'idée d'une famille naturelle de peuples avec des constitutions différentes, marquées par l'histoire, mais elle s'est en revanche intéressée à une exigence historiquement aveugle, consistant à faire de tout le monde des Français, et à les façonner par une constitution républicaine de type français[1].

Pour Brunkhorst, Arendt ne conçoit la nation que sous l'angle d'un concept allemand, culturel, national et ethnique d'homogénéité. Ce concept cependant, dit Brunkhorst, ne peut s'appliquer au cas de la France. L'appliquer ainsi reviendrait à négliger la dimension juridique

1. H. Brunkhorst, « Sind Menschenrechte Aporien? Kritische Bemerkungen zu einer These Hannah Arendts », *Kritische Justiz*, Heft 29, n° 3, 1996, p. 338.

et démocratique du concept français de nation[1]. D'une façon similaire, d'après Ingeborg Maus, Arendt passe outre le fait que le peuple et la nation de la Révolution française ne sont pas fondés sur une identité supposément naturelle, substantielle ou historiquement développée. L'interprétation d'Arendt fléchit, selon Maus, en raison du fait que « la souveraineté de la volonté du peuple au XVIIIe siècle était considérée comme tout aussi universelle que l'idée des droits de l'homme elle-même, et c'est pourquoi elles purent se lier l'une à l'autre »[2].

Je soutiens dans ce qui suit que les accusations formulées par Brunkhorst et Maus ne tiennent pas. Mais pour le démontrer, je n'emprunterai pas la voie historique, en essayant de montrer que l'appartenance politique est en quelque sorte inséparable de l'appartenance ethnique, même en France. Je ne leur opposerai pas une interprétation historique différente ; mais je démontrerai qu'Arendt dénonce, par l'accusation d'homogénéité, la conséquence cruciale du *mode de formation de la volonté politique nationale.* Je qualifierai cette problématisation du concept de nation de *politico-théorique*, et je me référerai donc dans ce qui suit à la dimension politico-théorique du concept arendtien de nation[3]. Ce que je propose, c'est que l'homogénéité, ou l'exigence d'homogénéité de la nation (française),

1. *Ibid.*, p. 338 *sq.*

2. I. Maus, *Zur Aufklärung der Demokratietheorie. Rechts- und demokratietheoretische Überlegungen im Anschluß an Kant*, Frankfurt, Suhrkamp, 1994. Des arguments similaires ont été avancés plus récemment par J. L. Cohen, « Sovereignty and Rights : Thinking with and beyond Hannah Arendt », *in* Heinrich-Böll-Stiftung (Hrsg.), *Hannah Arendt : Verborgene Tradition – Unzeitgemäße Aktualität ?*, Berlin, Akademie Verlag, 2007, p. 307 *sq.* et par J. A. Frank, *Constituent Moments : Enacting the People in Postrevolutionary America*, Durham (NC), Duke University Press, 2010, p. 48 *sq.* On trouve un récit historique conforme à cet argument chez R. Brubaker, *Staats-Bürger*, Hamburg, Hamburger Edition, 1994.

3. Par « politico-théorique », j'entends le fait qu'Arendt analyse la forme et la manifestation spécifiques d'un terme dans la vie politique. En revanche, l'expression « politico-philosophique » renvoie à l'analyse des termes eux-mêmes. Dans ce cadre, *La condition de l'homme moderne* d'Arendt pourrait être qualifiée d'œuvre politico-philosophique. Dans *La condition de l'homme moderne*, Arendt parcourt l'histoire des idées, en se demandant comment et pourquoi différents penseurs ont pensé au politique d'une certaine manière et pas d'une autre, et comment le concept du politique est relié à d'autres termes. En revanche, *De la révolution* est, par exemple, un ouvrage de théorie politique, qui traite essentiellement de la façon dont les concepts se matérialisent dans la vie politique. L'utilisation spécifique de termes tels que révolution, volonté, constitution, liberté, nature, etc. y est examinée et disséquée. À cela s'ajoute une focalisation nette sur le fonctionnement des institutions politiques. Sous l'angle de la théorie politique, on s'interroge sur la façon dont le contenu des termes se manifeste concrètement dans la « vie politique quotidienne » et sur la façon dont cette « vie quotidienne » influe à son tour sur le contenu des termes.

signifie pour Arendt une homogénéité de « l'état émotionnel »[1] [*emotional mood*]. En me fondant sur l'interprétation singulière qu'Arendt fait de la *volonté générale** de Rousseau, je démontrerai que l'exigence rousseauiste d'*aliénation totale**[2], qui est la condition préalable de la formation de la volonté générale, ne peut aboutir que sur la base d'un « état émotionnel » spécifique, qu'Arendt nomme le « patriotisme du cœur »[3].

Comment comprendre cela ? *L'aliénation totale**, c'est-à-dire la maîtrise de soi et le renoncement de chacun à tous ses intérêts au profit du bien commun devient une nouvelle vertu politique, et exige de l'individu qu'il s'engage dans un combat contre lui-même, qui peut être mené à bien grâce au seul pouvoir émotionnel du bon sentiment intérieur ou du bon état d'esprit intérieur. Comment naît ce pouvoir émotionnel et comment aide-t-il à susciter la maîtrise de soi nécessaire, c'est ce qu'explique Arendt dans son analyse de la pitié. L'analyse arendtienne de la pitié est une analyse de la « fonctionnalité » du « patriotisme du cœur ». Arendt pense que ce « patriotisme du cœur » n'est rien de moins que la clé du sens politico-théorique du concept de nation, et l'expression la plus explicite de l'émergence d'une *intériorisation du politique*, comme conséquence de ce que Rousseau appelle : la volonté générale de la nation. Seuls ceux qui peuvent faire preuve de la même pureté de cœur, qui forment un groupe homogène sur le plan de la « vie intérieure de l'âme »[4], font partie des citoyens. Dans le cadre de cette conception de la politique fondée sur la *volonté générale**, seuls ceux qui s'identifient à elle et la considèrent comme la « direction suprême » peuvent faire partie des citoyens[5]. Je démontrerai ce qu'affirme Arendt, à savoir qu'il est impossible de se mettre d'accord avec tous ceux qui veulent autre chose, du fait de la constitution intrinsèque du « patriotisme du cœur ». Les racines de la théorie d'Arendt sur l'homogénéité se trouvent ici : le combat envers soi-même devient le combat envers les autres. Par ce biais s'instaure le mécanisme d'inclusion et d'exclusion qui forme la base de l'idée nationale, et qui devient le principal mode opératoire de la création de l'identité et de la solidarité.

1. ÜR, p. 99. Nous citons directement *Über die Revolution* dans notre traduction lorsque les passages cités sont absents de la traduction française *De la révolution* (trad. fr. M. Berrane et J.-F. Hel-Guedj, Paris, Gallimard, 2013) [NdT].

2. J.-J. Rousseau [1762], *Du contrat social*, chap. VI, « du pacte social », Paris, GF-Flammarion, 2012, p. 52.

3. ÜR, p. 124.

4. ÜR, p. 124.

5. J.-J. Rousseau [1762], *Du contrat social*, chap. VI, « du pacte social », *op. cit.*, p. 53.

J'ai dit que le livre d'Arendt sur les éléments et les origines du totalitarisme reste « dans l'ensemble » silencieux sur cette conception alternative de l'homogénéité. Je dis « dans l'ensemble » seulement, parce qu'Arendt donne une piste dans *Les origines du totalitarisme* qui conduit le lecteur à un autre penseur pionnier proposant une approche différente du concept de nation. Cet autre penseur est Heinz Ziegler[1]. Pour parvenir à la dimension politico-théorique du concept de nation mentionnée ci-dessus, qui peut éclairer et révéler l'origine des contradictions internes, des dysfonctionnements et de l'inadéquation de la nation comme concept politique d'ordre, Arendt suit les remarques que fait Heinz Ziegler dans son étude de la nation, publiée en 1931, à la fois sur le plan de la méthode et, en partie, sur le plan du contenu. Par méthode, j'entends la chose suivante : le livre de Ziegler sur la nation faisait déjà entrevoir, avec son sous-titre « Une contribution à la sociologie politique », l'approche analytique qui allait être la sienne. Il écrit :

> Nous nous intéressons uniquement à la validité sociale ou pratique. Nous voulons répondre aux questions suivantes : comment et pourquoi le concept de nation a-t-il un impact, comment peut-il influencer le comportement des masses, comment peut-il mobiliser les individus, comment peut-il déterminer notre conscience, et quelles sont les conséquences de tout cela ? Nous étudions donc la nation en tant qu'idée-force. Ce qui nous intéresse, c'est l'efficacité, et l'engagement social, et non la valeur théorique de cette idée, dont la validité ou l'invalidité reste une question en elle-même que notre étude ne saurait commenter. Il est peut-être important d'insister sur ce point, puisqu'on imagine souvent à tort qu'une analyse sociologique de la sorte, portant sur un concept idéologique, vise dans le même temps à relativiser sa validité en un sens normatif. Nous pensons que ce n'est pas le cas : au contraire, elle traite d'un problème complètement différent, à savoir celui de la *validité sociale*, autrement dit l'efficacité et l'engagement social d'une telle idée[2].

La perspective que dessine Ziegler dans son étude sur la nation est une perspective qui questionne la situation politico-sociale déterminant « l'émergence et l'affirmation de la nation comme forme de légitimation »[3]. En outre, Ziegler souhaite examiner ce que « l'engagement social » est parvenu à créer en termes de contenu idéologique, et comment celui-ci

1. L'étude de Heinz Ziegler sur la nation moderne a été publiée en 1931 (*Die moderne Nation. Ein Beitrag zur politischen Soziologie*, Tübingen, Mohr, 1931). H. Arendt s'inspire largement de cette étude dans *Les origines du totalitarisme*.

2. *Ibid.*, p. 15.

3. *Ibid.*, p. 69.

se décompose. C'est précisément sur la situation politico-sociale de la période révolutionnaire qu'Arendt choisit de se concentrer pour analyser en profondeur la nation comme concept d'ordre. Dans quelles conditions historiques et sociales la nation est-elle devenue un concept politique central ? Pourquoi correspondait-il si bien à la situation d'alors ? Comment et par quels biais ce concept remédiait-il à cette situation politico-sociale ? Quels éléments sont encore opérants dans le concept contemporain de « nation », et comment déterminent-ils la durée et la stabilité de l'ordre ?

L'approche de Ziegler correspond parfaitement au cadre méthodologique d'Arendt. Plus précisément, l'analyse conceptuelle, l'étude des origines d'un terme, de ses différentes inscriptions contextuelles et de ses modifications substantielles, tient à l'idée que les expériences historico-politiques se condensent et se solidifient en concepts. Le concept de « nation » existait sans nul doute bien avant la Révolution française. Mais ce n'est qu'avec la Révolution qu'il est devenu un concept central au sein de la sphère politique. La question de savoir à quel moment et dans quelles circonstances un concept en vient à façonner la réalité est étroitement liée à la conception arendtienne de la théorie politique et de l'histoire des idées.

La thèse que je défends est qu'Arendt a élaboré cette *dimension politico-théorique du concept de nation* au cours de son analyse de la Révolution française. Un certain nombre d'étapes intermédiaires sont nécessaires pour mettre au jour le sens de cette dimension du concept de nation : pour commencer, la deuxième partie de ce chapitre tente de donner un nouvel élan à l'analyse controversée d'Arendt sur la question sociale en France. Je montrerai d'abord que la Révolution française, si l'on suit Arendt, fait « un commencement prometteur »[1], en essayant d'encourager la solidarité et le sentiment d'appartenance avec des moyens discursifs et démocratiques. Cependant, ce commencement se révèle être une « pure fiction »[2]. Non seulement le commencement prometteur se trouve confronté aux idées traditionnelles sur le « fonctionnement » d'un ordre étatique stable, mais la question sociale exige également un consensus universel fondamentalement différent. En retraçant comment et dans quelle mesure la misère en France a largement contribué à façonner les questions relatives à la constitution, aux formes politiques d'organisation, et – surtout – à la légitimation politique chez Arendt, j'apporte un fondement politico-théorique aux réflexions d'Arendt sur la question sociale. Son discours sur la question sociale est une réflexion sur l'échec de la création

1. Voir ÜR, p. 93.
2. OR, p. 68, trad. fr., p. 110.

d'une constitution dans la France révolutionnaire. Vue sous l'angle de la théorie politique, sa façon d'appréhender la question sociale est donc une analyse du fait que les structures sociales de la France appelaient un autre type de formation du consensus. Dans cette phase historique, la nation, dans l'habit théorique de la *volonté générale** rousseauiste, s'est élevée au rang d'*idée-force** politique de l'époque, puisque la solidarité et l'identité pouvaient se former, si l'on suit les réflexions de Rousseau sur la volonté générale, autrement que par la participation discursive et démocratique. Plus précisément, il s'agissait là de la « fonction politico-sociale de la nation »[1].

La troisième partie de ce chapitre abordera la question de la manifestation spécifique de cet autre type de solidarité et de construction d'identité, et des conséquences qui en découlent pour le cadre conceptuel de la nation dans sa dimension politico-théorique. On se concentrera ici sur l'interprétation qu'Arendt fait de Rousseau. Le terme clé qui permet de comprendre cette interprétation est « l'aliénation totale » de Rousseau, le renoncement absolu des intérêts de chacun comme base visant à faire de la volonté générale la « direction suprême ». Pourtant, Rousseau était conscient du fait que cette aliénation ne pouvait se produire sans difficulté. C'est pourquoi il fait constamment référence à « l'opposition »[2], un combat de chacun contre son propre intérêt privé. Ce combat – et c'est l'objet du discours d'Arendt sur Rousseau – n'était possible que sur la base d'un « état émotionnel », qui puisse suffisamment motiver le combattant dans sa lutte contre lui-même. Cet « état émotionnel » est alimenté par la « pitié »[3] qui – conceptuellement parlant – permet une solidarité émotionnelle avec « les indigents », « les opprimés » et « les exploités ». Mais, dans le même temps, la pitié modifie énormément la perception de la réalité. Je montrerai de façon précise ce qu'Arendt entend conceptuellement par pitié, et comment la vertu de désintéressement occupe le centre énergétique du concept de nation, faisant ainsi de la nation un concept d'ordre politique fondamentalement « irrationnel ».

1. H. O. Ziegler, *Die moderne Nation*, *op. cit.*, p. 58. Par conséquent, Arendt n'omet pas l'élément discursif et démocratique qui est à la source du concept de nation, mais elle ne l'assimile simplement pas à la *volonté générale* ou au contenu politique du concept de nation. Pour régler les questions politiques de façon discursive et démocratique, selon sa théorie, le peuple n'a pas besoin d'être motivé par l'idée de nation. Quant à savoir ce qui peut inciter l'individu à participer au bien commun politique, Arendt donne plusieurs pistes. Il peut s'agir ou bien d'un « désir » d'être politiquement actif, d'un « souci » ou d'un « intérêt ».

2. J.-J. Rousseau, *Du contrat social* [1762], II, chap. I, *op. cit.*, p. 61.

3. En ce qui concerne l'analyse arendtienne du concept de « pitié », voir OR, p. 6-91 ; trad. fr., p. 105 *sq.*

Il est peut-être nécessaire à ce stade de dire un mot sur la méthode employée, avant de présenter mon interprétation nuancée du livre d'Arendt sur la révolution : ses réflexions sur la Révolution française ne doivent pas être comprises comme une étude historique ou politico-historique. En tant que telles, elles ne sont tout simplement pas assez complexes – sans vouloir offenser Arendt. Un grand nombre d'éminents historiens l'ont souligné[1]. Hannah Arendt n'est pas non plus Quentin Skinner – et cela vaut aussi, dans une certaine mesure, pour son interprétation de Rousseau. Il convient pour l'heure de noter qu'elle ne rend pas justice aux nombreuses idées de Rousseau, aux facettes multiples et souvent contradictoires de sa pensée, et qu'elle ne cherche pas à le faire. Cependant, dans ce chapitre, je ne considère pas qu'il soit de mon devoir de défendre Rousseau contre Arendt, ni de souligner les déficits et les simplifications de son interprétation de la Révolution française. Je me soucie plutôt de retracer le récit politique qu'elle fait de la Révolution française – dans lequel Rousseau occupe une place très importante. Ainsi, je serai en mesure de dégager les arguments politico-théoriques qui sont imbriqués dans ce récit, d'apporter des idées nouvelles et de révéler ainsi la structure de l'argumentation d'Arendt.

ARENDT ET LA QUESTION SOCIALE UN RÉAJUSTEMENT POLITICO-THÉORIQUE

Révolution et discours

Beaucoup d'encre a coulé sur le livre d'Arendt sur la révolution. On lui reproche généralement de donner une représentation faussée des deux révolutions – américaine et française. Tout en ne reconnaissant pas les acquis fondamentaux de la Révolution française, dit-on, elle idéalise la Révolution américaine[2]. Hobsbawm, par exemple, se demande si la description d'Arendt dans son livre *De la révolution* peut présenter un quelconque intérêt pour l'historien. Sa réponse est dénuée d'ambiguïté :

> La réponse, en ce qui concerne celui qui étudie la Révolution française et de la plupart des autres révolutions modernes, doit être que non. Je ne suis pas en mesure de porter un jugement sur sa contribution à l'étude de la Révolution américaine, bien que je suspecte qu'elle n'est pas importante[3].

1. Voir sur ce point mes remarques ci-dessous.

2. Par exemple, Friedrich Jonas écrivait déjà en 1979 que « la Révolution américaine est donc un bon nouveau commencement, la Révolution française un mauvais » (F. Jonas, « Hannah Arendts Theorie der Revolution », *in* A. Reif (Hrsg.), *Hannah Arendt : Materialien zu ihrem Werk*, Wien, Europaverlag, 1979, p. 273).

3. E. J. Hobsbawm, « Hannah Arendt on Revolution », *in* E. J. Hobsbawm (ed.), *Revolutionaries*, London, Quartet Books, 1977, p. 210 *sq*. Jonas va dans le même sens quand

Pourtant, cette comparaison dichotomique nous induit en erreur, puisqu'elle nous fait ignorer et oublier ce qu'Arendt a identifié comme un acquis qu'elle attribue également à la Révolution française : le moment discursif et démocratique. Quoiqu'Arendt ait constaté l'émergence d'un nouveau type politique de rationalité avec la Révolution américaine, et qu'elle l'ait en fait opposé à la tradition politique et étatique d'Europe continentale, la simple dichotomie entre un bon nouveau commencement et un mauvais nouveau commencement masque les qualités des deux révolutions, qui méritent d'être préservées. Je vais donc, dans ce qui suit, suggérer une interprétation plus nuancée. Je considère l'analyse arendtienne des révolutions américaine et française comme une tentative de mettre en lumière le potentiel qui se situe au fondement des deux révolutions, en matière de démocratie discursive et de société civile. Une interprétation de ce type consiste principalement à se demander comment et à quelles conditions la promesse politique et démocratique des deux révolutions peut être préservée dans un monde moderne. Se contenter d'interpréter les remarques d'Arendt comme la négation de la voie française, c'est passer à côté de l'intention de son livre. Bien plus, si dessiner une nette frontière entre les deux révolutions nous empêche de réfléchir au « commencement prometteur »[1] de la révolution française, alors nous perdons une dimension essentielle du livre : l'analyse arendtienne du concept de nation. Car cette dimension de *De la Révolution* ne se révèle que si nous prenons également au sérieux le nouveau commencement français. C'est pourquoi nous devons partir de l'idée selon laquelle, d'après Arendt, les deux révolutions sont nées de la « haine de la tyrannie » et qu'elles visaient à créer une entité politique permanente qui puisse rendre la liberté possible. Arendt écrit à ce sujet dans *De la révolution* :

> À coup sûr, les hommes de la Révolution française avaient été inspirés par la haine de la tyrannie et ne s'étaient pas moins soulevés contre l'oppression que ceux qui, pour reprendre les termes empreints d'admiration de Daniel Webster, « partirent en guerre pour un préambule [et] combattirent sept ans pour une déclaration ». Contre la tyrannie et l'oppression, et non pas contre l'exploitation et la misère, ils avaient affirmé les droits du peuple,

il affirme que quiconque cherche à en apprendre davantage sur le phénomène de la révolution sera déçu, car les questions politiques, sociales et historiques sont traitées avec une étonnante superficialité (« Hannah Arendts Theorie der Revolution », *op. cit.*, p. 274). Plus récemment, Lisa Disch a posé la question de savoir comment Arendt pouvait « glorifier la Révolution américaine et condamner la Révolution française ? » (« How Could Hannah Arendt Glorify the American Revolution and Revile the French ? Placing *On Revolution* in the Historiography of the French and American Revolutions », *European Journal of Political Theory* 3, 10, p. 350).

1. ÜR, p. 93.

> du consentement duquel tout pouvoir [...] doit tirer sa légitimité. Sachant qu'ils étaient eux-mêmes à l'évidence politiquement sans pouvoir et, de ce fait, au nombre des opprimés, ils se sentaient appartenir au peuple et n'éprouvaient nul besoin de s'en déclarer solidaires. S'ils sont devenus le porte-parole du peuple, ce n'est pas au sens où ils auraient agi pour lui par goût du pouvoir qu'ils exerçaient sur lui ou par amour pour lui : ils ont parlé et agi comme ses représentants, pour une cause commune. Toutefois, ce qui devait rester vrai au long des treize années que dura la Révolution américaine se révéla rapidement *pure fiction* au cours de la Révolution française[1].

À la lecture de cette citation, la plupart des interprètes d'Arendt se jettent immédiatement sur la distinction entre la lutte contre l'oppression d'un côté, et contre l'exploitation de l'autre. On s'accorde à dire que la thèse du livre est que la Révolution française a sans doute visé à établir la liberté à ses débuts, mais qu'elle est ensuite aventurée sur le terrain insidieux de la question sociale. Cela nous ramène au fameux sujet de la relation entre liberté politique et libération sociale, un sujet dont on pense traditionnellement qu'il n'a pas été suffisamment développé par Arendt. Selon Julia Kristeva, Arendt considère le commencement prometteur comme « détruit »[2] par l'appareil révolutionnaire de Robespierre, soutenu par les masses affamées. Hanna Pitkin ne saurait dire qui des pauvres ou peut-être des dirigeants révolutionnaires est responsable de l'échec de la Révolution aux yeux d'Arendt. Avec Arendt, il y a une incertitude

> quant à savoir si ce sont les pauvres poussés par leur instinct biologique ou bien les dirigeants poussés par l'émotion qui ont ruiné la Révolution [...] ; parfois les deux ; et parfois personne, comme lorsqu'elle dit que « le changement d'orientation » de la Révolution française, de la fondation de la liberté vers le soulagement de la souffrance, « a été causé [...] par le cours de la Révolution » elle-même, ce qui ne semble pas être une explication du tout.[3]

Pitkin conclut que le livre d'Arendt sur la révolution, s'il apporte quelques intuitions brillantes, est en définitive « profondément incohérent »[4], et « extraordinairement déroutant et confus »[5]. Seyla Benhabib observe quant à elle qu'un mélange de manipulation et de

1. OR, p. 68, trad. fr., p. 109-110, nous soulignons.
2. J. Kristeva, *Hannah Arendt*, New York, Columbia University Press, 2001, p. 121.
3. H. Pitkin, *The Attack of the Blob. Hannah Arendt's Concept of the Social*, Chicago (IL), University of Chicago Press, 1998, p. 221.
4. *Ibid.*, p. 219.
5. *Ibid.*, p. 225.

nécessité idéologique – la philosophie de Robespierre sur la loi naturelle du « bon sauvage » – a conduit à une alliance entre le peuple et les Jacobins, qui a finalement abouti à « l'éviction de la diversité politique »[1]. Depuis la conférence de Toronto en 1972, on affirme traditionnellement, dans la littérature académique, qu'Arendt fait une distinction intenable entre le politique et le social. Cette distinction non seulement ne prendrait pas en compte la dimension politique des processus sociaux et des mouvements d'émancipation, mais elle rendrait également sa pensée impropre à l'analyse des ordres sociaux et politiques modernes contemporains[2].

De la révolution contient sans aucun doute des passages qui pourraient illustrer l'attitude méprisante d'Arendt envers les questions de justice sociale. Pourtant, dans le même temps, un certain nombre de passages

1. S. Benhabib, *The Reluctant Modernism of Hannah Arendt*, Lanham, Rowman & Littlefield, 2003, p. 162.

2. Voir entre autres R. J. Bernstein, « Rethinking the Social and the Political », *in* R. J. Bernstein (ed.), *Philosophical Profiles : Essays in a Pragmatic Mode*, Philadelphia (PA), University of Pensylvania Press, 1986, p. 238-259 ; S. Benhabib, « Modelle des "öffentlichen Raums". Hannah Arendt, die liberale Tradition und Jürgen Habermas », *in* S. Benhabib (Hrsg.), *Selbst im Kontext*, Frankfurt, Suhrkamp, 1995, p. 94 ; J. L. Cohen, « Rights, Citizenship, and the Modern Form of the Social : Dilemmas of Arendtian Republicanism », *Constellations* 3, n° 2, 1996, p. 165 ; B. Guggenberg, « Das Ende der Arbeitsgesellschaft und die Erosion des Politischen : Eine Erkundung mit Hannah Arendt », *in* P. Kemper (Hrsg.), *Die Zukunft des Politischen : Ausblicke auf Hannah Arendt*, Frankfurt, Fischer, 1993, p. 97-118 ; O. Höffe, « Politische Ethik im Gespräch mit Hannah Arendt », in *ibid.*, p. 23 ; W. Thaa, « Hannah Arendt : Politik und Weltentfremdung », Politische Vierteljahreszeitschrift 38, 4, 1997, p. 700-704. Jason Frank a de nouveau soutenu cette lecture plus récemment dans *Constituent Moments : Enacting the People in Postrevolutionary America*, Durham (NC), Duke University Press, 2010, p. 50. Critiquer Arendt de cette façon est justifié si l'on a le sentiment que la justice sociale ne peut être rendue que de manière technocratique, c'est-à-dire par des experts, des administrateurs et des managers – un sentiment qui contredirait clairement les réflexions d'Arendt sur la nature de l'action politique dans des conditions de pluralité. Ici, il est certain qu'il faut argumenter avec Arendt contre Arendt. En outre, ses remarques dans *La condition de l'homme moderne* – mais aussi sa critique des conseils ouvriers vers la fin du livre *De la révolution* (voir OR, p. 274, trad. fr., p. 413) – semblent suggérer que pour Arendt, le domaine économique, en contraste frappant avec le domaine politique, n'est pas une sphère de liberté et pas une sphère où les citoyens peuvent avoir des aspirations politiques. Une conséquence importante de cette division nette entre l'économique et le politique est l'exclusion des appels à la démocratie et à la démocratisation de l'économie ou du lieu de travail, un thème sur lequel travaillent depuis longtemps ceux qui défendent une théorie critique de la société. Toutefois, cette critique courante et, dans une certaine mesure, bien fondée, doit veiller à ne pas condamner l'approche arendtienne des questions sociales de manière si radicale qu'elle ne parvient pas à saisir les dimensions politiques et politico-théoriques des considérations socio-économiques d'Arendt (*cf.* C. Volk, « Towards a Critical Theory of the Political. Hannah Arendt on Power and Critique », *Philosophy and Social Criticism* 42, Issue 6, 2015, DOI10.1177/0191453715568921.2015).

suggèrent le contraire. Hormis le cas particulier de la population noire, Arendt souligne, par exemple, que la comparaison entre les révolutions américaine et française est « injuste » et « nuit » à la compréhension, précisément parce qu'aux États-Unis la population n'a jamais été confrontée à des inégalités sociales aussi frappantes qu'en Europe. Selon Arendt, la Révolution américaine n'a jamais eu à faire face à la pression de la misère de masse, comme c'était le cas chaque jour à Paris au tournant du XIXe siècle. C'est la raison pour laquelle, de son point de vue :

> Rien ne serait plus injuste ou ne nuirait davantage à une véritable compréhension des choses que de tenir la réussite de la Révolution américaine pour acquise et de s'ériger en juge de l'échec des hommes de la Révolution française. Le succès n'était pas seulement imputable à l'esprit civique des « pères fondateurs » de la République, même si cet esprit était assurément d'un niveau moral et intellectuel. [...] La raison de ce succès et de cet échec, c'était l'absence, sur la scène américaine, du fléau de la pauvreté. La fondation de la liberté ne pouvait réussir que parce que les « pères fondateurs » n'étaient pas entravés par *la question sociale, qui était politiquement insoluble* ; mais cette fondation ne pouvait être universellement valable en matière de liberté, puisque le reste du monde était et demeurait dominé par la misère des masses[1].

Par conséquent, c'était le « fléau de la pauvreté » qui constituait la différence cruciale entre les deux révolutions. Aucune révolution à l'époque n'aurait pu contourner ou résoudre ce problème. Le problème ne pouvait pas être résolu politiquement en Europe parce qu'on n'avait pas encore atteint le niveau technique qui aurait permis d'approvisionner les masses urbaines en nourriture. Très vite, on s'aperçoit que, si on défend exagérément la position d'Arendt, on se met à souligner le caractère fatidique des deux Révolutions avec des accents malthusiens. En outre, des historiens à l'instar de Robert Nisbet ont montré de manière convaincante qu'il n'est en vérité pas viable de limiter la question sociale à l'Europe[2].

D'un autre côté, en revanche, il me semble que la recherche en théorie politique, en sociologie et en histoire s'est tellement focalisée sur cet aspect qu'elle ne prend plus en compte une réflexion centrale de *De la*

1. ÜR, p. 85. Des parties de ce passage se trouvent également dans *On Revolution* – quoique pas sous cette forme synthétique. Voir OR, p. 54 *sq.*, trad. fr., p. 100.

2. Robert Nisbet remet en cause le fait de limiter la question sociale à l'Europe, et critique aussi l'opinion d'Arendt selon laquelle la Révolution française a eu plus d'influence que la Révolution américaine (voir R. Nisbet, « Hannah Arendt und die amerikanische Revolution », *in* A. Reif (Hrsg.), *Hannah Arendt : Materialien zu ihrem Werk*, *op. cit.*, 1979, p. 245-256).

révolution. La critique dénonce si catégoriquement la façon dont Arendt traite la question sociale, qu'elle ne peut plus admettre la radicalité de sa pensée : le discours d'Arendt sur la question sociale en France met l'accent sur le problème de l'absence de *consensus universalis*, qui s'est manifesté en partie par l'échec d'une constitution durable. Les Jacobins ont formulé une réponse à l'absence d'un *consensus universalis* au sein de la société française qui exprime le fondement même du concept de nation. C'est précisément parce que l'idée de la nation – dans sa dimension politico-théorique – était capable de donner une réponse « appropriée » qu'elle est devenue l'« *idée-force** » de l'époque. Autrement dit, ce qu'Arendt fait dans *De la révolution* n'est rien de moins que de refléter, à la lumière de la théorie politique, la situation socio-économique française à l'époque de la Révolution. À l'appui de ce changement de perspective vis-à-vis de la question sociale, il y a une petite référence, pourtant essentielle, comprise dans la citation ci-dessus sur la motivation des révolutionnaires et que j'ai déjà soulignée. Dans ce passage, Arendt décrit le commencement prometteur de la Révolution française comme une « pure fiction » :

> [I]ls ont parlé et agi comme ses représentants, pour une cause commune. Toutefois, ce qui devait rester vrai au long des treize années que dura la Révolution américaine se révéla rapidement *pure fiction* pour la Révolution française[1].

Les commencements prometteurs de la liberté n'ont donc pas été réprimés, ni ruinés, détruits ou contraints en quelque façon dans leur développement, comme Pitkin, Kristeva et d'autres voudraient l'entendre ; le commencement prometteur avait quelque chose de fictif, d'irréel dès le départ. Ce qui était irréel, fictif, dans ce début, c'était l'idée qu'une « cause commune », un *consensus universalis*, avait été atteint, sous quelque forme que ce fût. Derrière ce caractère irréel, fictif, d'un début qui a simplement l'air d'être prometteur, s'ouvre une autre vision du livre *De la révolution.* Toutefois, avant de pouvoir ouvrir cette autre perspective, nous devons nous demander en premier lieu ce qui pouvait rendre les débuts de la Révolution française si prometteurs.

Selon Arendt, ce qui était apparemment de bon augure au commencement de la Révolution française, c'était le fait que des sections et des sociétés populaires étaient apparues, au sein desquelles la solidarité et l'appartenance pouvaient être expérimentées au moyen d'un processus de formation de l'opinion discursif et démocratique. Arendt rapporte le

1. OR, p. 68, trad. fr., p. 109-110, nous soulignons.

mécontentement suscité par le fait que les 48 sections de la Commune de Paris étaient seulement autorisées à élire des délégués et à envoyer des représentants du peuple à l'Assemblée nationale. Elles s'étaient constituées en « corps autogouvernés » ordinaires[1]. Dans la première phase de la Révolution française, un certain nombre de sociétés dites *populaires* furent fondées, dont la seule tâche – Arendt reprend ici le livre d'Albert Soboul sur Robespierre – était de

> discuter des lois à adopter, de clarifier les lois existantes, de surveiller toutes les instances publiques [...] et d'instruire leurs concitoyens sur les vrais principes de la Constitution et de répandre une lumière sans laquelle la Constitution ne serait pas capable de survivre[2].

Du point de vue d'Arendt, Robespierre était l'un des principaux défenseurs de ce mode politique et discursif de formation d'opinion : si l'objectif de la Révolution était la préservation et la conquête de la liberté, alors c'est seulement dans les clubs et les sociétés populaires que cette liberté pouvait être pratiquée. Bien que l'attitude de Robespierre ait brusquement changé à sa prise de pouvoir avec les Jacobins, il a entrevu au cours de cette première phase, selon Arendt, les « premières manifestations de la liberté et du sens civique »[3] dans les débats des sociétés populaires. Contrairement à l'idée largement répandue selon laquelle Arendt se méprend sur les avancées de la Révolution française, et « minimise les nouveaux espaces politiques créés par le peuple et pour le peuple – les sociétés révolutionnaires, les clubs, les conseils municipaux et la milice municipale, les associations de femmes »[4], elle rapporte avec beaucoup d'enthousiasme que ces sections et sociétés populaires incarnaient pleinement la liberté politique. Elle cite abondamment leurs statuts, car c'est à cela que nous voyons comment le peuple s'organisait, c'est-à-dire comment il réglementait les changements de fonctions, instaurait un président et un vice-président, et déterminait la fréquence des sessions :

> [Le] président et la moitié des secrétaires sont remplacés chaque mois, de sorte que tous les membres aient la chance d'exercer un poste. Et quelle est la mission de la société ? « La société s'attachera à tout ce qui intéresse la liberté, l'égalité, l'unité, l'indivisibilité de la république ; [ses membres] s'éclaireront mutuellement et s'informeront en particulier eux-mêmes sur

1. OR, p. 242, trad. fr., p. 366.
2. ÜR, p. 307, voir trad. fr., p. 366-367 [NdT].
3. OR, p. 245, trad. fr., p. 370.
4. S. Benhabib, *The Reluctant Modernism of Hannah Arendt*, Lanham, Rowman & Littlefield, 2003, p 163.

> le respect dû aux lois et aux décrets promulgués ». Cela se faisait par l'échange d'opinions : « Les opinions sont consciencieusement respectées tant qu'elles ne portent pas atteinte à l'ordre public. Un orateur ne saurait être interrompu pour quelque raison que ce soit ». Si « un orateur se livre à des digressions ou devient ennuyeux, l'assemblée se lèvera. Dès que six personnes sont levées, le président doit consulter l'assemblée »[1].

C'est dans ce type de discours entre citoyens que se trouve le fondement politique de la Révolution française, la démocratie libre. C'est là que se fait l'éducation politique, et les représentants politiques sont contrôlés démocratiquement. Les sections et les sociétés populaires fournissaient un forum au sein duquel une réelle formation de l'opinion devenait possible, et où les Français pouvaient acquérir une expérience politique pour la toute première fois. Il n'est donc pas surprenant, selon Arendt, que la « constitution immortelle » ait été tant louée dans ces sociétés, et qualifiée de « sublime »[2], puisque c'était elle qui garantissait à chacun le droit à la participation politique au sein des sections nouvellement créées. Si les sections avaient continué à susciter le sentiment d'appartenance et la solidarité parmi les citoyens de cette manière, on aurait vu se former une constitution qui, selon Saint-Just, « eût tout bouleversé, [s'] ils se fussent conduits avec leur propre esprit »[3]. Mais il s'est avéré que c'était une « pure fiction » de penser que les procédures démocratiques des sections et des sociétés populaires ont constitué le *consensus universalis* en France.

Souveraineté et misère

La thèse centrale de tout ce chapitre sera de soutenir qu'en lieu et place du consensus sur les procédures démocratiques de formation de l'opinion politique, telles que dépeintes par les sections et les sociétés populaires dans le récit d'Arendt, un autre type de solidarité et de construction identitaire a prévalu au cours de la Révolution française. La logique de cet autre type de formation de l'identité et de la solidarité constitue le fondement notionnel du concept de nation – ou, pour le dire plus précisément, sa signification sur le plan politico-théorique. Cependant, avant de pouvoir dégager cet autre type de construction identitaire, un certain nombre d'étapes intermédiaires sont nécessaires, en matière de clarification conceptuelle et de description du contexte politique et social. Une première étape importante ici consiste à se demander pourquoi, selon Arendt, les sections et les sociétés

1. ÜR, p. 311, voir aussi OR, p. 246, trad. fr., p. 371.
2. OR, p. 246, trad. fr., p. 371.
3. OR, p. 246, trad. fr., p. 372.

populaires n'ont pas été maintenues. Ou, plus précisément, qu'est-ce qui était si fictif dans ce consensus supposé et cet élan libertaire ? On peut trouver deux réponses essentielles à cette question dans l'œuvre d'Arendt : premièrement, le manque d'expérience politique des révolutionnaires et le fait qu'ils s'inscrivaient dans la tradition de la pensée occidentale sur l'organisation hiérarchique de l'État et la souveraineté ; deuxièmement, la configuration spécifique de la misère française.

Concernant la première raison, Arendt affirme que les espaces discursifs et démocratiques sont incompatibles avec l'idée de souveraineté et donc avec la structure hiérarchique de l'État qui l'accompagne. Elle estime, dans le cas de la Révolution américaine, que la perte d'importance politique des assemblées municipales [*town halls*] – ces espaces qui constituaient le foyer de « l'esprit politique de la révolution »[1] – découlait « d'une des "erreurs tragiques de l'évolution politique postrévolutionnaire" »[2], tandis que, dans le cas de la Révolution française, cette perte d'importance politique vient directement de l'idée européenne traditionnelle de la structure de l'État. Arendt fonde cette analyse sur l'estime changeante de Robespierre et de Saint-Just envers les sections et des sociétés populaires : avant que Robespierre et Saint-Just ne tinssent chacun les rênes de l'autorité de l'État, ils étaient tous deux convaincus que les sociétés populaires, les clubs et les sections étaient les seuls lieux où la liberté politique pouvait devenir réalité et être exercée par les citoyens. En outre, tous deux partaient du principe que le développement du « sens civique »[3] qui s'y opérait était une question vitale pour la stabilité de la communauté : ils jugeaient que la persécution des sociétés populaires par l'Assemblée nationale ou les parlements régionaux faisait partie des plus grands « crimes perpétrés contre la Révolution »[4]. Leur attitude changea dès qu'ils prirent le pouvoir.

1. ÜR, p. 298.

2. OR, p. 238, trad. fr., p. 360. Sur ce point, Arendt approuve et cite l'analyse de Lewis Mumford, selon qui l'absence d'institutionnalisation constitutionnelle des sphères d'action politique non parlementaires était une des « "erreurs tragiques de l'évolution politique postrévolutionnaire" ». Cette erreur s'explique, nous dit Arendt, par le fait, d'un côté, que les Américains considéraient l'esprit politique qui s'était formé au cours de la période prérévolutionnaire comme allant tellement de soi qu'ils ne voyaient pas la nécessité de le conserver sous quelque forme que ce soit. D'un autre côté, les *town halls* – l'incarnation de cet esprit politique – sont restés parfaitement intacts pendant la Révolution, de sorte que personne n'a jamais envisagé de les institutionnaliser constitutionnellement. Cette erreur a eu pour conséquence le fait que les conseils municipaux des villes et des villages ont grandement perdu en pouvoir et en influence dans le domaine des affaires politiques courantes et que, plus ou moins rapidement, ce lieu de l'esprit politique propre à la Révolution fut perdu.

3. OR, p. 243, trad. fr., p. 367.

4. *Ibid.*

À partir de ce moment-là, Robespierre ne parla plus que des « “sociétés dites populaires” »[1] et décria toutes les associations, à l'exception des Jacobins, qu'il qualifiait de « “sociétés bâtardes” »[2]. Pour Saint-Just, les sociétés populaires ne faisaient que s'engager dans la préparation d'un grand « “complot” ». La raison de ce « revirement »[3] de leurs principes était, dans la perspective critique d'Arendt au sujet de l'État, l'adhésion à l'idée d'un « appareil gouvernemental impitoyablement centralisé »[4]. Arendt soutient que si l'on était vraiment d'avis que le pouvoir ne pouvait exister que sous la condition d'une centralisation du pouvoir, « les sociétés, dont chacune comportait sa structure de pouvoir indépendante, et le gouvernement autonome des communes constituait clairement un danger pour un pouvoir d'État centralisé »[5].

Dès lors que les révolutionnaires français se sont alignés sur la tradition d'Europe continentale de l'« absolutisme étatique »[6], en raison d'un mélange de manque d'expérience politique, de convictions philosophiques et d'idées traditionnelles sur la légitimation du pouvoir, et qu'ils ont fait de la représentation du peuple un « “monopole” de l'État »[7], ils sont partis du principe que le pouvoir est à son apogée quand il est monopolisé et centralisé en un même point. Dans ce contexte, l'existence d'autres centres de pouvoir, tels que ceux que représentaient les sections et les sociétés populaires, était synonymes d'une perte de pouvoir et était de ce fait considérée comme un « danger fatal ».

Le « danger » que faisaient courir les sections et les sociétés populaires apparues au cours de la Révolution à l'État d'Europe continentale tenait pour Arendt à deux traits constitutifs : leur « caractère non partisan »[8] d'une part, et leur orientation fédérale d'autre part[9]. Parce que ces sociétés vivaient précisément de la convergence des intérêts politiques et des échanges sur les questions politiques du moment, les opinions se formaient lors des débats, et différaient d'un jour à l'autre et d'un sujet à l'autre. Cette ouverture et cette indéterminabilité de principe, l'esprit conflictuel et les résultats imprévisibles qui les caractérisaient contrastaient fortement

1. OR, p. 243, trad. fr., p. 368.
2. OR, p. 250, trad. modifiée, p. 378.
3. OR, p. 243.
4. OR, p. 248, trad. modifiée, p. 374.
5. *Ibid.*
6. ÜR, p. 203. Voir aussi OR, p. 154, trad. fr., p. 246 *sq.*
7. OT, p. 251, trad. fr., p. 539.
8. OR, p. 250, trad. fr., p. 377.
9. Voir ÜR, p. 314.

avec l'idée de l'uniformité du peuple, qui avait désormais pris la place du roi sur le trône. La multiplicité des opinions qui se formaient et se reformaient sans cesse dans ces espaces discursifs et démocratiques, selon le lieu, le moment et le sujet, faisait ressortir le fait qu'il n'existait rien de semblable à une volonté unanime qui aurait pu être représentée, symbolisée ou rendue visible d'une quelconque manière. Dans ce contexte, selon Arendt, il est devenu évident que pour que le « peuple » puisse réellement « gouverner », il fallait des structures étatiques fondamentalement différentes, et une idée de l'État tout autre que celle qui monopolisait tout le pouvoir au sommet. En outre, l'orientation fédérale des sections impliquait qu'il existait des « sources de pouvoir » très différentes sur le même territoire, qui n'étaient pas du tout dirigées ou contrôlées par l'État. Les sections contrevenaient donc à la « majesté » de la souveraineté étatique[1]. Arendt conclut que, quelle que soit la forme spécifique que prenaient ces espaces démocratiques discursifs, qu'il s'agisse de sociétés populaires ou de sections, d'assemblées municipales, ou de conseils d'ouvriers, de soldats ou d'étudiants, ils semaient, en raison de leurs traits constitutifs, les « germes d'une nouvelle organisation révolutionnaire de l'État »[2] ou donnaient naissance au « faible embryon d'une nouvelle forme de gouvernement »[3]. Ces « germes » ou cet « embryon » étaient incompatibles avec la délimitation et la définition du pouvoir dans la conception traditionnelle de l'État européen, et ont été immédiatement étouffés. On peut donc dire que l'espoir – fondé sur la notion occidentale d'État et de souveraineté – de pouvoir parvenir à institutionnaliser de façon permanente des espaces démocratiques discursifs, est une « pure fiction ». Le nouveau type de rationalité politique qui émerge dans les espaces discursifs et démocratiques exige un genre d'organisation structurelle de l'ordre politique fondamentalement différent de ce que l'approche étatiste traditionnelle pouvait fournir[4].

Cet axe critique est sans aucun doute d'une grande importance pour la pensée d'Arendt. C'est pourquoi j'aborderai spécifiquement sa critique de l'État dans le quatrième chapitre. Mais en ce qui concerne notre analyse du concept de nation, il nous faut pour l'instant nous concentrer sur un autre argument d'Arendt : la misère des masses. Car cette misère met en valeur

1. ÜR, p. 27, trad. fr., p. 32.
2. ÜR, p. 319.
3. OR, p. 252, trad. modifiée, p. 381.
4. Voir chap. v.

un autre genre de trait « fictif » des sections et des sociétés populaires de France, qui est déterminant pour la conception arendtienne de la nation.

Ce qui est fictif dans l'idée que les sections et les sociétés populaires auraient pu constituer la base du *consensus universalis*, avec leurs méthodes de formation de l'opinion et de prise de décision discursives et démocratiques, c'est le fait que la majorité du peuple de France – en premier lieu les masses dites « misérables » – était *de facto* exclue de ce consensus dès le départ. Les masses misérables n'ont pas détruit les espaces de liberté politique à l'œuvre : elles n'y ont jamais appartenu. Poussées par le dénuement qui soumettait les masses au « diktat absolu du corps »[1], toutes leurs pensées et toutes leurs forces étaient vouées uniquement à lutter pour survivre au jour le jour. Ce qui est intéressant ici, c'est le point de vue d'Arendt sur les États-Unis et le récit qu'elle en donne. La grande pauvreté existait aussi aux États-Unis, même s'il n'y avait pas le même degré de misère qu'en Europe. Ce qui est crucial à ce stade, c'est le commentaire d'Arendt, qui explique que la pauvreté aux États-Unis n'était pas un problème social, comme en Europe, mais plutôt un problème politique[2]. Comment comprendre cette distinction entre problème social et problème politique ?

À la différence de l'Europe, le problème de la pauvreté aux États-Unis est qu'elle « interdis[ait] automatiquement [à la majorité de la population] toute participation active au gouvernement –, mais pas, bien entendu, d'être représentée ni de choisir ses représentants »[3]. L'incise a une importance primordiale ; Arendt souligne ainsi que la majorité de la population américaine appuie l'ordre parlementaire de base, malgré la pauvreté. La situation n'est pas la même en France. De même que, pour Arendt, la lutte de la population noire pour ses droits civiques est une lutte contre la constitution érigée en ennemie – en tant que manifestation du « crime originel »[4] –, l'ordre politique de base fondé sur les sections et les sociétés populaires devient l'ennemi des masses démunies. La principale différence, bien entendue, est que l'exclusion est, dans le premier cas, de nature raciste, et que dans le second, elle est socio-économique. Mais, au-delà de cela, les masses misérables de France se sont trouvées dans une situation politiquement « similaire » à la fin du XVIIIe siècle. Elles non plus, *de facto*, n'appartenaient pas au corps politique des citoyens ou de

1. OR, p. 54, trad. fr., p. 88.
2. Voir ÜR, p. 86, voir OR, p. 63 pour la version anglaise (trad. fr., p. 101).
3. *Ibid.*
4. CD, p. 91, trad. fr., p. 123.

ceux qui pouvait se réunir dans les sections et les sociétés populaires. Cette considération nous donne accès au fondement politico-théorique de la question sociale : contrairement aux États-Unis, où la pauvreté favorise la compétition politique entre les différents partis, la résolution de la question sociale en France doit devenir un objectif d'État. Les négociations et les débats politiques dans les sections et les sociétés populaires sur l'avenir et les prochaines étapes politiques ne sont plus capables de rallier une majorité. Cela s'explique par la différence de configuration et d'ampleur de la pauvreté de part et d'autre de l'océan. À la différence des États-Unis, où il n'y avait « que » de la pauvreté, la misère en France demandait une réponse immédiate. La pauvreté aux États-Unis, dans le récit d'Arendt, a privé de vastes portions de la population d'une participation politique active, mais elle n'appelait pas une tout autre forme de gouvernement. En revanche, les Américains pauvres ont été livrés à l'espoir fondé que leur situation s'améliorerait au fil du temps, et cet espoir leur suffisait à ce moment-là. Ils vivaient dans la pauvreté, mais pas dans la misère oppressante qui sévissait en Europe. Par conséquent, ils confiaient leurs intérêts à des représentants politiques, qui pouvaient ensuite porter leurs intérêts et leurs préoccupations spécifiques au Parlement. Il en allait tout autrement en France : là-bas, la misère menaçait quotidiennement la vie et l'existence; la misère s'y manifestait avec une intensité qui nécessitait une réaction immédiate :

> Plus que le manque, la pauvreté est un état de besoin constant et de misère aiguë dont toute l'ignominie tient à sa force de déshumanisation; la pauvreté [le terme « misère » serait plus exact ici] avilit parce qu'elle impose aux hommes le diktat absolu du corps, c'est-à-dire le diktat absolu de la nécessité, comme nul ne l'ignore, du fait de son expérience la plus intime et en dehors de toute spéculation[1].

Bien qu'Arendt ne reprenne pas ici la distinction postulée précédemment entre la misère et la pauvreté, et qu'elle présente une autre conception de la pauvreté – la pauvreté comme misère, pourrions-nous dire –, il reste clairement qu'une amélioration inévitable, « aiguë », « irrésistible » et « absolue » de la situation matérielle de la population française était nécessaire. Si on laisse de côté le fait que les références historiques d'Arendt sont discutables et que, le plus souvent, elles ne sont pas reconnues par les historiens, son argument ici est que, dans un tel contexte, l'accent mis sur la liberté politique nouvellement acquise, dont

1. OR, p. 54, trad. fr., p. 88. La remarque entre crochets est un commentaire de l'auteur [NdT].

on pouvait effectivement jouir dans les sections et les sociétés populaires, n'avait tout simplement pas de sens. La misère n'a pas seulement rendu toute discussion superflue – car il est impossible de discuter de quoi que ce soit quand on doit affronter les conséquences directes de la faim et de la misère la plus amère. Son apaisement immédiat est surtout un besoin humain fondamental, et il se situe donc à part du spectre des sujets à négocier politiquement, justement parce qu'il n'y a pas d'alternative. Arendt affirme que la seule chose susceptible de faire l'objet d'un consensus pour ces personnes était la satisfaction de leurs besoins. Autrement dit, seules la satisfaction directe des besoins et l'abolition de la misère pouvaient permettre de fonder le *consensus universalis*, et devaient donc devenir la priorité politique suprême.

Misère et consensus

Pour Arendt, la misère de masse était d'une importance primordiale pour le déroulement ultérieur de la Révolution française. Si le but affiché des sections et des sociétés populaires était de promouvoir l'appartenance politique et la solidarité au sein de la société au moyen de la discussion, de l'écoute mutuelle des différents points de vue, la « souffrance véritablement interminable d'un nombre inestimable de personnes »[1] a démasqué cette intention qui s'est révélée être une « pure fiction ». La majorité des gens étaient *de facto* exclus de ces espaces dès le départ en raison de la situation socio-économique française. À ce moment de l'histoire, quand les préoccupations de ces personnes sont également devenues des préoccupations publiques à l'avènement de la Révolution, il est apparu que le nécessaire *consensus universalis* n'existait pas. En d'autres termes, cette société était encore très éloignée de la constitution en tant qu'entité politique. Par conséquent, Arendt écrit :

> En France, la chute de la monarchie ne modifia pas les rapports entre gouvernants et gouvernés, entre le gouvernement et la nation, et nul changement de gouvernement ne paraissait en mesure de combler le fossé entre eux. Les gouvernements révolutionnaires, semblables en cela à ceux qui les avaient précédés, n'étaient ni « du peuple » ni « par le peuple », mais dans le meilleur des cas, ils ont agi « pour le peuple » et dans le pire des cas, en vertu d'une « usurpation du pouvoir souterrain » par de prétendus représentants qui s'étaient eux-mêmes placés « dans une indépendance absolue par rapport à la nation ». L'inconvénient, c'était que la différence principale entre la nation et ses représentants au sein de toutes les factions avait bien peu à voir avec « la vertu et le génie », comme

1. ÜR, p. 114, trad. fr., p. 112.

> Robespierre et d'autres l'avaient espéré, mais résidait exclusivement dans la différence flagrante de conditions sociales, qui se révéla seulement une fois la révolution accomplie[1].

Ce passage est un excellent exemple de la façon dont Arendt masque le problème qu'il faudrait soulever, et ce par le biais d'une confusion terminologique. Non seulement les termes de « nation » et de « peuple » sont utilisés ici de manière identique, mais avec l'État et le gouvernement sont introduites des dimensions supplémentaires, qui visiblement sont censées refléter le même problème. Or ce n'est pas le cas. Ce qui ressort de toutes ces allusions, mais qui reste confus, c'est la question de ce qui constitue une unité politique à partir d'une masse de gens plus ou moins indéfinie d'une part, et de sa constitution sur le plan juridique et politique d'autre part. Même si les deux questions se confondent généralement dans la pratique, dans le cas d'une étude politico-théorique on se doit de faire une distinction très nette entre la formation d'un groupe à partir d'un grand nombre d'individus, et la détermination de la structure au sein de laquelle ce groupe est autorisé à agir comme un tout. Bien qu'Arendt ne soit pas du tout claire dans la terminologie qu'elle emploie, elle entrevoit ici le premier des deux problèmes. Dans la citation ci-dessus, elle parle d'un fossé entre gouvernants et gouvernés. Ce fossé provient de conditions sociales très différentes, et fait apparaître le gouvernement révolutionnaire sous un jour aussi défavorable que celui sous lequel le déficit de légitimité du pouvoir monarchique avait été détecté[2]. Politiquement, cela s'exprime par le fait que le nouveau gouvernement révolutionnaire « n'était ni du peuple ni par le peuple ». L'imprécision terminologique d'Arendt devient particulièrement évidente à ce moment-là, parce que le concept de « peuple » est utilisé ici de façon très spécifique pour désigner le peuple misérable. Ce passage n'aurait sans cela aucun sens, puisque la plupart des révolutionnaires n'étaient issus ni de la noblesse ni de l'Église. Les misérables, d'après Arendt, ne reconnaissent pas les élites révolutionnaires comme leurs égaux. Cela est dû à leur différence fondamentale de condition sociale, qui ne permettait pas d'établir « au moins une fois l'unanimité », comme l'exigeait Rousseau pour la création d'une constitution. Comme on sait, Rousseau explique la nécessité d'établir l'unanimité « au moins une fois » dans le cinquième chapitre du premier livre du *Contrat social*. Il soutient contre Grotius qu'il faut examiner l'acte qui crée « le vrai

1. OR, p. 69, trad. fr., p. 110.
2. Voir aussi J. A. Frank, *Constituent Moments : Enacting the People in Postrevolutionary America*, *op. cit.*, p. 44.

fondement de la société », quand « un peuple est un peuple »[1], avant d'examiner comment le peuple peut se donner à un roi.

Dans l'interprétation que fait Arendt des premières années de la Révolution, l'absence d'une « véritable fondation de la société » devient le problème politique central[2]. Aucun consensus politique fondamental viable ne pouvait se former au sein de la société française – et cela semble être l'argument politico-théorique sur lequel se fonde le récit d'Arendt à ce stade. De son point de vue, le manque d'assentiment vis-à-vis de la constitution était simplement l'expression du fait qu'il n'existait rien de tel que *le* consensus, qui était censé être symbolisé par la constitution et éveiller le peuple à « l'existence et la vie »[3]. Pour Arendt, le « fossé » est la preuve irréfutable que l'objectif politique commun, qui était censé s'exprimer par une constitution modérée par la mise en place d'un espace de formation de l'opinion discursif et démocratique, n'était que pure chimère et ne pouvait faire l'objet d'un consensus. Le consensus fondamental, celui qui, selon Rousseau, donne « l'existence et la vie au corps politique »[4], devait prendre une forme différence. L'échec de la constitution a révélé le

> fait inéluctable [...] que la libération de la tyrannie n'était synonyme de liberté que pour la minorité et se faisait à peine sentir pour la majorité qui demeurait accablée par la misère. C'était cette minorité qu'il fallait libérer encore une fois et, comparée à cette libération du joug de la nécessité, la libération originelle des chaînes de la tyrannie dut paraître un jeu d'enfant[5].

Les sections et les sociétés populaires, devenues hors de propos, ont été remplacées par le besoin de se libérer de la nécessité et de la misère. Ce basculement advient inévitablement, selon Arendt, parce qu'aucun autre intérêt essentiel ne pouvait devenir la source du pouvoir au sein de la société française[6]. Arendt cherche à nous faire comprendre qu'un État

1. J.-J. Rousseau, *Du contrat social* [1762], I, chap. V, *op. cit.*, p. 51.

2. Selon Arendt, cette absence d'une nation française s'exprime le plus clairement, historiquement, par le fait que les Girondins n'ont pas réussi à adopter une constitution viable et communément acceptée. Arendt donne de nombreuses raisons pour justifier cet échec, mais à la lumière des événements politiques, la Constitution de 1791 demeura un « morceau de papier » (OR, p. 122, trad. fr., p. 190) parce qu'elle n'a pas obtenu le soutien de pans entiers de la population – en premier lieu, bien entendu, celui des masses misérables.

3. *Ibid.*, II, chap. VI, p. 71.

4. *Ibid.*

5. OR, p. 69, trad. fr., p. 110.

6. Arendt écrit à ce sujet : « C'est ainsi que les dirigeants de la France ont appris une leçon sur la misère humaine qu'ils n'allaient pas oublier de sitôt. Mais il ne faut pas non plus oublier que c'est à la même époque que le peuple a reçu sa première leçon sur la dignité

ne pouvait s'établir en France qu'avec le soutien des masses misérables. Mais pour cela, les intérêts de cette strate de la population allaient devoir immédiatement devenir les intérêts majeurs de la communauté future ou naissante. C'est l'arrière-plan « pratique »[1] que les institutions révolutionnaires ont sacrifié en faveur de la structure étatique traditionnelle de l'Europe continentale. Les révolutionnaires reprennent « le corps de l'administration absolutiste, car il correspond bien aux nouvelles exigences de calculabilité de l'action de l'État et de contrôle uniforme du comportement des masses »[2]. Le déficit de légitimité des gouvernants vis-à-vis des gouvernés devait être comblé par l'affirmation selon laquelle la libération du besoin et de la misère était le but suprême de l'État, l'intérêt de la nation. Pourtant, le fait de passer du discours et des procédures à un intérêt substantiel n'a pas seulement eu des conséquences majeures sur le développement de la communauté politique : il a avant tout dessiné la structure interne du concept de nation. Historiquement, Arendt date ce basculement de la prise du pouvoir des Jacobins. Elle y voit l'avènement de la phase au cours de laquelle le concept de nation est devenu le concept politique décisif de l'époque et a pris un sens théorico-politique spécifique, qu'on étudiera par la suite. La dimension politico-théorique du concept de nation s'est développée à une époque et dans des conditions socio-économiques telles que la société menaçait de s'effondrer devant les intérêts contradictoires d'une part, et la misère paralysante d'autre part.

Si nous passons outre les questions d'exactitude historique et si nous réfléchissons au discours que tient Arendt sur la question sociale dans une perspective politico-théorique, nous pouvons constater, très étonnamment, qu'elle n'est pas si éloignée de la critique habermassienne que l'auteur voulait bien le croire dans sa recension de *De la révolution*. Habermas y fait une remarque critique :

> Nous ne pouvons discuter raisonnablement des conditions de la liberté politique que dans le contexte d'une émancipation de la domination. Cette

humaine et la liberté. Une immense soif de débat, d'instruction, de lumières partagées et d'échange d'opinions se répandit dans les sections et dans les sociétés populaires de la Commune, et cet appétit, d'une manière parfois très émouvante, était pratiquement dénué d'intention ; l'intention première n'était en aucun cas d'exercer une quelconque pression sur le pouvoir en place ». (ÜR, p. 315). Un passage similaire, quoiqu'amputé, se trouve dans la traduction française (trad. fr., p. 275-276) [NdT].

1. ÜR, p. 310.

2. H. O. Ziegler, *Die moderne Nation. Ein Beitrag zur politischen Soziologie*, *op. cit.*, p. 86. Voir sur ce point le chapitre III et la remarque selon laquelle on trouve des interprétations très similaires de la Révolution française chez Burke, Hegel, Tocqueville et Weber. *Cf.* aussi S. Benhabib, *The Reluctant Modernism of Hannah Arendt*, Lanham, Rowman & Littlefield, 2003, p. 161.

> catégorie de domination ne doit pas séparer le pouvoir politique du pouvoir social, mais doit les montrer pour ce qu'ils sont tous deux : une répression. Dans des conditions de dépendance sociale, le meilleur droit en termes de liberté politique demeure l'idéologie[1].

Arendt aurait dû l'exprimer avec tout autant de clarté, car elle est également de l'avis que l'étude la plus précise des forces qui structurent l'inégalité sociale doit se faire sous le prisme de la misère de masse en France, dans ses conséquences politiquement destructrices. Malgré la révolution politique, l'inégalité sociale criante continue de perpétuer la relation entre gouvernants et gouvernés, et « révèle » que le « début prometteur » de la Révolution est une « pure fiction ». Le « fléau de la misère de masse »[2] est incontestablement une raison parmi d'autres, comme le manque d'expérience politique, les convictions philosophiques et les idées traditionnelles sur la légitimation, qui peut expliquer l'échec – d'après Arendt – de ce commencement et de l'effort visant à favoriser la solidarité et un sentiment d'appartenance par le biais d'un processus discursif et démocratique. Néanmoins, Arendt est convaincue que la liberté politique et l'égalité sans droits sociaux sont une fiction qui, tôt ou tard, vole en éclat au contact de la réalité[3] :

> S'il est vrai que l'égalité nationale, sur laquelle reposait la nouvelle forme d'État, s'était imposée au point que, dans l'ensemble, les groupes autrefois au pouvoir avaient été politiquement destitués et que les classes autrefois opprimées étaient libérées politiquement, quoiqu'elles eussent aussi perdu la protection économique que leur octroyait l'ancien ordre ; cette égalité fut toutefois *immédiatement annulée dans ses répercussions concrètes en raison de l'émergence de la société de classes*, dont la caractéristique principale était qu'à de rares exceptions près, on restait toujours dans la classe à laquelle on appartenait à la naissance. *L'égalité réelle*, telle que l'exigeaient les Jacobins pendant la Révolution française, et qu'ils avaient voulu mettre en œuvre en instaurant une société de petits propriétaires soutenus par l'État, n'a pu se réaliser qu'en Amérique, dans des circonstances très différentes. Les conditions du Nouveau Continent, où régnait une opulence naturelle qui n'attendait que d'être exploitée et mise en œuvre, *ont permis de renforcer socialement l'égalité de chacun devant la loi par la même opportunité donnée à chacun à la naissance.* L'opposition fondamentale entre une forme d'État fondée sur l'égalité des

1. J. Habermas, « Die Geschichte von den zwei Revolutionen », *in* J. Habermas (Hrsg.), *Philosophisch-politische Profile*, Frankfurt, Suhrkamp, 1981, p. 227.
2. ÜR, p. 204. Voir trad. fr., p. 100 [NdT].
3. *Cf.* sur ce point en particulier mes remarques sur le lien intrinsèque entre la politique et le droit dans le chap. v.

> droits et une société au sein de laquelle l'inégalité des conditions de vie à la naissance se cristallise en classes, empêchait aussi bien la formation de véritables républiques que l'émergence d'une nouvelle hiérarchie politique[1].

Il ne peut y avoir de désaveu plus manifeste de tous les critiques qui accusent Arendt d'ignorer la dimension sociale de la politique et du politique. Prenant l'exemple d'une catégorie politique fondamentale, l'égalité, Arendt explique ce qui se passe quand la garantie politique et juridique est confrontée à des conditions sociales qui chaque jour remettent en question l'égalité prônée au sein du processus politique. Dans ses « répercussions concrètes », l'égalité politique et juridique est annulée et la liberté politique rendue impossible. Une série de penseurs politiques ont accusé Arendt d'ignorer ces problèmes qui sont d'une importance politique capitale : les questions de répartition et les questions de justice. Albrecht Wellmer résume cette vision de façon lapidaire lorsqu'il affirme, supposément contre Arendt, « que les problèmes auxquels Marx était confronté sont aujourd'hui encore nos problèmes (politiques) »[2]. Je ne souhaite pas contester le fait que sa réponse à la conférence de Toronto mentionnée ci-dessus, qui sert généralement de point de départ à la critique, ne contribue guère à éclaircir le problème[3]. Mais il en va tout autrement dans les remarques que je viens de citer : L'« égalité réelle » ne peut exister que si l'on est libéré des besoins aigus du processus vital, et si l'on est capable de mener une vie qui peut, dans une certaine mesure et à certains moments du moins, s'émanciper des exigences du processus vital. Dans sa réponse à une contribution de Charles Frankel, Arendt souligne qu'« [a]vant de demander aux pauvres de faire preuve d'idéalisme, nous devons d'abord en faire des citoyens; et cela implique de changer les circonstances de leur vie privée, de sorte qu'ils deviennent capables de jouir de la "chose publique" »[4]. Dans ses réflexions sur les conditions

1. ETH, p. 49 *sq.*, nous soulignons. Un passage similaire, quoique non identique et moins explicite, se trouve dans la version anglaise (OT, p. 12 *sq.*, trad. fr., p. 230-231).

2. A. Wellmer, « Arendt on revolution », *in* D.R. Villa (ed.), *The Cambridge Companion to Hannah Arendt*, Cambridge, Cambridge University Press, 2000, p. 235.

3. *Cf.* DiT, p. 90 *sq.*

4. PRPI, p. 106 *sq.* Son interprétation de la justice sociale aux États-Unis est cependant tout sauf limpide. Dans son *Journal de pensée*, elle écrit en 1952 que « la dignité humaine a été restaurée » en Amérique grâce au « pouvoir véritable du travail organisé », à la « relative abolition des classes », à l'« élimination de la misère » et à la « situation de marché qui a été établie, au sein de laquelle le travail est devenu le "bien" le plus cher » (DT, p. 202). Dans le même temps, on lit dans une lettre à Jaspers en 1946 que les États-Unis sont un pays qui repose sur la « contradiction fondamentale » entre la « liberté politique » et la « servitude sociale » (Arendt/Jaspers, p. 67).

préalables à l'égalité politique, Arendt semble être beaucoup plus proche de Marx que Habermas, Wellmer, voire elle-même ne voudraient l'admettre[1].

La critique d'Arendt, qu'elle développe dans ses réflexions sur la Révolution française, prend deux directions et fonctionne à deux niveaux différents : il s'agit *premièrement* d'une critique de la manière dont les processus de formation du pouvoir ont été organisés en France sous le régime jacobin, devant l'émergence de la question sociale. Au fur et à mesure que les préoccupations des « masses misérables » sont devenues des enjeux publics et qu'il est apparu qu'aucun État ne pouvait être institué sans cette majorité de la population, les intérêts de cette strate de la population ont été placés directement au rang des principaux intérêts d'une communauté naissante. L'idée d'« agir les uns avec les autres » dans le cadre d'institutions discursives et démocratiques (les sections et les sociétés populaires) au cours de la première phase de la Révolution – le « commencement prometteur » de la Révolution française – s'est transformée en une condition de l'« agir des uns pour les autres ». La libération du besoin et de la misère est devenue un principe de l'« agir des uns pour les autres »; elle a été déclarée comme plus grande priorité de l'État, comme étant dans l'intérêt national. Les conséquences sont bien connues : la suppression de tous les espaces discursifs et démocratiques, l'établissement d'une conception de la politique fondée sur la souveraineté dans la tradition d'une *potestas legibus soluta* absolutiste, le règne de la Terreur et l'échec de la Révolution à fonder la liberté. Cependant, cette interprétation de la critique arendtienne – selon laquelle la pression du besoin et de la misère modifie le mode d'action politique au sein duquel opèrent les processus de formation du pouvoir – n'est que la première partie de sa critique du pouvoir. Prise isolément, elle demeure incomplète et elle est inexacte. Car la critique arendtienne du pouvoir dans ses réflexions sur la Révolution française est, *deuxièmement*, une critique de l'idée selon laquelle les procédures discursives et démocratiques auraient pu conduire *d'une quelconque façon* à la fondation d'un ordre de la liberté – étant donné les relations sociales et économiques de domination et d'exploitation. Dans des conditions de besoin et de misère, les sections, les sociétés populaires, les conseils et autres lieux similaires d'expériences politiques de la liberté sont extrêmement élitistes, exclusifs et excluants – et leur plaidoyer inhérent pour un débat ouvert et rationnel pouvait facilement dégénérer en idéologie.

1. Voir ici aussi L. Disch, « How Could Hannah Arendt Glorify the American Revolution and Revile the French? Placing *On Revolution* in the Historiography of the French and American Revolutions », *European Journal of Political Theory* 10, 3, 2011, p. 351.

Par conséquent, en ce qui concerne la construction de la nation, il faut retenir ceci : dans son récit politique, Arendt part du principe que les structures sociales exigeaient un premier consensus substantiel de nature différente, donnant ainsi dans le même temps à la Révolution son nouvel objectif. C'est à ce moment que la nation devient un concept politique central et acquiert une dimension théorico-politique. Au lieu de procédures discursives et démocratiques, les hommes de la Révolution française aspirent à des points communs substantialisés, pré-discursifs ou supra-discursifs.

LE CONCEPT DE NATION ET LA *VOLONTÉ GÉNÉRALE**

Arendt, Rousseau et la Révolution française

> La « *volonté générale** » de Rousseau est peut-être la plus meurtrière résolution de la quadrature du cercle, c'est-à-dire du problème fondamental de toute la philosophie politique occidentale, à savoir comment constituer une singularité à partir d'une pluralité – c'est-à-dire, dans les termes de Rousseau : « réunir une multitude en un corps* » […]. Ce qui rend cette solution si meurtrière, c'est le fait que le souverain n'est plus une personne ou une multiplicité qui me commande, mais qu'il est pour ainsi dire installé en moi en tant que « citoyen* » s'opposant à « l'homme particulier* ». Dans la « *volonté générale** », chacun devient en fait son propre bourreau[1].

Au cours de cette phase historique, et dans les conditions exposées ci-dessus, les idées de Rousseau sur la *volonté générale** ont acquis un pouvoir de persuasion insoupçonné. Elles étaient « merveilleusement confortables » aux yeux des révolutionnaires, car avec l'aide de Rousseau, il devenait possible de former un « être polycéphale »[2] à partir d'une multitude de personnes, et ce *sans* processus discursif et démocratique. Son « consensus des cœurs »[3] ne nécessitait pas de discussion pour créer de la solidarité et une identité au sein de la communauté. Au contraire, là où la volonté générale se développait le mieux, c'était lorsque « les citoyens n'avaient aucune communication entre eux »[4]. Selon Arendt, ce

1. H. Arendt, *Journal de pensée*, t. 1, *op. cit.*, trad. modifiée, p. 265.

2. OR, p. 72, trad. fr., p. 115.

3. « Konsensus der Herzen », *in* J. Habermas, *Strukturwandel der Öffentlichkeit. Untersuchungen zu einer Kategorie der bürgerlichen Gesellschaft*, Frankfurt, Suhrkamp, 1990, p. 171.

4. J.-J. Rousseau, *Du contrat social*, *op. cit.*, p. 65.

qui s'accomplit *théoriquement* avec Rousseau et acquiert une plausibilité insoupçonnée *dans la pratique* lors de la Révolution française, du fait de la situation sociale de l'époque, c'est *l'intériorisation du politique*. Avec Rousseau, le pouvoir créateur d'identité et de solidarité vient du cœur : il n'a en rien besoin du discours. Cette intériorisation du politique est au centre de la dimension politico-théorique du concept arendtien de nation. C'est dans la confrontation avec Rousseau et dans ses réflexions sur la volonté générale qu'Arendt énonce cette dimension politico-théorique. Je soutiens que l'aspect le plus important du discours d'Arendt sur Rousseau est que son interprétation de la *manière* dont se forme la volonté générale est à la base de sa conception politico-théorique de la nation. Si on exagère un peu, l'interprétation arendtienne de Rousseau ne fournit donc rien de moins que la clé de sa conception de l'histoire politique des XIXe et XXe siècles[1]. Avec Rousseau, la nation devient une volonté homogène unifiée dotée d'une prétention à l'absolu, et qui est toujours, à chaque acte législatif, identique à elle-même.

Ce n'est donc pas un hasard si Arendt étudie spécifiquement Rousseau dans *De la révolution*. Rousseau est le théoricien de la Révolution française. Et cette Révolution n'a pas seulement marqué la naissance de la nation comme facteur politique central; l'idée rousseauiste d'une volonté générale unanime est aussi devenue pour la première fois une réalité historique et voit son contenu se concrétiser. La nécessité de libérer les masses de la pauvreté et de la misère, selon l'interprétation d'Arendt, était si manifeste qu'elle était appelée à devenir l'intérêt uniforme du tiers état, et concernait de fait tous ceux qui avaient « un cœur et un esprit »[2]. Quoiqu'Arendt insiste sur le fait que les hommes de la Révolution ont d'abord soutenu la cause des masses misérables par nécessité politique – aucun État n'aurait été possible sans le soutien des masses –, il est certain qu'elle prend au sérieux l'impulsion morale. C'est pourquoi elle interprète la volonté de libérer les masses de la misère et de la pauvreté, et de favoriser dans le même temps l'accès à une « vie digne », comme une conséquence logique de la notion de dignité humaine inhérente à la Déclaration des droits de l'homme. En effet, Rousseau n'a pas été le premier à remarquer qu'un ordre fonctionnel doit également être capable de favoriser la liberté, s'il veut remplir le critère de la domination légitime. Ainsi, la première spécificité de la *volonté générale*, aux yeux d'Arendt, est

1. Voir également à ce sujet mes remarques sur l'architecture de la théorie politique arendtienne des *Origines du totalitarisme*, dans le chap. IV, p. 178.

2. ÜR, p. 87.

d'améliorer le bien-être national. Naturellement, le contenu d'une volonté nationale est appelé à changer au fil du temps et à apparaître sur la scène du monde dans des habits toujours nouveaux. Mais ce qui reste inchangé dans toutes ces apparitions, selon Arendt, c'est la *manière* dont les intérêts nationaux sont présentés aux masses. Qu'entend-elle exactement par le terme « manière » ?

La justification qui nous pousse à attribuer une volonté générale à la Révolution française repose sur le fait qu'avec cette volonté, le peuple est devenu un objet de la sphère politique publique, réduit à ses besoins purement biologiques par la misère ambiante, où la faim rendait chacun semblable aux autres. Dans ce contexte historique, Arendt constate que la pensée de Rousseau sur la volonté générale atteint un certain degré de fondation empirique. Elle le commente comme suit :

> Les *malheureux** que la Révolution française avait arrachés aux ténèbres de leur misère n'étaient une multitude qu'en un sens étroitement numérique. L'image rousseauiste d'une « multitude [...], unie en un seul corps », guidée par une seule volonté, constituait une description exacte de ce qu'elle était réellement au sens où ce qui la poussait était la quête du pain, et ce cri-là – du pain ! – sera toujours poussé d'une seule voix. Dans la mesure où nous avons tous besoin de pain, nous sommes tous semblables et pouvons donc bien être unis en un seul corps[1].

Deux choses ressortent de ce passage : tout d'abord, Arendt souligne qu'en fait le discours sur la volonté unanime faisait réellement écho à l'existence quotidienne d'une certaine partie de la population. En somme, selon le récit arendtien, les « malheureux » déployaient jour après jour une énergie immense pour s'assurer tant bien que mal des moyens de subsistance. Quoique nombreux, ils étaient unis par le sort qui leur était réservé, un combat acharné contre la faim. Pour Arendt, les circonstances sociales communes de dénuement absolu et l'intérêt commun qui en découle légitiment le fait de parler des masses misérables comme d'une unité homogène[2]. D'autre part, le passage est révélateur parce que pour ce qui est de ces masses – et seulement dans ce passage –, Arendt accepte l'identification rousseauiste de l'intérêt et de la volonté, que l'on peut retrouver dans toutes les thèses théorico-politiques du *Contrat social*. La

1. ÜR, p. 120, voir OR, p. 89, trad. fr., p. 141.

2. Selon Arendt, le « problème politique que recèle la misère du peuple » (*ibid.*) réside dans cette réduction au processus de vie purement biologique qui, lorsqu'il atteint une importance aussi grande que dans la France révolutionnaire, détruit toute pluralité, ce qui permet aux misérables de parler d'*une seule* voix.

voix des êtres « poussés » par la faim devient en effet un « cri ». L'intérêt, considéré comme une manifestation de la position réelle et temporelle de l'individu dans la structure sociale, coïncide ici avec la volonté.

Même s'il y a accord entre la volonté et l'intérêt dans le cas des masses démunies, Arendt soutient qu'il n'en va pas du tout de même pour le reste de la société. La difficulté qui découlait de la nécessaire identification de la volonté nationale et de la volonté des misérables, était que non seulement la structure et les objectifs de la Révolution s'en trouvaient changés, mais aussi que tous les acteurs sont apparus sous un jour nouveau en raison de la substantialisation des objectifs politiques. Aux yeux d'Arendt, les révolutionnaires, en entraînant la libération de la tyrannie, agissaient toujours dans leur propre intérêt. Après tout, eux-mêmes n'étaient pas libres politiquement sous la monarchie absolutiste – et cela venait désormais de changer abruptement. Pour Arendt, les révolutionnaires provenaient de cercles très différents et appartenaient à une strate sociale radicalement différente de la classe de population qu'ils prétendaient représenter. Ils étaient pour la plupart ancrés dans la bourgeoisie, à l'instar de Robespierre, qui venait d'une famille d'avocats, ou de Saint-Just, dont le père était officier de cavalerie. Leurs vies et leurs activités n'avaient rien en commun avec les masses affamées de France. Mais si la volonté générale doit refléter la nation, et coïncider avec les intérêts des indigents, alors, à proprement parler, ni la majorité des révolutionnaires ni le reste de la société ne font partie de la nation.

Il est apparu très vite que ce problème n'a rien à voir avec le dilemme typique du gouvernement représentatif. Au contraire, le problème est que, lorsque la libération de larges strates de la société de la pauvreté et de la misère devient le nouvel objectif de la politique nationale, la volonté et l'intérêt demeurent séparés du point de vue des autres dans la société. D'où la tâche qui consiste à convaincre le reste de la société de reconnaître que les intérêts des masses misérables sont un intérêt national supérieur, et d'en faire la « direction suprême » de ses propres actions. La réponse à cela, celle que nous donne Rousseau, c'est « l'aliénation totale ». Dans la prochaine section, je démontrerai l'importance de « l'aliénation totale » dans les réflexions de Rousseau sur la volonté générale, ce qui me permettra – avec Arendt – de mettre en lumière la question des prérequis de cette aliénation. J'attire ainsi l'attention du lecteur sur un discours qui a à peine été remarqué à ce jour dans les commentaires du livre d'Arendt sur la révolution : son discours sur la compassion.

Volonté générale et aliénation

Rousseau est un théoricien de la liberté, dont les idées visaient à garantir la liberté pour tous les individus. Il reconnaissait en même temps que la pluralité humaine s'exprime à travers des intérêts très différents, pouvant rendre difficile l'organisation d'une forme de coexistence qui permette à chacun de faire valoir ses droits. La notion de *volonté générale** suggère le succès de cette coexistence. Car afin de former une telle société, chaque individu doit renoncer à ses intérêts et à ses droits et s'abandonner « tout entier »[1]. C'est seulement ainsi qu'il est possible de créer des conditions de départ qui soient les mêmes pour tous, et de telle façon que les intérêts ne puissent jamais entrer en conflit. Rousseau nomme cet acte « l'aliénation totale », et son contenu théorique repose sur la réduction de la pluralité[2] ou, plus précisément, sur son élimination. L'acte d'« aliénation totale » réduit la diversité des personnes ayant des intérêts différents à une seule personne : Rousseau l'appelle la « personne publique »[3]. Il s'assure que cette personne publique, en exécutant sa volonté, réalise en même temps son intérêt[4]. Cependant, ni l'abandon de l'intérêt de chacun, ni l'identification de la volonté aux moyens d'action ne peuvent se comprendre aisément. En ce qui concerne l'intérêt individuel, Rousseau parle d'une « opposition », qu'Arendt appelle même une « rébellion »[5], et se réfère dans son interprétation à une note de bas de page du troisième chapitre du deuxième livre du *Contrat social* :

> *Chaque intérêt*, dit le M. d'A, *a des principes différents. L'accord de deux intérêts particuliers se forme par opposition à celui d'un tiers*. Il eût pu ajouter que l'accord de tous les intérêts se forme par opposition à celui de chacun. S'il n'y avait point d'intérêts différents, à peine sentirait-on l'intérêt commun qui ne trouverait jamais d'obstacle : tout irait de lui-même, et la politique cesserait d'être un art[6].

1. J.-J. Rousseau, *Du contrat social*, *op. cit.*, p. 52.

2. Le « voile d'ignorance » de Rawls poursuit un objectif similaire (J. Rawls, *Théorie de la justice*, trad. fr. C. Audard, Paris, Seuil, 1987). Rawls se soucie également de la réduction de la pluralité des perspectives en « libérant » l'individu de sa position particulière dans l'ordre social. C'est ainsi qu'il obtient ses deux principes de justice fondamentaux (*ibid.*).

3. J.-J. Rousseau, *Du contrat social*, *op. cit.*, p. 53.

4. S'il n'y a plus qu'une seule personne dans le domaine politique, le sens du concept d'intérêt se dissout également, car « entre » qui peut-il « y avoir » quoi que ce soit, si l'on reprend l'étymologie de *inter-est* (voir HC, p. 182). Peu importe alors que l'intérêt ainsi compris puisse être identifié à la volonté, ou qu'il conserve son sens propre.

5. OR, p. 69, trad. fr., p. 117.

6. J.-J. Rousseau, *Du contrat social*, *op. cit.*, p. 64, note a.

Pour Rousseau, s'opposer aux intérêts individuels est une condition centrale pour engendrer une volonté uniforme et homogène. Le fait de s'opposer à un tiers crée l'« accord » nécessaire. Ici, de fait, l'adversaire n'est pas l'interlocuteur, qui pourrait avoir quelque chose à dire, mais, en tant que « tiers », il est un moyen de parvenir à l'accord, et donc uniquement négatif. Cependant, le problème crucial est déjà de savoir comment provoquer cette « aliénation totale ». En d'autres termes, comment surmonter l'« opposition » de l'intérêt individuel ? Qu'est-ce qui peut motiver l'individu à renoncer à tous ses intérêts au nom de la personne publique qui est appelée à émerger ?

D'ordinaire, on part du principe chez Rousseau que l'union entre des individus libres et égaux se réalise dans un contrat pour des raisons rationnelles. D'autres parties du *Contrat social*, en revanche, indiquent que Rousseau était très certainement conscient de la « fiction de la tradition contractualiste »[1] de sa pensée et des limites possibles qui l'accompagnent. Bruno Schmid cite ces passages dans son livre sur Rousseau, intitulé *Sittliche Existenz in Entfremdung* (*L'existence éthique dans l'aliénation*), où il souligne que, si celui-ci, dans sa conception de *l'aliénation*, reprend ostensiblement un concept central de la tradition de la philosophie politique et de la philosophie du droit, il l'utilise de manière très différente[2]. En philosophie du droit, dans la tradition du contractualisme, l'aliénation, selon Schmid, signifie l'acte juridique par lequel l'individu aliène ses droits au souverain. Chez Rousseau, cependant, cette obligation purement juridique du citoyen ne suffit pas à donner au corps politique un fondement durable. Schmid considère donc que Rousseau s'appuie sur des sources affectives :

> Le lien qui unit l'individu à la société doit être porté, selon lui, à un niveau affectif. D'autre part, l'étendue de ce lien affectif ne doit pas être soumise au caprice ; il doit avoir le caractère d'un engagement contraignant et global[3].

Selon Schmid, cet « engagement global » illustre la « dimension anthropologique de "l'aliénation" »[4], qui permet au peuple de mener une nouvelle forme d'existence, entièrement fondée sur la communauté.

1. « The European Nation-State : On the Past and Future of Sovereignty and Citizenship », *in* J. Habermas (ed.), *The Inclusion of Other : Studies in Political Theory*, Boston (Mass.), MIT Press 1998, p. 116.
2. B. Schmid, *Sittliche Existenz in Entfremdung. Eine Untersuchung zur Ethik Jean-Jacques Rousseau*, Düsseldorf, Patmos-Verlag, 1983.
3. *Ibid.*, p. 408.
4. *Ibid.*, p. 404.

Cependant, l'œuvre de Rousseau ne montre pas clairement comment le peuple peut être motivé à adopter ce type d'*aliénation*. À première vue, la solution pour Rousseau semble résider dans la vertu. Cependant, s'interroge Schmid de manière critique, « comment une personne qui ne connaît pas encore la vertu peut-elle se décider en faveur de "l'aliénation" ? »[1]. En fin de compte, Schmid résout le problème de la motivation en rejetant la dimension utilitariste en faveur d'une dimension théologico-éthique, et fait de la « religion civile » le fondement de la motivation qui pousse à l'aliénation – bien qu'avec certaines réserves compatibles avec sa théorie[2].

Comme Schmid, Ulrich Preuß s'est focalisé sur ce que Schmid appelle le « problème non résolu de la motivation à "l'aliénation" »[3]. Mais contrairement à Schmid, Preuß met en évidence un trait pré-politique du *Contrat social*, qui sape l'idée de l'unification de personnes libres et égales inhérente au contrat social. Selon Preuß, Rousseau ne s'appuie pas sur la raison ou la religion civile, mais sur le pouvoir unificateur de l'homogénéité ethnique. Preuß se réfère ici au chapitre dix du deuxième livre du *Contrat social*, dans lequel Rousseau se demande quel type de peuple est le mieux adapté à la législation[4]. Cela montre, soutient Preuß, que Rousseau a également une plus grande confiance dans un peuple « se trouvant déjà lié par quelque union d'origine, d'intérêt ou de convention »[5]. Preuß conclut donc :

> Son hypothèse d'une union et d'une cohésion du peuple antérieures à la constitution limiterait la validité de son affirmation selon laquelle l'élaboration du contrat social est à l'origine de la solidarité qui lie une multitude d'individus à un groupe social. Ce qui importe davantage pour nos problématiques contemporaines, c'est la question de savoir si l'État constitutionnel présuppose un degré minimum de similitude et d'homogénéité prépolitiques du pouvoir constituant[6].

Je ne souhaite pas discuter des réflexions de Preuß sur l'homogénéité ethnique dans l'œuvre de Rousseau, mais simplement prendre en compte son observation et celle de Schmid, d'après lesquelles Rousseau lui-même ne dit pas clairement comment la création d'une nation peut réussir et dans

1. B. Schmid, *Sittliche Existenz in Entfremdung. Eine Untersuchung zur Ethik Jean-Jacques Rousseau*, *op. cit.*, p. 417.
2. Voir *ibid.*, p. 419-465.
3. *Ibid.*, p. 415.
4. U. K. Preuß, « Constitutional Powermaking for the New Polity : Some Deliberations on the Relations between Constituent Power and the Constitution », *in* R. Bellamy (ed.), *Constitutionalism and Democracy*, Aldershot, Ashgate, 2006, p. 385.
5. *Du contrat social*, II, chap. X, *op. cit.*, p. 85.
6. U. K. Preuß, « Constitutional Powermaking for the New Polity… », *op. cit.*, p. 385.

quelle mesure elle serait permanente. Autrement dit, un État ne peut-il effectivement être créé qu'avec un groupe de personnes qui présente déjà un minimum d'égalité et d'homogénéité prépolitiques ? Les réflexions de Preuß et de Schmid sont précieuses dans ce contexte, parce qu'elles attirent notre attention sur la question des conditions nécessaires pour que l'aliénation recherchée et l'identification à la volonté générale qui l'accompagne réussissent. Comme Preuß, Arendt doute également que Rousseau se soit satisfait de la solution rationnelle. Mais au lieu de chercher des passages qui le présentent comme un théoricien secret de l'homogénéité *ethnique*, elle opte pour une méthode différente : en retraçant la logique de la dimension affective chez Rousseau, Arendt nomme à la fois l'origine de la revendication d'homogénéité et la cause du mode d'inclusion et d'exclusion dans la construction nationale de l'identité et de la solidarité.

Selon Arendt, Rousseau est conscient du fait que l'*aliénation totale* qu'il appelle de ses vœux, la lutte de l'individu contre ses propres intérêts et l'identification de la volonté individuelle avec celle de la nation ne peuvent être atteintes par le simple raisonnement rationnel. Ce qu'il faut, en effet, ce sont plutôt des « plaidoyers en faveur de la passion, du cœur, de l'âme, et surtout pour l'âme scindée en deux »[1], qui sont suscités par la pitié :

> Pour participer au corps politique de la nation, chaque citoyen doit s'insurger contre lui-même et se maintenir dans un état de rébellion permanente. La compassion pour les autres, qui après tout contredit sans doute l'intérêt de chacun, est l'*état émotionnel*, pour ainsi dire, dans lequel la rébellion envers soi-même et la soumission à la volonté générale peuvent se réaliser de la manière la plus simple et la plus naturelle[2].

Ce passage est d'une importance capitale pour comprendre la dimension politico-théorique du concept de nation chez Arendt, car il exprime, sous une forme très condensée, la façon dont se crée l'identité nationale et la forme que doit prendre l'« acte de solidarité »[3] exigé : l'identité est produite au moyen d'une révolte constante envers soi-même. Dans le cadre de la nation en revanche, la solidarité signifie un acte d'identification de sa propre volonté avec celle de la collectivité. Les deux constructions – celle de l'identité et celle de la solidarité – sont naturellement liées l'une à l'autre, au sens où l'acte de solidarité exigé ne peut réussir que si

1. OR, p. 75, trad. fr., p. 119.

2. ÜR, p. 99 *sq.*, nous soulignons. Des parties de ce passage se trouvent également dans la version anglaise (OR, p. 73 *sq.*, trad. fr., p. 117).

3. ÜR, p. 94.

l'on a déjà abandonné ses propres intérêts. La construction de l'identité comme l'acte de solidarité sont soutenus, portés et poussés par un « état émotionnel », à savoir la compassion, qui permet de garder un contrôle vertueux de soi. Nussbaum note ainsi dans ses réflexions sur Rousseau que la compassion, selon lui, constitue « la racine de toute citoyenneté réussie »[1]. Bien que la référence à la pitié/compassion nécessite encore une clarification plus détaillée, Arendt soutient que l'exigence rousseauiste d'une *aliénation totale** constitue une réinterprétation du concept de vertu : ainsi, l'objet de la vertu n'est plus la *res publica* ; mais « la vertu supposait que l'on ait le bien du peuple à l'esprit, que l'on identifiât la volonté individuelle à celle du peuple »[2]. Dès lors, selon Arendt, il est devenu habituel d'« identifier » la vertu « à l'oubli de soi »[3] [*selflessness*]. En d'autres termes, la maîtrise de soi ou le désintéressement et l'abandon de ses propres intérêts au bénéfice de la volonté générale deviennent l'insigne du bon citoyen.

Cependant, avant que nous commencions à étudier la construction de l'identité et de la solidarité au niveau de la nation, il nous faut examiner de plus près la manière dont fonctionne la pitié/compassion. C'est le seul moyen, non seulement de compléter la réponse d'Arendt au « problème non résolu de la motivation » de Rousseau, mais aussi de faire un pas décisif vers la conception (politico-théorique) de la nation chez Arendt : la *manière dont fonctionne la pitié* n'est rien d'autre qu'une description de ce qu'Arendt, à la suite de Robespierre, appelle le « patriotisme du cœur ». Or, le patriotisme du cœur est au centre du concept de nation, et l'expression en tant que telle cristallise l'intériorisation du politique qui accompagne ce concept.

L'intériorisation du politique

De la compassion à la pitié

L'analyse arendtienne du concept de pitié chez Rousseau dans *De la révolution* s'inspire à bien des égards de la vive critique de Nietzsche à l'égard de la « philosophie de la compassion »[4]. Même lorsqu'Arendt prend ses distances avec Nietzsche et oppose à son plaidoyer unilatéral,

1. M. C. Nussbaum, « Toleranz, Mitleid und Gnade », *in* R. Forst (ed.), *Toleranz. Philosophische Grundlagen und gesellschaftliche Praxis einer umstrittenen Tugend*, Frankfurt, Campus-Verlag, 2000, p. 149.

2. OR, p. 68, trad. fr., p. 111. Arendt parle ici de Robespierre, mais Robespierre « a prêché une conception de la vertu empruntée à Rousseau » (OR, p. 74, trad. fr., p. 118).

3. OR, p. 74, trad. fr., p. 117.

4. F. Nietzsche, *Aurore* [1881], trad. fr. É. Blondel *et al.*, Paris, GF-Flammarion, 2012, § 137, p. 135.

selon lequel la pitié est un « péché »[1], une interprétation plus nuancée de cette émotion, elle semble pourtant accepter la complainte de Nietzsche : « avec quelle lourdeur le langage ne plaque-t-il pas ce mot *unique* de compassion sur une réalité si polyphonique ! »[2]. Arendt divise le terme allemand « simple »[3] de *Mitleid* (pitié) en deux expressions anglaises : *pity* et *compassion*. Dans la version allemande du livre *De la révolution*, la compassion est utilisée pour signifier « la véritable (co)souffrance », (*wirkliches Mit-Leiden*[4]) ou simplement au participe présent : *suffering* (*Mitleiden*). La pitié (*Mitleid*), quant à elle, est le sentiment généré par l'observation distanciée de la souffrance.

L'analyse approfondie et condensée de la pitié par Arendt dans *De la révolution* présente de nombreux présupposés et elle est difficile à comprendre sans recourir aux concepts centraux de son œuvre. La portée politico-théorique du discours sur la pitié ne se révèle que si l'on prend conscience de la fonction que le concept, à ses yeux, revêtait chez Rousseau, comment cette fonction transforme la compassion en pitié, et les mécanismes qui entrent en jeu derrière le concept de pitié. À cet égard, un aperçu de *La condition de l'homme moderne* est indispensable. Arendt y présente Rousseau comme le théoricien de l'intimité, qui a ouvert la voie à « l'individu moderne » avec sa « révolte du cœur [...] contre le nivellement social, ce que nous appellerions aujourd'hui le conformisme inhérent à toute société »[5]. Pour comprendre la fuite de Rousseau dans la sphère de l'intimité, il faut rappeler qu'il se retire d'une société qui est déjà engagée dans un processus de désintégration. La sphère privée était justement le domaine qui avait été considéré jusqu'alors comme un lieu de refuge sûr pour l'individu :

> Le premier explorateur-interprète, et dans une certaine mesure le premier théoricien, de l'intimité fut Jean-Jacques Rousseau, le seul grand écrivain, cela est assez remarquable, que l'on désigne encore souvent par son prénom. Il fit sa découverte en se révoltant non point contre l'oppression de l'État, mais contre la société, contre son intolérable perversion du cœur humain, contre son intrusion dans un for intérieur qui, jusque-là, n'avait pas eu besoin de protection spéciale[6].

1. F. Nietzsche, *Le Gai savoir* [1882], trad. fr. H. Albert, revue par M. Sautet, Paris, Le Livre de poche, 2011, p. 91, Prélude, § 63.
2. F. Nietzsche, *Aurore* [1881], *op. cit.*, § 133, p. 132.
3. *Ibid.*
4. ÜR, p. 108.
5. HC, II, « L'avènement du social », trad. fr. G. Fradier, Paris, Calmann-Lévy, 2018, p. 105.
6. *Ibid.*, p. 104.

La protestation de Rousseau était donc une protestation qui partait des profondeurs de l'âme humaine, du cœur – en tant que symbole des sentiments. Et ce point de départ de la révolte ne devait rien au hasard. Car le lieu qui, pendant des siècles, était resté à l'abri des regards, risquait de plus en plus d'être victime de l'avènement de la société. Rousseau avait compris que l'avancée inexorable du social, en dernière instance, ne s'arrêterait pas devant les profondeurs de l'âme humaine, devant l'intime[1]. En revanche, on peut douter du fait qu'il ait eu conscience de la nature commune de l'agresseur et du défenseur. Car, prenant acte du caractère insaisissable du social, la révolte de Rousseau s'est retirée dans une région qui ne possédait aucune assise dans le monde. De même que la société, qui n'est nulle part et donc partout à la fois, ne peut être localisée – comme le foyer était autrefois l'expression symbolique du privé ou l'*agora* celle du public –, le lieu de la protestation est lui-même privé de monde [*worldless*], opérant un repli sur la vie émotionnelle subjective[2].

Selon Arendt, l'homme – replié radicalement sur lui-même et pris au piège de sa vie émotionnelle – perd la capacité de percevoir la réalité hors de lui-même. Ses sens, ses humeurs, ses conflits intérieurs, ses sentiments, en bref ses désirs et ses besoins individuels deviennent les seules ressources pour déterminer sa propre orientation. Devant l'insistance sur le besoin subjectif, « la pierre de touche du réel n'est pas dans la présence publique d'autrui, mais dans *l'urgence plus ou moins pressante de besoins* dont nul ne peut attester l'existence ou la non-existence, sauf l'individu qui se trouve en souffrir »[3].

Avec Rousseau, on n'atteint pas la réalité grâce à un « concept "témoin" »[4], mais plutôt grâce à un diagramme émotionnel. Est réel ce qui est ressenti. Est d'autant plus réel ce qui est ressenti plus intensément. Tout ce qui invite à la projection tout en garantissant un sentiment intense est destiné à fournir le résultat souhaité. La réalité dégénère ainsi en une projection idiosyncrasique. Le sentiment de l'individu est la finalité ultime et, par conséquent, façonne le monde d'une manière telle qu'on peut aussi le saisir avec notre instrument de perception unidimensionnel. Ce qui importe ici, ce sont les affects qui éveillent le cœur, car, selon Arendt, ils permettent de faire l'expérience de son propre corps comme

1. Voir sur ce point la distinction que fait Rousseau entre l'*amour de soi** et l'*amour propre** (J.-J. Rousseau, *Discours sur l'origine et les fondements de l'inégalité parmi les hommes* [1755], 1re partie, Paris, GF-Flammarion, 2008, p. 97-98.

2. C. Volk, *Urteilen in dunklen Zeiten. Eine neue Lesart von Hannah Arendts « Banalität des Bösen »*, Berlin, Lukas Verlag, 2005, p. 64-72.

3. HC, p. 56, trad. fr., p. 130, nous soulignons.

4. E. M. Saavedra, *Die deliberative Rationalität des Politischen : Eine Interpretation der Urteilslehre Hannah Arendts*, Würzburg, Königshausen & Neumann, 2002, p. 120.

premier monde extérieur. Le désir, la douleur et tout ce qui est contenu dans la palette de nos émotions sont des sens internes dont la stimulation maximale conduit à l'affirmation de soi[1]. Mais, dans le même temps, ce sont précisément ces impulsions émotionnelles qui nous séparent du monde entier qui existe en dehors de nous. Dans un monde de plus en plus incertain, où les révolutions, la sécularisation, le progrès économique et les découvertes scientifiques ont fait perdre à l'homme ses repères sécurisants, l'intensification de ses propres sentiments lui sert de preuve ou de garantie supposée du fait que l'on peut au moins être sûr de soi. Une timide affirmation de soi sous la forme d'un « je sens, donc je suis ».

C'est donc précisément sur la base des motivations que nous venons d'esquisser que nous devons comprendre le discours de Rousseau, car cela constitue un élément clé de la critique arendtienne de la modernité. Dans cette perspective, il apparaît clairement que « la tarentule morale Rousseau »[2] ne s'intéresse pas vraiment au malheur d'autrui, mais place plutôt son espoir dans le « mouvement de son propre cœur »[3] qui se déclenche à la vue de la souffrance d'autrui. Dans *Humain, trop humain*, Nietzsche semble prendre en considération cet aspect lorsqu'il écrit que la « soif de pitié est [...] une soif de jouissance personnelle »[4] qui cherche à être assouvie. En prenant cette « soif » comme point de départ, la teneur du terme *compassion* change pour Rousseau, et la compassion devient *pitié*. Arendt nous dit que

> [d]ans cette sphère de l'intime, la compassion se fit bavarde, si l'on peut dire, puisqu'elle en vint à servir, en même temps que les passions et la souffrance, de stimulant à la vitalité de cette palette d'émotions fraîchement découverte. Autrement dit, la compassion fut découverte et comprise en tant qu'émotion ou que sentiment, et le sentiment qui correspond à l'amour passionné de la compassion c'est, bien sûr, la pitié[5].

1. Voir DT, p. 509.
2. F. Nietzsche, *Aurore*, *op. cit.*, p. 32.
3. ÜR, p. 112. Voir OR, p. 83, trad. fr., p. 134. La traduction française dit « sa propre émotion intérieure » [NdT].
4. F. Nietzsche, *Humain, trop humain* I, section II, § 50, trad. fr. P. Wotling, Paris, GF-Flammarion, 2019, p. 113.
5. ÜR, p. 112, OR, p. 83, trad. fr., p. 132. La version allemande dit : « In dieser Sphäre der Intimität aber waren nicht Leidenschaften – die leidende Ergriffenheit von außerhalb des Individuums liegenden Mächten oder Gegebenheiten – ausschlaggebend, sondern Gefühle, Empfindungen und Emotionen, kurz alles, was die neu entdeckte Skala der Herzensbewegung in Erregung bringen konnte. Das Mitleiden wurde also als ein auf sich selbst reflektiertes Gefühl entdeckt und verstanden, und das Gefühl, das der leidenschaftlichen Ergriffenheit durch das Leiden anderer entspricht, ist natürlich das Mitleid im gewöhnlichen Wortsinn. » (ÜR, p. 112). Ailleurs Arendt parle de la « pitié éloquente » (OR, p. 81).

Dans la version anglaise, la pitié est définie comme « le sentiment qui correspond à l'amour passionné de la compassion ». La pitié désigne donc « l'amour passionné de la compassion » et non plus la compassion elle-même. Ainsi, quand Rousseau parle de pitié, il ne pense pas à « la vraie souffrance », comprise comme le fait d'être affecté par la souffrance particulière, manifeste d'un individu concret. Mais il désigne une émotion qui affecte toute la gamme de sentiments, gamme qui rend possible la pitié en premier lieu. Comme l'explique Rousseau dans son *Essai sur l'origine des langues*, la capacité d'empathie doit précisément empêcher de ne ressentir que soi-même et de faire ainsi obstacle à une solidarité réussie et durable avec les autres[1]. Arendt, en revanche, soutient qu'en raison du statut, de la signification et de la fonction que la compassion a dans la pensée de Rousseau – en tant que sentiment intense ayant pour fin l'affirmation de soi –, la compassion voit son agencement interne changer et se transforme en pitié. Par sa fonction comme sismographe de la réalité, la compassion se cristallise et devient la pitié. Alors que dans la « vraie souffrance », la distance entre la personne concrète qui souffre et notre propre personne est pratiquement effacée, et conduit à une « maladresse verbale »[2] qui nous pousse à nous exprimer par gestes et par regards plutôt que par des mots, la pitié de Rousseau maintient dès le début une distance avec autrui.

C'est seulement en se distanciant que l'individu peut être exalté, avec des discours enflammés et des gesticulations, par l'image qu'il a créée. Car l'image des masses démunies de France à l'instar du « *peuple, les malheureux qui m'applaudissent** », comme le dit Robespierre, ou comme le dit Sieyès, « *le peuple toujours malheureux** »[3], est une projection – pour Arendt, il n'y a aucun doute. C'est seulement par la distanciation que les hommes de la Révolution ont pu se perdre dans des gesticulations et des discours enflammés sur la souffrance des autres, qui longtemps n'était autorisée à apparaître que sous une forme « dépersonnalisé[e] »[4] comme le pauvre, « *toujours malheureux** ». La dépersonnalisation avait déjà été mentionnée par Nietzsche. Dans *Le gai savoir*, il souligne le fait qu'« il appartient à l'essence de l'affection compatissante de *dépouiller* la souffrance étrangère de ce qu'elle a de spécifiquement personnel »[5]. Pour

1. Voir J.-J. Rousseau, *Essai sur l'origine des langues* [1782], Paris, GF-Flammarion, 1993, chap. IX : « Celui qui n'imagine rien, ne sent que lui-même ; il est seul au milieu du genre-humain ».

2. OR, p. 81, trad. fr., p. 128.

3. ÜR, p. 95.

4. OR, p. 80.

5. F. Nietzsche, *Le gai savoir*, trad. fr. P. Wotling, Paris, GF-Flammarion, 2020, § 338, p. 275.

être plus précis, on ne souffre donc pas avec celui qui souffre, mais plutôt avec ce que l'on a créé, avec l'objet de la souffrance. Parce que cet objet de souffrance n'est qu'une image interne projetée vers l'extérieur, on souffre ultimement avec soi-même, on s'enivre de ses propres mots, de ses propres images, etc., et on se délecte du sentiment qu'on a généré en soi-même. On est pris au piège de ses propres sentiments et de son émotivité.

Par conséquent, il faut pour Arendt considérer le concept de pitié comme un genre de substitut, qui tient lieu de capacité à s'identifier avec un objet prédéfini – dans le cas de la Révolution française, il s'agissait des masses misérables, pour lesquelles la Révolution avait créé un accès à la sphère publique et qui rendaient la misère extrême visible aux yeux de tous –, de telle sorte que le cœur de l'individu était pour ainsi dire mis en mouvement. Il est donc concevable que le mécanisme – visibilité accrue, projection, stimulation du cœur, identification – agisse aussi avec un objet très différent. En d'autres termes, l'« état émotionnel », la « compassion passionnée » ne s'embrase pas seulement pour des sujets sociaux, mais aussi – comme plus tard dans les guerres napoléoniennes – pour des couples contrastés comme le libérateur et l'oppresseur, l'ami et l'ennemi[1]. Car la pitié, en premier lieu, désigne l'excitation de son propre cœur; on est excité par l'excitation. Eu égard au discours d'Arendt sur Rousseau et la question de ce qui motive l'« aliénation totale », la pitié désigne une capacité à souffrir qui chasse à la fois l'« égoïsme mesquin » et la « raison calleuse »; elle crée une disposition émotionnelle qui permet à l'individu de faire de la volonté générale la direction suprême et d'agir en conséquence.

J'ai déjà souligné au sujet de l'« *aliénation totale* »* la façon dont le concept de vertu change dans la pensée de Rousseau. Alors qu'il a toujours été associé et apparenté au monde extérieur dans la tradition romaine, à la *res publica*, chez Rousseau – selon Arendt – il est uniquement centré sur le moi individuel. Le désintéressement, la maîtrise de soi, deviennent les fondements du concept de vertu. Mes remarques ont montré que ce désintéressement et cette maîtrise de soi ne sont possibles que grâce à la puissance motrice de la pitié. Il apparaît ainsi que la vertu de désintéressement, selon Arendt, a toujours été liée à une forte charge émotionnelle. En d'autres termes, selon l'interprétation qu'Arendt fait de Rousseau, le service à la communauté est un service qui tire sa force du cœur. Cela change non seulement le concept de vertu chez Rousseau mais induit aussi, logiquement, une certaine conception du patriotisme.

1. Voir sur ce point F. Nietzsche, *Le gai savoir*, *op. cit.*, § 338, p. 275 *sq.* Dans ce paragraphe, Nietzsche parle de la pitié comme d'une « secrète séduction ».

Le patriotisme, compris comme le service de la cause publique, devient le « patriotisme du cœur », c'est-à-dire un patriotisme qui s'intéresse à la pureté du cœur de l'individu – car c'est elle qu'on considère désormais comme condition pour pouvoir servir la communauté[1].

Si nous résumons grossièrement les réflexions ci-dessus, nous pouvons retenir ceci : en étudiant la question sociale sous un angle politico-théorique, nous avons montré qu'Arendt est convaincue qu'aucun État n'aurait pu être créé en France par des moyens discursifs et démocratiques. Étayée par la misère dans les rues de Paris, la pensée de Rousseau sur

1. On peut trouver une interprétation tout à fait différente de la pitié dans la pensée de Rousseau dans les travaux de Martha Nussbaum. « Le fait de s'imaginer soi-même à la place de l'autre par compassion » est justement « d'une grande importance pour une bonne citoyenneté dans un monde dans lequel nous rencontrons inévitablement l'autre, l'étranger » (« Toleranz, Mitleid und Gnade », *in* R. Forst (Hrsg.), *Toleranz. Philosophische Grundlagen und gesellschaftliche Praxis einer umstrittenen Tugend*, Frankfurt, Campus-Verlag, 2000, p. 147 *sq*.). Cette capacité, poursuit Nussbaum, doit être cultivée de toute urgence si l'on veut ériger un ordre politique qui respecte la différence de l'autre autrement qu'avec des paroles en l'air. Il est donc fondamental d'appliquer la pensée de Rousseau sur la pitié, car il a soutenu de façon convaincante que la vue de la souffrance des autres a un pouvoir spécial qui nous arrache à notre égoïsme : « La vue de la souffrance a ce pouvoir parce qu'elle nous rappelle notre propre vulnérabilité et nous fait prendre conscience des situations d'adversité qui pourraient nous arriver. Notre curiosité pour la qualité de la vie est stimulée bien plus fortement par les catastrophes et les dangers que les événements paisibles ou heureux. Ce pourquoi la douleur constitue la base de notre attachement à l'autre » (*ibid.*, p. 150). La conclusion de Nussbaum, qui affirme que la douleur devient la base de notre solidarité avec l'autre, aurait suscité une critique particulièrement acerbe de la part d'Arendt. À titre d'exemple, dans son discours sur Lessing, elle cite Cicéron pour s'opposer au caractère affectif de la pitié (LR, p. 30, trad. fr., p. 24) : « "Sommes-nous incapables de porter aide sans éprouver de la pitié ?" En d'autres termes, les hommes seraient-ils mesquins au point de ne pouvoir agir humainement sans pitié, sans être éperonnés et, pour ainsi dire contraints par leur propre compassion, quand ils voient souffrir autrui ? ». Pour autant, il est certain qu'Arendt ne nie pas et même qu'elle reconnaît la « pulsion mimétique » (*cf.* T. W. Adorno [1966], « Negative Dialektik », in *Gesammelte Schriften*, vol. 6, R. Tiedemann (Hrsg.), Frankfurt, Suhrkamp, 1997, p. 281) suscitée à la vue de la souffrance des autres. Elle ne fait que rejeter la capacité de celle-ci à organiser la solidarité politique et à établir un ordre permanent. Car la compassion sincère pour la souffrance d'un autre individu concret ne saurait être généralisée sans l'impulsion véritable qui nous pousse à détruire la compassion pour la souffrance concrète d'une personne. En outre, cette « compassion réelle » est toujours silencieuse et, selon Arendt, elle ne s'exprime que par des gestes et des regards, comme elle l'illustre dans ses réflexions sur le silence de Jésus dans « Le Grand Inquisiteur » de Dostoïevski et le bégaiement de Billy Budd dans l'œuvre de Melville (voir OR, p. 77, trad. fr., p. 128). La raison du mutisme de la compassion réelle est que, comme pour l'amour, toute distance entre celui qui souffre concrètement et le vrai compatissant (co-souffrant) est dissoute. Le monde qui se trouvait entre ces deux personnes et au sein duquel elles auraient pu communiquer disparaît. C'est précisément pour cette raison, selon Arendt, que la véritable compassion ne peut jamais avoir de dimension politique.

la volonté générale a acquis une plausibilité et une force de persuasion extraordinaires à ce tournant de l'histoire. La constitution d'une volonté générale, formée en fonction des intérêts des masses misérables, n'était possible qu'à condition de convaincre le reste de la société de renoncer à ses propres intérêts. Le désintéressement et l'aliénation totale en sont les maîtres mots[1]. Mais cette lutte contre soi-même, contre ses propres intérêts, ne pouvait être menée, selon Arendt, qu'avec la pitié comme moteur. En rappelant ses propos dans *La condition de l'homme moderne*, nous pouvons voir quelle fonction la pitié a jouée pour Rousseau, et comment, de cette façon, la compassion se cristallise en pitié. Le caractère moteur de la pitié provient du fait que l'objet, avec les intérêts ou la volonté duquel on est censé s'identifier, est préparé de telle sorte qu'il stimule le cœur de l'individu. Mais dans quelle mesure cette fonctionnalité de la pitié a-t-elle été significative pour la Révolution française ?

La pitié et le concept de nation au cours de la Révolution française

Pour évaluer l'importance de la pitié pour la Révolution française, il faudrait peut-être se demander dans quel cadre l'objet pour lequel il faut avoir de la pitié se forme politiquement et à quel moment la « formation consciente » de la pitié, c'est-à-dire sa manifestation publique, a été « déclarée vertu cardinale du politique ». Il s'agit ici de délimiter le contenu du concept de nation et de son identification au peuple « toujours malheureux » de Sieyès.

Lorsqu'il est devenu évident, avec l'échec de la Constitution, qu'il manquait un corps politique adapté, comme l'affirme Arendt, la question du pouvoir et de la légitimation s'est à nouveau posée. Initialement, toutes les actions compatibles avec la volonté politique du peuple semblaient légitimes. Mais qui est ou alors qu'est-ce que le peuple ? Et quelle est sa volonté politique ? Arendt écrit sur ce point :

1. Bien qu'Arendt ne cite pas extensivement les passages du *Contrat social*, elle a très probablement pensé à ceux dans lesquels Rousseau rejette la discussion commune, l'échange d'opinions et la consultation pour constituer la volonté générale – et considère même l'échange d'informations comme nuisible : « Plus le concert règne dans les assemblées, c'est-à-dire plus les avis approchent de l'unanimité, plus aussi la volonté générale est dominante ; mais les longs débats, les dissensions, le tumulte, annoncent l'ascendant des intérêts particuliers et le déclin de l'État » (J.-J. Rousseau, *Du contrat social*, *op. cit.*, chap. IV, II, p. 141 [1762] 2012, p. 123). L'aliénation rendue possible par la pitié ouvre la voie qui permettra de « voir universellement » les vrais besoins et la nécessité de la volonté générale. Le premier homme qui les propose « *ne fait que dire ce que tous ont déjà senti* » (*ibid.*, chap. IV, I, nous soulignons).

> *Le peuple** est le mot clé pour qui veut comprendre la Révolution française, et ses connotations ont été déterminées par ceux qui se trouvèrent confrontés au spectacle des souffrances du peuple, qu'eux-mêmes ne partageaient pas. Pour la première fois, ce mot ne désignait pas seulement ceux qui ne participaient pas au gouvernement, non plus les citoyens, mais le petit peuple. La définition même du mot procédait de la compassion, et le terme devint synonyme de malheur et d'infortune – *le peuple, les malheureux m'applaudissent**, avait coutume de dire Robespierre ; *le peuple toujours malheureux**, comme Sieyès lui-même [...][1].

De même que la compassion se transforme en pitié chez Rousseau, une compassion (sincère) pour les souffrances du peuple se fige également et se cristallise en un concept de nation parmi les hommes de la Révolution. Désormais, le peuple est conçu uniquement comme une masse souffrante, d'où la revendication du renoncement à soi pour tous, l'*aliénation totale**. On voit ainsi comment « *le peuple* »*, dans sa version politique, était aux yeux d'Arendt un produit des élites révolutionnaires qui tentaient de « se solidariser avec le malheur et la misère » à l'aide de la passion de la compassion. Il ne fait aucun doute que les masses étaient unies contre la misère. Mais selon Arendt, elles ne constituaient pas une unité politique avec le sentiment d'appartenance correspondant. Les différences de profession ou de catégorie sociales entre individus au sein du tiers état pesaient si lourd, d'après Arendt, qu'il ne pouvait être question d'un consensus global des différents intérêts. Cependant, en assimilant « le peuple » aux masses démunies et en élevant ainsi les intérêts de ces masses au rang d'intérêts nationaux, les hommes de la Révolution ouvraient la voie qui allait permettre au peuple d'assumer le statut moral que l'on attend des décideurs légitimes. De plus, ils justifiaient ainsi leur engagement pour des intérêts qui n'étaient pas directement liés à leur position ni à leur origine sociale[2].

1. OR, p. 69 *sq.*, trad. fr., p. 111.

2. Tout comme la transformation de la compassion en pitié décrite ci-dessus, Arendt pressent une autre manifestation politique possible de la pitié. Mais les conséquences n'en seraient pas moins fatales : « En règle générale, ce n'est pas la compassion qui se propose de modifier les conditions de vie dans le monde pour alléger la souffrance humaine, mais si elle le fait, elle évite les processus de persuasion, de négociation et de compromis interminables et fastidieux qui sont ceux du droit et de la politique, et prête sa voix à la souffrance en soi, pour exiger une action directe et rapide, c'est-à-dire l'action par les moyens de la violence » (OR, p. 82, trad. fr., p. 129). Je pense qu'on peut lire ce passage comme une réponse aux réflexions de Benjamin sur la « violence pure ou divine » (W. Benjamin, *Critique de la violence*, trad. fr. N. Casanova, Payot et Rivages, Paris, 2012, p. 94-95). Le discours d'Arendt sur l'« action directe », sur l'action violente de la véritable compassion lorsqu'elle s'engage dans le monde, répond à mon avis aux remarques de Benjamin sur la « manifestation

Arendt estime que la raison évidente du choix des intérêts des masses misérables comme source de légitimation est un mélange de désillusion face à la conduite corrompue de la noblesse aisée et des pensées de Rousseau sur la nature bonne et préservée de l'homme dans l'état de nature[1]. Selon Arendt, cette strate de la population, en raison de son dénuement, s'insère sans heurt dans le vide laissé à la suite de l'élimination des institutions religieuses, et se voit désormais confier la tâche de donner à la dignité humaine un visage séculier. Les masses misérables étaient l'incarnation du bien absolu et symbolisaient donc l'ordre moral supérieur envers lequel le tiers état tout entier, le nouveau peuple français, était (supposément) obligé en esprit. Le pouvoir constituant est sanctionné moralement par cet ordre supérieur. Bien plus, il sert d'impulsion et de justification aux actions des révolutionnaires, qui étaient, pour citer à nouveau Nietzsche, « unanimes dans la croyance à une morale de la pitié *commune* »[2]. Selon Arendt, c'est là le point décisif pour comprendre la Révolution française en général et les « enseignements »[3] de Rousseau pour la Révolution en particulier. Ni

immédiate de la violence » (*ibid.*, p. 92), la « manifestation sacrée » (*ibid.*, p. 94) d'une « vérité violente » (*ibid.*), où il reconnait dans cette violence non pas un moyen, mais une action directe ou une manifestation de justice. Comme on le sait, Benjamin voit dans cette manifestation sacrée d'une violence divine la seule issue à l'éternel retour de l'oppression et de la violence. Dans sa critique tacite de Benjamin, Arendt ne suit certainement pas la voie (trompeuse) de Derrida, qui va jusqu'à affirmer percevoir dans les réflexions de Benjamin des signes avant-coureurs de la solution finale, ce qui lui a valu des critiques. (J. Derrida, *Force de loi. Le « Fondement mystique de l'autorité »*, Paris, Galilée, 1994, et la critique de B. Lindner dans « Derrida. Benjamin. Holocaust : Zur politischen Problematik der Kritik der Gewalt », *Zeitschrift für Kritische Theorie* 5, 1997). Le cœur de la critique d'Arendt vise très certainement le monisme apolitique de la pensée de Benjamin, qui émane de son travail sur la violence. La violence envers les autres est justifiée en partant d'une conception de la justice qui est son point d'Archimède. Cette violence ne revendique pas de victimes, elle les prend. L'acte fondateur de l'ordre benjaminien est, selon Arendt, profondément dépourvu de communication et ne pourra jamais se libérer de cette absence de communication. La raison en est que Benjamin opère avec des représentations du bien absolu, d'une justice divine auxquelles on adhère ou bien que l'on rejette. La diversité des opinions n'est pas possible. « Pour la bonté », écrit-elle, « la bonne action va de soi ». (ÜR, p. 110) Toutes les formes d'absolu – qu'il s'agisse du bien ou du mal – sont vouées à engendrer un désastre violent dans la sphère politique, parce que la communication leur fait défaut du fait de leur caractère absolu et qu'elles ne peuvent admettre la pluralité.

1. Voir J.-J. Rousseau, *Discours sur l'origine et les fondements de l'inégalité parmi les hommes* [1755].

2. F. Nietzsche, *Par-delà bien et mal* [1886], trad. fr. P. Wotling, Paris, GF-Flammarion, 2022 § 202, p. 187.

3. OR, p. 75, trad. fr., p. 118. Arendt écrit : « Comme si Rousseau, dans sa révolte contre la raison, avait substitué une âme déchirée à cette unité duale qui se manifeste dans le dialogue silencieux de l'esprit avec lui-même que nous appelons la pensée. Et comme cette unité duale représente un conflit et non un dialogue, elle engendre la passion dans son

l'un ni les autres ne peuvent se comprendre si l'on ne tient pas « compte du rôle essentiel que la compassion avait fini par jouer dans les esprits et les cœurs de ceux qui avaient préparé la Révolution française et de ceux qui en furent les acteurs »[1] :

> La magie de la compassion consistait en ce qu'elle ouvrait le cœur de celui qui souffrait aux souffrances d'autrui ; par là elle établissait et affermissait le lien « naturel » entre les hommes que seuls les riches avaient perdu. Là où la passion – la capacité de souffrir – et la compassion – la capacité de souffrir avec autrui – s'arrêtaient, commençait le vice. L'égoïsme était une sorte de dépravation « naturelle ». *Si Rousseau introduisit la compassion dans la théorie politique, ce fut Robespierre qui la promut sur la place publique, avec la véhémence qui caractérisait sa grande éloquence révolutionnaire*[2].

La compassion était censée restaurer le lien perdu entre les différentes strates de la société et, en vertu de cette fonction, elle se transformait en pitié. À cette fin, il apparut nécessaire de manifester la compassion consciemment, puisqu'elle est bien entendu impossible à détecter dans le cœur de l'individu[3]. Ainsi, avec la Révolution, la manifestation de la compassion passionnée est devenue la « vertu cardinale du politique ». Seuls ceux qui luttaient passionnément pour le bien-être des masses misérables semblaient véritablement rechercher la solidarité avec la nation. La conséquence, selon Arendt, est que l'hypocrisie et la méfiance des acteurs et des spectateurs deviennent un des effets non intentionnels de cette politique fondée sur les sentiments. L'histoire de la Terreur jacobine est trop connue pour qu'il soit nécessaire de la rédétailler ici. Je me contenterai de dire en quelques mots que la vertu rousseauiste du

double sens de souffrance intense et d'ardeur intense. C'était cette capacité à souffrir que Rousseau opposait à la fois à l'égoïsme de la société d'une part et, de l'autre, à la solitude intacte de l'esprit engagé dans un dialogue avec lui-même. Et c'est cette insistance sur la souffrance, bien plus que le reste de son enseignement, qui a exercé une influence immense, prédominante sur l'esprit de ceux qui allaient faire la Révolution [...] » (OR, p. 75, trad. fr., p. 119-120).

1. OR, p. 74, trad. fr., p. 118.

2. OR, p. 76, trad. fr., p. 120-121, nous soulignons.

3. À cela s'ajoutent sans doute les réflexions de Rousseau sur le manque d'empathie de la noblesse, du clergé et de la haute bourgeoisie. Naturellement, les hommes de la Révolution voulaient à tout prix se soustraire à cette accusation. Dans *Émile ou De l'éducation*, Rousseau se demande : « Pourquoi les rois sont-ils sans pitié pour leurs sujets ? c'est qu'ils comptent de n'être jamais hommes. Pourquoi les riches sont-ils si durs pour les pauvres ? C'est qu'ils n'ont pas peur de le devenir. Pourquoi la noblesse a-t-elle un si grand mépris pour le peuple ? C'est qu'un noble ne sera jamais roturier » (*Émile ou De l'éducation*, livre IV, Deuxième maxime).

désintéressement et la manifestation passionnée de la compassion, la vertu révolutionnaire de Robespierre, ne sont pas la même chose. Dans la section suivante, je montrerai cependant qu'Arendt voit un lien entre les deux.

On voit apparaître à ce stade la façon dont Arendt déduit ou considère l'évolution de la définition de la volonté générale à partir de la situation historique et politique. D'un côté, les circonstances sociales extérieures discréditaient les sections et les sociétés populaires dans leur forme originelle, et de l'autre la structure hiérarchique du concept d'État en Europe continentale ne pouvait admettre d'autres centres de pouvoir (tels que les sections et les sociétés populaires). Il en résulte que la volonté générale ne pouvait pas non plus être définie au moyen d'un processus discursif et démocratique entre les citoyens. Elle fut plus ou moins imposée. Le fait d'élever les intérêts et les besoins des masses misérables de France au rang de volonté générale de la nation, à laquelle devaient tendre toutes les actions politiques, venait d'un côté d'une nécessité du pouvoir politique. Tous les dirigeants révolutionnaires se sentaient contraints de suivre cette voie. D'un autre côté, cette injonction tirait sa légitimité de considérations pré-politiques fondées sur le droit naturel, postulant la valeur morale supérieure des personnes démunies, et servait de source aux émotions nécessaires dans la révolte de l'individu contre ses propres intérêts. Le choix des masses misérables pour porter la *volonté générale** n'avait donc rien d'arbitraire : il découlait de la constellation socio-historique au sein de la société française. C'est un élément central du récit arendtien de la Révolution française. En empruntant cette voie pour définir la *volonté générale**, elle suit une fois encore Heinz Ziegler, qui propose lui aussi des analyses socio-historiques et politico-historiques de l'époque en question pour définir la volonté nationale. Il écrit ainsi, dans ses réflexions sur le rapport entre la nation et la *volonté générale** :

> Et il est désormais d'une importance capitale de déterminer quelle forme d'association sociale est identifiée à cette catégorie [la *volonté générale**] au fil des événements politiques réels. Car ce groupe déclaré *porteur de la volonté générale** doit se voir attribuer cette unité souveraine, qui forme l'État, que le terme de *volonté générale** implique[1].

Selon Arendt, l'intérêt des masses misérables a progressé durant la Révolution française jusqu'à devenir « porteur de la *volonté générale** », incarnant ainsi une volonté générale nationale pour la première fois de l'histoire. La combinaison de la nécessité liée au pouvoir politique et les

1. H. O. Ziegler, *Die moderne Nation. Ein Beitrag zur politischen Soziologie*, *op. cit.*, p. 99.

considérations morales et philosophiques ont conduit à ce résultat. Pendant le siècle qui a suivi, de nouvelles constellations, impliquant des agents différents, allaient décréter qu'un autre complexe d'intérêts deviendrait la volonté nationale, les désignant à leur tour comme les « porteurs de la volonté générale ». Il y eut d'autres phases au cours desquelles la volonté générale a connu des contours clairs et une formulation dominante et clairement distincte de son contenu, ce qui inclut très certainement l'âge de l'impérialisme, lorsque l'expansion économique est devenue l'intérêt national, et l'entre-deux-guerres avec sa politique d'homogénéité nationale. J'aborderai plus loin les conséquences qui en découlent pour le droit et l'ordre[1]. Mais auparavant, il convient de ramener les commentaires que nous avons faits jusqu'à présent sur le concept de nation chez Arendt à un dénominateur commun clair, tout en clarifiant les questions, soulevées au début de ce chapitre, de l'homogénéité et l'exclusion de l'autre qui, selon Arendt, vont de pair avec le concept de nation.

La nouvelle vertu et l'exclusion de l'autre

Selon Rousseau, le citoyen vertueux de la nation est celui qui s'aliène entièrement et qui renonce à ses propres intérêts au nom de la volonté générale. C'est seulement quand l'individu abandonne tous ses intérêts dans le domaine politique en tant que personne privée, et que le *bourgeois** se transforme en *citoyen**, qu'il lui est possible de reconnaître les vrais intérêts de la communauté et de former la *volonté générale**. De cette identification de la volonté propre de chaque individu à la volonté générale découle l'identité de la communauté. Le concept de solidarité est une question à part. Dans ce contexte, cela signifie qu'une personne devrait également agir conformément à la volonté générale. C'est seulement alors qu'on obtient la solidarité de l'individu avec ses autres concitoyens. Mais qu'en est-il de ceux qui ne désirent pas y consentir ?

Si nous nous intéressons à la question du rapport entre le discours d'Arendt sur Rousseau et le problème de l'homogénéité et l'exclusion de l'autre, nous devons nous garder d'en tirer hâtivement la mauvaise conclusion : la révolte contre moi-même, contre mon propre intérêt, ne conduit pas inévitablement à un combat contre les autres[2].

1. Voir chap. IV.

2. Dans tous les cas, on peut donner une raison *interne* à la théorie freudienne de la projection, qui fait d'un combat contre soi-même un combat contre les autres. On en trouve des indications nettes dans les réflexions de Freud sur la projection dans son ouvrage *Au-delà du principe de plaisir* : « Il en résultera un penchant à les traiter comme si elles n'agissaient pas de l'intérieur, mais au contraire de l'extérieur, pour pouvoir appliquer contre elles les

Rousseau et l'interprétation traditionnelle qu'on donne à son œuvre n'indiquent aucun lien interne à partir duquel une révolte contre moi-même pourrait devenir par extension une lutte contre l'attitude déviante d'autrui. Rousseau argumente du point de vue *externe* : la lutte contre l'attitude déviante des autres découle de la teneur morale de la volonté générale ; ce n'est pas une conséquence directe qui découle de la logique de la lutte en elle-même. L'exigence de l'aliénation totale de l'individu n'est rien d'autre qu'une exigence qui s'impose à tous, et par conséquent chaque personne doit accepter de renoncer à ses propres intérêts, sans quoi aucun individu ne serait prêt à franchir ce pas. Il ne s'agit pas d'une approche psychologique – quoique l'on puisse certainement l'interpréter ainsi –, mais d'une approche pragmatique : je ne renonce à mes droits et à mes intérêts qu'à la condition que les autres en fassent autant. Pour Rousseau, le consentement au contrat social, c'est-à-dire le premier « oui » fondamental à la volonté générale, signifie en même temps se soumettre à toute déclaration future de la volonté générale. Ainsi, les personnes ayant une opinion différente sont simplement tolérées lors de la conclusion du contrat social. Ce sont « des étrangers parmi les Citoyens »[1] et ils doivent vivre avec le fait qu'ils ne sont pas pris en compte dans la détermination de la volonté générale. Dès que l'État est institué, le lieu de résidence dans un « État libre »[2] – autrement dit, dans des États qui sont conformes à la théorie rousseauiste du contrat social – entraîne la soumission à la souveraineté. Cela ne s'explique pas que par des raisons pragmatiques, découlant de l'idée même du contrat social ; l'exigence de soumission à la volonté générale est également liée à son contenu moral immanent :

> Quand on propose une loi dans l'assemblée du Peuple, ce qu'on leur demande n'est pas précisément s'ils approuvent la proposition ou s'ils la rejettent, mais si elle est conforme ou non à la volonté générale qui est la leur ; chacun en donnant son suffrage dit son avis là-dessus, et du calcul des voix se tire la déclaration de la volonté générale. Quand donc l'avis contraire au mien l'emporte, cela ne prouve autre chose sinon que je m'étais trompé, et que ce que j'estimais être la volonté générale ne l'était

moyens de défense du pare-stimuli. Telle est la provenance de la projection à laquelle est réservé un si grand rôle dans la causation des procès pathologiques » (S. Freud, *Au-delà du principe de plaisir* [1920], trad. fr. J. Althounian, Paris, Puf, 2010, p. 28). Cependant, cette figure d'argumentation psychanalytique ne fait qu'étudier la forme selon laquelle l'exclusion de l'autre doit être réalisée. Ainsi, si l'on parvient à des conclusions précieuses sur la contrainte infligée à soi-même et son visage de Janus, on risque de perdre de vue des questions historiques et politico-morales importantes.

1. J.-J. Rousseau, *Du contrat social*, *op. cit.*, chap. IV, II, p. 142.
2. *Ibid.*

> pas. Si mon avis particulier l'eut emporté, j'aurais fait autre chose que ce que j'avais voulu, c'est alors que je n'aurais pas été libre[1].

C'est au moment où la volonté générale s'exprime que l'on apprend si l'on a raison ou tort en défendant sa propre opinion – tort au sens où elle diffère du véritable intérêt de la nation. Dans cette situation, il ne reste plus qu'à obéir et à se forcer à être libre. Car l'idée fondamentale de Rousseau est que la volonté générale ne saurait nuire à personne et que son existence implique une obligation. Mais qu'arrive-t-il à ceux qui, malgré tout, ne sont pas d'accord ? Ils deviennent « rebelle[s] et traître[s] à la patrie »[2] et doivent être anéantis, ou du moins bannis. La justification de Rousseau est toutefois *externe*, car elle se réfère à une conception précise de l'idée de liberté, et ne résulte donc pas du *mode de construction de la solidarité* lui-même : on n'est libre que si l'on suit la volonté générale. L'opinion particulière, issue de la volonté individuelle, est une expression de l'aliénation. Refuser de suivre la volonté générale est certes concevable, mais c'est moralement indéfendable et équivaut à une existence vide de sens.

> La contrainte qui s'exerce à l'égard de la volonté individuelle illégale du hors-la-loi n'est que le refaçonnement extériorisé de la particularité récalcitrante par le droit général, juste et voulu par tous. Dans l'adaptation stratégique forcée se répète extérieurement le succès de la généralisation coordonnée de la formation de la volonté parfaitement démocratique, fondée sur le consentement[3].

Arendt ne suit pas cette interprétation traditionnelle de Rousseau, précisément en raison du fait qu'elle attribue la raison de l'exclusion des autres à la conception de la liberté et qu'elle ne la déduit pas de la logique de l'aliénation et d'une vertu de désintéressement. Certes, le concept rousseauiste de liberté tire justement son aspect moral de l'aliénation de tous les membres de la communauté naissante. Mais selon l'interprétation traditionnelle de Rousseau, ce n'est pas le mode de fonctionnement de l'aliénation qui motive la contrainte exercée à l'égard des déviants, c'est la simple supposition qu'une vie sans cette liberté-là n'a pas de sens.

Nombre d'auteurs contemporains privilégient l'interprétation traditionnelle de Rousseau. Tous ceux qui, comme Ingeborg Maus, se sentent obligés de respecter la tradition de la pensée rousseauiste, tentent

1. J.-J. Rousseau, *Du contrat social*, *op. cit.*, chap. IV, II, p. 143.
2. *Ibid.*, chap. II, V, p. 70.
3. W. Kersting, *Die politische Philosophie des Gesellschaftsvertrags*, Darmstadt, Primus-Verlag, 1996, p. 175.

de minimiser le « fardeau écrasant »[1] de son concept de liberté et pensent ainsi pouvoir réhabiliter Rousseau[2]. Maus soutient contre Arendt que Rousseau n'est pas la bonne personne à blâmer dans le cadre d'une critique du concept de nation, car même « le nationalisme démocratique européen du XVIIIe siècle » n'est « rien d'autre que le patriotisme constitutionnel »[3]. Mais qu'est-ce que les réflexions de Rousseau sur la volonté générale ont à voir avec un patriotisme constitutionnel ? Voilà qui est tout sauf plausible. Chez Rousseau, la *volonté souveraine** se caractérise justement par le fait qu'elle ne peut être liée de quelque façon. Même si l'on concède à Maus sa *kantianisation* de Rousseau, en admettant que la volonté souveraine s'exprime « non pas contre la loi générale [...] mais grâce à elle »[4], cela n'en fait toujours pas un patriotisme constitutionnel. Le patriotisme constitutionnel n'a de sens en tant que concept que si on accorde au droit *une certaine* autonomie – contre la volonté du peuple si nécessaire. Sans quoi le droit ne peut être qu'un « droit situationnel »[5] [*Situationsrecht*]. Dans une perspective constitutionnelle ou de théorie du droit, Rousseau postule exactement le contraire d'un patriotisme constitutionnel. Il n'y a pas chez lui d'autonomie du droit[6].

Il n'y a aucun doute sur le fait qu'Arendt – comme Carl Schmitt[7] – reste silencieuse sur le volet de la rationalité juridique du *Contrat social*. Dans *De la révolution*, elle présente Rousseau comme un penseur politique qui préfère « le sentiment » de ce qui est juste au discours. Si l'on étudie d'autres passages de son œuvre – en particulier le *Journal de pensée* – on se rend compte qu'elle a certainement reconnu le caractère contractuel de

1. Malgré certaines divergences sur le concept de souveraineté, le sujet de la co-originarité et la portée argumentative de la théorie des contrats ont poussé des auteurs comme Maus, Brunkhorst ou Habermas à proposer une juridification de Rousseau, fondée sur Kant. C'est certainement Ingeborg Maus qui est allée le plus loin dans cette voie. À maintes reprises dans son interprétation de Kant, elle tente d'appliquer ses analyses convaincantes à Rousseau. En utilisant bien trop fréquemment certaines expressions, sans les étayer par une argumentation suffisante, telles que « Kant (ou aussi Rousseau) » (I. Maus, *Zur Aufklärung der Demokratietheorie. Rechts- und demokratietheoretische Überlegungen im Anschluß an Kant*, Frankfurt, Suhrkamp, p. 7) ou « de Kant (comme de Rousseau) » (*ibid.*, p. 9), Maus fait du Genevois un kantien.

2. Voir aussi K. Herb, *Rousseaus Theorie legitimer Herrschaft. Voraussetzungen und Begründungen*, Würzburg, Königshausen & Neumann, 1989, p. 196-209.

3. I. Maus, *Zur Aufklärung der Demokratietheorie* , *op. cit.*, p. 209.

4. *Ibid.*

5. C. Schmitt, *Politische Theologie. op. cit.*, p. 19.

6. Sur la relation entre la *volonté générale** et le droit, voir chap. IV.

7. Voir C. Schmitt, *Parlementarisme et démocratie*, trad. fr. J.-L. Schlegel, Paris, Seuil, 1988.

la pensée de Rousseau[1]. Dans *De la révolution*, Arendt infléchit la pensée de Rousseau pour la rapprocher de celle de Robespierre. Cela s'explique en premier lieu par sa démarche méthodologique et sa ligne directrice. Comme je l'ai expliqué au début de ce chapitre par la référence à Ziegler, Arendt s'intéresse à la « validité pratique » de l'idée de nation : comment et pourquoi la volonté générale de Rousseau est-elle devenue le fondement du concept de nation ? Quant à savoir dans quelle mesure cette approche rend justice à la portée théorique et à la polyvalence de la pensée de Rousseau, c'est une autre question. Si l'on applique les critères de l'histoire des idées politiques, l'interprétation et le traitement qu'Arendt fait de Rousseau sont partiaux. Il en va de même pour son interprétation de la Révolution française. Dans les analyses d'Arendt, on ne trouve aucun des débats ayant eu lieu pendant la Révolution au sujet d'une autre interprétation de la souveraineté populaire, non rousseauiste, qui met l'accent sur la limitation et la divisibilité du pouvoir. On peut citer, par exemple, le plaidoyer de Benjamin Constant pour un système représentatif, la critique de Sieyès envers la souveraineté absolue ou la distinction que fait Sismondi entre la souveraineté du peuple et la souveraineté de la nation. Du point de vue de l'histoire des idées, *De la révolution* peut être considéré comme une contribution discutable. Néanmoins, malgré toutes ces critiques justifiées, nous ne devons pas perdre de vue la problématique d'Arendt. Car il s'agit pour elle de mettre en évidence, à travers le discours de Rousseau, un mode spécifique de construction de l'identité et de la solidarité au sein de la communauté politique. Arendt identifie ce mode comme étant une caractéristique du concept de nation, et cela l'aide à formuler une réponse à cette question ô combien centrale pour elle, celle de savoir pourquoi on « n'a jamais trouvé le moyen de mettre en œuvre cette idée [c'est-à-dire le concept de la nation comme partie de la famille humaine divisée en nations] de façon politiquement fructueuse dans un monde d'États-nations souverains »[2]. En d'autres termes, les mérites de cette interprétation de Rousseau résident dans l'élaboration d'une argumentation systématique et non dans son exactitude à l'aune de l'histoire des idées.

C'est pour cette raison qu'Arendt ne se contente pas de l'interprétation traditionnelle de Rousseau. Pour répondre à la question de l'homogénéité et de l'exclusion, elle se focalise sur les modalités d'action politique et de pouvoir, et place le mode de fonctionnement de l'aliénation au centre de son interprétation singulière de la pensée rousseauiste. Sa thèse est que le désintéressement comme vertu conduit à l'exclusion de l'autre. Pour

1. Voir DT, p. 260.
2. EHT, p. 110. Le commentaire est de Christian Volk [NdT].

expliquer cette théorie, il convient de rappeler que, selon Arendt, les intérêts des masses misérables n'ont pas été élevés au rang de volonté générale par seule nécessité politique, mais que cela s'accompagnait d'un présupposé philosophico-moral, celui de la « bonté du pauvre ». Ce qui importe désormais, c'est que les intérêts des misérables ne soient pas seulement « bons » d'après des considérations de philosophie morale, mais qu'ils le soient aussi en termes d'affect. La dimension affective a besoin d'un objet d'identification cohérent, clair et pur, car seul un pareil objet, par nature, est en mesure de susciter des sentiments intérieurs intenses. Selon Arendt, parler des « pauvres », des « souffrants », c'est déjà faire abstraction de toutes les particularités de l'individu humain. Tout ce qui pourrait être déroutant ou contradictoire, tout ce qui pourrait perturber ou remettre en question sa représentation, est écarté. Les « masses », complètement « dépersonnalisées », n'existent donc plus que sous la forme épurée d'une idée dont on peut disposer à sa guise – selon les besoins des émotions intérieures. Mais cette pureté n'existe pas. Cette idée, telle que l'exprime Sieyès dans sa description du peuple « toujours malheureux », qui a marqué l'époque, ou qu'on retrouve dans l'expression « les misérables », devenue célèbre au XIXe siècle, s'abstrait tout autant des manifestations justifiées et injustifiées, justes et injustes de la volonté. Pourtant, ceux qui défendent des intérêts différents, mais non moins raisonnables et justifiés, ne défendent pas la même idée. La dimension affective ne connaît qu'un seul critère de jugement pour répondre à cette exigence de pureté : Es-tu pour moi ou contre moi ? Est-ce que tu corresponds à mon image ou non ? Elle implique l'exclusion de tous ceux qui ne cadrent pas avec l'image exigée. La nature de l'image va de pair avec son caractère absolu. C'est seulement en valorisant un tiers état, formé à partir de l'idée de la valeur supérieure de la personne démunie, issue du droit naturel, et qui est ainsi fondé à parler de « bien absolu », qu'on voit ses propres sentiments s'intensifier et qu'on peut renoncer à ses propres intérêts. Seul l'absolu moral préalable permet d'établir les intérêts des masses misérables au rang de « direction suprême ».

Même si nous supposons que Robespierre fut victime de la passion de la compassion, alors

> sa compassion serait devenue pitié une fois qu'il l'eut révélée au grand jour et qu'il ne pouvait plus lui donner pour objet une souffrance spécifique, ou des individus en particulier pour objectif. Ce qui avait peut-être consisté en d'authentiques passions se transforma en l'infinitude d'une émotion, laquelle ne paraissait que trop bien répondre à la souffrance infinie d'un nombre écrasant d'individus. De même, il perdit la capacité à établir et

> maintenir des rapports avec des personnes dans leur singularité ; l'océan de souffrance qui régnait autour de lui et le flot tumultueux de sa propre émotion intérieure, ce dernier étant apte à recevoir le premier et à y répondre, noyaient toute considération spécifique, toute considération d'amitié non moins que d'habileté politique ou de principe[1].

L'étude de la fonction de la pitié chez Rousseau a mis en évidence l'origine de cette « infinitude des sentiments » pour Arendt et la façon dont elle a rendu les révolutionnaires et d'autres responsables politiques « étrangement insensibles à la réalité en général et à celle des personnes en particulier »[2]. La stimulation intense des sentiments intérieurs est le seul moyen de donner un sens et une orientation aux individus. On voit ainsi que le « patriotisme du cœur », qui est le moteur de la vertu de désintéressement, est profondément dépourvu de faculté de communication et se révèle incapable, précisément en raison de sa soi-disant pureté de cœur, de communiquer avec ceux qui veulent quelque chose de différent. Soit les individus ressentent la même chose, soit non. Le patriote de cœur ne peut ni se laisser troubler par l'opinion des autres, ni se laisser aller à reconnaître l'autre, tout entier avec ses intérêts et ses opinions, car cela ne ferait qu'entraîner une diminution de sa force, dont il a désespérément besoin dans sa révolte contre ses propres intérêts. C'est pourquoi Arendt est convaincue que la pitié, comprise comme une description du centre énergique du patriotisme du cœur :

> [...] contrairement à la solidarité, ne considère pas d'un même œil la fortune et l'infortune, le fort et le faible ; sans la présence du malheur, la pitié ne pourrait exister, et c'est pourquoi elle s'intéresse tout particulièrement à l'existence des malheureux, tout autant que la soif de pouvoir s'intéresse tout particulièrement à l'existence des faibles. Qui plus est, en vertu du fait qu'elle est un sentiment, on peut jouir de la pitié en tant que telle, ce qui conduit presque automatiquement à la glorification de la cause qu'elle défend – la souffrance d'autrui[3].

Le patriotisme du cœur a déjà purifié l'objet glorifié de son identification de toute contradiction et de toute hétérogénéité, et l'a ajusté de telle sorte qu'il puisse être réduit à un seul élément. Ce n'est qu'en nous sachant résolument du bon côté et engagés au nom du « bien » que nous pouvons renoncer à notre propre position dans le monde au profit d'une entité suggérée. Deux instances, la position affective et le bien absolu, fusionnent

1. OR, p. 85, trad. fr., p. 134.
2. OR, p. 85, trad. fr., p. 135.
3. OR, p. 84, trad. fr., p. 133.

et rectifient l'échange avec l'autre : la position affective ne vise pas à convaincre, mais plutôt à sentir. Elle veut se perdre dans l'émotion, afin de se retrouver dans l'intensification de la vie intérieure qui l'accompagne. Ce n'est que par ce moyen que l'intérêt individuel « égoïste » peut être dépassé. Corrélativement, la personne compatissante se concentre sur le malheur, ou l'infortuné, dont elle a tout autant besoin que l'assoiffé de pouvoir a besoin du faible[1]. Si l'idée d'« agir pour l'autre » quitte la sphère privée, où ce type d'action peut justement être identifié par son caractère immédiat, pour s'imposer comme un idéal dans la vie politique publique, alors ce type d'action perd sa qualité normative. Dans l'arène politique, de façon surprenante, cet « agir pour l'autre » ainsi motivé change et se révèle rapidement être un « agir pour soi ». En outre, « l'irruption du bien absolu » signe toujours la fin de la discussion. Le bien devient un simple fait que l'on peut reconnaître ou bien, au contraire, auquel on peut renoncer. Exiger du « bien absolu » qu'il prouve son caractère absolu, c'est compromettre sa validité immédiate. Cela reviendrait presque à exiger de Dieu qu'il prouve son identité, ce qui ferait que ce n'est pas Dieu le plus suprême et le plus absolu, mais l'obligation de s'identifier. Par conséquent, Arendt part du principe que la bonté ne peut compter, dans ses rapports avec les autres êtres humains, que sur le fait d'être reconnue par le sentiment, car « elle ne peut ni persuader par des mots ni argumenter »[2].

Si nous appliquons ces considérations à la question de la dimension politico-théorique du concept arendtien de nation, nous pouvons établir ce qui suit : prise en un sens politico-théorique, la « nation » est une communauté qui vise à créer son identité et générer de la solidarité au moyen du patriotisme du cœur. En d'autres termes, la révolte passionnée de chaque individu contre son propre intérêt est le fondement de la constitution d'une volonté générale de la nation, de quelque nature ou contenu que ce soit, comme « direction suprême » – dans le cas de la Révolution française, le contenu de la volonté générale est né, selon Arendt, de l'interaction entre la nécessité politique et le présupposé philosophico-moral de la bonté du pauvre. Au sein d'une nation, cette volonté générale ne peut « en fait fonctionner que si elle reste intacte et indivisible en elle-même ». La raison en est que l'entente entre les membres de la société, qui ne peuvent s'engager dans le débat public qu'en luttant passionnément contre leurs propres intérêts, devient impossible. Il n'y a plus de dialogue possible entre deux personnes qui supportent une charge émotionnelle aussi extrême. Chaque pas vers l'autre réduit la capacité de l'individu à souffrir

1. Voir ÜR, p. 113, trad. fr., p. 127.
2. ÜR, p. 110. Voir aussi OR, p. 82, trad. fr., p. 130.

passionnément dans sa révolte contre son propre intérêt. Par conséquent, il ne peut y avoir « de médiation possible entre les volontés, comme il en existe entre les opinions »[1]. Pour Arendt, la volonté générale nationale n'est rien d'autre qu'un « état d'esprit subjectif et éphémère »[2]. Elle est l'expression du fait que la nation conduit à l'intériorisation du politique. En faisant ressortir le potentiel d'exclusion qui va de pair avec cette manière de construire l'identité et la solidarité politiques, caché derrière la conception affective du politique et qui constitue le moteur fondamental de cette conception de la nation, je crois que nous découvrirons une, sinon *la* contribution centrale du livre d'Arendt *De la révolution* pour la théorie politique et pour l'histoire des idées.

Selon l'interprétation qu'Arendt fait de Rousseau, la volonté homogène est le résultat d'une aliénation émotionnelle. Par la pitié, l'individu est capable de se libérer de son propre intérêt et de faire de la volonté générale sa « direction suprême » pour agir. Contrairement à ce que dit Preuß, Arendt ne lit pas Rousseau dans une perspective ethnique, en revanche elle met l'accent sur le fondement anthropologique de la pitié :

> La bonté de l'homme dans l'état de nature était devenue un axiome chez Rousseau qui découvrit que la compassion était la réaction humaine la plus naturelle face à la souffrance d'autrui et par conséquent le fondement même de tout rapport humain authentiquement « naturel »[3].

Par conséquent, la capacité à éprouver de la compassion ne dépend pas spécifiquement de l'appartenance ethnique, elle est au contraire inhérente à chaque personne. La capacité de compassion fondée sur l'anthropologie est, selon l'interprétation qu'Arendt fait de Rousseau, le « fondement essentiel » de la constitution de la volonté générale et, comme le souligne Kersting, elle peut même en principe être étendue, en un sens « cosmopolitique », à un « contrat social mondial »[4] – en tout cas au sens d'un monde comprenant tous ceux qui ressentent correctement les choses.

À l'inverse, dans l'œuvre de Carl Schmitt, qui fait lui aussi référence à Rousseau, l'homogénéité est interprétée d'une façon strictement ethnique – parfois raciale – et présupposée dans le processus politique. Ainsi, dans la sphère politique, on ne fait que retrouver, manifester et perpétuer une homogénéité qui est déjà là. La thèse d'Arendt sur l'intériorisation du

1. ÜR, p. 96, voir OR, p. 71, trad. fr., p. 113.
2. ÜR, p. 204, voir OR, p. 156, trad. fr., p. 239.
3. OR, p. 74 *sq.*, trad. fr., p. 118.
4. W. Kersting, *Die politische Philosophie des Gesellschaftsvertrags*, Darmstadt, Primus-Verlag, 1996, p. 161.

politique – par le patriotisme du cœur – suggère en revanche que la tâche principale du citoyen réside dans l'aliénation absolue. Le combat contre les autres est une conséquence de cette intériorisation. Chez Schmitt, à l'inverse, le combat devient une finalité. C'est l'affirmation existentielle de « la forme d'existence » propre à chacun[1]. Là où dans la critique arendtienne de Rousseau, l'homogénéité de la volonté part de l'émotivité comme moteur, chez Schmitt elle précède par principe le politique. Chez lui, le politique ne commence qu'avec la lutte d'entités contradictoires, ethniquement homogènes. C'est uniquement grâce à ce basculement à un niveau ethnique que Schmitt est en mesure de faire le lien entre l'« individualisme » de Rousseau et ses remarques sur l'action collective. Car si on laisse de côté le versant libéral de la pensée rousseauiste, ou si l'on doute de sa capacité à motiver et à mobiliser les individus, alors l'obligation de réciprocité ne peut plus servir de justification valable[2].

1. C. Schmitt, *Der Begriff des Politischen* [1932], Berlin, Duncker & Humblot, 2002, p. 27, trad. fr. M.-L. Steinhauser, *La notion de politique*, Paris, Flammarion, 2009.

2. Schmitt poursuit un objectif clair avec sa séparation du libéralisme et de la démocratie. Il souhaite prouver par là que la démocratie et la dictature sont compatibles. Bien plus, dans certaines circonstances, la dictature est nécessaire à la création d'une « vraie démocratie » (C. Schmitt, *Die geistesgeschichtliche Lage des heutigen Parlamentarismus* [1923], Berlin, Duncker & Humblot, 1991, p. 37). Puisque, pour Schmitt, la démocratie suppose la présence d'une volonté homogène, la dictature reçoit un mandat éducatif. Car l'identité entre les gouvernés et les gouvernants, nécessaire à une démocratie schmittienne, dépend en premier lieu de la volonté démocratique du peuple : selon Schmitt, le problème de la démocratie est la question de la formation de sa volonté (*ibid.*, p. 36 *sq.*). Si la communauté échoue à former une volonté homogène, alors le pouvoir qui a les moyens de former une volonté est obligé de devenir éducativement actif. La dictature, dit Schmitt, est donc une conséquence de la théorie de l'éducation. La démocratie est suspendue afin de parvenir à une « vraie démocratie, qui n'a pas encore été créée » (*ibid.*, p. 37). Cela ne signifie pas que la démocratie est abolie. Au contraire, Schmitt considère la dictature comme une période de transition au cours de laquelle l'« identité démocratique » prévaut et où seule la volonté du peuple peut être la mesure de toute chose. La dictature n'est pas le contraire de la démocratie, mais plutôt elle la prépare. Arendt voit ou souligne également le lien entre la démocratie, comprise comme le règne de la volonté de la majorité, et la dictature : « Ce qui sauva l'État-nation d'un effondrement et d'une ruine immédiats, ce fut l'extraordinaire facilité avec laquelle la volonté nationale put être manipulée et abusée chaque fois qu'un homme voulut se charger du fardeau ou des lauriers de la dictature » (OR, p. 162, trad. fr., p. 249). Les avalanches constitutionnelles survenues au cours de la Révolution française montrent qu'une communauté qui croit voir plus qu'une fiction juridique dans l'idée d'une volonté populaire unifiée est « bâti[e] sur des sables mouvants » (*ibid.*). Il se pourrait bien que cette volonté soit identique à elle-même, même dans ses contradictions les plus grossières. Mais selon Arendt, elle ne parviendra pas à assurer une certaine permanence à la coexistence, une stabilité ou une prévisibilité, puisqu'elle invalide tout ce qu'elle a voulu par le passé dès lors qu'elle change. En résumé, elle ne crée pas de l'ordre, mais plutôt le chaos qui incite à dérouler le tapis rouge au prochain dictateur en signe de gratitude. Ainsi, l'analyse et la catégorisation de la dictature diffèrent

Schmitt oppose un mythe à cette obligation de réciprocité. Pour lui, le mythe d'une communauté de destin ayant une origine commune, une race, une langue, une culture et une tradition communes symbolise l'« énergie nationale » qui éveille « la sensibilité à la différence »[1] et introduit l'individu dans la communauté. Ce mythe est le symptôme le plus puissant du « déclin du rationalisme relatif de la pensée parlementaire »[2].

En dépit de leurs critiques légitimes envers le livre d'Arendt *De la révolution* – que j'ai signalées à plusieurs reprises au cours de ce chapitre en citant les passages correspondants –, ni Ingeborg Maus, ni Hauke Brunkhorst ni Jason Frank n'ont pris acte des évolutions du discours d'Arendt sur l'homogénéité. Ils partent plutôt du principe que lorsque Arendt critique l'idée d'homogénéité de la nation française, elle entend cette homogénéité, à tort, au sens schmittien – et donc de manière ethnique. Selon Brunkhorst, Arendt et Schmitt identifient tous deux le concept de nation à l'homogénéité ethnique. Frank présume également qu'« Arendt suit l'analyse de Schmitt [...] mais arrive ensuite à une conclusion tout à fait opposée »[3]. Mais cela voudrait dire que la « seule » différence entre Arendt et Schmitt est qu'elle critique l'homogénéité ethnique, alors qu'il la défend[4]. Les explications présentées ici devraient cependant avoir montré clairement qu'Arendt n'opère pas du tout au niveau ethnique dans son analyse de l'homogénéité. Elle conçoit plutôt l'exigence d'homogénéité à partir de l'intériorisation du politique, qui va de pair avec la nation, et la présente ainsi comme la conséquence cruciale *d'un mode spécifique* d'action politique et de formation de la volonté.

Dans toutes les remarques qui vont suivre sur la portée politico-théorique du concept de nation chez Arendt, le terme de nation est synonyme d'une unité à forte charge émotionnelle. C'est une unité qui

grandement de l'un à l'autre : pour Schmitt, la dictature est un moyen éducatif et donc une étape nécessaire à la création d'une vraie démocratie, ce qui signifie qu'elle représente à ses yeux l'identité nationale. Pour Arendt, en revanche, la dictature est la conséquence inéluctable de la fiction d'une volonté politique unanime. À ses yeux, la dictature est la conséquence nécessaire de la tentative (erronée) d'établir une volonté générale dans une société pluraliste.

1. *Ibid.*, p. 88.

2. *Ibid.*, p. 89.

3. J. A. Frank, *Constituent Moments : Enacting the People in Postrevolutionary America*, Durham, NC, Duke University Press, 2010, p. 49. Ce n'est donc pas le décisionnisme qu'Arendt rejette dans la figure du pouvoir constituant, mais plutôt, comme je le montrerai dans le chapitre IV, l'irrationnalité du droit, qui prend pour point de départ la volonté de la nation.

4. Voir H. Brunkhorst, « Sind Menschenrechte Aporien ? Kritische Bemerkungen zu einer These Hannah Arendts », *Kritische Justiz* 29, 3, 1996, p. 338-341.

opère selon des critères de « bien absolu » et de « mal absolu », dont le contenu spécifique ne se matérialise jamais de la même façon. Cela justifie le fait de qualifier l'idée de nation de « puissance irrationnelle »[1] et de la considérer comme un concept politique d'ordre dysfonctionnel. Je démontrerai dans le chapitre IV comment et pourquoi – tant du point de vue du droit que du point de vue de la mise en œuvre institutionnelle et politique – chaque État et chaque ordre politique qui est érigé à partir de la volonté nationale « est bâti sur des sables mouvants »[2]. Il nous faut toutefois de clarifier au préalable ce qu'Arendt entend exactement par le concept d'État.

1. H. O. Ziegler, *Die moderne Nation*, *op. cit.*, p. 30.
2. OR, p. 162, trad. fr., p. 249.

CHAPITRE III

LE DROIT ET L'ÉTAT MODERNE HANNAH ARENDT SUR LES TRACES DE MAX WEBER

> J'ai fait un rêve remarquable la nuit dernière. Nous étions ensemble chez Max Weber. Vous – Hannah – êtes arrivée en retard, vous avez été reçue par des cris de joie. L'escalier passait au travers d'une gorge. C'était le même appartement que d'habitude. Max Weber revenait d'un tour du monde, il avait rapporté de son voyage des documents politiques et des œuvres d'art, notamment d'Asie orientale. Il nous a fait cadeau de certains d'entre eux, en vous donnant les meilleurs, car vous compreniez mieux la politique que moi[1].

> J'ai continué à beaucoup lire Max Weber – encouragée par votre rêve, en réalité. Je me suis sentie ridiculement flattée, à tel point que j'ai eu honte de moi-même. Mais personne ne peut atteindre cette maîtrise de l'austérité, en tout cas pas moi. Quelque chose de dogmatique demeure toujours ancré en moi quelque part. (C'est ce qui arrive quand les Juifs s'aventurent dans l'écriture de l'histoire)[2].

INTRODUCTION

La façon dont Hannah Arendt conçoit l'État moderne d'Europe continentale est inspirée de Max Weber. Elle partage ses idées sur l'essence et la structure de l'État moderne, et considère l'État comme une « institution comportant des structures rationnelles organisées »[3].

1. Karl Jaspers à Hannah Arendt, le 20 avril 1950.
2. Hannah Arendt à Karl Jaspers, le 25 juin 1950.
3. « As a rationally organized institution », EaS, p. 653, voir WuG, p. 394 pour la version allemande, trad. fr. J. Grosclaude, *Sociologie du droit*, *op. cit.*, p. 43.

La caractéristique centrale de l'État moderne est la rationalité du droit, ou plus précisément la conception formelle et rationnelle du droit qui en découle. Dans ma reconstitution du concept d'État moderne chez Arendt, j'expliquerai ce qu'implique cette conception formelle et rationnelle du droit et en quoi elle diffère des autres façons d'envisager le droit. En outre – et plus généralement –, je démontrerai que Weber guide Arendt dans ses réflexions sur l'État et la structure étatique moderne[1].

Lorsqu'on entreprend de reconstituer la façon dont Arendt conçoit l'État d'Europe continentale, on se retrouve confronté à un problème conceptuel fondamental : Arendt est très ambiguë dans son usage du terme d'« État » ou d'« État-nation ». Par moments, le concept arendtien d'État-nation recouvre la combinaison de deux éléments qui étaient jusque-là distincts, l'appartenance nationale et l'appareil étatique[2]. Dans d'autres passages, en revanche, le concept d'État-nation apparaît dans un sens spécifique, celui de la théorie de l'État : Arendt l'utilise pour distinguer une certaine forme d'organisation politique d'autres formes d'organisation telles que la monarchie absolue ou la monarchie constitutionnelle. L'État-nation désigne alors la monopolisation du pouvoir étatique et la dissociation de l'État et de la noblesse[3]. En même temps, elle voit dans l'État-nation un discours de légitimation, incarnant l'égalité de tous les citoyens devant la loi, et ainsi opposé à la monarchie, pour mieux l'accuser ailleurs dans son œuvre d'irrationalité dans son rapport à la loi[4]. Comme si tout cela n'était

1. Jusqu'à présent, très peu d'auteurs se sont penchés sur l'importance et l'influence de la pensée de Weber sur l'œuvre d'Arendt. Peter Baehr a présenté une étude instructive sur les liens amicaux et philosophico-scientifiques unissant Jaspers, Arendt et Weber. Il en arrive à la conclusion que l'affinité profonde qui liait Arendt à Jaspers l'a retenue de critiquer plus sévèrement Weber, qui était un ami proche de Jaspers (voir « The Grammar of Prudence. Arendt, Jaspers, and the Appraisal of Max Weber », *in* S. E. Aschheim (ed.), *Hannah Arendt in Jerusalem*, Los Angeles, CA, University of California Press, 2001). Pour une comparaison entre la méthodologie de Weber et celle d'Arendt, voir T. Parvikko, « A Note on Max Weber's Impact on Hannah Arendt's Thought », *Max Weber Studies* 4, 2, 2004, et la réponse critique de P. Baehr (« Personal Dilemma or Intellectual Influence ? The Relationship between Hannah Arendt and Max Weber », *Max Weber Studies* 5, 1, 2005). Kari Palonen a comparé dans un essai la vision d'Arendt et celle de Weber sur la démocratie représentative (« Was hätte Max Weber zu Hannah Arendt gesagt ? Reflexionen zu Hannah Arendts Kritik der repräsentativen Demokratie », *in* H. Buchstein, R. Schmalz-Bruns (eds.), *Politik der Integration. Symbole, Repräsentation, Institution*, Baden-Baden, Nomos, 2006).

2. OT, p. 510 (ETH, p. 487).

3. Voir ETH, p. 60, OT, p. 236, trad. fr., p. 521.

4. D'un côté, on trouve dans l'œuvre d'Arendt des affirmations telles que : l'État-nation est « dans son essence, un État de droit et un État constitutionnel » et n'est « viable qu'en tant que tel » (NuD). Ailleurs, en revanche, elle critique le fait qu'au sein de l'État-nation, la nation se substitue à la loi et menace ainsi la stabilité de l'ordre (*cf.* ETH, p. 488).

pas assez confus, Arendt parle aussi, sans indiquer clairement ce qu'elle veut dire précisément, d'un « État-nation naissant »[1], et elle remplace ce terme par celui d'« État national moderne ». Et la confusion qui entoure le concept d'État-nation ne s'arrête pas là. Si l'on s'interroge sur ses origines, il est écrit quelque part que l'État-nation est né « en France au cours de la Révolution française »[2], que la Révolution française marque donc « la naissance de l'État-nation moderne »[3]. Ailleurs, cependant, elle affirme exactement le contraire : l'origine de l'État-nation doit être datée du XVIIe siècle. Elle affirme explicitement que « l'État-nation n'a pas commencé avec la Révolution française »[4].

On se retrouve en plein chaos terminologique. C'est pourquoi on n'a pas d'autre choix que de définir, pour chaque passage, ce que l'on entend précisément par État-nation. Il semble que l'utilisation du terme « État-nation » soit une question d'emphase : quand Arendt parle de l'État-*nation*, elle n'entend pas tant la structure juridico-gouvernementale que l'autorité légitimant la prise de décision politique, la volonté nationale. À cet égard, l'origine de l'État-*nation* coïncide effectivement avec la Révolution française. Toutefois, lorsqu'Arendt met l'accent sur l'*État*-nation, elle attire l'attention sur une structure politico-juridique qui s'est développée et étendue progressivement à la suite des traités de Westphalie – dont on peut donc dater l'origine bien avant 1789. Il est probable que la multidimensionnalité des termes employés par Arendt soit due à son style d'essayiste, et il faut y voir un rejet de la systématique traditionnelle de la pensée philosophique ou politico-philosophique, qui est depuis longtemps, pour reprendre une expression d'Adorno, « ruinée jusque dans ses fondations »[5]. (C'est certainement faire preuve d'une trop grande myopie que d'en déduire une quelconque insignifiance générale de son œuvre politico-théorique et philosophique[6].) Cependant, une reconstitution systématique de la conception arendtienne de l'État d'Europe continentale nécessite à l'évidence de séparer et de nommer les différentes dimensions conceptuelles en jeu. C'est pourquoi, dans les

1. ETH, p. 46.
2. NuD.
3. OT, p. 230, trad. fr., p. 512.
4. ETH, p. 46.
5. T. W. Adorno, « L'actualité de la philosophie » [1931], trad. fr. A. Birnbaum et M. Métayer, *Tumultes*, vol. 17-18, 2001, p. 168.
6. C'est une position qui a été défendue par R. Jacoby, « Wege des Ruhms. Hannah Arendt war keine bedeutende Philosophin, aber eine große Essayistin », *Merkur* 695, 3, p. 262 et 266).

remarques qui vont suivre, je ferai référence à l'« État moderne » pour désigner la structure politico-juridique de l'État-nation que Max Weber qualifie d'« institution comportant des structures rationnelles organisées ». Lorsque j'utiliserai le terme d'« État-nation », j'attirerai l'attention sur l'« emphase » appropriée, comme suggéré ci-dessus, ou alors je clarifierai le contexte dans lequel le terme est employé.

Dans quelle tradition se situer pour penser l'État ? Ni Hegel, ni Elias

Dans la seule analyse détaillée de la conception arendtienne de l'État que je connaisse, Roy Tsao met en avant une autre tradition : plutôt que la tradition wébérienne, il souligne l'héritage de Hegel dans la pensée de Hannah Arendt. En supposant que « la représentation sous-jacente de l'État chez Arendt révèle une affinité frappante, bien qu'inavouée, avec celle de Hegel »[1], Tsao se fonde principalement sur deux parallèles majeurs qu'il prétend identifier entre Arendt et Hegel. Le premier parallèle repose, selon Tsao, sur la conviction partagée d'Arendt et de Hegel selon laquelle l'État a une fonction d'intégration sociale. Tsao écrit :

> Comme Hegel, Arendt pense que le défi fondamental auquel l'État moderne se retrouve confronté, pour maintenir l'allégeance de son peuple à une seule communauté politique, réside dans les intérêts conflictuels et particularistes qui se manifestent lors de l'émergence d'une société « bourgeoise »* tournée vers le marché. Avec plus d'un siècle de recul, Arendt adopte un point de vue différent, et plus sombre, sur les formes qu'ont prises ces intérêts conflictuels. Pour autant, la façon dont elle rend compte des syndromes d'aliénation politique résultant de l'échec historique de l'État européen à contenir et à surmonter ces conflits peut être considérée comme une extension ingénieuse des préoccupations sous-jacentes qui ont conduit Hegel à mettre l'accent sur la fonction socialement intégrative des institutions politiques[2].

Il est indéniable que Hegel et Arendt ont tous deux problématisé le rapport entre société civile et État. Pourtant, si Hegel adhère surtout à la revendication classique de la Révolution française, et attend justement des membres de l'État cette dualité entre leur existence en tant que *bourgeois* et leur existence en tant que *citoyen*, Arendt semble plutôt suivre la critique de Marx dans ses premiers écrits et douter de la possibilité même de cette

1. R. Tsao, « Arendt and the modern state : variations on Hegel in *The Origins of Totalitarianism* », *The Review of Politics* 66, 1, 2004, p. 105.

2. *Ibid.*, p. 108 *sq.*

dualité[1]. Tsao lui-même reconnaît cette divergence entre Hegel et Arendt, mais il la caractérise tout autrement :

> Arendt, elle aussi, définit le problème en se référant à la dualité française du bourgeois et du citoyen. Seulement, pour elle, le fait décisif est l'échec de la fusion de part et d'autre, laissant le bourgeois sans aucune orientation civique[2].

Alors que Tsao s'efforce de minimiser leur divergence avec le terme « seulement », il faut souligner que ce sont des approches totalement différentes de la relation problématique de l'État et de la société qui se trouvent exprimées ici. Bien qu'Arendt ne partage pas la critique que Marx fait de l'État, elle est du moins convaincue qu'il n'est pas possible, dans le cadre de la conception de la souveraineté propre à l'Europe continentale, d'écarter purement et simplement le conflit politique potentiel qui se cache derrière la dualité du *bourgeois* et du *citoyen*. Un autre point de l'interprétation de Tsao me semble également problématique : lorsqu'il évoque l'importance présumée des institutions politiques pour la pensée hégélienne de l'État, Tsao fait allusion aux remarques de Hegel sur le passage de la société civile à l'État. Hegel dit à ce propos que les corporations et les organisations autorégulées devraient représenter le « système des besoins » – c'est ainsi que Hegel caractérise la société –, devant l'État et relativement à lui. Cependant, il faut bien voir ici que Hegel préconise des formes d'organisations au sein desquelles l'appartenance est liée à la profession et qui, pour cette raison, doivent servir les intérêts d'une certaine clientèle[3].

1. Voir Hegel, *Principes de la philosophie du droit*, [1821], trad. fr. A. Kahn modifiée, Paris, Gallimard, 1940, p. 280 *sq*. Hegel écrit : « l'intérêt particulier [du bourgeois] ne doit être ni négligé ni refoulé, mais accordé à l'intérêt général, et ainsi l'un et l'autre sont maintenus. L'individu qui est sujet par des devoirs, trouve dans leur accomplissement en tant que citoyen la protection de sa personne et de sa propriété, la considération de son bien particulier et la satisfaction de son essence substantielle, la conscience et la fierté d'être membre de ce tout ; dans l'accomplissement du devoir sous forme de prestation et d'entreprise pour l'État, il assure sa conservation et sa subsistance. [...]. Tout dépend de l'unité du général et du particulier dans l'État ». C'est précisément la possibilité d'une unité sur la base d'une société bourgeoise que Marx met en doute. Concernant la critique marxienne de la pertinence politique de la bourgeoisie, voir entre autres K. Marx, « Die Verhandlungen des 6. rheinischen Landtags. Debatten über das Holzdiebstahlsgesetz » [1842], Institut für Marxismus-Leninismus des ZK der SED (ed.), *MEW*, Berlin, Dietz, 1961, vol. 1 ; K. Marx, « Zur Judenfrage » [1844], dans *ibid.*

2. R. Tsao, « Arendt and the Modern State : Variations on Hegel in *The Origins of Totalitarianism* », art. cit., p. 119.

3. Voir Hegel, *Principes de la philosophie du droit* [1821], *op. cit.*, § 189 *sq*. p. 223 *sq*. Voir sur ce point la polémique excellemment bien écrite que Marx engage contre le Parlement prussien dans son ouvrage *Debatten über das Holzdiebstahlsgesetz* [« Débats sur la loi relative au vol de bois »], *Rheinische Zeitung* 298, 25 octobre 1842. Supplément.

Sous cet angle, on ne voit pas du tout comment devraient s'équilibrer les conflits d'intérêts fondamentaux qui ont empoisonné le climat politique tout au long du XIXe siècle. C'est précisément l'objet de la critique d'Arendt : selon elle, les citoyens du XIXe siècle se déterminaient uniquement en fonction de leur position socio-économique, et manquaient de tout sens de la communauté en politique. Il est difficile de savoir quelle contribution les organisations autorégulées auraient pu apporter pour renforcer la conscience politique des citoyens. Au mieux, elles fonctionnent selon un principe de représentation similaire à celui du système des partis. Mais contrairement au système des partis – Arendt critique fortement la façon dont ils se sont manifestés en Europe continentale –, les organisations professionnelles autorégulées de Hegel entrent aussi en contradiction avec le principe de la libre organisation et du libre recrutement de citoyens égaux dans des groupes d'intérêts politiques, ce qui est du moins possible avec les partis[1].

Le second parallèle de Tsao, le maintien de l'ordre juridique, est également peu probant :

> L'accord entre les arguments d'Arendt et ceux de Hegel n'est pas moins frappant eu égard à ce qu'elle considère comme la fonction encore plus fondamentale de l'État, à savoir le maintien d'un ordre juridique fondé sur les droits. Comme Hegel, Arendt soutient que la reconnaissance réciproque des droits entre les citoyens d'une communauté politique juridiquement constituée est une condition indispensable pour qu'un individu atteigne sa pleine capacité d'agir [*agency*] en tant qu'être humain, au point qu'une vie passée en dehors d'une telle communauté n'est pas, en un sens, pleinement humaine[2].

Si nous passons outre l'affirmation problématique selon laquelle une vie passée en dehors de la communauté n'est pas, selon Arendt, « pleinement humaine », toujours est-il qu'affirmer que « la fonction encore plus

1. Cela nous amène à une autre objection, tout à fait pragmatique : si le parti est déjà apparu au cours de l'histoire comme une institution centrale de l'État et de la structure étatique, dont la fonction du point de vue de la théorie de l'État est précisément – du moins idéalement – l'intégration des citoyens dans l'État, pourquoi faudrait-il alors revenir à une disposition antérieure à ce processus de développement et mettre l'accent sur un problème qui n'existe plus sous cette forme ? Pourquoi ne pas étudier un auteur qui, à l'instar de Max Weber, est en phase avec son temps et a présenté une analyse du parti, y compris de son utilité en termes d'intégration sociale ? Le parti est censé, après tout, combler l'écart entre l'État et la société – et c'est précisément là, aux yeux d'Arendt, qu'il a échoué. L'une des raisons de cet échec est l'idée même de représentation, sur laquelle repose également l'organisation autorégulée de Hegel.

2. R. T. Tsao, « Arendt and the Modern State : Variations on Hegel in *The Origins of Totalitarianism* », *The Review of Politics* 66, 1, 2004, p. 109.

fondamentale de l'État, à savoir le maintien d'un ordre juridique fondé sur les droits », est un supposé parallèle entre Hegel et Arendt est un lieu commun de la tradition de la théorie de l'État et de la philosophie du droit, si bien qu'on pourrait établir des parallèles avec presque tous les penseurs des XIXe et XXe siècles qui ont jamais réfléchi à l'État. On pourrait évidemment penser à Kant, mais les principaux philosophes du droit et théoriciens de l'État du XIXe siècle peuvent également faire partie de la liste : Savigny, Stahl, Treitschke, Gerber, Laband, Jellinek, etc., qui, au fond, se sont tous attachés à donner une base solide à la détermination de l'essence juridique de la souveraineté[1]. Cependant, reste la question, bien plus décisive et révélatrice, de savoir ce que l'on entend ici exactement par « droit ». Quel type d'autonomie est accordé au droit, et quelles en sont les conséquences pour la structure systémique de l'État? L'analyse de Tsao comprend beaucoup d'idées intéressantes, mais sa thèse selon laquelle Hegel est le modèle d'Arendt pour déterminer l'essence de la structure étatique moderne n'est pas entièrement convaincante. Je ne veux pas seulement dire par là que Hegel n'apparaît pas une seule fois dans les bibliographies des *Origines du totalitarisme* (seule l'approche historico-philosophique de Hegel est mentionnée en passant)[2] ; c'est aussi le manque de substance de ces supposés parallèles et leur caractère aléatoire qui rendent l'hypothèse de Tsao peu convaincante.

Plus qu'avec la philosophie de l'État de Hegel, il existe une affinité beaucoup plus étroite – dans une certaine mesure du moins – entre les réflexions d'Arendt sur les origines de la structure étatique (moderne) et celles de Norbert Elias. Bien qu'il n'y ait que quelques indications spéculatives, ce lien vaut la peine d'être examiné brièvement, car il met en évidence les différences fondamentales d'argumentation entre Elias et

1. Voir W. Hennis, *Das Problem der Souveränität. Ein Beitrag zur neueren Literaturgeschichte und gegenwärtigen Problematik der politischen Wissenschaften*, Tübingen, Mohr Siebeck 2003, p. 15. De même, C. Möllers soutient dès le début de son impressionnante étude sur le concept d'État que « la manière dont le droit public allemand se décrit lui-même comme droit *étatique*, qui, à de rares exceptions près, n'a pas d'équivalent dans le droit public des autres pays, n'est que l'expression la plus visible de l'importance significative que revêt le concept d'État dans l'enseignement allemand en droit constitutionnel » (*Staat als Argument*, München, C. H. Beck, 2000, p. 1).

2. Roy Tsao soutient qu'Arendt a assisté au célèbre séminaire de Kojève sur Hegel durant ses années à Paris. Il conclut alors qu'il est plausible « de supposer qu'elle aurait bien pu avoir à l'esprit ces idées tirées de Hegel lorsqu'elle en est venue à écrire *Les origines du totalitarisme* » (« Arendt and the Modern State : Variations on Hegel in *The Origins of Totalitarianism* », *The Review of Politics* 66, 1, 2004, p. 111). Je ne souhaite pas discuter du fait qu'elle ait bien pu avoir Hegel « à l'esprit » en écrivant cet ouvrage. Cependant, on peut établir des parallèles solides et fondés avec Max Weber, de façon bien plus évidente.

Weber – et conduit également à décider d'une orientation dans notre effort de reconstitution de la conception arendtienne de la structure étatique d'Europe continentale. Dans *Les origines du totalitarisme*, Arendt ne fait pas référence à l'ouvrage de Norbert Elias, *La civilisation des mœurs*, publié à Bâle en 1939. Ce n'est pas surprenant, car cet ouvrage en deux volumes est passé peu ou prou inaperçu pendant de nombreuses années, la deuxième édition n'ayant été imprimée que trente ans plus tard. Ce qui pourrait indiquer que les réflexions d'Arendt sur l'État moderne avaient une certaine proximité, du moins en termes de contenu, avec la « sociogenèse de l'État » de Norbert Elias[1] et ses réflexions sur le « mécanisme monopoliste »[2], c'est le fait qu'Arendt insiste sur la période de transition qui a vu les nobles et les seigneurs féodaux devenir des princes et des monarques[3]. Cette période de transition impliquait justement un changement paradigmatique : il ne s'agissait plus seulement de veiller à la gestion de leur propre sinécure et à l'observation des règles propres au statut social correspondant avant tout – parmi lesquelles figurait, entre autres, le refus de recourir à des capitaux étrangers, c'est-à-dire essentiellement juifs, à des fins de financement. Les seigneurs féodaux devinrent des dirigeants politiques, qui se mirent à se battre pour deux monopoles clés, celui de l'impôt et celui du pouvoir[4]. Pour pouvoir l'emporter, ou pour maintenir la position de monopole acquise, une armée permanente, qu'il fallait nourrir et vêtir, était tout aussi importante qu'un nombre sans cesse croissant de fonctionnaires pour superviser le nombre croissant de tâches administratives. Dans le même temps, il est révélateur que ce processus de sélection, pour Elias, ne pouvait avoir commencé que là où « la migration avait cessé » et où des « classes paysannes solidement enracinées »[5] étaient en mesure de s'établir. Arendt voit elle aussi dans la constitution d'une classe paysanne établie la différence centrale entre les peuples d'Europe occidentale et ceux d'Europe du Sud et de l'Est à l'origine de la formation des États. Là encore, elle semble être en phase avec Elias, puisque c'est la coïncidence de cette augmentation de la population, de la « consolidation de la propriété foncière et les difficultés de la croissance extérieure »[6], qui, selon Elias, a intensifié en premier lieu la concurrence au sein de la société pour la possession de la terre. Elias

1. N. Elias, *Über den Prozess der Zivilisation. Soziogenetische und psychogenetische Untersuchungen* [1939], 2 vol., Frankfurt, Suhrkamp, 1997, p. 132.
2. *Ibid.*, p. 151.
3. Voir sur ce point ETH, p. 45-55, trad. fr., p. 229-240.
4. N. Elias, *Über den Prozess der Zivilisation*, *op. cit.*, p. 151 *sq*.
5. OT, p. 229, trad. fr., p. 510.
6. N. Elias, *Über den Prozess der Zivilisation*, *op. cit.*, p. 142.

explique en détail comment, dans une société soumise à la pression de la concurrence et engagée dans la « course à la terre »[1], il ne suffit pas de préserver ce qui a déjà été acquis. Quiconque parmi les seigneurs et les chevaliers féodaux souhaitait maintenir son rang et sa réputation se devait d'accumuler de plus en plus de biens. C'est ainsi qu'est né l'État territorial. En outre, Arendt considère que les besoins financiers accrus des princes sont « déterminés par des facteurs exclusivement politiques »[2], ce qui, fondamentalement, va dans le sens du mécanisme monopoliste. Le noyau argumentatif d'une théorie sur l'origine de l'État (moderne) fondée sur le « mécanisme monopoliste » repose sur la nature autonome d'un système politique qui oblige les princes à endosser toujours plus de tâches. De nouvelles techniques de gouvernement, assorties de tout un dispositif de pouvoir, se formèrent à l'occasion de ces tâches nouvelles, qui remplacèrent les vanités de statut par des considérations sur la base de l'efficacité rationnelle. C'est également là que naît « l'idée de la raison d'État », qui allait devenir pour longtemps la « technique politique » centrale[3]. C'est ici, cependant, que s'arrêtent les parallèles – certes quelque peu spéculatifs – entre Arendt et Elias. C'est pourquoi je démontrerai ci-dessous que c'est de Max Weber dont s'inspire Arendt dans ses réflexions sur l'origine et la nature de l'État moderne.

Un plaidoyer initial pour Max Weber

Un premier indice important de l'influence qu'a eue Max Weber sur la conception arendtienne de l'État de Max Weber est qu'il est mentionné, pour des ouvrages pertinents, dans la bibliographie des *Origines du totalitarisme*[4]. D'autre part, Max Weber semble avoir été à l'origine d'innombrables passages de cet ouvrage : de la critique des partis et du Parlement, à ses réflexions sur l'histoire économique et à son analyse du droit[5].

1. *Ibid.*
2. ETH, p. 61.
3. H. O. Ziegler, *Die moderne Nation*, *op. cit.*, p. 85.
4. Dans *Les origines du totalitarisme*, Arendt fait référence non seulement à l'*Histoire économique* et à *Parlement et gouvernement dans l'Allemagne réorganisée*, mais aussi à l'analyse de Weber sur la bourse, *Die Börse*. D'autres écrits et documents – le *Denktagebuch*, les premiers articles sur l'antisémitisme ou les lettres à Jaspers dans les années 1930 (Arendt/ Jaspers, p. 52) et les lettres à Blücher – montrent clairement qu'Arendt s'est intéressée de près à la pensée de Weber sur l'État au début de son œuvre.
5. Arendt doit en tout cas avoir étudié Weber dès le début des années 1930. D'une part, elle fait référence à l'*Histoire économique générale* de Weber et à sa sociologie religieuse dans une de ses premières analyses de l'antisémitisme (voir JW, p. 74, p. 115). D'autre part, Arendt note qu'elle a emprunté à Weber le terme de « peuple paria » pour désigner les Juifs (JW, p. 276).

S'il existe de nombreux points d'accord entre Weber et Elias, le cœur de leur argumentation diffère néanmoins : alors que la rationalité formelle s'est développée, dans le cas du mécanisme monopoliste d'Elias, à partir de la logique intrinsèque des luttes de pouvoir, Weber considère que le triomphe de la rationalité va directement de pair avec le processus économique global de transformation. Cette différence peut être illustrée par la distinction entre le seigneur féodal et le prince, que l'on retrouve également dans l'*Histoire économique. Esquisse d'une histoire universelle de l'économie et de la société* (GEH) de Weber[1]. Car contrairement à Elias, Weber situe le passage de la féodalité au régime princier dans un contexte très différent. Sans réduire la pensée de Weber à un économisme d'infra- et de superstructure, on peut affirmer que Weber considère que l'émergence de l'État moderne est étroitement liée à la structure économique en général et au développement de l'activité capitaliste en particulier[2]. En raison de l'imbrication de l'État et de la structure économique, la rationalité formelle a pu devenir le moteur du développement sociétal, social, culturel et surtout politique de l'Occident.

La mise en évidence de l'interdépendance de l'économie et de la politique, du développement de la gestion des capitaux et des changements qui marquent la structure étatique, coïncide avec la véritable motivation d'Arendt, qui consiste à se poser avant tout la question de l'origine et de la nature de l'État. Comment comprendre cela ? Lorsque l'on cherche à reconstituer l'idée qu'Arendt se fait de l'État moderne, on rencontre un problème central qui est qu'il n'y a pas de réflexion explicite sur l'État *en lui-même*. En résumé : à aucun moment l'analyse théorique de l'État ne devient l'objet explicite de son attention. Au contraire, son intérêt pour les conditions favorisant l'émergence de l'État (moderne) et de sa structure repose sur et est véhiculé par ses réflexions sur le rôle politique et social des Juifs en Europe, et ses réflexions sur l'impérialisme. Dans le cadre de son analyse de l'antisémitisme, Arendt retrace le passage du

1. Tout indique que c'est de là qu'Arendt a tiré cette différenciation, puisqu'elle cite l'*Histoire économique* dans sa bibliographie. De plus, dans le champ de la recherche wébérienne, l'*Histoire économique* est considérée comme la « version définitive de ses réflexions sur l'État » (A. Anter, *Max Webers Theorie des modernen Staates*, *op. cit.*, p. 204).

2. Weber emploie le terme « capitalisme » non seulement pour définir une époque économique et socio-historique, qui commence généralement avec l'industrialisation, mais aussi pour désigner un type d'activité capitaliste qui met l'argent et plus tard la gestion des capitaux au premier plan, ce qui conduit à la formation d'une culture fondée uniquement sur des considérations comptables et qui se passe de toute personne, de même que de tout autre postulat, qui est « étranger au système ».

Juif de cour au Juif européen, qui a joué le rôle de pourvoyeur de l'État et d'intermédiaire entre les puissances européennes. L'émergence de la structure étatique moderne est ici d'une importance capitale, car elle a entraîné une demande de capitaux qui, selon Arendt, ne pouvait être satisfaite que par des financiers juifs en raison de leur position sociale. L'étroite interrelation entre les Juifs et l'État moderne qui en a résulté a fourni, à son tour, un terrain fertile pour la politisation de la question juive, et représente une pièce importante de la mosaïque dans le tableau général de l'antisémitisme allemand et européen :

> Si nous voulons comprendre clairement le lien entre la question juive et l'État-nation, d'une part, et l'antisémitisme, d'autre part, nous devons nous remémorer ce rôle international des Juifs dans le système de l'État-nation, au moment de son émergence[1].

Puisque mon étude ne concerne pas l'antisémitisme mais plutôt l'idée de l'État, mon but ici est d'extraire le contenu théorico-étatique de la pensée d'Arendt sur la relation entre le judaïsme et la structure étatique (moderne), et de rassembler ce contenu en un tout cohérent. C'est ce que nous ferons dans la deuxième partie de ce chapitre. Ce faisant, des questions sur l'origine de l'État et les conditions de son émergence seront soulevées et résolues : qu'est-ce qui a contribué à la formation de l'État en tant que garant politique de l'ordre ? Qu'est-ce qui, aux yeux d'Arendt, constitue la caractéristique essentielle de l'État et de l'État moderne ? Sur quelle conception du droit l'État moderne se fonde-t-il? Où situer les idées d'Arendt dans la littérature en matière de théorie et de sociologie de l'État? Puis, dans la troisième partie, je me tournerai vers le droit. Il s'agira d'abord de clarifier ce que Weber entendait par « droit rationnel » et en quoi cela diffère des autres conceptions du droit. Je dégagerai les critères du droit rationnel, à l'aide desquels j'examinerai ensuite l'œuvre d'Arendt. Pour être plus précis, la critique arendtienne des formes de gouvernement impérialistes sera examinée dans une perspective propre à la théorie du droit. Il s'agira de montrer que cette critique a été formulée dans le cadre d'une conception formelle et rationnelle du droit.

Peter Baehr, l'un des rares auteurs à avoir évoqué l'importance de la pensée de Weber dans l'œuvre d'Arendt, en arrive à la conclusion que « Weber n'a pas influencé Arendt de manière significative, si par "influence" on entend qu'elle a réfléchi sérieusement à son œuvre et l'a

1. ETH, p. 65, nous traduisons. C'est ce que veut dire Arendt lorsqu'elle souligne le fait que Herder considérait la question juive comme une question d'État.

ensuite appliquée à la sienne »[1]. Mon travail dans ce chapitre et dans les suivants prouvera exactement le contraire. La vision arendtienne de l'État constitutionnel d'Europe continentale est influencée dans une large mesure par Max Weber. Cependant, et sur ce point je rejoins dans une certaine mesure Baehr, je montrerai que « Arendt était anti-wébérienne sur tous les axes politiques vitaux de sa pensée »[2]. En fin de compte, elle finira par développer des concepts du droit et du politique tout à fait différents – en s'écartant, voire en s'opposant à la conception politique et juridique wébérienne (*cf.* sur ce point le chap. V). Mais ce qu'Arendt reprend de Weber, c'est l'idée que le droit a une rationalité intrinsèque qui est d'une importance fondamentale pour un ordre politique durable et fiable – un ordre politique dans lequel la lutte politique et le désaccord peuvent avoir lieu et être expérimentés. Arendt suit Weber quand elle affirme que le droit ne peut développer sa rationalité spécifique que tant qu'il demeure dans une certaine mesure autonome par rapport aux postulats extra-juridiques. Cependant, le problème de la conception wébérienne du droit est qu'il ne peut conserver cette autonomie qu'au prix de la dichotomie entre politique et droit. C'est à ce moment que commence la critique d'Arendt à l'égard de Weber, et qu'elle montre qu'une telle dichotomie sape à la fois la confiance dans le droit et la stabilité de l'ordre politique (voir sur ce point la deuxième partie du chap. IV).

SUR L'ORIGINE DE L'ÉTAT MODERNE

État et État moderne chez Weber

Si nous suivons Stefan Breuer, le concept d'État de Weber pose, (seulement) superficiellement, un problème de définition. En effet, bien que Weber utilise allègrement le terme d'État pour les associations politiques antiques, pour celles de l'Égypte pharaonique, de l'Assyrie et de la Phénicie, bien qu'il parle aussi bien de l'État pour la Chine confucéenne que dans ses commentaires sur le Japon féodal ou le Pérou des Incas, on peut reconnaître ici un trait commun. Pour Breuer, il n'y a pas de lacunes terminologiques qui se cachent derrière l'utilisation extensive du terme d'« État ». Au contraire, on parvient à une idée importante, qui correspond à une différenciation centrale dans la pensée de Weber sur l'État : la

1. P. Baehr, « Personal Dilemma or Intellectual Influence ? The Relationship between Hannah Arendt and Max Weber », art. cit., p. 130.

2. *Ibid.*

différenciation entre l'État et l'État moderne[1]. Breuer suggère d'utiliser la triade classique (légèrement modifiée) de Weber pour définir l'État ; mais pour l'État moderne, nous avons besoin du concept d'institution [*Anstalt*]. Breuer soutient ainsi :

> La structure étatique existe aussi sans l'ordre rationnel statutaire, sans concept d'institution, sur la base de relations de gouvernement et de domination qui reposent sur le charisme ou la tradition. Une association politique [...] devrait être appelée État quand son existence et la validité de son ordre peuvent être garanties au sein d'un territoire géographique déterminable par un gouvernement qui jouit avec succès du monopole de la contrainte physique légitime afin de maintenir cet ordre. *L'État devient un État moderne quand on ajoute le critère de l'entreprise politique à caractère institutionnel*[2].

Alors que Weber définit avant tout l'État par le monopole de la violence, l'*État moderne* est caractérisé par le fait d'être devenu une entreprise à caractère institutionnel [*Anstaltsbetrieb*]. Mais qu'entend Weber par « institution » ? Que signifie le fait que l'État se soit transformé en une « entreprise à caractère institutionnel » ? Dans ses « concepts sociologiques fondamentaux », Weber définit l'État comme une « institution » et une « organisation obligatoire », en l'explicitant ainsi : il s'agit d'un « groupement dont les règlements statutaires sont octroyés avec un succès (relatif) à l'intérieur d'une zone d'action délimitable à tous ceux qui agissent d'une façon indéfinissable selon des critères déterminés »[3].

On peut trouver chez Andreas Anter trois principaux critères qui devraient permettre d'éclairer la définition du concept wébérien d'institution : l'État en tant qu'institution est *premièrement* une organisation dotée d'un ordre statutaire rationnel. De cette façon, selon Anter, l'État moderne pour Weber est indirectement doté du critère de rationalité. Car contrairement au gouvernement arbitraire du despote, l'État moderne repose sur une constitution statutaire rationnelle avec un droit statutaire rationnel, ainsi que sur une administration et une bureaucratie qui doivent se conformer à des règles statutaires rationnelles dans l'exercice du pouvoir. Ainsi, la règle et le droit sont prévisibles[4].

1. Voir S. Breuer, « Max Webers Staatssoziologie », *Kölner Zeitschrift für Soziologie und Sozialpsychologie* 2, 1993, p. 207.
2. *Ibid.*, p. 214, je souligne.
3. EaS, p. 52, trad. fr. É. de Dampierre *et al.*, *Économie et société*, Paris, Pocket, 1995. Pour la version allemande, voir WuG, p. 28.
4. Voir A. Anter, *Max Webers Theorie des modernen Staates. Herkunft, Struktur und Bedeutung*, Berlin, Duncker & Humblot, 1995, p. 47 *sq.*

Deuxièmement, l'ordre statutaire s'applique à chaque personne au sein de l'association. Personne ne peut s'y soustraire et les privilèges – notamment ceux de la noblesse – deviennent obsolètes. L'ordre statutaire est, *troisièmement*, un ordre imposé. À l'instar de Hume (et ensuite de Hegel), Weber rejette « l'hypostatisation de l'idée régulatrice du contrat social »[1]. L'État ne repose pas sur l'accord, mais sur la contrainte. Son trait caractéristique est la violence. Bien que le dernier critère, la violence, fasse inévitablement partie de toute définition de l'État *à la*[*] Max Weber, les spécialistes de Weber tels que Breuer ou Anter recommandent de mettre davantage l'accent sur les deux premiers critères pour bien comprendre l'État moderne : le « trait constitutif »[2], la « caractéristique élémentaire »[3] ou la « caractéristique principale » de l'« état institutionnel » du concept d'État moderne est « l'existence d'un ordre statutaire rationnel »[4].

Dans sa *Wirtschaftsgeschichte* (*Histoire économique*), Weber fait remarquer qu'un pareil « État rationnel » n'existait « qu'en Occident »[5]. Il n'y a qu'en Occident qu'on pouvait trouver une combinaison de la « pensée juridique formelle »[6], conséquence de la « double rationalisation »[7] – séculaire et spirituelle – d'une part, et de l'économie capitaliste, par laquelle Weber entend principalement le recours au calcul monétaire ou à la comptabilité de capital, d'autre part. Dans l'ensemble, tous les autres milieux culturels – Weber l'explique dans son *Histoire économique* en prenant l'exemple de la Chine – sont restés liés à des formes de domination traditionnelles, ce qui rendait le droit et l'administration de la justice imprévisibles, avec des institutions telles que l'entraide fraternelle dans la Chine ancienne. Avec un droit aussi imprévisible, selon Weber, le capitalisme ne peut s'épanouir. Au contraire, le capitalisme a besoin d'un droit qui fasse abstraction de tous les aspects rituels, religieux et magiques, et qui puisse être calculé de manière aussi fiable qu'une machine[8]. Mais comment Weber explique-t-il le passage de la règle traditionnelle à la règle juridique ?

1. M. Weber, « R. Stammlers "Überwindung" der materialistischen Geschichtsauffassung » [1922], *in* J. Winckelmann (Hrsg.), *Gesammelte Aufsätze zur Wissenschaftslehre*, Tübingen, Mohr, 1973.
2. A. Anter, *Max Webers Theorie des modernen Staates*, *op. cit.*, p. 188.
3. *Ibid.*, p. 206.
4. S. Breuer, « Max Webers Staatssoziologie », art. cit., p. 202.
5. Wg, p. 289, pour la version anglaise voir GEH, p. 339.
6. GEH, p. 342, pour la version allemande voir Wg, p. 292.
7. GEH, p. 341 ; Wg, p. 291.
8. Voir GEH, p. 342 ; Wg, p. 293.

C'est la structure économique qui a joué un rôle décisif dans cette transition. Sans entrer dans les détails de cette évolution complexe, on peut au moins dire que la structure de domination du féodalisme a grandement facilité l'orientation économique et le calcul monétaire, contribuant ainsi au « développement de l'acquisition individualisée »[1]. La production individualisée a entraîné la décomposition ou la subdivision des foyers, et partant la disparition de ce que l'on appelle la « régulation primaire du marché »[2]. Cela a contraint la population à effectuer des calculs précis, qui devaient eux-mêmes être orientés en fonction des possibilités d'échange, des besoins, de la concurrence, etc. Le calcul monétaire du féodalisme s'est donc progressivement transformé en comptabilité de capital, que Weber qualifie de « moyen de comptabilité économique le plus parfait, le plus rationnel pour orienter une activité économique »[3]. Avec le temps, la rationalité formelle de l'économie capitaliste, c'est-à-dire la vision du monde fondée uniquement sur des considérations de calcul et faisant abstraction de toute personne et postulats (éthique, politique, religion) « étrangers au système », s'est étendue à tous les autres domaines de la vie. Je rejoins sur ce point Stefan Breuer, qui considère que Weber rejette l'économisme pur en mettant l'accent sur la « marge de manœuvre » juridique, politique et religieuse du « féodalisme occidental »[4]. Sans cette marge de manœuvre, le développement de l'économie n'aurait pas été possible. Néanmoins, on peut considérer en suivant Weber que la structure économique joue un rôle central dans le passage de la domination traditionnelle à la domination juridique.

Arendt et la généalogie de l'État moderne

La mise en évidence de la structure économique

Un premier indice montrant qu'Arendt cherche à se rapprocher de Max Weber dans ses réflexions sur l'État moderne est qu'elle s'attelle à la question de la structure économique. Elle reprend la référence de Weber à l'« individualisation qualitative »[5] de la structure commerciale et agraire, dans la mesure où elle met également en avant la nécessité de

1. EaS, p. 375.
2. EaS, p. 83, WuG, p. 44.
3. EaS, p. 108, WuG, p. 58, trad. fr., p. 132.
4. S. Breuer, H. Treiber, M. Walther, « Entstehungsbedingungen des modernen Anstaltsstaates. Überlegungen im Anschluss an Max Weber », *in* S. Breuer, H. Treiber (Hrsg.), *Entstehung und Strukturwandel des Staates*, Opladen, Westdeutscher Verlag, 1982, p. 129.
5. EaS, p. 80, WuG, p. 42.

l'accumulation du capital au sein d'une entreprise dans l'émergence de la structure étatique moderne : comme plus aucune classe sociale n'était disposée à couvrir les besoins financiers de l'État en raison de la montée des investissements dans l'économie privée, l'État a été contraint de prendre de plus en plus de distance avec l'ensemble des classes sociales et des domaines et d'assurer seul sa survie financière. Selon Arendt, c'était l'impératif économique – et cela comprend des choses telles que les amortissements, les besoins en fonds propres, etc. – qui empêchait les entreprises privées de devenir des créanciers permanents de l'État. Outre le fait que quelques entreprises n'auraient pas pu à elles seules répondre sur le long terme aux besoins de l'État en termes de capitaux, les exigences d'une économie privée en pleine expansion ont contraint les entrepreneurs à investir leur capital dans leurs propres entreprises[1]. Arendt illustre cette idée avec l'exemple des Fugger, originaires d'Augsburg, qui furent les banquiers les plus riches et les plus influents d'Europe : au XVIe siècle, ceux-ci avaient certes mis des crédits à disposition des princes régnants, mais ils n'auraient jamais eu l'idée d'établir un crédit d'État spécifique. Selon Arendt, les Fugger se considéraient comme une entreprise commerciale et dépendaient donc de grandes quantités de fonds propres[2]. D'un autre côté, l'essor des entreprises privées a naturellement entraîné une demande croissante de juridification, de protection policière et militaire. À cela s'ajoute le fait que la décomposition des foyers et des communautés domestiques a finalement conduit à une augmentation des demandes d'aide sociale et caritative. L'État subissait lui aussi une pression croissante de ce côté, mais ne pouvait plus compter sur un soutien financier suffisant de la part des seigneurs.

Pour Arendt, seuls les prêteurs juifs étaient en mesure de combler ce déficit de financement, car ils s'étaient (ou étaient) tenus à l'écart de toute activité économique privée en raison de leur indépendance religieuse, sociale et culturelle :

> Les Juifs apparurent alors comme le seul groupe disposé à financer ces débuts de l'État et à lier son sort à son développement ultérieur. Avec le crédit dont ils disposaient et leurs relations internationales, ils se trouvaient en excellente position pour aider l'État-nation à prendre sa place parmi les plus grandes entreprises et les employeurs les plus importants de l'époque[3].

1. Voir ETH, p. 54 *sq.*
2. Voir OT, p. 16, trad. fr., p. 235, ETH, p. 57 *sq.*
3. OT, p. 17 *sq.*, trad. fr., p. 237.

Ceci n'a pas seulement conduit à une interdépendance funeste entre l'État et les Juifs – une interdépendance qu'Arendt retrace en détail et qui, de son point de vue, a empêché les Juifs de s'épanouir dans la société. Le fait que les particuliers juifs aient pu, parce qu'ils se sont abstenus de toute activité commerciale, accumuler de l'épargne est également d'une importance fondamentale pour l'émergence de l'État moderne. Parallèlement à la division caractéristique de la société en fonction des classes ou des domaines des seigneurs s'était formée une société juive au sein de la société, une « nation au sein de la nation »[1], qui allait devenir à son tour la condition préalable du réseau juif intereuropéen et supra-territorial. C'est ce réseau juif qui a permis en premier lieu de fournir ces immenses quantités de capitaux dont dépendaient les États européens. Inversement, Arendt affirme que c'est la raison pour laquelle les gouvernements ont tout mis en œuvre pour empêcher les Juifs d'entrer dans l'économie privée :

> Après la Révolution française, qui bouleversa la situation politique dans l'ensemble du continent européen, on vit apparaître les États-nations, au sens moderne du terme. Pour leurs transactions économiques, ils avaient besoin d'un volume de capitaux et de crédit bien supérieur à ce qu'on avait jamais demandé aux Juifs de cour de mettre à la disposition d'un prince. Pour ces nouveaux besoins des gouvernements, il fallut faire appel aux couches les plus riches des populations juives d'Europe occidentale et centrale, qui confièrent leurs capitaux, à cette fin, à quelques grands banquiers juifs[2].

Ainsi, avec le temps, le Juif de cour devint le grand « banquier d'État juif »[3], dont le représentant le plus important fut la famille Rothschild. Loin d'être impliqué dans l'économie privée, le « grand capital juif » s'occupait presque exclusivement de fournir des obligations d'État et d'assurer l'échange de capitaux au niveau international.

L'évolution de l'État en pouvoir politique et en entreprise commerciale

Les réflexions d'Arendt sur l'émergence d'un « secteur économique de l'État »[4] dans la formation de l'État moderne constituent un autre parallèle avec Weber. Elle affirme qu'en raison des fonctions croissantes

1. OT, p. 11.
2. OT, p. 14, trad. fr., p. 233.
3. OT, p. 11.
4. OT, p. 17, trad. fr., p. 237.

de régulation et de contrôle qui devaient être prises en charge par l'État, la demande de capitaux a atteint des dimensions inconnues jusqu'alors. Ainsi, Arendt soutient la thèse que ce sont les monarchies absolues de l'époque du mercantilisme qui ont favorisé l'avènement de l'État moderne. Car les monarchies étaient de plus en plus dépendantes d'un revenu régulier et de financements sécurisés. Sans doute les seigneurs féodaux avaient-ils eux aussi eu besoin d'argent et de crédits, mais ceux-ci étaient généralement destinés à des fins ponctuelles et à des projets spécifiques. En revanche, la « lutte des monarchies pour la sécurité financière »[1] et leur besoin sans précédent de « crédit propre à l'État »[2] étaient systémiques. Même si les monarchies absolues essayaient également de satisfaire leurs besoins financiers par la guerre et le pillage dans une première phase, ces méthodes ont rapidement été renforcées par « la méthode nouvelle du monopole de l'impôt »[3]. Les précédentes sources de revenus étaient « insuffisantes », « entièrement dépourvues de garanties et imprévisibles »[4]. Ces sources de revenus auraient permis au mieux de satisfaire les besoins limités d'un seigneur féodal, mais pas ceux d'un budget étatique[5]. Arendt décrit la conséquence de cette pénurie constante de capital ainsi :

> À la fin du XVIIIe siècle, il était bien évident qu'aucune classe, aucun état de la société, dans aucun pays, n'avait le désir ou la possibilité de devenir la nouvelle classe dirigeante, c'est-à-dire de s'identifier au gouvernement, comme l'avait fait la noblesse des siècles durant. La monarchie absolue n'ayant pas réussi à trouver dans la société existante une classe capable de remplacer la noblesse, l'État-nation acheva son développement et se proclama au-dessus de toutes les classes, totalement indépendant de la société et de ses intérêts particuliers, seul et véritable représentant de la nation tout entière[6].

Dans l'extrait ci-dessus, il faut entendre État-nation au sens d'*État*-nation, avec sa structure politico-juridique. Cette forme nouvelle de gouvernement ne pouvait pas simplement reposer sur la « proclamation » d'indépendance à l'égard de toutes les classes ; elle devait effectivement accomplir ce détachement. Il est extrêmement important pour notre discussion que ce dont parle Arendt dans les expressions « au-dessus de toutes les classes » et « totalement indépendant » puisse être qualifié, en accord avec Weber, de « développement de l'État comme pouvoir

1. ETH, p. 57.
2. ETH, p. 46, trad. fr., p. 235.
3. OT, p. 116, trad. fr., p. 235.
4. ETH, p. 57.
5. Voir ETH, p. 57.
6. OT, p. 17, trad. fr., p. 236.

politique »[1]. La hausse des revenus d'une part et l'augmentation du pouvoir fiscal d'autre part en sont les conditions. Dans le droit fil de la formation du pouvoir étatique chez Weber, Arendt expose comment l'État est devenu monopoliste dans un certain nombre de domaines très différents. Elle décrit comment on en est venu en France à monopoliser la collecte des impôts assurée par les fermiers généraux, tout comme les approvisionnements militaires. En Prusse, la frappe des métaux et la monnaie ainsi que la manufacture de porcelaine furent nationalisées. En Bavière, les mines, le sel, le tabac et les loteries passèrent sous le contrôle de l'État et devinrent la principale source de revenus de l'État[2]. Ce « secteur économique de l'État » au sein de l'économie devint nécessaire face à l'augmentation considérable de la charge financière induite par les tâches administratives et la fonction publique.

Lorsque toutes les tentatives de la monarchie absolue de s'allier avec une des grandes classes de la société eurent échoué – Arendt cite par exemple la vaine lutte de l'État français depuis le XVe siècle pour s'attirer les faveurs des guildes[3] –, « l'État choisit de devenir une énorme entreprise économique »[4]. Jusqu'au XIXe siècle, les prêteurs juifs étaient les principaux financeurs de cette « énorme entreprise économique ». Sur ce point également, Arendt suit les remarques de Weber dans son *Histoire économique*. Et dans cet ouvrage, le mercantilisme est décrit comme l'époque qui a transformé l'État en une « entreprise commerciale capitaliste »[5]. Cela implique non seulement la centralisation et la monopolisation des pouvoirs de décision qui accompagnent la formation du pouvoir étatique, mais également la manifestation de la « relation formelle »[6] entre l'État et l'entreprise.

L'importance fonctionnelle de la bureaucratie

Cette relation formelle vise à transformer de bout en bout l'ensemble du système administratif de l'État, qui s'adapte presque entièrement à la rationalité formelle d'une économie capitaliste. Stefan Breuer a décrit cette « adéquation » de la manière suivante :

1. GEH, p. 347. Pour la version allemande voir Wg, p. 297. Sur le concept wébérien de pouvoir étatique, voir aussi A. Anter, *Max Webers Theorie des modernen Staates*, *op. cit.*, p. 137-146.
2. Voir ETH, p. 61.
3. Voir ETH, p. 57, trad. fr., p. 235.
4. OT, p. 17, trad. fr., p. 237.
5. Wg, p. 296.
6. S. Breuer, H. Treiber, M. Walther, « Entstehungsbedingungen des modernen Anstaltsstaates. Überlegungen im Anschluss an Max Weber », *in* S. Breuer, H. Treiber (Hrsg.), *Entstehung und Strukturwandel des Staates*, *op. cit.*, p. 135.

> Tout comme dans l'économie, où la prise en charge de certains groupes sociaux ne se faisait plus selon des postulats matériels mais uniquement en fonction de la capacité de paiement, il y avait dans l'administration – et toute domination [*Herrschaft*] s'exprime en tant qu'administration – un renoncement radical au patrimonialisme matériel au profit d'une forme qui élimine radicalement les maximes éthiques et/ou politiques, et qui vise à dépersonnaliser l'exercice des fonctions administratives[1].

Le « renoncement radical » à la domination traditionnelle et le passage à la domination légale caractérisent aussi la politique, le droit et l'administration. Tout comme l'instauration du droit formel, que j'aborderai en détail par la suite, la progression d'une administration bureaucratique rationnelle, au sein de laquelle le savoir spécialisé des fonctionnaires occupe une place centrale, est certainement l'une des réussites les plus remarquables de ce système. En approfondissant la lecture des *Origines du totalitarisme*, il n'est donc pas surprenant de constater le peu d'attention qu'Arendt accorde au monopole de l'usage de la force dans ses remarques sur la structure étatique. Elle le mentionne certes, mais « la réussite remarquable »[2] de l'État moderne ou sa « plus grande réussite »[3] est l'instauration d'une « fonction publique neutre, détachée de la politique des partis », qui a l'« ambition de représenter la nation tout entière, de s'assurer le monopole du pouvoir, de s'emparer de l'appareil d'État et de se substituer à l'État »[4].

Arendt décrit la façon dont les fonctionnaires prussiens non seulement se sont battus contre les privilèges dont bénéficiait la noblesse, mais aussi comment ils ont plaidé pour l'égalité du statut juridique des Juifs, ce qui ne répondait pas nécessairement aux souhaits du roi. Cela s'explique par le fait que les fonctionnaires constituaient « le principe de l'État-nation »[5] ou « l'esprit de […] l'État-nation »[6], où « État-nation » signifie une fois de plus la structure politico-juridique d'un État moderne. Mais qu'entend-on par les termes « esprit » ou « principe » de cet État ? Les fonctionnaires étaient en premier chef « les serviteurs de la nation en tant que telle »[7]. Ils ne dépendaient pas d'intérêts sociaux quels qu'ils

1. S. Breuer, H. Treiber, M. Walther, « Entstehungsbedingungen des modernen Anstaltsstaates. Überlegungen im Anschluss an Max Weber », *op. cit.*, p. 135.
2. ETH, p. 114.
3. ETH, p. 104.
4. OT, p. 38, trad. fr., p. 263.
5. ETH, p. 88.
6. ETH, p. 89.
7. OT, p. 154, trad. fr., p. 409.

soient, et ne se consacraient qu'à l'État : « Ce n'était pas le roi qui parlait à travers eux, mais la monarchie anonyme »[1]. La « monarchie anonyme » est la monarchie formelle qui établit une forme de domination strictement guidée par des principes statutaires, à l'encontre du mode de domination matérielle du roi. Pour reprendre les termes de Max Weber, il s'agit de la « réduction de l'activité de la fonction publique moderne à des règles »[2], qui conduit à sa « dépersonnalisation ». Les fonctionnaires étaient entièrement « indépendants des privilèges économiques particuliers » et parfaitement « non influencés par les raisons d'État »[3]. Il est important de noter qu'Arendt oppose la rationalité de la fonction publique aux intérêts économiques d'une part, et à la *raison d'État** d'autre part, puisque tous deux minent la continuité, la calculabilité et la prévisibilité. En opposant non seulement les intérêts économiques mais aussi la *raison d'État** à la rationalité de la fonction publique, Arendt suit à nouveau Weber sur la voie étroite de ses remarques sur les différentes formes de rationalité. Car Weber distingue aussi l'homme d'État et le fonctionnaire, et pas seulement en termes de responsabilité, de compétences spécialisées, etc.[4]; dans sa sociologie de la domination, il souligne également leurs différents types de rationalité. Tandis que le fonctionnaire fait preuve d'une rationalité formelle, qui se manifeste dans la « subsomption sous des concepts généraux », ce que Weber entend par « raison d'État » désigne une rationalité matérielle, « l'esprit *de meneur* »[5] [*leading spirit*] de l'homme d'État, qui s'exprime dans le « fait de prendre en considération les moyens et les fins »[6]. La question de la nature et de la forme de la symbiose des deux types de rationalité est certainement le problème irrésolu de la pensée politique de Weber. J'y reviendrai plus loin (*cf.* sur ce point la seconde moitié du chapitre IV et le chapitre V). Cependant, pour ce qui nous occupe ici, il importe simplement qu'Arendt, comme Weber, considère que le caractère rationnel de l'État est garanti par « l'intégrité professionnelle » des fonctionnaires et souligne leur « indépendance absolue »[7] et leur détachement vis-à-vis de toute matérialité. Le « recrutement d'une fonction

1. ETH, p. 88.
2. EaS, p. 958, trad. modifiée t. 1, p. 292. Pour la version allemande voir WuG, p. 552 et p. 562.
3. ETH, p. 87.
4. Voir sur ce point PuR, p. 340-348.
5. PuR, p. 334.
6. Voir WuG, p. 565.
7. ETH, p. 345.

publique indépendante »[1] fut justement le « projet de l'État-nation »[2]. Car celle-ci ne pouvait exister de manière indépendante qu'avec la formation d'un groupe – de fonctionnaires spécialisés – qui servît l'intérêt national, détaché de toutes les strates de la société. Du point de vue de la théorie de l'État, cette indépendance était due à la transformation de l'État en une « énorme entreprise économique », telle qu'elle a été esquissée plus haut. Mais on peut aussi considérer cette obligation d'indépendance du point de vue de la nation. Mais il est également possible d'observer ce besoin pressant d'indépendance en se plaçant dans la perspective de la nation. Plus précisément, l'émancipation de l'État à l'égard de l'ensemble des classes sociales révèle la condition préalable qui a permis à l'État de devenir le « représentant symbolique » de la nation. Ce sont les fonctionnaires qui, par leur lutte contre les privilèges et pour l'égalité juridique de tous les citoyens, ont fait avancer le processus de rationalisation de l'État, amorçant ainsi le passage de la monarchie absolue à l'État moderne.

La Révolution française et la genèse de l'État moderne

Le processus d'émancipation du pouvoir étatique, c'est-à-dire l'instauration d'une fonction publique indépendante et d'un appareil administratif fonctionnel, est entré dans sa phase d'achèvement avec la Révolution française. Arendt considère même que l'impulsion qui a catalysé l'achèvement de l'État est « le seul acquis indéniable à ce jour »[1] de la Révolution française moderne :

> Le corps politique de l'État-nation fut institué alors qu'aucun groupe n'était en mesure d'occuper à lui seul le pouvoir; le gouvernement assuma alors le pouvoir politique réel, qui cessa de dépendre de facteurs sociaux et économiques. Les mouvements révolutionnaires de la gauche, qui luttaient en faveur d'une transformation radicale des conditions sociales, ne s'étaient jamais attaqués directement à cette autorité politique suprême[4].

1. ETH, p. 114. S. Breuer souligne le fait que la loyauté des fonctionnaires envers l'État émane justement de la structure de la fonction publique : le savoir expert et spécialisé qu'ils acquièrent est conçu sur mesure pour l'organisation et n'a de valeur qu'au sein de celle-ci, étant parfaitement inutile en dehors. Abandonner une carrière dans la fonction publique, qui commence déjà très tôt et qui prévoit une lente évolution au sein de la hiérarchie, est très coûteux et risqué. Néanmoins, afin de rendre la fonction publique attrayante, on fait miroiter la « sécurité sociale », les « droits à la retraite garantis par la loi » et la « protection contre le licenciement arbitraire ». Mais cela s'accompagne également de « restrictions d'accès strictes » (*Der Staat. Entstehung, Typen, Organisationsstadien*, Reinbek, Rowohlt, 1998, p. 183 *sq.*).

2. ETH, p. 345.

1. NuD.

4. OT, p. 38, trad. fr., p. 263-264.

Dans son analyse de la contribution de la Révolution française au développement de la structure étatique moderne, Arendt suit les pas de Tocqueville[1]. Comme elle, Tocqueville voit dans la disparition de la monarchie absolutiste et de tous les vestiges de l'ancien ordre féodal la condition préalable à une bureaucratisation forcée de l'ensemble de l'État[2]. En outre, avec l'instauration de la fonction publique, l'État moderne et ses institutions se libèrent également des aléas des changements de cap politiques. En effet, aucun groupement politique n'aurait été en mesure d'endosser les tâches et les exigences imposées à l'État sans l'aide d'une « fonction publique neutre, détachée de la politique des partis »[3]. Tous les partis, selon Arendt, dépendaient de l'appareil de la fonction publique, « sans lequel aucun État moderne, quel qu'il soit, ne peut fonctionner »[4]. Avec cette « appréciation » de l'importance fonctionnelle du service public, elle rejoint également Max Weber, qui, dans ses écrits sur la sociologie religieuse, a qualifié la fonction publique spécialisée de « pierre angulaire de l'État moderne »[5], et qui a considéré que son évolution historique coïncidait avec l'histoire de la fonction publique moderne. De même, la réception de la Révolution française par Arendt, dans le cadre de la théorie de l'État, est étroitement liée à cette question. En affirmant qu'aucun mouvement révolutionnaire n'a porté atteinte à l'indépendance de l'appareil d'État, Arendt s'inscrit dans la lignée d'Alexis de Tocqueville, de Max Weber et d'Heinz Ziegler. Dans leurs réflexions sur la Révolution française, tous trois soulignent la continuité de la structure administrative. Tocqueville, par exemple, souligne le fait que même si la Révolution a aboli l'absolutisme et l'ordre feudal, l'ensemble de l'appareil administratif a quand même été conservé[6]. Max Weber soutient la même chose dans *Économie et société* : par rapport à la période

1. Voir sur ce point S. Benhabib, *The Reluctant Modernism of Hannah Arendt*, *op. cit.*, p. 161 *sq.*

2. *Cf.* cette phrase célèbre de Tocqueville : « La centralisation administrative est une institution de l'ancien régime, et non pas l'œuvre de la Révolution ni de l'Empire, comme on l'a dit » (*L'Ancien Régime et la Révolution*, Paris, Michel Lévy frères, 1856, Livre II, chap. II, p. 49).

3. ETH, p. 104.

4. ETH, p. 105.

5. M. Weber, « Vorbemerkungen zu den "Gesammelten Aufsätze zur Religions-soziologie », in *Gesammelten Aufsätze zur Religionssoziologie*, vol 1 [1920], Tübingen, Mohr, 1972, p. 3. Voir aussi les excellentes remarques d'Andreas Anter sur « l'archéologie de l'État » et sa description de l'histoire de l'État comme histoire de la fonction publique (*Max Webers Theorie des modernen Staates*, *op. cit.*, p. 190).

6. Voir sur ce point A. de Tocqueville, *Der alte Staat und die Revolution* [1856], J. P. Mayer (Hrsg.), Reinbek bei Hamburg, Rowohlt, 1969, p. 39-46, 58-61, 166-74.

du Premier Empire, « l'appareil de domination est resté essentiellement le même »[1], malgré la Révolution. Ziegler conclut également dans son étude politico-sociologique du concept de nation que l'ensemble de l'appareil administratif est resté « relativement épargné » par la Révolution. Il écrit :

> Les révolutions ne détruisent nulle part, au contraire elles récupèrent partout et accroissent le corps de la centralisation absolutiste, car il correspond bien, techniquement, aux besoins en termes de calculabilité de l'action étatique et de conduite uniforme du comportement des masses[2].

Comme pour la mise en évidence de la structure économique dans l'histoire de l'émergence de l'État moderne, le développement de l'État en tant que pouvoir politique [*Machtstaatsbildung*], la caractérisation de l'État moderne en tant qu'« énorme entreprise économique » et l'insistance sur l'importance fonctionnelle de la bureaucratie, Arendt suit donc également Weber dans sa catégorisation de la Révolution française en ce qui concerne la théorie de l'État.

Néanmoins, le parallèle décisif avec Weber se situe au niveau de sa conception et sa compréhension du droit et de la rationalité juridique. Comme Weber, Arendt définit l'État moderne d'Europe continentale par son « caractère d'institution juridique rationnelle »[3]. La « rationalisation interne du droit »[4], qui, selon Weber, était principalement le fait de juristes professionnels, s'inscrit dans le processus général de rationalisation de l'Occident[5].

Le droit est ainsi devenu l'élément central de contrôle. Il n'est donc pas étonnant qu'Arendt envisage l'État d'Europe continentale sous l'angle du droit. C'est justement dans le contexte de la menace permanente de la « nationalisation intégrale de l'État »[6] – qui s'est concrétisée

1. WuG, p. 571. Weber constitue le *Code civil** napoléonien, en revanche, comme le « troisième plus grand système juridique au monde » (EaS, p. 865).

2. H. O. Ziegler, *Die moderne Nation*, *op. cit.*, p. 86.

3. ETH, p. 490. La condition préalable à l'émergence d'un ordre juridique étatique est la privation de pouvoir et la dépossession de ceux qui détiennent leurs propres moyens de coercition par une instance centrale. Pour Weber, trois facteurs concourent à l'émergence d'un ordre juridique légitime : le développement économique, la monopolisation de la violence et la monopolisation du droit (voir A. Anter, *Max Webers Theorie des modernen Staates*, *op. cit.*, p. 190).

4. J. Freund, « Die Rationalisierung des Rechts nach Max Weber », *in* M. Rehbinder, K. P. Tieck (Hrsg.), *Max Weber als Rechtssoziologie*, Berlin, Duncker & Humblot, 1987, p. 12.

5. *Cf.* W. Schluchter, *Die Entwicklung des Okzidentalen Rationalismus*, Tübingen, Mohr, 1979.

6. H. O. Ziegler, *Die moderne Nation*, *op. cit.*, p. 296.

dans l'entre-deux-guerres –, que la « structure légale »[1] de l'État a pu instaurer un minimum de stabilité et d'ordre. Même si Arendt critique sévèrement la disposition structurelle de l'État d'Europe continentale, la conception du droit qui l'accompagne et l'idéal de stabilité qui lui est étroitement lié et qui a ouvert la voie à la promotion de formes d'identité et de solidarité nationales, elle fait l'éloge de la juridicisation des relations sociales et politiques qu'elle considère comme un acquis majeur de l'État moderne. Je montrerai par la suite dans quelle mesure Arendt reprend l'idée wébérienne d'un droit rationnel dans son analyse de l'État d'Europe continentale. Elle interprète toutes les situations conflictuelles et les événements historico-politiques, tels que la période révolutionnaire, l'impérialisme, l'affaire Dreyfus et les problèmes des réfugiés et des minorités dans l'entre-deux-guerres comme des conflits juridiques, à savoir des conflits avec le droit. Mais avant d'aborder ce point, il convient de préciser ce que Weber entend par droit rationnel.

SUR LA RATIONALITÉ DU DROIT

Qu'est-ce que le droit rationnel ?
Un aperçu de la sociologie du droit de Weber

Si nous étudions la conception du droit de Weber dans la perspective de sa sociologie de la domination, nous constatons que le concept de droit lui sert de critère pour différencier son idée de domination légale des formes patrimoniales et charismatiques de domination. Pour Weber, la domination légale se caractérise par le fait que le droit est créé au moyen de lois formelles et correctes, et ne dépend donc plus de la validité de principes supérieurs. Cependant, au lieu de ne reconnaître comme droit que le droit formel et rationnel, comme le théoricien du droit Kelsen, la perspective de Weber sur la sociologie du droit distingue quatre types de droit. Ces quatre types sont formés à partir de la combinaison des couples rationnel/irrationnel et formel/matériel[2]. La domination patrimoniale ou charismatique produit également du droit, selon Weber, mais pas un droit formel et rationnel.

1. ETH, p. 488.

2. Voir WuG, p. 395 *sq.* ou EaS, p. 655 *sq.*, *Sociologie du droit*, *op. cit.*, p. 47 *sq.* [Cette partie est absente de la traduction française d'*Économie et société* et fait l'objet d'une traduction distincte dans *Sociologie du droit*, trad. fr. J. Grosclaude, Paris, Puf, 2013. NdT]. Sur le rapport entre Weber et Kelsen, voir N. Bobbio, « Max Weber und Hans Kelsen », *in* M. Rehbinder, K. P. Tieck (Hrsg.), *Max Weber als Rechtssoziologe*, *op. cit.*

Pour étudier la conception wébérienne du droit, je me réfère à un passage précis d'*Économie et Société* qui contient le noyau de la pensée juridique de Weber, et qu'Alberto Febbrajo appelle le « fameux passage, qui est aussi le plus difficile à interpréter »[1]. Si ce passage est aussi difficile à comprendre, c'est entre autres parce que les termes *rationnel* et *rationalité* présentent une double signification. La « rationalité » est d'une part utilisée pour désigner *ce qui détermine la qualité du droit tout entier*, qui peut varier selon « l'étendue et la forme de la rationalité »[2]. Mais, dans le même temps, Weber utilise le terme « rationnel » comme *critère pour décrire la structure interne du droit.* C'est à cette fin que le mot « rationnel » est mis entre guillemets au début du passage[3]. Le droit peut être « rationnel » au sens de la structure interne selon deux « types ». Premièrement, il peut être « rationnel » eu égard aux « motifs déterminant la décision »[4] pour l'évaluation d'un cas particulier. La détermination est « rationnelle » chaque fois que l'on s'en tient, pour apprécier un fait, à « la généralisation, ce qui dans ce cas signifie la réduction des motifs déterminant la décision dans un cas particulier à un ou plusieurs principes : ce sont les prescriptions juridiques [*Rechtsätze*] »[5]. Normalement, selon Weber, la réduction est déterminée par une analyse des faits qui constituent le cas, dans laquelle sont justement mis en relief les éléments considérés comme valables pour un jugement juridique[6]. On parle de « création du droit » [*Rechtsetzung*] et de « découverte du droit » [*Rechtfindung*] irrationnelles[7] quand *il n'y a aucune référence* de faite à un quelconque système de normes. Dans ce genre de cas, le seul facteur déterminant est le sentiment personnel du cadi ou de l'oracle – pour reprendre les exemples de Weber. En outre, on peut dire que le droit est « rationnel » dans un second sens, lorsqu'il est possible de systématiser les normes qui sont décisives pour le jugement. Ce que Weber entend

1. A. Febbrajo, « Kapitalismus, moderner Staat und national-formales Recht », *in* M. Rehbinder, K. P. Tieck (Hrsg.), *Max Weber als Rechtssoziologe*, *op. cit.*, p. 60.

2. EaS, p. 655, *Sociologie du droit*, *op. cit.*, p. 47.

3. *Ibid.*

4. WuG, p. 395, *Sociologie du droit*, *op. cit.*, p. 47.

5. EaS, p. 655, *Ibid.*, p. 47.

6. Weber parle ici de « règles juridiques », et démontre par l'usage des guillemets qu'il a déjà une longueur d'avance. Car il devrait légitimement parler de normes juridiques, qui doivent ensuite être converties en règles juridiques. Rödig décrit en détail la relation entre normes juridiques et règles juridiques. Il qualifie la règle juridique comme le « substrat extérieur de la norme juridique » (*Einführung in die analytische Rechtslehre*, H. Kindermann (Hrsg.), Berlin, Springer. 1986, p. 46).

7. EaS, p. 655, *Sociologie du droit*, *op. cit.*, p. 44. Nous suivons la traduction de Jacques Grosclaude des termes *Rechtsetzung* et *Rechtfindung* dans *Sociologie du droit*, *op. cit.* La traduction anglaise dit *law-making* et *law-finding* [NdT].

par « systématisation »[1], c'est la création d'un système de normes qui soit logiquement compréhensible et sans contradiction, dans lequel tous les cas envisageables peuvent être subsumés de façon exhaustive[2]. En satisfaisant les critères de « *généralisation* » et de « *systématisation* » des normes juridiquement valables, le droit devient vérifiable et donc aussi prévisible. La vérifiabilité et la prédictibilité sont des facteurs déterminants pour savoir si l'on peut parler d'un droit « rationnel » ou non. Le droit « rationnel » n'est plus – comme dans la justice du cadi par exemple – le résultat d'une réaction spontanée, possiblement de nature sentimentale ; il se fonde au contraire sur des normes accessibles, et même dans le meilleur des cas sur des prescriptions juridiques, auxquelles on fait référence pour résoudre les problèmes juridiques.

Outre la distinction rationnel/irrationnel, Weber introduit une autre différenciation, mais non moins essentielle, pour déterminer « l'étendue et la forme » de la rationalité du droit : la distinction entre droit formel et droit matériel. Au cœur de cette division se trouve la question *de l'emplacement systémique du système de normes*[3]. On peut y répondre de deux manières : soit « la création et la découverte du droit » renvoient à un conglomérat juridique de normes qui répond au critère « d'extraordinaire transparence et d'intelligibilité précise des dispositions »[4] et qui, par conséquent, utilise des procédés techniques du droit lorsqu'il s'agit de résoudre des problèmes juridiques ; ou bien « la création et la découverte du droit » reposent sur des normes extra-juridiques « d'une dignité qualitative différente »[5], sur des « normes » qui sont « différentes de celles obtenues par la généralisation logique d'interprétations abstraites signifiantes »[6]. Dans le premier cas, Weber parle de droit formel, la soi-disant « jurisprudence des concepts »[7], qui ne tient compte que « des caractéristiques générales

1. EaS, p. 656, *Sociologie du droit*, *op. cit.*, p. 48.

2. Weber mentionne naturellement l'exception que constitue le droit anglais, tout en partant du principe que la systématisation prévaudra dans le monde moderne (WuG, p. 396, *Sociologie du droit*, *op. cit.*, p. 48).

3. Voir EaS, p. 656 *sq.* Pour la version allemande, voir WuG, p. 396 *sq.*

4. EaS, p. 865.

5. WuG, p. 397.

6. EaS, p. 657, *Sociologie du droit*, *op. cit.*, p. 50.

7. L'expression « jurisprudence des concepts » [*Begriffsjurisprudenz*] remonte à Savigny et fait référence aux « forces productrices à l'œuvre dans les systèmes juridiques, qui se sont développées au moyen du texte de loi lui-même » (H. Coing, *Grundzüge der Rechtsphilosophie*, *op. cit.*, p. 335). Pour Savigny et la soi-disant École historique du droit, la principale mission du droit est d'élucider les institutions, les règles ou les concepts juridiques qui sont apparus au cours de l'histoire et de les ériger en principes. On peut considérer que l'approche inductive est un élément central de la jurisprudence des concepts (*cf.* K. Seelmann, *Rechtsphilosophie*, München, Beck, 2001, p. 66 *sq.*).

et univoques relatives à la situation de fait »[1]. Lorsqu'il passe en revue les procédés techniques du droit, Weber distingue deux sortes de formalisme : le « formalisme de “la caractéristique extérieure” » et le formalisme « de l'abstraction logique »[2]. Il considère le formalisme de la caractéristique extérieure comme « la norme la plus stricte du formalisme »[3], qui ne vise que les caractéristiques extérieures telles que la parole, la signature ou l'acte symbolique ayant une signification établie. En revanche, dans le cas de l'abstraction logique, les caractéristiques juridiquement pertinentes sont déterminées par le biais de l'interprétation, afin de créer ou d'appliquer des concepts juridiques établis sous la forme de règles strictement abstraites[4]. Si l'on se réfère à un système de normes extra-juridiques dans le cadre de la résolution de problèmes juridiques, les deux types de formalisme décrits ci-dessus sont disqualifiés. Dans ce cas, Weber parle de droit matériel et de « jurisprudence des intérêts »[5]. Au lieu des normes et des procédés techniques propres au droit, on fait appel, pour résoudre les problèmes juridiques, à des impératifs éthiques, à des règles utilitaristes, à des maximes politiques, à des interprétations de source religieuse, etc.

L'intérêt de la sociologie wébérienne du droit repose désormais sur le fait que ces deux couples de termes, rationnel/irrationnel et formel/matériel, peuvent s'entrecroiser, produisant ainsi quatre combinaisons idéal-typiques[6] : on parle d'un droit *matériel et irrationnel*, lorsque la découverte et /ou la création du droit repose exclusivement sur l'émotion, les considérations éthiques ou les jugements politiques d'une personne qui détient d'une manière ou d'une autre le pouvoir (*matériel*), et qui ne s'en remet pas à un système établi de normes (*irrationnel*). Le droit est *formel et irrationnel* lorsque le juge observe les règles formelles de

1. EaS, p. 656 *sq.*, *Sociologie du droit*, *op. cit.*, p. 49.

2. EaS, p. 657, *Ibid.*, p. 50.

3. EaS, p. 657, *Ibid.*, p. 49.

4. Voir EaS, p. 656 *sq.*

5. L'expression « jurisprudence des intérêts » vient de l'éthique utilitariste de Bentham. Ainsi une action « bonne, une loi est juste, quand elle engendre le plus grand bonheur pour le plus grand nombre (le soi-disant principe d'utilité) » (H. Coing, *Grundzüge der Rechtsphilosophie*, *op. cit.*, p. 49.).

6. Dans le champ des recherches wébériennes, la discussion sur l'interprétation de sa sociologie du droit n'est certainement pas close. Pour exposer les quatre hypothèses, je m'appuie non seulement sur Weber mais aussi sur les commentaires de J. Freund, « Die Rationalisierung des Rechts nach Max Weber », *in* M. Rehbinder, K. P. Tieck (Hrsg.), *Max Weber als Rechtssoziologe*, Berlin, Duncker & Humblodt, 1987 ; A. Febbrajo, « Kapitalismus, moderner Staat und national-formales Recht », in *ibid.* ; P. Rossi, « Die Rationalisierung des Rechts und ihre Beziehung zur Wirtschaft », in *ibid.* et W. Schluchter, *Die Entwicklung des Okzidentalen Rationalismus*, Tübingen, Mohr, 1979.

procédure et prononce son jugement en conséquence (*formal*), mais qui, au moment de prononcer la sentence, par exemple, fonde sa décision sur la révélation, l'oracle ou un autre substitut (*irrationnel*). On parle de droit *matériel et rationnel* lorsque le droit est régi par des normes qui dérivent de sources extra-juridiques (*matériel*), mais dont l'interprétation est calculée au moyen de certaines « techniques » (*rationnel*) : en d'autres termes, lorsque la résolution des problèmes juridiques se fonde sur une exégèse de la Bible ou du Coran, sur des maximes éthiques, utilitaires ou politiques. Selon Weber, c'est le droit *formel et rationnel* qui détient le plus haut degré de rationalité. Dans ce cas, les décisions reposent sur des règles juridiques systématisées et sont guidées par des concepts abstraits, développés par des juristes. Dans les conflits juridiques, on consulte des normes (*rationnel*) qui ont été systématisées de façon juridique (*formel*).

À chaque fois que Weber emploie les termes « droit rationnel » ou « droit rationnel légal », il fait référence au droit formel et rationnel propre aux systèmes juridiques modernes. De ce fait, l'État constitutionnel rationnel doit s'entendre comme un État qui se soumet à la « généralisation » et à la « systématisation » de sa base d'évaluation juridique lorsqu'il découvre et crée du droit – avec toutes les conséquences systémiques qui en découlent, par exemple la séparation des pouvoirs –, mais qui, d'autre part, s'appuie également sur un système juridique de normes complet et sur les méthodes juridiques et techniques correspondantes lorsqu'il statue sur des problèmes juridiques. Weber précise la rationalité méthodique et logique du droit formel et rationnel sur la base de cinq postulats indispensables au travail juridique : *premièrement*, chaque décision juridique spécifique doit être l'application d'une règle juridique abstraite à une situation spécifique ; *deuxièmement*, la décision doit être prise à partir des règles juridiques abstraites en vigueur par les moyens de la logique juridique ; *troisièmement*, le droit objectif en vigueur doit être envisagé comme un système complet de règles juridiques ; *quatrièmement*, tout ce qui ne peut pas être juridiquement interprété de façon rationnelle doit être considéré comme hors de propos ; et *cinquièmement*, l'action communautaire des individus doit, sans exception, être évaluée sous l'angle des règles juridiques et, par conséquent, être évaluée soit comme une application, soit comme une violation de celles-ci[1].

J'ai déjà évoqué plus haut la fonction de la bureaucratie dans la rationalisation interne et externe du droit. Lorsqu'Arendt parle, comme

1. Voir WuG, p. 397, *Sociologie du droit*, *op. cit.*, p. 49-50.

Weber, de la fonction publique, responsable de la transformation de la monarchie en État moderne, elle parle en fait de la légitimation et de l'édiction des règles de droit qui découlent et sont presque entièrement motivées par la logique juridique elle-même. L'influence personnelle du souverain sur le système juridique est de plus en plus réduite[1].

Une fois qu'on a retracé la conception wébérienne du droit, se pose la question de savoir dans quelle mesure on peut retrouver ces considérations sur le droit rationnel dans la conception arendtienne de l'État d'Europe continentale. Il faut nous concentrer ici sur les critères qui déterminent « l'étendue et la forme » de la rationalité du droit : au critère de vérifiabilité et de fiabilité des motifs cruciaux permettant de statuer sur des problèmes juridiques, s'ajoute celui de l'emplacement systémique des normes ou du système de normes, ainsi que le critère du recours aux procédés techniques (juridiques) correspondants. Dans le prochain chapitre, je montrerai qu'Arendt reprend les critères de Weber pour déterminer le caractère juridique de l'État moderne d'Europe continentale. Avant cela, il est toutefois nécessaire de faire un détour argumentatif, car la conception juridique de l'État moderne n'apparaît chez Arendt que sous une forme médiatisée. Que faut-il entendre par « forme médiatisée » ?

Arendt ne développe pas le caractère juridique de l'État moderne d'une manière aussi systématique que ne le fait Weber. Le caractère juridique spécifique de l'État moderne ne peut être interprété, chez elle, que par l'analyse de son pendant, la « bureaucratie comme domination »[2]. Car dans sa description et sa critique de la « bureaucratie comme forme de domination », Arendt se réfère précisément aux critères que Max Weber a lui aussi proposés pour définir « l'étendue et la forme » de la rationalité du droit. De cette façon, la « bureaucratie comme forme de domination » – qu'il ne faut pas confondre avec la « bureaucratisation de l'appareil existant de la fonction publique »[3] – s'oppose à la conception juridique rationnelle et formelle de l'État d'Europe continentale. Ou, pour le dire autrement, le contraire de la « bureaucratie comme forme de domination » est le droit rationnel et formel de l'État constitutionnel moderne.

1. Voir ETH, p. 91, ou OT, p. 38, trad. fr., p. 264.

2. ETH, p. 519, trad. fr., p. 531.

3. ETH, p. 519. Arendt fait également référence à cette distinction dans les *Origines du totalitarisme* quand elle écrit : « Il ne faut pas confondre le gouvernement bureaucratique avec le simple débordement et la déformation de l'administration qui ont fréquemment accompagné le déclin d'État-nation, comme ce fut en particulier le cas en France » (OT, p. 244, trad. fr., p. 531).

Arendt et le droit rationnel

La bureaucratie comme forme de domination et la matérialité du droit

Dans ses remarques sur la bureaucratie, Arendt distingue rigoureusement la « bureaucratie comme forme de domination », qu'elle identifie à l'impérialisme ainsi qu'aux bureaucraties despotiques de l'Empire austro-hongrois et de la Russie tsariste, et la « bureaucratisation de l'appareil existant de la fonction publique », qu'elle explique par l'exemple de la France[1]. En dépit de certaines similarités, la différence fondamentale tient au fait que les fonctionnaires en France, les soi-disant *ronds-de-cuir**, n'ont jamais gouverné le pays. L'appareil d'État français était peut-être « un organisme inutile dont le seul but sembl[ait] être de chicaner »[2], mais personne ne pouvait prétendre sérieusement qu'il s'était doté d'une « aura de pseudo-mysticisme »[3] qui était typiquement le fruit des bureaucraties russe et austro-hongroise. Si on continue à s'interroger sur les raisons précises de cette « aura de pseudo-mysticisme » des gouvernements bureaucratiques, on constate qu'Arendt l'explique d'une façon juridico-philosophique : « Juridiquement parlant, et par opposition à l'État de droit », dit Arendt, « la bureaucratie est le régime des décrets »[4] ; « Les peuples gouvernés par décrets ne savent jamais ce qui les gouverne, parce que les décrets en eux-mêmes sont incompréhensibles, et à cause de l'ignorance soigneusement étudiée dans laquelle tous les administrateurs tiennent leurs sujets quant à leurs circonstances précises et à leur signification pratique »[5]. Le second passage contient déjà en creux les deux directions dans lesquelles l'analyse arendtienne de la « bureaucratie

1. Pour distinguer très nettement ces deux formes de bureaucratie, elle écrit dans la version allemande de son livre sur la domination totale : « La bureaucratie est une forme de domination au sein duquel l'administration remplace le gouvernement, les décrets remplacent la loi et l'ordonnance anonyme d'un bureau remplace les décisions de droit public, dont une personne peut être tenue pour responsable et tenue de rendre des comptes. À cet égard, la bureaucratie n'a pratiquement rien à voir avec l'appareil de la fonction publique, dont l'État-nation ne peut se passer et sans lequel aucun État moderne, quel qu'il soit, ne peut fonctionner ». (ETH, p. 405).

2. OT, p. 244, trad. fr., p. 531.

3. *Ibid.*

4. Dans la version anglaise, elle écrit : « Juridiquement, un gouvernement bureaucratique gouverne par décrets » (OT, p. 243, trad. fr., p. 529). En ajoutant « contrairement à l'État de droit » dans la version allemande, Arendt montre une fois encore, et de façon plus précise, qu'elle analyse et critique la bureaucratie comme forme de domination (également) dans la perspective de la théorie du droit.

5. OT, p. 244, trad. fr., p. 530.

comme forme de domination » nous entraînera, et nomme en même temps la source principale de « l'aura de pseudo-mysticisme », à savoir « l'arbitraire » et « la dissimulation »[1]. Les « circonstances précises et leur signification pratique » qui motivent un décret sont traitées comme les « plus grands secrets d'État »[2]. Elles ne résultent que de considérations utilitaires de la part d'une élite politique, auxquelles le peuple n'a pas accès et qui restent donc incompréhensibles. La matérialisation répond à un manque de vérifiabilité des décisions, créant ainsi une atmosphère d'ignorance quant à qui ou quoi gouverne et domine réellement. Il en résulte l'« aura de pseudo-mysticisme » qui entoure le régime gouverné par décrets.

Bien qu'il puisse sembler que le décret soit responsable de cette ignorance, et qu'il soit fondamentalement à l'origine de cette « aura de pseudo-mysticisme », il nous faut préciser que les décrets dans le cadre d'un État de droit ne sont en aucun cas les mêmes que dans le cadre d'un régime de décrets : les décrets sont une composante de tout État de droit démocratique. Non seulement chaque parlement serait débordé s'il devait élucider chaque question juridique jusqu'aux moindres détails de sa mise en œuvre technique et de son exécution administrative ; mais il faut surtout souligner qu'à bien des égards, les parlementaires n'ont pas l'expertise nécessaire que l'on attend des fonctionnaires. Il est donc trop simpliste de chercher la cause de l'aura pseudo-mystique d'un système de gouvernement bureaucratique dans le décret lui-même. La différence entre le décret et un « régime de décrets » tient plutôt à ce que le décret est intégré dans le système juridique formel global d'un État, et ce n'est qu'au sein de celui-ci que l'unité administrative correspondante expérimente la « portée, le contenu et l'objectif » qui fixent les limites du décret et lui confèrent des pouvoirs. En résumé, le législateur doit fixer avec précision les limites au sein desquelles l'exécutif peut créer des lois. Dans cette perspective, Arendt fait remarquer que le fonctionnaire administratif est confiné dans un système de séparation constitutionnelle des pouvoirs qui le met constamment en relation avec « l'activité de l'homme d'État qui crée les lois d'une part, et l'activité des juristes qui les interprètent d'autre part »[3]. Avant de pouvoir entreprendre une action politique officielle dans l'État moderne, il faut examiner la légalité et la constitutionnalité de cette action. On parle communément des décrets comme des « lois au sens matériel », car les décrets ne doivent pas passer par l'ensemble

1. Voir ETH, p. 518, trad. fr., p. 530.
2. ETH, p. 518.
3. ETH, p. 526.

du processus législatif; mais cela ne signifie pas que le droit, en tant que tel, est matérialisé. Au contraire, le décret tire uniquement sa validité de sa conformité au droit rationnellement et formellement valable d'une communauté.

Il en va tout autrement dans un « régime de décrets ». Le rapport entre le décret et le système juridique est alors inversé : le décret, selon Arendt, se substitue entièrement à la loi : « on entreprend constamment des actions avant que leur légalité soit établie »[1]. Mais là encore, il faut nous arrêter, par souci de précision terminologique. Car ce n'est qu'à moitié vrai de dire que le décret prend la place de la loi. Les décrets ont en fait l'apparence de la loi et modifient ainsi entièrement le concept du droit. Il est clair qu'Arendt avait ces bouleversements à l'esprit dans les passages où elle met sur le même plan, pour ce qui est du concept juridique, le gouvernement bureaucratique et le despotisme, en faisant remarquer que « dans le despotisme [...] toutes les “lois” [doivent être considérées] comme l'émanation directe d'une omnipotence écrasante »[2]. En plaçant les « lois » entre guillemets, Arendt semble vouloir souligner le défaut de formalité de la loi dans un régime de décrets. En effet, si nous parlons de « lois au sens matériel » pour désigner les décrets dans un État de droit, mais qu'elles restent intégrées dans le droit formel et rationnel, dans un « régime de décrets » au contraire, le droit tout entier est matérialisé par la corruption du concept de loi. Arendt le montre clairement lorsqu'elle écrit : « [Le] pouvoir qui, dans les États constitutionnels, ne sert qu'à l'exécution et au maintien de la loi, devient alors, par un commandement, la source directe de l'ordre »[3].

Le droit (matériel) du gouvernement bureaucratique est ici opposé au droit (formel) de l'État de droit : la caractéristique typique de la domination légale dans l'État institutionnel [*Anstaltstaat*] rationnel est que les autorités et les organes de l'État ne peuvent exécuter que ce qui a démontré à tous égards sa conformité avec l'ordre juridique, tandis que, dans un régime de décrets, seule compte la capacité à édicter des lois. Par conséquent, en cas de matérialisation du droit, les « étapes intermédiaires entre la législation, la promulgation et l'application »[4] disparaissent. L'exécutif crée les lois; et ce faisant, il ignore le garde-fou que Max Weber a mis en lumière,

1. ETH, p. 527.
2. ETH, p. 516 *sq.*
3. ETH, p. 516. Dans des termes similaires, mais moins précis, la version anglaise dit : « son pouvoir qui, dans un gouvernement constitutionnel qui n'est là que pour promulguer la loi, devient la source directe de toute législation » (OT, p. 243, trad. fr., p. 529).
4. ETH, p. 518. Pour la version anglaise, voir OT, p. 244, trad. fr., p. 530-531.

destiné à préserver « le caractère formel du droit et de la découverte du droit »[1] : la séparation des pouvoirs.

La bureaucratie comme forme de domination et l'irrationalité du droit

Selon Weber, c'est la séparation des pouvoirs qui préserve la sphère de la création et de la découverte du droit de la colonisation (totale) par les principes matériels – qu'ils soient politiques, religieux, économiques ou autres. La séparation des pouvoirs instaure la liberté nécessaire à la formation du « formalisme abstrait de la logique juridique »[2], créant ainsi les conditions pour que tout l'appareil juridique soit conçu comme une « machine techniquement rationnelle »[3]. L'avantage que Weber voit dans un appareil juridique ainsi conçu est le maintien d'une « lutte pacifique »[4] des intérêts sur la base de règles du jeu fixes et inébranlables. Il prétend que le formalisme juridique s'accompagne d'une plus grande stabilité et d'une plus grande rationalité de la vie en commun – rationalité déterminant alors la qualité de l'ensemble du droit. Dans le régime des décrets, au contraire, le seul « critère de valeur » d'une loi, selon Arendt, c'est de savoir si elle est « applicable ou non applicable »[5]

> Puisque le peuple qu'elle [la bureaucratie comme domination] domine ne sait jamais vraiment pourquoi les choses arrivent, et qu'il n'existe pas d'interprétation rationnelle de la loi, il n'y a plus qu'une seule chose qui compte, c'est *l'événement brutal, nu*[6].

Puisque seul compte « l'événement brutal, nu » pour déterminer si quelque chose est légal ou non, il est inutile d'avoir recours à des procédés technico-juridiques. Le « formalisme de la “caractéristique extérieure” » et celui de « l'abstraction logique » – c'est-à-dire celui qui garantit « la formulation et l'interprétation rationnelles des lois » – perdent leur validité dans la découverte et la création du droit. Ils sont remplacés par le simple fait de la décision, dont la capacité à rendre des comptes et la justifiabilité ne sont pas des critères : dans un régime de décrets, la décision devient en effet un « élément spécifiquement juridique [...] d'une pureté absolue »[7], parce que la seule chose qui se cache derrière la loi d'un système

1. EaS, p. 744.
2. EaS, p. 811.
3. EaS, p. 811.
4. EaS, p. 811.
5. ETH, p. 518.
6. OT, p. 245, trad. fr., p. 531. Nous soulignons.
7. C. Schmitt, *Politische Theologie*, *op. cit.*, p. 19.

bureaucratique, c'est la capacité à « contrôler son destin extérieur »[1] et celui de ses citoyens. La rationalité du formalisme des procédés technico-juridiques est remplacée par « l'émanation immédiate du monopole de la force détenu par l'État »[2]. Les lois deviennent ainsi « l'émanation directe d'une omnipotence écrasante »[3].

Outre la formulation et l'interprétation rationnelles des lois, Arendt souligne le fait que dans un État moderne d'Europe continentale, les lois doivent pouvoir être ramenées à une instance législatrice transparente. Dans un régime de décrets, au contraire, c'est l'anonymat pur et simple qui prévaut : « En outre, les décrets restent anonymes (tandis que les lois permettent toujours de retrouver à leur origine des hommes ou des assemblées donnés) et semblent donc découler de quelque pouvoir gouvernant tout-puissant qui n'a besoin d'aucune justification »[4].

En plus du caractère transparent de la source du droit, le discours d'Arendt sur l'anonymat fait également le lien avec les critères de vérifiabilité et de fiabilité que j'ai mentionnés auparavant comme étant des indicateurs de la structure interne du droit, qui devraient permettre de savoir si l'on se réfère ou non à des normes existantes lorsqu'on statue sur des problèmes juridiques. En effet, s'il est toujours possible d'identifier une référence nette à un système de normes existant dans une assemblée législative, il n'en va pas de même pour un régime de décrets : dans une assemblée législative, on peut reconnaître cette référence au fait qu'en tant que *pouvoir constitué**, l'assemblée s'inscrit elle-même dans un ordre constitutionnel, qui lui confère des pouvoirs et la contraint en même temps. Par conséquent, toutes les lois qu'elle adopte doivent non seulement rester dans un certain cadre, ce qui garantit déjà par ce biais une certaine fiabilité, mais elles doivent également pouvoir être étayées et justifiées en se fondant sur un ordre juridique existant, qui garantit leur vérifiabilité.

En opposant les appareils de pouvoir impérialistes dans les colonies aux institutions constitutionnelles de la métropole, Arendt attire l'attention sur une série d'autres aspects qui façonnent l'État moderne d'Europe continentale, mais qui sont complètement pervertis par la pratique gouvernementale des appareils de pouvoir coloniaux. L'un de ces aspects est l'existence de règles ou de principes juridiques clairement compréhensibles qui, selon Weber, font partie intégrante de la fiabilité du droit. Pour clarifier un litige, on examine les règles ou principes juridiques auxquels les faits

1. OT, p. 245, trad. fr., p. 532.
2. ETH, p. 320.
3. ETH, p. 517.
4. OT, p. 243, trad. fr., p. 520.

de l'espèce répondent ou auxquels ils portent atteinte[1]. Les principes statutaires se doivent d'être clairs, simples et compréhensibles pour tous. Il en va tout autrement de la promulgation ordinaire des décrets dans les colonies : Arendt affirme qu'« [i]l n'y a derrière le décret nuls principes généraux que la raison puisse comprendre »[2]. Au contraire, la création et la découverte du droit sont uniquement guidées par l'impératif du moment, tandis que « seul un expert peut connaître en détail » les « circonstances insaisissables » du décret[3]. En plaçant la négation des principes et des règles juridiques au centre de sa critique du gouvernement bureaucratique – un système dans lequel personne ne sait pourquoi il se passe telle chose à tel moment, ou pourquoi elle se passe de telle façon et non de telle autre –, Arendt l'oppose à l'image manifeste d'une pratique de découverte et de création du droit dans l'État moderne d'Europe continentale, qui se fonde sur des règles juridiques et qui garantit sa fiabilité et sa vérifiabilité.

L'ambiguïté des principes d'un régime de décrets est étroitement liée à son « mépris de la loi »[4]. La légalité, selon Arendt, signifie la « permanence des lois à validité générale »[5]. La légalité signifie que l'on ne peut pas tout transformer en loi, mais que chaque nouvelle loi doit s'intégrer sans contradiction dans le système juridique existant. C'est précisément cette exigence qui nourrit la crainte justifiée des partisans du régime de décrets – Arendt fait référence dans ce contexte aux *Réflexions d'un homme d'État russe* de Pobiedonostsev[6] – que les lois ne soient des « traquenards » car elles empêchent l'exercice immédiat du pouvoir administratif, en raison de la multitude d'interprétations possibles qui précèdent chaque action et des « prescriptions restrictives »[7] inhérentes à la loi. Dans les États de droit, résume Arendt, la fonction publique fait preuve d'un « éternel mépris » pour « le prétendu manque de liberté du législateur enfermé dans des principes, et pour l'inaction de ceux qui, appliquant la loi, sont freinés par son interprétation »[8].

Dans les États modernes, le processus juridique est très long en raison de la séparation des pouvoirs, des exigences procédurales formelles et des

1. Weber écrit sur ce point : « Cette réduction est normalement conditionnée par une analyse antérieure ou simultanée des faits jusqu'aux derniers éléments qui entrent en ligne de compte dans l'appréciation juridique » (EaS, p. 655, trad. fr., p. 47).

2. OT, p. 244, trad. fr., p. 530.

3. *Ibid.*

4. OT, p. 243, trad. fr., p. 529.

5. ETH, p. 459.

6. OT, p. 248, trad. fr., p. 535.

7. *Ibid.*, note 71.

8. ETH, p. 517, trad. fr., p. 530.

contrôles systématiques, alors que les décrets peuvent être émis « de façon successive et rapide »[1]. D'autre part, dans un système de gouvernement bureaucratique, les décisions juridiques peuvent être prises de manière totalement « désordonnée » et peuvent varier considérablement « d'un cas à l'autre »[2]. Cela s'explique par le fait qu'il n'est pas nécessaire de tenir compte d'un contexte global cohérent pour l'ensemble des décisions juridiques. Puisque tout peut être décidé sans raison ni justification, sans obligation de s'inscrire dans l'ordre juridique global, Arendt compare la création et la découverte du droit des régimes bureaucratiques à un « état d'urgence » : « L'état d'urgence justifie, dans des cas exceptionnels, ce qui est la norme dans le despotisme, à savoir la concentration et l'illimitation du pouvoir sur les sujets »[3].

Dans un régime de décrets, et conformément à un concept matériel et irrationnel de droit, l'état d'urgence est devenu la norme[4]. Dans les États dotés d'un ordre juridique formel et rationnel, en revanche, la création de lois n'est pas arbitraire. Elle est fondée sur le formalisme, qui doit tendre à la systématisation des règles juridiques. La systématisation du droit peut donc être envisagée sous deux angles différents. Tout d'abord, on peut considérer la systématisation comme un système de normes existant et abouti. Dans ce cas, on l'examine au niveau de la structure interne du droit. D'un autre côté, on peut également envisager la systématisation à partir du postulat d'un corpus juridique cohérent, dans lequel chaque décision et chaque nouvelle loi est logique, claire et peut être intégrée sans contradiction. L'objectif est de créer un système sans faille, en d'autres termes un appareil qui peut fonctionner comme une machine technique.

Si l'on considère les remarques d'Arendt sur l'appareil de gouvernement impérialiste du pur point de vue de la théorie du droit, on peut difficilement nier certaines allusions terminologiques aux réflexions de Carl Schmitt sur l'état d'urgence et la « nature de l'État et du droit »[5]. En un certain sens, la dimension juridico-théorique de l'analyse de l'impérialisme par Arendt explicite les conséquences pour l'état normal des choses si, en fait, comme le pense Schmitt, « tout droit est un "droit situationnel"

1. ETH, p. 459.
2. ETH, p. 459.
3. ETH, p. 516. Le style de ce passage rappelle fortement celui de Carl Schmitt.
4. *Cf.* W. Benjamin, « Geschichtsphilosophische Thesen » [1940], dans *Illuminationen. Ausgewählte Schriften*, W. Benjamin, S. Unseld (Hrsg.), Frankfurt, Suhrkamp, 1961, p. 272 ; G. Agamben, *State of Exception*, Chicago (IL), The University of Chicago Press, 2005.
5. H. Hofmann, *Legitimität gegen Legalität. Der Weg der politischen Philosophie Carl Schmitts*, Neuwied, Luchterhand, 1964, p. 68.

[*Situationsrecht*] »[1] ; en d'autres termes, si le « *seul* critère de la valeur »[2] d'une loi était son applicabilité. Quelles seraient les conséquences pour l'état normal des choses si la formulation, l'interprétation et la justification rationnelles des lois n'étaient plus des critères de légitimation valables, et que seule comptait la décision en tant que telle ? Le fait qu'Arendt parle de l'anonymat prédominant de l'autorité législative et qu'elle attire l'attention sur « l'aura de pseudo-mysticisme » qui entoure l'ensemble du système est probablement aussi une façon de s'opposer à la théorie de la souveraineté de Schmitt. Toute sa vie, Schmitt n'a pas su dire qui au juste est le souverain et sur quoi se fonde sa décision. Le souverain ne se montre qu'au moment de la décision – et montre ainsi qu'il est également capable, *de facto*, de prendre cette décision[3]. En distinguant pouvoir et violence, vouloir et être capable de, Arendt mènera au fil de ses travaux une attaque fondamentale envers Schmitt, et tentera d'apporter la preuve que, sous la condition de la pluralité, la notion de souveraineté avancée par Schmitt ne peut conduire à aucune communauté politique stable ni à aucun ordre permanent. Bien qu'Arendt, comme Schmitt, remette en question l'idée complètement dépolitisée de la rationalité sur la base du concept formel et rationnel de droit dans l'État moderne d'Europe continentale[4], sa critique ne se fonde pas sur une « conviction métaphysique »[5] : elle est véritablement motivée par des raisons politiques.

Si l'on revient à l'interprétation arendtienne de l'État moderne, on se rend compte qu'elle qualifie sa conception du droit comme une tentative de faire valoir la vérifiabilité, la fiabilité et la stabilité par opposition aux décisions arbitraires d'un pouvoir souverain.

> Le bureaucrate, qui ne se sent soumis à aucune loi, mais seulement aux pouvoirs de la machine administrative, n'a d'autre choix que d'affronter chaque situation par un décret idoine et de fuir les traités contraignants comme les lois généralement valables ; car les traités et les lois, qu'ils soient bons ou mauvais, justes ou injustes, ont une stabilité qui ne peut que faire obstacle au maelström des pouvoirs magiques ; les lois et les traités ont toujours tendance à fonder des communautés et des corps politiques

1. C. Schmitt, *Politische Theologie*, *op. cit.*, p. 19.

2. ETH, p. 518, nous soulignons.

3. Voir sur ce point, entre autres, la critique de Hermann Heller (« Die Souveränität. Ein Beitrag zur Theorie des Staats- und Völkerrechts », *in* H. Heller (Hrsg.), *Gesammelte Schriften. Recht, Staat, Macht* [1927], 2 vol., Leiden, Sijthoff, 1971, p. 87 *sq.*).

4. *Cf.* également S. Ahrens, *Die Gründung der Freiheit. Hannah Arendts politisches Denken über die Legitimität demokratischer Ordnungen*, Frankfurt, Peter Lang Publishing, 2005, p. 88-105, et les chap. IV et V de ce livre.

5. C. Schmitt, *Politische Theologie*, *op. cit.*, p. 14. Voir sur ce point la critique que Schmitt adresse à Kelsen et Weber dans *Der Hüter der Verfassung* (*op. cit.*, p. 38).

> permanents, *dans lesquels personne ne peut jouer le rôle de Dieu*, car tous doivent obéir à la loi ou sont liés par un traité[1].

Une fois encore, il apparaît clairement à la lecture de cet extrait qu'Arendt conforte une conception très particulière du droit qu'elle met en avant avec l'exemple de l'État moderne : la conception formelle et rationnelle du droit. En effet, dans le cadre d'une conception matérielle et irrationnelle du droit, rien ne s'oppose à ce que les décrets, les édits, etc. soient reconnus comme des lois – qu'ils puissent ou non être modifiés par chaque souverain selon son gré. Par conséquent, ce à quoi Arendt fait allusion en premier lieu en parlant des lois « généralement valables » auxquelles « tous » se doivent d'obéir, c'est le caractère général qui accompagne nécessairement une conception formelle et rationnelle du droit. Ce n'est que dans le cadre de cette conception du droit que les lois et les décrets diffèrent au sens où les seconds ne sont applicables qu'à certaines personnes ou à certaines populations – et sans tenir compte de la procédure juridique normale –, et que d'autres personnes ou groupes de personnes en sont exclus[2]. Ces remarques ont montré que le caractère général du droit formel et rationnel selon Weber se fonde sur le fait qu'on statue sur chaque cas en appliquant les méthodes de la logique juridique et à partir des règles juridiques abstraites correspondantes. La logique juridique garantit que chaque cas soit examiné uniquement en fonction des règles juridiques qui s'y appliquent ou des règles juridiques qui ont été enfreintes. Puisque la domination légale est bâtie à partir de conditions juridiques et de conséquences juridiques, les conséquences juridiques prennent toujours effet, peu importe la personne, dès que les conditions

1. ETH, p. 460, nous soulignons. Pour la version anglaise OT, p. 216, trad. fr., p. 492.

2. Il est important de noter que Weber et Arendt se réfèrent tous deux à Frédéric II pour illustrer le caractère général du droit formel et rationnel. Weber le mentionne dans son *Histoire économique générale* et souligne le fait que Frédéric le Grand « haïssait » les juristes (Wg, p. 292, ou GEH, p. 342), car ils appliquaient continuellement ses édits à dimension matérielle de manière formelle, les mettant ainsi au service d'objectifs dont il ne voulait pas entendre parler. Arendt parle de Frédéric II afin d'illustrer le décalage entre le formalisme des fonctionnaires prussiens et les intérêts matériels du roi. Outre le fait que les fonctionnaires plaidaient très activement pour l'abolition des privilèges de la noblesse, ils réclamaient l'égalité politique des Juifs. Ils n'étaient pas motivés par un quelconque postulat éthique humaniste, mais uniquement par l'aspect général d'un système juridique qui ne peut fonctionner correctement que si les règles juridiques s'appliquent sans restriction à tous les citoyens d'une communauté. Les fonctionnaires prussiens reconnaissaient que le maintien du système de privilèges pour certains citoyens juifs, et le rejet des droits fondamentaux pour le reste des Juifs qui en résultait, constituait une atteinte au caractère général du droit, et donc simultanément une menace pour les droits de tous. Cependant, poursuit Arendt, Frédéric le Grand a cédé avec horreur aux demandes de ses fonctionnaires, car il s'inquiétait pour ses finances. (Voir OT, p. 30 *sq.*, trad. fr. 236 *sq.*, ou ETH, p. 87 *sq.*)

juridiques sont remplies. Selon Weber, dans le cadre du droit formel et rationnel, toutes les actions se situent soit au niveau de l'application et de l'exécution des règles juridiques, soit au niveau des infractions à ces mêmes règles. La méthode de la « généralisation logique » conduit à faire totalement abstraction du statut et du nom de la personne en cause. Les remarques de ce chapitre ont bien montré qu'Arendt suit le point de vue de Weber selon qui seule l'autonomie du système juridique peut engendrer une rationalité qui soit propre au droit, et garantir ainsi sa fiabilité et sa vérifiabilité, et avec elle l'ordre.

Néanmoins, l'idée arendtienne selon laquelle aucune autorité ne peut jouer le rôle de Dieu dans cette conception du droit, c'est-à-dire qu'il ne peut y avoir de souveraineté au-delà du droit statutaire, est assez déroutante. En effet, Arendt ne précise pas d'où vient sa confiance dans le droit rationnel, qui ne nécessite aucune source extérieure au droit. La seule explication se trouve peut-être dans l'idée wébérienne du rationalisme logique du formalisme juridique qui, tel une machine, entraîne la production du droit futur. Si nous suivons Weber à ce sujet, nous ne devons pas perdre de vue le fait que, pour lui aussi, l'État se fonde principalement et avant tout sur la violence. Si les intérêts politiques de l'homme d'État wébérien l'exigent, cette violence s'active également au-delà du droit[1]. Dans la tradition de l'État et de la souveraineté d'Europe continentale, le « Dieu » situé au-delà du droit n'a pas été aboli : il se tient tout au plus en retrait. C'est justement parce que seul un équilibre précaire entre la rationalité formelle et matérielle ne peut résulter de ce retrait que la critique arendtienne du droit commence par là. Dans la citation ci-dessus, cependant, elle est encore assez loin de ses positions et de ses idées ultérieures en matière de théorie du droit, de philosophie du droit et de théorie constitutionnelle, et croit à tort que le problème de la souveraineté dans l'État moderne (d'Europe continentale) a d'ores et déjà été résolu. Comme il n'en est rien, et que ni la conception juridique, ni la conception étatique ou politique

1. Le problème de l'argument de C. Schmitt vient précisément du fait que, dans l'état d'urgence, le souverain peut agir à la fois en dehors et au sein de l'ordre juridique : le droit est abrogé au nom du droit (cf. *Politische Theologie*, *op. cit.*, p. 14 ainsi que G. Agamben, *State of Exception*, *op. cit.*, p. 7-41). Dans les remarques qu'on vient de citer, Arendt ne tient pas compte de ce problème et se retranche derrière ses propres considérations critiques. En principe, cependant, ce n'est pas la même chose de dire que derrière le droit rationnel il y a la violence, qui peut invalider le droit dans un état d'urgence ; ou, comme le fait Carl Schmitt, de dire qu'on se trouve contraint par cette circonstance d'interpréter la nature du droit en se fondant entièrement sur cette rupture, et d'interpréter tout le droit comme étant « situationnel ».

de la domination légale et rationnelle ne peuvent être compatibles avec Arendt, il est nécessaire à ce stade de lire Arendt contre Arendt. C'est la seule façon d'échapper à l'impasse vers laquelle mènent ses réflexions non critiques sur la fonction stabilisatrice de la loi, exposées dans le texte cité ci-dessus, et d'aborder un thème clé de sa pensée politique : sa critique de la souveraineté.

Dans ses réflexions sur le nationalisme, Carlton Hayes a mis en évidence le fait qu'avec la Révolution française, le « Dieu » situé au-delà du droit n'a pas disparu – il a simplement pris une autre forme : « La volonté de la nation est Dieu ». La nation, selon Hayes, « peut tout saisir et tout détruire, car il n'y a aucune loi au-dessus d'elle »[1]. Hayes, auquel Arendt fait aussi référence dans son œuvre, exprime ainsi ce qui, selon elle, constitue « l'apport original de Rousseau » : l'hypothèse selon laquelle les communautés politiques peuvent avoir une volonté au même titre que les individus :

> Rousseau en arrive à cette hypothèse en raison d'un problème propre à la loi qui, dans sa généralité, au double sens où elle vaut à la fois pour tous et pour personne, correspond précisément à la généralité de la « *volonté générale* »*, commune à tous et qui n'est pourtant pas la somme des votes individuels. C'est comme s'il avait été le premier à reconnaître qu'en face de ce produit des hommes, à savoir la loi dans sa généralité, il n'y avait pas de sujet dont elle soit le produit. Ce sujet, il le trouve dans la « *volonté générale* »*. La « *volonté générale* »*, en tant que source de la loi dans sa généralité, remplace le « ius naturale » (qui ne peut pas exister selon Rousseau) et les commandements de Dieu[2].

Depuis la Révolution française, la *volonté générale** est devenue l'incarnation de la souveraineté, et plus précisément de la souveraineté populaire, sous les nouveaux auspices de la légitimité. Dans le prochain chapitre, nous montrerons que la souveraineté populaire, d'une part, mine le droit par son « indétermination » substantielle et, d'autre part, provoque des pathologies politiques chez les citoyens lorsqu'ils tentent de la mettre en œuvre au niveau politique et institutionnel. La critique arendtienne de la souveraineté nous servira de point de départ pour étudier l'évolution de sa conception du droit et de la politique.

1. Dans son livre sur le totalitarisme, Arendt fait référence à toute une série de travaux de Hayes sur le nationalisme et le totalitarisme (voir sur ce point ETH, p. 989, trad. fr., p. 1471-1472).

2. DT, p. 260.

CHAPITRE IV

LA CRITIQUE DE LA SOUVERAINETÉ POPULAIRE PAR HANNAH ARENDT

INTRODUCTION

Lorsque la nation est devenue, avec la Révolution française, le « principe d'ordre dominant des communautés politiques »[1], s'est posée la question suivante : comment ce nouveau principe d'ordre allait-il pouvoir s'inscrire dans l'histoire de l'État et de la structure étatique, vieille de près de 150 ans ? En d'autres termes, comment la nation, en tant que concept d'ordre, s'articule-t-elle avec l'État en tant que « garant de l'ordre »[2] pour former l'*État-nation* ? Cette question du rapport entre l'ordre étatique et la volonté nationale constitue un point de départ central dans la théorie politique d'Arendt. Celle-ci reprend sans cesse, sous différents angles, le problème de la liaison malheureuse entre l'État et la nation. Sur le plan conceptuel, ces réflexions sur l'État et la nation sont condensées dans sa critique de la souveraineté populaire. En effet, la souveraineté populaire implique que la volonté du peuple constitue à la fois « l'origine des lois » et « la source de tout pouvoir légitime ». La critique d'Arendt à l'égard de la souveraineté du peuple porte sur ces deux points simultanément ; elle relève donc à la fois de la philosophie du droit et de l'analyse des institutions politiques.

Dans ce cadre, ce chapitre se divise en deux grandes parties. Dans la première, nous présenterons la critique juridico-philosophique d'Arendt vis-à-vis de la souveraineté populaire : la *volonté générale**, lorsqu'elle

1. A. Anter, *Die Macht der Ordnung. Aspekte einer Grundkategorie des Politischen*, Tübingen, Mohr Siebeck, 2007, p. 238.
2. *Ibid.*, p. 247.

prétend à l'absolu, exige un droit dont le contenu soit indéterminé, qui puisse donc être redéfini et ce arbitrairement – selon l'humeur et l'état d'esprit nationaux. La fiabilité, la stabilité et la vérifiabilité du droit, c'est-à-dire sa rationalité, sont ainsi révoquées. La critique de la philosophie du droit à l'égard de la souveraineté populaire montre clairement que la rationalité du droit ne peut se réaliser qu'à partir d'une conception différente et nouvelle du politique. La deuxième partie du chapitre a pour objet la critique politique et institutionnelle d'Arendt vis-à-vis de la souveraineté populaire : la réalisation institutionnelle de la souveraineté populaire, à savoir l'État de droit démocratique d'Europe continentale, s'accompagne d'un grand nombre de pathologies politiques, telles que « la massification [politique] des individus »[1], la méfiance et le manque d'expérience politique. Et puisque cette structure de l'État de droit est en même temps la condition de la rationalité du droit, dans la tradition de la pensée politique d'Europe continentale, c'est le concept de droit lui-même qui devient l'objet de la critique d'Arendt.

La souveraineté populaire et le droit

> Les crimes perpétrés contre les droits de l'homme, et qui sont devenus la spécialité des régimes totalitaires, peuvent toujours être justifiés en affirmant que le droit équivaut à être bon ou utile pour le tout et non pour ses parties [...]. Une conception de la loi qui identifie le droit à ce qui est bon pour quelque chose – pour l'individu, la famille, ou le peuple, ou le plus grand nombre – devient inévitable dès lors que les valeurs absolues et transcendantes de la religion ou de la loi de la nature ont perdu leur autorité[2].

Dans ce qui suit, j'expliquerai que la critique juridique et politique d'Arendt à l'égard de la souveraineté populaire vise la *volonté générale** en qualité de source du droit. Mon argumentation repose sur le fait que la *volonté générale** en tant que source de tout droit ne fait qu'instaurer un droit matériel et irrationnel, qui est incompatible avec un ordre politique et démocratique stable et fiable. Pour expliciter sa critique, Arendt reprend l'expression de Delos, pour qui la nation conquiert peu à peu

1. OT, p. 316, trad. fr., p. 624. Voir aussi ETH, p. 680.

2. H. Arendt, *Les origines du totalitarisme*, « L'Impérialisme », trad. fr. M. Leiris, « Quarto », Paris, Gallimard, 2002, p. 602.

l'État[1]. Qu'entend-elle précisément par conquête ? *Qui* ou *qu'est-ce qui* est conquis, et *comment* ? Et pourquoi la *volonté générale** s'accompagne-t-elle nécessairement d'un concept irrationnel de droit ?

Afin de pouvoir répondre à ces questions, il nous faut, dans un premier temps, étudier l'*architecture politico-théorique* de son livre sur le totalitarisme. Ce n'est qu'ainsi qu'il est possible de présenter le discours d'Arendt sur la « conquête » comme une « lutte » entre différentes conceptions de l'ordre politique, qui ont chacune leur propre façon de comprendre le droit, la politique et les relations qui les unit. De cette manière, on voit déjà que, selon Arendt, le droit et la politique sont intrinsèquement liés. La partie suivante sur les sources de la juridification vise à souligner le fait que l'interprétation de la nation et du droit par Arendt est tout sauf unidimensionnelle. Loin de suggérer que la nation serait, dès le départ, un concept chauvin incompatible avec l'État de droit, Arendt met en avant le fait que l'idée de l'égalité de tous devant la loi et l'obligation de parvenir à « l'entente et l'accord au sein de la famille de la nation »[2] sont justement directement liées à l'idée de nation. Pourquoi, se demande Arendt, n'a-t-on « jamais trouvé le moyen transformer cette idée en un concept viable dans un monde d'États souverains ? »[3]. La critique de la *volonté générale** en qualité de source du droit[4], devrait apporter une réponse à cette question : aucun ordre étatique ne peut être instauré avec un droit aussi indéterminé. Partant de cette intuition, nous entamerons ensuite une descente dans les profondeurs des ramifications de la nation et du droit, à l'issue de laquelle nous nous demanderons si l'intériorisation du politique, qui selon Arendt constitue le cœur de la conception du politique propre à l'État-*nation* (voir chap. II), conduit ou non à une ethnicisation du politique. Si tel est le cas, l'intériorisation du politique est alors responsable de l'immense potentiel d'exclusion ethnique de la politique nationale. Quant à la question primordiale de la nature du constitutionnalisme arendtien, ce chapitre devrait démontrer que le droit est indissolublement tributaire de la manière dont on conçoit le politique et que, par conséquent la rationalité du droit ne peut pas – comme le supposent Weber et beaucoup d'autres– être une question exclusivement juridique.

1. Voir OT, p. 230, trad. fr., p. 511. Arendt parle dans ce passage de la « conquête de l'État par la nation ». Une des théories que présente Delos dans son livre *La Nation*, est que la nation corrompt les institutions juridiques de l'État. Arendt a recensé ce livre pour *The Review of Politics* en 1946 (« The Nation », *The Review of Politics* 8, 1, 1946).

2. ETH, p. 293.

3. OT, p. 40 *sq.* Voir aussi ETH, p. 110.

4. Voir « La nation et le droit », p. 192.

L'architecture politico-théorique du livre d'Arendt sur le totalitarisme

Afin de comprendre l'analyse d'Arendt qui porte sur la relation entre la nation, la souveraineté populaire et le droit, nous devons étudier l'architecture politico-théorique des *Origines du totalitarisme*. Qu'entend-on exactement par architecture politico-théorique ? Les réflexions politico-théoriques du livre d'Arendt sur le totalitarisme contiennent *quatre paradigmes* différents de *la notion d'ordre politique*, qui représentent chacun des manières très différentes de concevoir la relation entre le droit et la politique : outre la rationalité formelle d'un gouvernement administratif moderne, on peut citer la rationalité matérielle de la *raison d'État** comme paradigme de l'ordre politique. Au XIXe et au début du XXe siècle, ces deux conceptions sont attaquées et repoussées par la *volonté générale**, un autre paradigme de la notion d'ordre politique. La rationalité matérielle de la raison d'État, qui court chez Arendt sous le nom de « raison d'État machiavélienne »[1], est remplacée – particulièrement dans le domaine des affaires étrangères durant la période de l'impérialisme – par le quatrième paradigme, la « raison d'État hobbesienne »[2]. La *raison*

1. DT, p. 509. Voir aussi les réflexions célèbres de Machiavel sur la *raison d'État** dans N. Machiavel, *Le Prince*, trad. fr. J.-L. Fournel et J.-Cl. Zancarini, Paris, Puf, 2014.

2. Comme la *raison d'État** hobbesienne joue un rôle mineur dans ce chapitre, je ne ferai que l'esquisser brièvement ici. La *raison d'État** machiavélienne, qui était liée dès le départ au concept d'État, se retrouve confrontée à un autre concept de sagesse politique avec l'impérialisme et « l'émancipation politique de la bourgeoisie », pour reprendre les termes d'Arendt (OT, p. 123, trad. fr., p. 369). Arendt fait remonter ce concept à Hobbes, qui a clairement anticipé à ses yeux la logique du paradigme libéral de la compétitivité et ses conséquences. Selon ce nouveau paradigme, que j'appelle raison d'État hobbesienne en raison de son origine, la politique devient un processus perpétuel d'accumulation du pouvoir, auquel même l'État doit se soumettre. Dans son *Journal de pensée*, Arendt parle de la « subjectivation hobbesienne du concept machiavélien de pouvoir » (DT, p. 26). Le nouvel impératif devient politiquement opérant pour la première fois dans l'impérialisme : « Quand l'accumulation du capital eut atteint ses limites naturelles, nationales, la bourgeoisie comprit que ce serait seulement avec une idéologie selon laquelle « l'expansion, tout est là », et seulement avec un processus d'accumulation du pouvoir correspondant que l'on pourrait remettre le vieux moteur en marche » (OT, p. 144, trad. fr., p. 596, nous soulignons). Si, dans le processus d'accumulation du capital, il n'est pas possible de parvenir à un équilibre stable ni d'arrêter le processus sans une annihilation massive et quasi autodestructrice du capital, c'est d'autant plus le cas dans les processus de pouvoir. Le paradigme hobbesien transpose la logique de l'accumulation à la sphère politique, où il fait de l'accumulation du pouvoir l'impératif de toute action politique. De cette façon, l'État est naturellement lui aussi mis au service de cette logique et rabaissé au rang d'instrument. Ce rabaissement se manifeste très clairement dans la dissolution du concept de loi et son remplacement par le décret. Le législatif et le judiciaire n'ont plus de sens ; et même l'exécutif n'est guère plus qu'un simple rouage dans le grand engrenage de la logique de l'accumulation. Le remplacement de la

*d'État** hobbesienne, qui n'a plus rien à voir avec Hobbes lui-même, connaît son apogée avec la logique d'accumulation du pouvoir de la domination totale.

Le premier paradigme, que j'appellerai la manière formelle et rationnelle de concevoir le politique, a été introduit dans le chapitre précédent en suivant les réflexions de Max Weber sur l'État institutionnel rationnel. Dans la plupart des cas, quand Arendt parle de l'État moderne, elle entend par là une forme de gouvernement qui s'exprime principalement par l'administration rationnelle. La « régie anonyme »[1], le gouvernement par une machine bureaucratique, est la forme la plus extrême par laquelle ce paradigme peut se réaliser. Des penseurs conservateurs comme Weber ont souligné, c'est selon, tantôt la grande contradiction qui oppose l'État comme machine administrative rationnelle et la *raison d'État** matérielle propre à l'homme d'État, tantôt la compatibilité entre les deux. Alors que Weber déclare, dans ses écrits sur le parlementarisme par exemple, qu'il est vital, d'un point de vue politique, de restreindre le pouvoir de la bureaucratie, dans sa sociologie de la domination il part du principe que la *raison d'État* de la machinerie administrative « apporte le plus souvent un contenu qui peut s'appliquer dans des cas spécifiques et, pour les cas ambigus, elle est le facteur déterminant »[2]. Comme les réflexions d'Arendt sur la politique et le droit partent justement de cette relation précaire entre la rationalité formelle et la rationalité matérielle, il n'est pas surprenant

*raison d'État** machiavélienne par la *raison d'État** hobbesienne comme canon rationnel de l'action politique, qu'Arendt appelle un « processus de réévaluation » (OT, p. 138), ne s'est d'abord produit qu'au niveau de la politique étrangère et s'est limité dans le temps à la phase de la politique impérialiste. Ce n'est que dans un système de domination totale, dont le camp de concentration est le lieu le plus emblématique, que ce paradigme a connu son aboutissement. Il faut reconnaitre qu'il n'a alors plus rien à voir avec la pensée hobbesienne. Hobbes, selon Arendt, décrit bien l'ascension de la bourgeoisie quand il affirme que son existence est « fondamentalement liée à la propriété conçue comme élément dynamique générateur d'une propriété toujours nouvelle » (OT, p. 145, trad. fr., p. 397). Autrefois formé sur fond d'un individualisme concurrentiel, le Léviathan devait idéalement, selon la conception libérale, garantir la protection de l'individu. Mais, dès le départ, le principe de concurrence est un mécanisme inhérent à cette rationalité moyen-fin qui, développant une logique propre, fait éclater le cadre étroit de la rationalité instrumentale et fait du processus d'accumulation du pouvoir un processus absolu. En fin de compte, tous les droits de protection individuels sont également supprimés au niveau national, l'individu se trouve entraîné dans un processus permanent d'accumulation du pouvoir et l'État et toutes ses institutions sont abolis. Voir également C. Volk, « Hannah Arendt über das Böse und die Zukunft des Poltischen », *Internationale Zeitschrift für Philosophie* 16, 1, 2007.

1. HC, p. 40, trad. fr. *Condition de l'homme moderne*, Paris, Calmann-Lévy, 2018, p. 113.

2. WuG, p. 565 ; voir aussi EaS, p. 979.

que le type de *raison d'État** que Weber attend de tout dirigeant politique constitue pour Arendt un paradigme en tant que tel : la « raison d'État machiavélienne ».

Dans ce chapitre cependant, le conflit entre la rationalité formelle d'un État administratif et la rationalité matérielle de la *raison d'État** est éclipsé au profit d'un autre paradigme politique, la volonté générale nationale. Pour décrire l'expansion progressive de la volonté générale en tant que nouveau paradigme du politique, Arendt a recours à plusieurs reprises à la formule de Delos concernant la nation qui conquiert l'État. Cette partie du chapitre IV aura pour tâche essentielle d'interpréter cette tournure dans la perspective de la philosophie du droit, tout en exposant le problème posé par l'instauration d'une conception différente du droit, une conception nationale. La conquête, comme nous le montrerons, signifie en premier lieu que la rationalité du droit se trouve sapée par la volonté nationale et qu'elle rend le droit irrationnel. Le caractère formel et rationnel du droit est remplacé par une « forme juridique » qui englobe dans le droit tout ce qui est utile à la nation. C'est là que réside le cœur de la critique juridique d'Arendt envers la souveraineté populaire. On constate cependant que cette critique juridique se mue en une critique des différentes façons de concevoir le politique.

C'est encore une fois Heinz Ziegler qui a très clairement identifié les conséquences de ce nouveau paradigme pour le droit :

> Il s'agit de la dissolution de l'objectivité et du caractère absolu de l'idée que le rationalisme classique se fait de l'État. La croyance en une légalité objective et en une doctrine de l'ordre qui en découle s'efface, la *volonté** subjective est mise en avant et prend la place de la *raison* générale. Cela conduit en fin de compte à la justification ou du moins à l'acceptation de toute volonté revendiquée[1].

Outre leur accord sur le fond qui vise à critiquer l'aptitude de la volonté générale nationale à légiférer, la concordance entre Ziegler et Arendt sur le plan linguistique est frappante, et elle appuie de nouveau la thèse de l'influence que l'œuvre de Ziegler a eue sur celle d'Arendt. Si je parle de concordance linguistique, c'est parce qu'en janvier 1955, Arendt a expliqué le sens de ce changement de paradigme en des termes très similaires. On lit en effet dans son *Journal de pensée* : « La raison d'État machiavélienne aboutit à la "*volonté générale**" de Rousseau – mais quel changement de registre ! De l'État à la société, et de la raison à la volonté »[2].

1. H. O. Ziegler, *Die moderne Nation*, *op. cit.*, p. 271, nous soulignons.
2. DT, p. 509.

À proprement parler, il n'est pas tout à fait exact de parler de la « fin » de la « raison d'État machiavélienne ». Même après 1789 et jusqu'au début de l'époque de l'impérialisme, la politique de l'Europe continentale pour Arendt peut, dans une large mesure, se concevoir et s'expliquer dans le cadre de la « raison d'État machiavélienne ». Pourtant, avec la Révolution française, la *volonté générale**, la souveraineté de la volonté générale nationale, s'impose de plus en plus en tant que paradigme. La différence cruciale entre la « raison d'État machiavélienne » et la *volonté générale** d'une part, et leurs rapports respectifs au droit formel et rationnel d'autre part, se manifeste sous l'aspect de la fiabilité, de la calculabilité et de la restriction. Cette différence s'exprime chez Arendt par la comparaison des couples conceptuels État/raison et société/volonté. Selon Arendt, avec la *volonté générale** de Rousseau, l'idée du « gouvernement sage » d'un « homme d'État génial » se heurte à la volonté majoritaire de la société, hautement émotive et sanctionnée moralement.

Il ne fait aucun doute que le droit, d'après la conception occidentale de la souveraineté, risque constamment d'être violé ou suspendu – la *raison d'État** machiavélienne ne fait en aucun cas exception à cette tradition : c'est même elle qui en instaure la règle. Cependant, si nous passons rapidement en revue les remarques précédentes sur l'origine de l'État moderne, on constate à quel point, à la fin du XVIIIe siècle et au début du XIXe siècle, les monarques des États « modernes » étaient déjà étroitement intégrés aux exigences et à la logique d'un État en expansion et expansionniste[1]. Ce qui guidait cette forme de gouvernement, ce n'était pas la vanité personnelle ou le bon vouloir individuel, mais la « rationalité de l'échiquier du pouvoir »[2] incarnée dans l'idée de la *raison d'État**. Au tout début de l'ouvrage de référence sur l'histoire et l'idée de la *raison d'État**, Friedrich Meinecke écrit : « La raison d'État est le principe fondamental de la conduite de l'État, la première loi du mouvement de l'État. Elle dicte à l'homme d'État ce qu'il doit faire pour préserver la santé et la force de l'État »[3].

1. Dans ses écrits parlementaires, Max Weber insiste sur le fait que le roi – s'il n'est pas un politicien né – ne gouverne généralement pas lui-même. S'il le fait, ce n'est pas seulement sa couronne qui est en jeu, c'est aussi l'existence de l'État tout entier. Selon Weber, une monarchie absolue devrait être gouvernée idéalement par un cabinet, composé en partie d'administrateurs experts, et en partie de personnes politiquement expérimentées et loyales. La rationalité de la raison d'État et la stabilité de l'État découleraient de ce cabinet d'une part et de l'expertise de la bureaucratie d'autre part. (Voir PuR, p. 337 *sq.*)

2. H. O. Ziegler, *Die moderne Nation*, *op. cit.*, p. 264.

3. F. Meinecke, *Die Idee der Staatsräson in der neueren Geschichte* [1924], München, Oldenbourg, 1929, p. 1.

Certes, Meinecke souligne le fait que chaque État a une « structure particulière » et un « environnement particulier ». Toutefois, cela ne laisse en aucun cas le champ libre à l'arbitraire et au sentiment personnel du dirigeant. Au contraire, selon Meinecke, l'« intelligence » de l'État consiste à se comprendre lui-même et à comprendre son environnement, et à utiliser cette compréhension pour en tirer « des devoirs et des obligations »[1], des principes pour guider la conduite de l'homme d'État. Par ce biais, le monarque devient un monarque éclairé, le despote devient un despote éclairé. Arendt fait siennes ces réflexions sur la *raison d'État** pour ses propres considérations sur la qualité politique d'une monarchie éclairée et d'un despotisme éclairé[2]. Ainsi, en référence à la *raison d'État** de Meinecke, elle écrit : « Le despotisme éclairé se fondait sur l'idée de Rohan, "Les princes commandent aux peuples et l'intérêt commande aux princes", une idée qui est à la base de toutes les théories de la raison d'État »[3].

L'idée sous-jacente du recours à la *raison d'État** sur fond de discours sur la souveraineté est que la « normativité » de la pensée de la *raison d'État** se retrouve également dans le droit; elle façonne le droit et, qui plus est, elle fait de la rationalité de la *raison d'État** elle-même une source déterminante du droit. Si nous disons que la *raison d'État** constitue la source juridique d'une monarchie éclairée, nous supposons alors un concept de droit fondé sur la matérialité des considérations politiques d'utilité [*expediency*], qui guident le processus de découverte et de création du droit. Bien qu'Arendt ne laisse aucun doute, dans ses réflexions sur l'impérialisme, sur le fait que ce processus de découverte et de création juridique s'écarte très vite de la voie rationnelle, du point de vue de la philosophie du droit, l'idée de la *raison d'État** se fonde sur un certain conglomérat de normes, qui rendent l'action politique et – ce qui est crucial – le processus juridique fiables et vérifiables *à un certain degré*. Du moins, plus fiables que ne pourra jamais l'être une souveraineté populaire fondée sur la *volonté générale**. C'est précisément en ce sens qu'on lit chez Ziegler que :

1. F. Meinecke, *Die Idee der Staatsräson in der neueren Geschichte*, *op. cit.*, p. 1 *sq.*

2. Quand Arendt parle de la monarchie éclairée, elle cherche à attirer l'attention sur le potentiel de rationalité à l'œuvre dans la pensée de la *raison d'État**. Comme cette rationalité matérielle constitue la source juridique d'une monarchie éclairée, l'expression « monarchie éclairée » a toujours eu une dimension juridique. Quand, en revanche, elle parle de la monarchie absolue, qui n'est pas nécessairement moins éclairée, Arendt fait semble-t-il allusion à la dimension théorico-étatique de l'appareil de gouvernement monarchique, c'est-à-dire à sa structure hiérarchique, avec un roi absolu à sa tête.

3. ETH, p. 489; voir aussi OT, p. 230, trad. fr., p. 511.

> Les lignes directrices idéales qui régissent cette conduite sont déterminées au sein d'un canon rationnel. On est guidé avant tout par des considérations d'utilité et c'est une doctrine de la technique de la politique, grandiose de réalisme, qui occupe le devant de la scène. Le prince, en tant que « manager » de cette organisation, et les différentes actions de ce régime, semblent être justifiés s'ils peuvent se produire devant le tribunal de cette *ratio*[1].

Le fait que la rationalité formelle d'un appareil judiciaire et la rationalité matérielle d'un cabinet guidé par la *raison d'État** ne soient pas totalement incompatibles et que, par leur symbiose, elles aient dans une large mesure façonné politiquement le XIXe siècle, résulte justement de la *raison d'État** elle-même. Car l'analyse de sa « structure particulière » prend en compte la relation de l'État aux autres États, et développe à partir de cela certains principes stratégiques. En outre, la pensée de la *raison d'État** prend aussi en compte l'importance de l'État de droit en tant que garant de l'ordre intérieur de l'État. Même si l'idée de la *raison d'État** peut ignorer le droit de façon répétée et arbitraire – en fonction de la situation politique –, elle prend très certainement en compte l'importance d'un État de droit indépendant pour la stabilité de l'État.

Le fait qu'Arendt partage cette analyse peut s'expliquer brièvement par le portrait qu'elle fait de Georges Clemenceau pendant l'affaire Dreyfus : Clemenceau, qu'Arendt considérait comme un des protagonistes politiques d'une « raison d'État machiavélienne », a ironisé sur le fait qu'au vu de l'histoire française, il n'était pas sérieusement envisageable qu'un seul homme, Alfred Dreyfus, puisse être condamné sans recourir à la loi[2]. Il a insisté à de multiples reprises sur l'importance de l'État de droit et des institutions juridiques de l'État, en soulignant, selon Arendt, que « l'atteinte aux droits d'un homme était une atteinte aux droits de tous »[3]. Clemenceau était donc conscient que la perte d'autorité qu'ont connue les tribunaux dans l'affaire Dreyfus marquait le « début de la fin de l'État-nation »[4].

Si on lit l'histoire politique du XIXe et du début du XXe siècle à la lumière de l'architecture politico-théorique d'Arendt, l'affaire Dreyfus ne représente qu'un moment historique, au cours duquel le « conflit secret entre l'État et la nation »[5], entre la rationalité formelle d'un appareil

1. H. O. Ziegler, *Die moderne Nation*, *op. cit.*, p. 85.
2. Voir ETH, p. 213.
3. OT, p. 113.
4. ETH, p. 216.
5. OT, p. 230, trad. fr., p. 512.

judiciaire et la *volonté générale** émotive, a refait surface en dictant la lutte entre différentes notions paradigmatiques de l'ordre politique. Selon Arendt, « les périodes de calme et de restauration n'étaient toujours que des pauses au cours desquelles le courant s'est enfoui dans le sol pour regagner des forces et remonter à la surface » – comme en 1830, 1832, 1848, 1851 et 1871 –, ce qui a éveillé la conscience politique des citoyens et sapé les institutions juridiques de l'État. Pourtant, ce n'est qu'avec l'affaire Dreyfus que l'on s'est rendu compte à quel point ces institutions étatiques avaient été gangrenées par le bouillonnement régulier de la volonté nationale. Cette affaire était la « répétition générale »[1] et donnait un avant-goût de la « désintégration de cette forme de gouvernement »[2] qui allait se produire dans l'entre-deux-guerres. Le caractère de « répétition générale » de la désintégration interne ultérieure s'explique par le fait qu'aucun tribunal en France n'avait plus l'autorité suffisante « pour rendre vraiment la justice »[3]. Après d'incessants allers-retours, et plus de dix ans après avoir été accusé d'espionnage, l'officier juif de l'état-major a finalement été acquitté par la Cour de cassation[4]. Mais comme il s'agissait d'une décision de cassation, explique Arendt, cela signifiait que les décisions judiciaires antérieures pouvaient seulement être confirmées ou annulées. Il n'était pas possible d'engager une procédure d'appel en bonne et due forme, aboutissant à un acquittement dans les règles. L'erreur judiciaire a simplement été réparée. Ainsi, Arendt nous rappelle que « par conséquent, Dreyfus ne bénéficia jamais d'un acquittement dans les règles ; et l'affaire Dreyfus demeura quelque peu en suspens »[5] ; elle n'a jamais été entérinée, et le jugement n'a jamais été accepté par une grande majorité du peuple français. Par conséquent, elle écrit :

> Et le fait qu'une décision de justice en la matière n'ait jamais été reconnue reste, en fait, des plus déterminants. Cela signifie qu'aucun tribunal dans la France de la Troisième République n'avait suffisamment d'autorité pour véritablement rendre la justice. Clemenceau savait que c'était la fin de l'État de droit, tout comme il savait que la fin de l'État de droit devait signifier le début de la chute de l'État national[6].

1. ETH, p. 213.
2. OT, p. 275, trad. fr., p. 572.
3. ETH, p. 216.
4. Voir ETH, p. 214 *sq.*
5. OT, p. 90, trad. fr., p. 328.
6. ETH, p. 216.

Arendt considère que la perte d'autorité des tribunaux est le facteur décisif de l'affaire Dreyfus. Car cette perte d'autorité est l'expression du fait que l'opinion selon laquelle « le droit est ce qui est utile à la nation » s'est imposé comme truisme social. Un parlement ou un gouvernement qui introduirait des considérations propres à la *raison d'État** qui seraient contraires à l'état d'esprit et aux valeurs de la société, ou un tribunal qui s'appuierait uniquement sur les faits juridiques d'une affaire pour résoudre un problème juridique, ne seraient plus reconnus. C'est à ce moment-là que « l'équilibre toujours précaire entre la nation et l'État, entre la volonté du peuple et la loi, entre l'intérêt national et les institutions juridiques », a commencé à basculer avec une « très grande rapidité ». Et il a basculé à l'avantage d'une « volonté du peuple influençable à force de démagogie » et d'une « nation de plus en plus chauvine »[1]. Historiquement cependant, la « très grande rapidité » ne se compte pas en mois ou en années. C'est pourquoi il faut comprendre, d'après Arendt, que ce processus de désintégration interne de l'État qui a fait de l'État – en tant qu'« appareil législatif et institution de protection des droits » – un « instrument de la nation », et qui finit par mettre la nation « à la place de la loi »[2], s'est déroulé en deux ou trois décennies. Le conflit fut tranché en faveur de la nation, et la « suprématie de la volonté de la nation sur toutes les institutions juridiques et abstraites, fut universellement acceptée »[3] et appliquée dans toute l'Europe. On a alors pu constater combien la sphère juridique ne saurait être isolée à long terme de la culture et de la mentalité politiques d'une communauté et combien l'impartialité du droit dépend donc *aussi* de la manière dont la politique est conçue et comprise.

1. ETH, p. 576. Les remarques d'Arendt sont plus ou moins du même ordre dans OT, p. 275, trad. fr., p. 556.

2. ETH, p. 488. Dans l'édition anglaise des *Origines du totalitarisme*, Arendt écrit succinctement : « Cela signifiait que l'État était en partie transformé, passant d'un instrument du droit en un instrument de la nation » (OT, p. 230, trad. fr., p. 512).

3. OT, p. 275, trad. fr., p. 556. Max Weber avait des préoccupations similaires. Dans sa sociologie de la domination, il écrit : « Tout type de justice populaire – qui n'a pas coutume de s'interroger sur les raisons et les normes –, mais aussi toute sorte d'influence soutenue exercée sur l'administration par la soi-disant opinion publique – c'est-à-dire une action concertée née de sentiments irrationnels et généralement mise en scène ou orchestrée par les chefs de parti ou la presse –, contrarie tout aussi fortement le cours rationnel de la justice, et dans certaines circonstances bien plus encore, que ne pouvaient le faire les procédures de la "justice de cabinet" des souverains absolus » (EuS, p. 980). Néanmoins, lorsqu'il s'agit de trouver des moyens d'empêcher la subversion de l'État de droit, les points de vue Arendt et Weber divergent.

Si nous revenons à présent à la « raison d'État machiavélienne » en tant que paradigme du politique, et que nous nous rappelons le chaos de l'entre-deux-guerres tel que décrit dans le premier chapitre, c'est justement cette part de fiabilité de la *raison d'État** qu'Arendt oppose à la *volonté générale** comme paradigme du politique. Même si le droit ne remplit pas le critère de formalité, il n'est pas irrationnel pour autant suivant le paradigme de la « raison d'État machiavélienne ». Bien au contraire : avec la *raison d'État** comme source du droit, le droit suit une rationalité de fins et de moyens fondée sur un « canon rationnel ». Le droit est ce qui est utile à l'État – et quoiqu'Arendt ne puisse s'identifier ni au concept sous-jacent de rationalité, qui perçoit la politique simplement en fonction de « l'échiquier du pouvoir » et y voit une sorte de « technique » à l'œuvre, ni à la « forme juridique » utilitariste, le droit devient ainsi plus contrôlable et prévisible qu'un droit qui dépend uniquement du sentiment personnel du dirigeant ou de l'état d'esprit national. Dans la perspective juridico-philosophique d'Arendt, ce à quoi nous avons affaire dans le cas de la « raison d'État machiavélienne » est un droit matériel et rationnel[1].

1. C'est précisément en raison de la conception sous-jacente du politique que l'avantage supposé de la « raison d'État machiavélienne » sur la *volonté générale** est une victoire à la Pyrrhus. La « défense » de cette perspective sert surtout ici à illustrer les différents types de droit. La critique d'Arendt de la « raison d'État machiavélienne » est en premier lieu une critique politique : selon Arendt, ce paradigme machiavélien échoue avec l'impérialisme. Car il apparaît alors que ses principes, son « canon rationnel », appellent des conséquences – comme l'expansion impérialiste – qui menacent justement de détruire les pierres angulaires de l'État. Pourtant, cette expansion était nécessaire dans le contexte d'une conception machiavélienne de la *raison d'État**, sans quoi on aurait essuyé des pertes économiques. Arendt souligne que les « hommes d'État qui raisonnaient essentiellement en termes de territoire national » (OT, p. 125, trad. fr., p. 371), comme Bismarck, Clemenceau, etc., ne se sont engagés qu'à contrecœur dans l'impérialisme; mais dans le même temps, ils ne pouvaient guère agir différemment compte tenu de leur façon de concevoir la politique, l'ordre politique et l'ordre même des choses. Car, dans la tradition de la *raison d'État** machiavélienne, l'État et sa préservation étaient pour eux des fins en soi. S'ils ont résisté à l'idée de remplacer les considérations politiques par des considérations économiques, et donc d'inverser la hiérarchie des valeurs, ils n'ont toutefois pas été en mesure de conclure de véritables accords internationaux en raison, entre autres, de leurs idées sur la souveraineté des États. Pour Arendt, seuls ces accords auraient permis d'empêcher que les États-nations ne soient entraînés les uns après les autres vers l'impérialisme. Quoi qu'il en soit, en raison de l'étroitesse de la conception politique de ces hommes d'État, ceux-ci n'avaient, selon elle, pas beaucoup d'autre choix que de mener une politique impérialiste s'ils ne voulaient pas perdre entièrement « tout contact avec la réalité » (OT, p. 124, trad. fr., p. 371). Arendt en arrive donc à la conclusion selon laquelle il semblait aux hommes d'État les plus éminents de cette époque que « la seule alternative à l'exportation du pouvoir fût le sacrifice délibéré d'une part importante de la richesse nationale », doublé de « pertes supérieures à celles que le corps économique d'une nation était capable de supporter » (OT, p. 136, trad. fr., p. 386). C'est dans cette apparente nécessité de l'impérialisme, qui découlait selon elle de la *raison d'État**

Arendt et les sources de la juridification

L'interprétation que fait Arendt de la relation entre la nation et le droit est tout aussi complexe que ses considérations sur l'idée de *raison d'État** et les conceptions de la politique et du droit qui lui sont associées. Comme Tocqueville, elle considère que les principaux acquis de la Révolution française sont d'avoir libéré la fonction publique spécialisée du joug du féodalisme, d'avoir fait avancer les processus de rationalisation interne et externe du droit et d'avoir mené à terme le développement de l'État moderne. C'est à cet égard qu'Arendt écrit :

> Le grand acquis de la Révolution française n'était pas l'égalité en tant que telle [...], puisque *le statut d'égalité de tous devant un appareil d'État de plus en plus puissant* était déjà en bonne voie de réalisation. L'acquis révolutionnaire, c'était le fait que cette égalité devant l'État était devenue *l'égalité devant la loi*[1].

L'égalité de tous devant l'État était le produit de l'*étatisation** croissante du régime. Arendt parle à ce propos d'un « *État*-nation émergent »[2]. Puisque l'État ne pouvait plus compter sur aucune classe pour satisfaire ses besoins financiers, il s'est émancipé de tous les intérêts non étatiques et a fait de la raison d'État le seul guide de ses actions. Cependant, l'indépendance de l'État à l'égard de l'ensemble des classes et « l'égalité de fait de tous les citoyens devant [...] l'appareil étatique » qui en découle, ne nous dit pas encore si la loi prévalait, ni dans quelle mesure. On a donc fait remarquer que la *raison d'État** en tant que source du droit renvoie à la matérialité du droit, et renforce ainsi la dépendance du droit à l'égard des principes suivant la politique du pouvoir. Dans le même temps, avec le développement de la structure étatique moderne, le système de la séparation des pouvoirs s'est davantage différencié. Selon Arendt, ce processus s'est accentué avec et à cause de la Révolution française. Un système de séparation des pouvoirs différencié et renforcé fait de l'interprétation juridique des principes généraux du droit un pilier de l'ensemble du système politique. Ce n'est que par ce biais que « l'égalité de tous les citoyens devant la loi » peut être garantie. En outre,

machiavélienne, qu'Arendt voit se dessiner la véritable tragédie de l'État-nation : « L'aspect tragique de cette timide opposition ne vient pas de ce que de nombreux représentants de la nation aient pu être achetés par les nouveaux hommes d'affaires impérialistes ; il y avait pire que la corruption, c'est que les incorruptibles fussent convaincus que l'unique voie pour mener une politique mondiale résidait dans l'impérialisme » (OT, p. 132, trad. fr., p. 381).

1. ETH, p. 46, nous soulignons.
2. ETH, p. 46.

la Révolution a permis d'étendre le concept de citoyenneté à toutes les professions et à toutes les classes, d'ancrer fermement le concept de sujet de droit dans la structure étatique et sociale, et fait ainsi primer le versant formel du droit sur son versant matériel.

Ce résumé de près de 200 ans d'histoire du développement de l'État moderne semble déjà montrer que la juridification croissante de l'État a deux sources chez Arendt. D'une part, le caractère moral du soi-disant « concept individualiste et libéral de nation »[1] revêt une expression juridique positive avec la Révolution française. Arendt fait référence à cette positivisation juridique du contenu moral des Lumières par la Révolution française dans le cadre de son analyse des droits de l'homme. La *Déclaration des Droits de l'Homme*[*] définit les droits de l'homme comme « l'héritage inaliénable de tous les êtres humains », et la nation « était en même temps déclarée soumise à des lois, qui découlent bien sûr des Droits de l'homme »[2]. Bien qu'Arendt critique par ailleurs la structure de la conception traditionnelle des droits de l'homme ainsi que le contexte dans lequel ils s'inscrivaient dès le début, à savoir celui de l'État-nation, elle considère de toute évidence comme un acquis de la Révolution française le fait que celle-ci a contribué à définir et à transformer les idées des Lumières de l'époque en des termes propres au positivisme juridique. Bien plus encore, elle fait maintes fois référence à l'idée stabilisatrice et pacificatrice d'un « concept de "nation parmi les nations", qui appartiennent toutes à la famille de l'humanité »[3]. Pour Arendt, la « nouvelle idée nationale »[4] est à l'origine tout sauf chauvine : elle a au tout début des caractéristiques humanistes et elle est dotée d'un contenu hautement moral. Ce contenu se manifeste clairement dans la représentation idéale des limites des lois nationales :

> La nation, cependant, concevait ses propres lois comme provenant d'une substance nationale unique qui n'était pas valable pour des peuples autres que le sien et au-delà des frontières du territoire national. D'autre part, la nation suppose qu'au-delà de ses frontières commence une autre loi nationale, et que la communication et les accords sont possibles et nécessaires au sein de la famille de nations que constitue l'humanité[5].

1. S. Breuer, *Der Staat. Entstehung, Typen, Organisationsstadien*, Reinbek, Rowohlt, 1998, p. 194.
2. OT, p. 230, trad. fr., p. 512.
3. OT, p. 40.
4. OT, p. 163.
5. ETH, p. 292.

À ce stade, on commence à voir ce qu'on peut entendre par « l'égalité de tous devant la loi » : étant donné que chaque citoyen d'un pays se reconnaît dans la loi, peut l'accepter et doit donc participer également au processus de découverte et de création du droit, les lois nationales ne peuvent jamais être transposées au pays voisin, car un tel élargissement irait à l'encontre des fondements éthiques et moraux de son propre État. Par ailleurs, l'obligation de « communication et [d']accords au sein de la famille des nations » découle elle aussi de l'idée de l'égalité de tous devant la loi, car c'est la seule façon de réaliser politiquement l'idée des droits de l'homme. Si l'histoire des XIXe et XXe siècles n'était pas aussi choquante, on pourrait parler de tragédie. Malheureusement, elle est bien plus que cela, et l'objectif principal de la pensée d'Arendt est de trouver les raisons pour comprendre pourquoi l'histoire de la nation est devenue une histoire de guerre, de racisme, de déplacement et d'anéantissement[1]. Comment l'expliquer ? Pourquoi les citoyens n'ont-ils jamais trouvé de « dispositif permettant de transformer cette idée en un concept opérationnel dans le monde des États souverains » ?

Outre le contenu moral des Lumières qui s'est imposé avec la Révolution française, Arendt met en évidence une seconde source de la juridification du régime : le processus occidental de rationalisation, en vertu duquel la positivisation du droit des individus résulte de la logique d'une *étatisation** croissante du régime lui-même. Arendt étudie cet aspect principalement dans ses réflexions sur la situation des Juifs au sein de

1. Le concept de nation est connoté de façon beaucoup plus positive dans ses articles rédigés pour la revue *Aufbau* dans les années 1940. Par exemple, dans l'article « What is happening in France ? » du 25 septembre 1942, Arendt affirme que la « soudaine vague d'indignation au sein du peuple français [...] contre le projet de déportation massive des Juifs hors de la France de Vichy » (JW, p. 176) est due aux « premiers signes d'un réveil de la conscience nationale » : le peuple français « est "simplement" devenu sensible à la honte et ne veut pas qu'il se passe sur le sol français ce qui s'est passé en Allemagne, en Pologne, en Roumanie et en Hongrie » (JW, p. 177). Dans un autre article publié en 1942 dans la revue *Porvenir* 3, Arendt affirme que la situation actuelle des Juifs offre la possibilité « d'une nouvelle orientation de la politique nationale juive » et que, pour la première fois dans l'histoire, le peuple juif se trouve dans une situation où il peut « faire appel directement aux autres peuples au sujet de nos justes revendications d'émancipation nationale – c'est-à-dire la Palestine » (JW, p. 261). Tant l'ampleur de l'appareil d'extermination national-socialiste – Arendt n'apprend l'existence d'Auschwitz « qu'en 1943 » et dit elle-même que ce jour a été « décisif » (*cf.* H. Arendt, « Fernsehgespräche mit Günter Gaus (Oktober 1964) », *in* H. Arendt, *Ich will verstehen. Selbstauskünfte zu Leben und Werk*, U. Ludz (ed.), München, Piper, 1998, p. 59) – que l'intense réflexion qui s'ensuivit sur les questions de nation et de nationalisme conduiront à un changement d'appréciation de la pertinence politique du concept de nation.

l'État moderne. L'égalité juridique des Juifs y est décrite comme une conséquence de

> la structure politique et constitutionnelle du nouveau corps étatique, qui ne pouvait fonctionner que dans des conditions d'égalité juridique entre tous les citoyens ; celle-ci a dû être mise en œuvre au moment de la liquidation de l'ordre féodal, et aussi rapidement et radicalement que possible. Cela aura conduit à une assimilation rapide des Juifs, comme le réclamaient sans relâche les vieux fonctionnaires prussiens et leurs successeurs, les réformateurs[1].

Arendt place ici « les vieux fonctionnaires prussiens » dans la lignée de l'idée française de nation étatique, qui requiert l'égalité juridique de tous les citoyens d'une communauté donnée. Sans vraiment tenir compte du fait que cette élite juridique n'a pas pu s'imposer face à la conception culturelle et nationale des droits des citoyens ou à la pensée de la *raison d'État** de Frédéric le Grand, Arendt met surtout l'accent sur la structure de l'État moderne – ou plus exactement sur la fonction publique juridique comme catalyseur de l'égalité juridique. L'*étatisation** du régime s'accompagne d'une juridification croissante de l'État. La Révolution française a accéléré la bureaucratisation de l'appareil administratif et de la fonction publique. Sur la base de facteurs économiques et administratifs, l'État moderne devient de plus en plus une « institution de protection des droits »[2]. Les droits universels et subjectifs ne résultent pas de concessions arbitraires d'une instance de pouvoir étatique, mais sont en fait la conséquence du « renforcement du caractère institutionnel et organisationnel de l'État »[3]. Dans cette perspective, l'égalité des citoyens est un dérivé du régime administratif et juridifié. Les lois ordonnent, interdisent ou autorisent certaines actions, et régulent ainsi les attentes subjectives de l'individu. En outre, le caractère général des lois s'oppose à une attribution particulière et exclusive[4]. À cet égard, selon Arendt, le processus de rationalisation de la règle constitue *une* source déterminante de l'égalité de tous les citoyens devant la loi. Dans ce contexte et dans cette perspective, l'acquis de la Révolution française ne tient pas tant à la réalisation de la composante morale des Lumières, mais plutôt au fait que l'ordre féodal a violemment été aboli, ouvrant ainsi la voie à une objectivation et une juridification progressives de l'État. En présentant le processus occidental

1. ETH, p. 47.
2. WuG, p. 519 ; voir EaS, p. 908.
3. S. Breuer, *Der Staat. Entstehung, Typen, Organisationsstadien*, *op. cit.*, p. 162.
4. WuG, p. 398.

de rationalisation du régime comme une source d'égalité, Arendt suit une fois de plus les traces de Max Weber. Celui-ci a également soutenu que les juristes ont non seulement influencé le développement du droit, mais que toute la « transformation révolutionnaire de l'entreprise politique, c'est-à-dire son développement vers l'État rationnel, a partout été portée par des juristes instruits »[1]. En conséquence, Weber conclut que la « naissance de l'"État" occidental moderne a été principalement l'œuvre de juristes »[2].

Dans l'œuvre de Hannah Arendt, la partie libérale de la Révolution issue des Lumières – et l'idée morale de la nation – d'une part, et l'histoire structurelle, d'autre part, s'opposent sur la question de la juridification des droits individuels. Par endroits, il semble qu'Arendt donne plus de poids au processus de rationalisation. La raison en est, semble-t-il, que l'État moderne forme des institutions qui, selon Arendt, ne peuvent « fonctionner que dans le cadre de l'égalité juridique de tous les citoyens »[3]. Vu sous cet angle, l'État de droit ne serait pas le résultat de demandes politiques de la part des citoyens, mais plutôt une condition fondamentale de l'existence de l'État moderne. Si tel était le cas, et si Arendt donnait effectivement la priorité à l'histoire structurelle sur l'intervention démocratique des citoyens, elle aurait tort au même titre que Weber. Les changements du principe de légitimation ne sont sans doute pas le résultat d'une « métamorphose silencieuse de l'État » ni dus à « l'auto-conversion des dirigeants à l'"objectivité" »[4]. Ils sont le résultat d'une contestation politique[5].

1. PaB, p. 522, trad. fr. C. Colliot-Thèlène, *Le savant et le politique*, Paris, La Découverte, 2003, p. 146.

2. M. Weber, « Die Wirtschaftsethik der Weltreligionen. Vergleichende religions-soziologische Versuche » [1915-1919], *in* M. Weber, *Gesammelte Aufsätze zur Rechts-soziologie*, vol. 1, Tübingen, Mohr, 1972.

3. ETH, p. 47.

4. S. Breuer, *Der Staat. Entstehung, Typen, Organisationsstadien*, *op. cit.*, p. 162.

5. Il ne fait aucun doute que certains passages de ses réflexions sur la nature de l'État et de la structure de l'État dans *Les origines du totalitarisme* mettent l'accent sur l'histoire structurelle à travers l'évolution du principe de légitimation. Il est bien possible que cela soit dû à un thème central du livre, la genèse et l'évolution des formes de gouvernement, ou que cela reflète l'influence que les réflexions de Weber ont exercée sur elles. Mais si l'on replace cette question dans le contexte de l'ensemble de l'œuvre, on aurait tort de vouloir inscrire Arendt dans la tradition wébérienne exposée ci-dessus. Indépendamment du fait que cette interprétation est difficilement compatible avec la conception arendtienne de la politique, on trouve dans un certain nombre de ses écrits des passages dans lesquels elle met justement l'accent sur l'importance de la contestation pour la refonte des lois (voir aussi L. Maxwell, « Toward an Agonistic Understanding of Law. Law and Politics in Hannah Arendt's Eichmann in Jerusalem », *Contemporary Political Theory* 11, 1, 2012). Dans *Du mensonge*

La nation et le droit

> Avoir pris la Bastille, guillotiné Louis XVI et fait des révolutions sans nombre – pour aboutir à l'impossibilité de juger un homme suivant le Code – quelle ironie !
>
> Clemenceau, *Contre la Justice*

Le caractère indéfini du droit

Ce qui semble incohérent dans l'interprétation que fait Arendt de la Révolution française, c'est qu'elle reconnaît ses acquis d'un côté, mais qu'elle considère de l'autre l'idée de la souveraineté populaire comme un élément diamétralement opposé aux nouvelles garanties juridiques. Car pour elle, l'idée de souveraineté populaire perpétue la tradition absolutiste d'une *potestas legibus soluta*, et ébranle ainsi l'autonomie du droit qui venait d'être établie.

Le point de départ de la critique juridico-philosophique de la souveraineté populaire par Arendt coïncide avec l'aspect moral et légitimant de son propos sur l'égalité de tous devant la loi. Arendt écrit à ce sujet :

> De fait, lorsque les hommes de la Révolution française placèrent le peuple sur le trône, à leurs yeux, voir dans ce peuple [...] non seulement la source de tout pouvoir mais aussi l'origine de toutes les lois allait presque de soi[1].

En mettant le peuple à la place du roi, la Révolution française a perpétué la tradition de l'idée de souveraineté. Le propre de cette idée de souveraineté, qui se manifeste à travers les discours sur la monarchie *absolue*, est de faire du souverain la source de tout droit. Historiquement, explique Arendt, la volonté du roi représente la volonté de Dieu sur Terre et symbolise ainsi à la fois la source de la loi et celle du pouvoir. Partant de cette supposée « origine divine », la monarchie absolue se revendique comme une *potestas legibus soluta* – un pouvoir qui n'est soumis à aucune loi. La fin de la souveraineté de l'État monarchique et son remplacement

à la violence, par exemple, Arendt écrit : « Toute la législation du travail désormais codifiée – le droit de négocier des conventions collectives, le droit syndical et le droit de grève – ne fut-elle pas précédée de longues périodes de désobéissance, prenant souvent des formes très violentes, à des lois qui en fin de compte se sont avérées révélées obsolètes » (CD, p. 80, trad. modifiée, p. 110).

1. OR, p. 156, trad. fr., p. 238-239. Dans sa traduction allemande, Arendt met en évidence le rôle de la volonté dans des termes encore plus explicites, lorsqu'elle écrit : « De fait, lorsque les hommes de la Révolution française placent le peuple sur le trône, il n'en résulte non seulement que la source de tout pouvoir légitime provient du peuple, mais aussi que *la volonté du peuple doit constituer la source des lois* » (ÜR, p. 204, nous soulignons).

par la souveraineté populaire ne constituent en aucun cas la fin de l'idée de souveraineté proprement dite. Il est vrai que le discours sur la souveraineté populaire marque la fin de la répression politique du peuple par le monarque et garantit la participation politique de tous les citoyens à la prise de décision. En bref, le peuple devient la source de tout pouvoir légitime. Cependant, le fait que le peuple se revendique en même temps comme « l'origine de toutes les lois » signifie que la Révolution française s'inscrit, selon Arendt, dans la tradition étatico-théorique de l'absolutisme et place la volonté du peuple au-delà de toutes les limites juridiques – avec le résultat paradoxal suivant : alors qu'en premier lieu la Révolution se défait du joug féodal et rend possible la juridification « pleine et entière » du régime, elle place dans le même temps la volonté du peuple au-dessus de la loi, le libérant ainsi, en quelque sorte, de l'obligation d'être lié à une constitution. Mais c'est justement le fait de prétendre que la *volonté générale** a le droit de « bafouer la loi » qui sape « toute confiance dans la justice et dans le droit »[1]. Dans le nouvel imaginaire national, la *volonté générale** était habilitée à le faire justement parce qu'elle constituait elle-même un nouvel absolu, en raison de son caractère moral et universel (*cf.* sur ce point mes remarques dans le chap. II). Ce trait de la souveraineté populaire se retrouve le plus clairement chez Rousseau, quand il dit qu'il est « contre la nature du corps politique que le Souverain s'impose une loi qu'il ne puisse enfreindre »[2]. Il est frappant de constater à quel point la structure étatique conventionnelle, y compris sa configuration hiérarchique, est déjà devenue une seconde nature pour Rousseau, et comment cette structure l'oblige à requérir un souverain qui soit au-dessus des lois[3]. D'un autre côté, Rousseau n'a pu argumenter ainsi que parce que la volonté générale est à ses yeux « toujours droite »[4] et justifie ainsi la primauté de la politique sur le droit.

La question décisive à présent, qui nous conduit au cœur de la critique juridico-philosophique de la souveraineté populaire formulée par Arendt, est de savoir comment cette prétention de la volonté générale à être une *potestas legibus soluta* peut être mise en œuvre juridiquement ? Comme je le démontrerai plus loin, Arendt soutient que cette façon de concevoir

1. ÜR, p. 115.

2. J.-J. Rousseau, *Du contrat social*, *op. cit.*, p. 54.

3. En questionnant la structure étatique dans sa critique de la souveraineté populaire, Arendt s'émancipe implicitement de tous les penseurs qui, tels Weber ou Ziegler, l'ont inspirée dans de multiples passages de son œuvre. Car c'est précisément ce type de critique envers la souveraineté populaire qui conduit à une critique de la tradition de la pensée de l'État d'Europe continentale à laquelle n'échappent ni Rousseau, ni Weber, ni Ziegler.

4. J.-J. Rousseau, *Du contrat social*, *op. cit.*, p. 64.

le politique, de même que celle qui s'exprime dans la *volonté générale** de Rousseau, ne saurait être conciliée avec une sphère juridique autonome. Car dans le droit, la prétention à la souveraineté de la volonté générale ne peut être établie et réalisée que par la formulation en son sein de clauses générales. Le droit qui trouve son origine dans la volonté nationale n'est donc ni fiable ni vérifiable. Sous le règne de la volonté générale, le droit devient irrationnel.

Comme nous le disions plus haut, nous avons affaire à une conception irrationnelle du droit lorsque les problèmes juridiques sont résolus « sans référence à des normes générales »[1]. Dans les jugements d'un kadi ou d'un oracle, par exemple, les raisons qui fondent la décision ne sont pas compréhensibles parce que la décision est justement prise en fonction soit d'émotions personnelles, soit d'une inspiration obscure ou d'une interprétation opaque. Il en va de même lorsque la *volonté générale** devient la source de la loi. Pour Rousseau, la volonté générale est toujours ce qu'elle doit être du seul fait que la volonté *est*[2]. Pour Sieyès, « de quelque manière qu'une nation veuille, il suffit qu'elle veuille ; toutes les formes sont bonnes, et sa volonté est toujours la loi suprême »[3]. Comme la caractérisation de la *volonté générale** comme *potestas legibus soluta*, l'identification de l'être et du devoir-être par Rousseau et Sieyès exprime elle aussi une caractéristique irrationnelle : l'existence même de la volonté justifie ce qu'elle doit être. En d'autres termes, la simple mention de l'existence de la volonté justifie la décision. Il faut donc déplacer brièvement l'attention de notre étude sur la question de la volonté, en particulier sur son mode de formation.

Les remarques du chapitre II ont montré que la formation de la *volonté générale** s'effectue en un lieu qui demeure caché et qui ne peut être partagé avec personne : le cœur pur.

Ce type d'intériorisation du politique a des conséquences considérables sur l'acte de juger les gens, les groupes sociaux ou les constellations politiques : ce qui est bien ou mal, ce qui est juste ou injuste, découle d'une projection très chargée émotionnellement et idiosyncratique – qui est elle-même, à son tour, la condition préalable à une *aliénation totale** réussie[4]. La volonté générale de Rousseau se révèle donc être une volonté

1. « Die Rationalisierung des Rechts nach Max Weber », *in* M. Rehbinder, K. P. Tieck (Hrsg.), *Max Weber als Rechtssoziologe*, Berlin, Duncker & Humblodt, 1987, p. 329.

2. J.-J. Rousseau, *Du contrat social*, *op. cit.*, p. 55.

3. E. J. Sieyès, *Qu'est-ce que le tiers état ?* [1789], *op. cit.*, p. 69.

4. Voir OR, p. 69 *sq*.

émotive[1]. Le bon et le mauvais, le juste et l'injuste ne résultent pas d'une décision compréhensible qui peut être vérifiée selon des normes, une justification rationnelle ou le libre débat. Une conception du droit, ou un concept de droit qui pourrait se conformer à une telle conception du politique est nécessairement dépourvue de toute *détermination objective.* Et c'est exactement cette non-détermination des critères de jugement qui a

1. Du point de vue des réflexions d'Arendt sur la volonté, il en va en effet de même pour Rousseau et pour Kant. Arendt écrit à ce sujet : « Le seul grand penseur de ces siècles qui serait vraiment hors de propos dans notre contexte est Kant. Sa Volonté n'est pas une faculté intellectuelle particulière, distincte de la pensée, mais la raison pratique, une *Vernunftwille* » (LoM/W, p. 149). C'est pourquoi je qualifie la volonté chez Rousseau de « volonté émotive ». Il est donc important de faire preuve de prudence, en particulier lorsqu'on parle de la volonté. Arendt ne considère pas la *volonté générale** comme une volonté au sens propre du terme. Dans son livre sur la volonté, dans la seconde partie de *La vie de l'esprit*, ni le nom de Rousseau ni le terme de volonté générale ne sont mentionnés une seule fois. Pour Arendt, la *volonté générale* est une « volonté émotive », dont le caractère « subjectif, éphémère » est le résultat de sa formation affective. La *volonté générale** ne désigne pas une faculté individuelle, intellectuelle. Même si nous acceptons la définition rousseauiste de la communauté comme « personne publique » (*Du contrat social, op. cit.*, p. 53), la « volonté » de cette « personne », aux yeux d'Arendt, n'est pas sa propre cause puisqu'elle constitue le cœur de la volonté comme activité intellectuelle. La perception irrationnelle de la réalité d'une communauté formée sur le modèle de la *volonté générale** est plutôt le résultat d'une impulsion irréfléchie et hautement émotionnelle : abandonner sa propre position et ses propres intérêts, ou l'*aliénation totale**, n'est possible qu'au moyen d'une solidarité affective avec le supposé « bien absolu ». Le problème crucial chez Rousseau, tel que le voit Arendt, est moins la volonté que la formation de la volonté. Tous les problèmes que pose la volonté découlent de cette formation. Mais dans le même temps, Arendt critique la tradition de la pensée théorico-politique qui fait de la volonté le noyau vital du politique. Toutefois, la critique d'Arendt n'est pas une critique de la volonté en tant que telle, mais plutôt des idées de l'action souveraine, du « [remplacement] de l'agir par le faire » (HC, p. 220), comme noyau supposé du politique, qui accompagne le transfert conceptuel de la volonté au politique. C'est ce qui ressort, par exemple, du fait qu'Arendt considère que cette idée d'action souveraine est née avec Platon, bien que chez Platon, la « volonté » au sens propre du terme, c'est-à-dire la faculté par laquelle une personne décide ou initie une action, n'existait pas en raison du concept de temps propre à l'Antiquité (voir LoM/W, p. 11-19). Selon Arendt, le (problème du libre-)arbitre n'a été découvert qu'avec l'apôtre Paul et le christianisme. C'est à partir de là que la métaphore de la volonté est entrée dans le jargon politique et qu'elle a commencé à désigner une entité souveraine et autodéterminée qui organise le monde selon ses idées. Mais si l'on applique la métaphore de la volonté à une communauté politique, on est toujours soupçonné, aux yeux d'Arendt, de vouloir invoquer une entité qui n'existe pas, de décrire un élan qui pousse à agir unanimement pouvant servir de soi-disant point d'appui d'Archimède postulant la pluralité comme fin – du moins brièvement –, et faire valoir une connaissance de soi, de l'autre et des conséquences de l'action politique que l'on ne pourra jamais avoir. Dans des contextes très différents, Jürgen Förster et Patchen Markell ont attiré l'attention sur cette critique politico-philosophique de la souveraineté qui accompagne la métaphore de la volonté (*cf.* J. Förster *Die Sorge um die Welt und die Freiheit des Handelns. Zur institutionellen Verfassung der Freiheit im politischen Denken Hannah Arendts*, Würzburg, Königshausen & Neumann, 2009 ; P. Markell, *Bound by Recognition*, Princeton, NJ, Princeton University Press, 2003).

conduit Arendt à conclure qu'avec la *volonté générale** de Rousseau, « les lois elles-mêmes étaient perçues comme des commandements »[1].

On peut faire remonter l'expression « la loi comme commandement » à Hegel[2], et à cet égard, Arendt suit effectivement ses traces. Dans sa philosophie du droit, Hegel exige que « la loi parce qu'elle est loi et non pas un commandement simple [...] doi[ve] être définie en elle-même »[3]. Le manque de détermination d'un commandement se manifeste dans des formulations telles que « tu ne tueras point » ou « Tu dois te préoccuper de ton bien-être et de celui de ta famille », etc. Selon Hegel, aucune loi ne peut se former avec une « notion générale indéterminée »[4] telle qu'elle se présente dans les commandements que nous venons de citer. Car une loi se caractérise justement par une « délimitation objective achevée »[5], au moyen de laquelle il est possible de déterminer ce qui est ou n'est pas un crime. On a l'impression d'une anticipation de la critique d'Arendt à l'égard de la qualité juridique de la volonté générale de Rousseau lorsque l'on se rend compte de ce qui, d'après Hegel, sape « une telle détermination » :

> C'est la même chose qui arrive lorsque le vouloir en reste au bien abstrait, et que toute détermination valable en soi et pour soi du bien et du mal, du juste et de l'injuste est supprimée, et qu'on attribue au sentiment, à la représentation, à la préférence de l'individu, la charge de faire cette détermination[6].

Dans le cas de la pensée arendtienne, l'individu dont parle Hegel et qui est chargé de définir ce qui est bien – et donc ce qui est censé être la loi – est la « personne publique »[7] de Rousseau. Les catégories indéfinies à partir desquelles cette « personne publique » doit juger du bien et du mal transforment la loi en un commandement, ce qui la coupe toute vérifiabilité et toute fiabilité. Le droit devient « irrationnel ». Ce qui est ou n'est pas un crime (pour garder l'exemple de Hegel) se détermine à chaque fois au cas par cas, sur la base du sentiment et du bon plaisir. Hegel écrit que

1. OR, p. 190.

2. Je souhaite ici mentionner un essai de Henrique Otten « Befehl und Gebot? Über Carl Schmitt, das Gesetz und die Gewalt » (*in* U. Erzgräber, A. Hirsch (Hrsg.), *Sprache und Gewalt*, Berlin, Berlin Verlag, 2001), qui a eu une influence cruciale sur mon point de vue à ce sujet.

3. G. W. Hegel, *Principes de la philosophie du droit*, trad. fr. A. Kahn, Paris, Gallimard, 1940, § 299, p. 328.

4. *Ibid.*, § 140, p. 179.

5. *Ibid.*

6. *Ibid.*

7. J.-J. Rousseau, *Du contrat social*, *op. cit.*, p. 53.

« l'opinion subjective » devient la « norme du droit »[1]. Il va ainsi dans le même sens qu'Arendt, qui critique le fait qu'avec la *volonté générale**, c'est un « état d'esprit subjectif »[2] qui décide de ce qui est juste et ce qui ne l'est pas, provoquant des « ravages en fait de justice et [faisant] peu de cas des lois »[3].

On pourrait objecter à cela qu'une telle conception du droit n'est pas conciliable avec la *volonté générale** de Rousseau. Après tout, Rousseau a fait valoir explicitement que « l'objet des lois est toujours général »[4]. Cependant, le problème crucial de la conception rousseauiste de la loi est qu'il identifie la loi à « l'intérêt public » : « J'appelle donc République tout État régi par des lois [...] : car alors seulement l'intérêt public gouverne »[5]. Si l'on veut effectivement faire de « l'intérêt public » l'unique critère du droit, c'est-à-dire le laisser « gouverner », alors la conséquence pour la mise en œuvre juridique concrète est qu'on doit établir des clauses générales en lieu et place d'une loi dont le contenu est déterminé. Pourquoi et dans quelle mesure, selon Arendt, la souveraineté de la volonté générale s'accompagne-t-elle de clauses générales ? Si la volonté politique générale est toujours ce qu'elle doit être du simple fait qu'elle est (Rousseau) ; si la volonté est toujours la « loi suprême » (Sieyès), alors aucun droit ne peut ou ne pourrait s'imposer à elle[6]. Une telle prétention de la primauté de la politique et de la volonté générale ne saurait cependant être mise en œuvre dans un système juridique sans l'aide de clauses générales. Comment cela se manifeste-t-il exactement ?

Selon Franz Neumann, la caractéristique constitutive de la clause générale est qu'elle garantit au premier chef le critère de généralité du droit moderne. Toutefois, les clauses générales ne représentent *de facto* « qu'un voile [...] qui masque les mesures individuelles »[7], et qui sape

1. G. W. Hegel, *Principes de la philosophie du droit*, *op. cit.*, § 140, p. 179.
2. OR, p. 156, trad. fr., p. 239.
3. OR, p. 86, trad. fr., p. 135.
4. J.-J. Rousseau, *Du contrat social*, *op. cit.*, p. 73.
5. *Ibid.*
6. Voir *ibid.*, p. 55.
7. F. Neumann, « Der Funktionswandel des Gesetzes im Recht der bürgerlichen Gesellschaft », *in* F. Neumann (Hrsg.), *Demokratischer Staat und autoritärer Staat. Beiträge zur Soziologie der Politik*, Frankfurt, Europäische Verlagsanstalt, 1970, p. 14. Grâce à « l'avancée de la clause générale », C. Schmitt sonne déjà le glas du positivisme juridique et écrit : « Dès que l'on cesse de référer des concepts tels que "bonne foi", "bonnes mœurs", etc., à la société civile-bourgeoise individualiste, orientée en fonction du modèle de la circulation, pour les référer à l'intérêt de la totalité du peuple, l'ensemble du droit se voit alors transformé sans qu'il faille pour autant changer une seule loi "positive" » (*Les trois types de pensée juridique* [1934], trad. fr. M. Köller et D. Séglard, Paris, Puf, 1995, II, 3, p. 108).

ainsi l'égalité de tous devant la loi. Comme l'affirme Neumann, là où les « principes fondamentaux ou les éléments importants du système juridique sont sous le règne [*Herrschaft*] de telles clauses générales », on ne peut plus parler du « règne de la loi générale »[1]. Dans un tel système juridique, tout peut prendre la forme du droit, ce qui fait que le droit perd toute son autonomie. Dans le contexte de cet ouvrage, cela signifie que la seule façon d'intégrer les revendications de souveraineté de la volonté générale dans le système juridique consiste à saper le postulat du caractère défini du droit ou du caractère déterminé de la règle de droit. Ce postulat de définition est sapé ou encore corrodé par l'incorporation d'une règle de droit qu'on garde délibérément parfaitement indéfinie : en d'autres termes, une clause générale. Dans la pratique, cette corrosion se produit quand on inclut dans une loi une disposition supplémentaire, parfaitement indéfinie, telles que « les raisons propres à la sécurité et à l'ordre publics » – par exemple dans une loi sur le séjour des étrangers –, qui s'ajoutent à un certain nombre de critères qui eux sont définis, tels que la garantie du niveau de vie, l'absence de casier judiciaire, les compétences linguistiques, etc. Dans le même ordre d'idées, dans sa critique de la nationalisation du droit pendant l'entre-deux-guerres, Arendt souligne le fait que, pour des problèmes juridiques et des décisions de justice cruciaux, on a utilisé des « formulations juridiquement insaisissables », telles que « manquant gravement à leurs devoirs de citoyens belges », « ne mérita[nt] pas la citoyenneté italienne » ou « actes contraires aux intérêts de la France »[2]. À l'aide des clauses générales, on peut traduire à la fois l'indétermination du contenu et la revendication de souveraineté de la volonté nationale en codes juridiques. De cette manière, la volonté générale obtient également un accès exclusif au lieu même où la justice est administrée. En l'absence de cette clause générale, les revendications juridiques doivent également – s'il est prouvé que tous les autres critères sont remplis – être invoquées contre le prétendu « intérêt public ». Comme cela n'est pas conciliable avec la revendication de souveraineté de la volonté générale, mais qu'en

Faisant référence au cœur de ce processus de formulation des clauses générales au sein du droit, Schmitt écrit que les clauses générales peuvent instituer « des concepts indéterminés de toute sorte, des références à des critères et à des représentations extralégaux tels que "bonnes mœurs", "en toute bonne foi", ce que l'on peut ou non exiger raisonnablement, "raison pertinente", etc. [...] à un point tel que cela en vient à dépasser en l'annulant (*aufheben*) toute "sécurité" positiviste », au lieu du droit déterminé rationnellement ».

1. F. Neumann, « Der Funktionswandel des Gesetzes im Recht der bürgerlichen Gesellschaft », *in* F. Neumann (Hrsg.), *Demokratischer Staat und autoritärer Staat*, *op. cit.*, p. 14.

2. OT, p. 279, trad. fr., p. 576, note 25 ; voir aussi ETH, p. 586.

même temps un ordre juridique est naturellement indispensable, des clauses générales sont intégrées. Le droit devient ainsi le jouet des intérêts politiques, et l'idée de justice n'est plus que le simple commandement du souverain. Pour être parfaitement clair, il y a bien sûr des clauses générales dans chaque système juridique – pour des raisons très différentes et parfois bonnes. Le problème est qu'une conception du politique dont le socle est déterminé par la souveraineté de la volonté générale et qui postule le règne de l'intérêt général n'est compatible qu'avec un droit essentiellement constitué de règles juridiques et de clauses générales indéfinies et indéterminées.

Qui plus est, ces passages permettent d'illustrer à quel point le droit et la politique sont corrélés dans la vision d'Arendt. Il n'est pas très original de soutenir qu'Arendt condamne l'idée de *volonté générale** de Rousseau. Ce qui est nouveau, en revanche, c'est de faire ressortir les considérations systématiques en matière de théorie juridique et de théorie constitutionnelle inhérentes à cette critique : le paradigme prégnant de la politique, c'est-à-dire la manière dont l'opinion politique et la prise de décision sont comprises et perçues au sein d'une communauté politique, a une influence considérable sur la possibilité de garantir la rationalité juridique. Le discours qu'Arendt tient sur Rousseau révèle la relation intrinsèque entre le maintien de la fonction stabilisatrice du droit d'une part et la structure configuratrice du concept de la politique d'autre part. La version démocratique radicale façonnée par Rousseau – la primauté de la politique – ne met pas seulement en danger les revendications juridiques individuelles, selon l'interprétation classique ; bien plus, sous la dictée de la revendication de souveraineté d'une volonté générale, c'est le système juridique dans son ensemble qui pourrit. Pour que le droit puisse contribuer à un ordre politique stable, il faut développer une *conception de la politique* complètement différente, *adaptée au droit*, et abandonner la revendication de la primauté de la politique.

Arendt et l'abrogation du droit pendant la Révolution française

Arendt attire l'attention sur la mise à mal de l'État de droit par la nationalisation du droit, et pas seulement dans ses remarques sur les « lois de dénaturalisation » de la période de l'entre-deux-guerres[1]. Elle aborde également la relation entre la nation et le droit dans ses réflexions sur le régime jacobin. Pour résumer, le problème de la nation et du droit est à ses

1. *Cf.* sur ce point mes remarques dans le chap. I.

yeux aussi vieux que l'État-*nation* lui-même. Même si, dans ses écrits sur la Révolution française, Arendt souligne que « [c]omparée aux immenses souffrances de l'immense majorité de la population, l'impartialité de la justice et de la loi, l'application des mêmes règles à ceux qui dorment dans des palais et à ceux qui couchent sous les ponts de Paris sonnait comme une parodie »[1], elle considère que l'abrogation du droit est inhérente à l'idée de volonté nationale. Cette abrogation du droit, Arendt la reconnaît en premier lieu à l'application de critères totalement indéterminés.

Le premier exemple de cela dans *De la révolution* est celui de la condamnation du roi Louis XVI. Arendt ne remet pas en cause le fait qu'il fallait le condamner; cependant, elle n'approuve aucunement le chef d'accusation invoqué. On a condamné Louis XVI en l'accusant d'être un traître – et non d'être un tyran, ce qu'il était aux yeux d'Arendt[2]. Alors que le tyran se caractérise par le fait qu'il fait adopter des lois auquel il n'est pas lui-même assujetti, et qu'en outre il opprime généralement son propre peuple avec la plus grande cruauté, la trahison se situe à un niveau moral très différent et désigne plutôt une injure déguisée envers la communauté. Le tyran est un oppresseur qui ne reconnaîtra pas le fait qu'un ordre politique légitime ne peut se fonder que sur le consentement des citoyens – ou du moins sur la reconnaissance de libertés et droits fondamentaux. L'accusation de trahison, dans le cas de Louis XVI, se fondait elle sur le fait qu'il avait renoncé à la supposée volonté commune à la faveur d'autres intérêts. Un chef d'accusation vérifiable et compréhensible, celui d'avoir rejeté les droits fondamentaux et d'avoir maintenu par la force une forme répressive de gouvernement, s'est mué en une atteinte aux valeurs nationales [*nationale Gesinnung*], soi-disant défaillantes. Au lieu de critères convaincants, on fait appel à une catégorie formulée de façon hasardeuse et piètrement définie afin de juger l'affaire.

L'exemple suivant d'Arendt va dans le même sens : il s'agit de sa critique des « lois de Ventôse de 1794 »[3]. Les lois sur la confiscation de propriété seraient possiblement justifiables comme réponse à la situation humanitaire dévastatrice en France à la fin du XVIIIe siècle – quoique ceux qui ont défendu la confiscation de propriété fussent exactement les mêmes à avoir établi peu de temps auparavant le droit à la propriété privée comme un des droits de l'homme. Cependant, ce qui est problématique pour Arendt, c'est que mis à part l'Église et les expatriés, des

1. OR, p. 86, trad. fr., p. 135-136.
2. Voir OR, p. 86 *sq.*, trad. fr., p. 137.
3. OR, p. 43, trad. fr., p. 72.

« suspects »[1] ont également été privés de leur propriété, qui fut alors léguée aux plus « démunis ». Mais dans le contexte de la Révolution française, les « suspects » désignaient ceux qui étaient dépourvus des valeurs supposées bonnes.

Dans les deux cas, le critère déterminant renvoie à une disposition intérieure jugée insuffisante. La conséquence, une fois encore, est la perte de détermination et de définition juridiques. Ce n'est pas une coïncidence dans le contexte de la Révolution française : dans une vision du monde politique où l'idée de *volonté générale** joue un rôle crucial, la pureté de cœur devient la preuve que l'individu est un représentant de la cause commune. La réinterprétation du concept de vertu qui était, selon Arendt, la conséquence nécessaire de la *volonté générale* comprise comme nouveau paradigme du politique a conduit à une « intériorisation du politique ». Dans la vision d'Arendt, c'est justement ce concept de vertu, replacé dans le cadre de l'intériorité de l'homme, qui explique pourquoi les révolutionnaires ont eu recours de façon répétée à la métaphore du masque, qui devait être arraché du visage des supposés traîtres afin de révéler au public leur dépravation intérieure. Mais Arendt pense qu'ils ont, de cette manière, dissout le concept de personne juridique – un principe fondamental de tout État de droit[2].

Depuis que le terme latin *persona*, qui désignait à l'origine le masque porté par les acteurs sur scène dans l'Antiquité, est devenu un terme juridique figé, la double fonction du masque est apparue pour la première fois dans sa dimension politique et juridique[3]. À Rome, la différence entre un citoyen et une personne privée était que le citoyen était considéré comme une personne juridique. Cela signifiait que la loi lui accordait un « masque ». Ce masque de la loi lui permettait d'apparaître en public sans avoir à révéler son intériorité, sa subjectivité. Le masque servait de medium pour couvrir le visage, mais était conçu en même temps de sorte que « sa propre voix pût se faire entendre » :

> L'idée, c'était que « ce n'est pas le moi naturel qui pénètre dans un tribunal. C'est une personne ayant des droits et des devoirs, créée par la loi, qui comparaît devant la loi ». Sans la *persona*, il y aurait un individu sans droits ni devoirs, un « homme naturel » peut-être – c'est-à-dire un être humain ou *homo* au sens originel du terme, qui désigne quelqu'un d'extérieur au

1. *Ibid.*
2. OR, p. 102, trad. fr., p. 161.
3. Voir sur ce point U. Manthe, *Geschichte des Römischen Rechts*, München, C.H. Beck, 2003.

> champ de la loi et au corps politique constitué par les citoyens, un esclave par exemple –, mais assurément un être sans poids politique[1].

Ce qu'Arendt semble essayer de nous dire, dans ses réflexions sur le masque et le concept de *persona*, c'est ceci : en fondant les critères déterminants des questions juridiques uniquement sur les valeurs, l'attitude et les croyances fondamentales, et non sur les faits, les Jacobins se sont défaits de l'idée de personne juridique. L'utilisation des termes « suspects » et « traîtres » en témoigne. Ce n'est pas à la personne que l'on attribuait des droits et des devoirs, mais à uniquement à ceux qui avaient la bonne façon de penser. Si l'on ne partageait pas ces valeurs – ou plus exactement si l'on était soupçonné de ne pas les partager –, on était privé de droits. Cela s'accompagne du renversement de la charge de la preuve – qui est, selon Arendt, « la grande maxime de tous les systèmes juridiques civilisés ». L'accusateur n'a plus à apporter la preuve de culpabilité, c'est à l'accusé de prouver son innocence. Mais puisque l'innocence impliquait de posséder un cœur pur et intègre, et de se soumettre entièrement à la *volonté générale**, prouver son innocence était impossible. Car un cœur pur « ne peut se prouver mais doit être accepté en confiance »[2] ; toutefois les aveux faits dans une atmosphère de méfiance ont toujours été suspectés d'être de purs mensonges[3].

De l'intériorisation du politique à son ethnicisation

Dans son essai *Étrangers à nous-mêmes*, Julia Kristeva attire l'attention du lecteur sur l'aspect indubitablement déconcertant et tragique de la Révolution française durant laquelle, au début des guerres révolutionnaires,

1. OR, 102 *sq.*, trad. fr., p. 161.

2. OR, p. 82, trad. fr., p. 130.

3. Naturellement, les questions de valeurs [*Gesinnung*] jouent toujours un rôle dans l'administration moderne de la justice. Cependant, celles-ci ne peuvent jamais être séparées de l'infraction réellement commise, qui est également prise en compte dans le jugement. En faisant abstraction des actes réels d'une personne et en pensant pouvoir faire de sa disposition intérieure un critère de jugement, on en arrive implicitement à réinterpréter ce qu'est réellement un crime. Le crime devient un vice : « Il y a une différence fondamentale entre le crime et le vice, auquel la société assimile le crime. Les crimes sont commis par des personnes libres, qui peuvent être tenues pour responsables de leurs méfaits. Les vices sont imposés aux hommes au moyen d'une prédisposition fatale et naturelle. Ainsi, les attitudes moralisatrices souvent étroites d'esprit qui, dans les temps anciens, jugeaient et condamnaient les vices comme des crimes, sans aucune soi-disant "compréhension psychologique", manifestaient bien plus de respect pour l'être humain, pour la liberté des hommes, que la "compréhension" humaine des psychologues modernes, qui rabaissent les gens à un mécanisme qui fonctionne automatiquement selon la loi » (ETH, p. 203 *sq.*). Si lorsqu'on parle de crime, on reconnaît que le criminel est une personne qui aurait pu agir différemment, le vice désigne une « fatalité naturelle, comme un pied bot ou un dos voûté ».

les « suspects » étaient en premier lieu des étrangers[1]. Kristeva retrace l'évolution qui a conduit à la demande du Comité de Salut public, le 18 mars 1793, à voter une loi permettant de poursuivre pénalement les étrangers et de tous les bannir de la République. Robespierre se ralliera plus tard à cette demande et, pour sa part, il demandera également l'expulsion de tous les généraux étrangers qui avaient dirigé l'armée française jusqu'à cette date[2]. Au même moment le Comité de Salut public plaida : « Chassons les Anglais de notre territoire ! », et les députés, selon Kristeva, crièrent : « Tous ! Tous ! »[3]. Peu de temps après, on adopta une loi à la Convention nationale qui prévoyait l'arrestation et la confiscation des biens de tous les étrangers en provenance de pays contre qui la République était en guerre, et qui ne résidaient pas encore en France avant le 14 juillet 1789[4]. Cette loi s'apparente à une piètre parodie de la loi sur la citoyenneté d'avril 1790[5], telle que formulée dans l'article 3 de la deuxième partie de la Constitution de 1791. Car dans ce texte, la naturalisation était définie comme suit :

> Tous ceux qui, nés hors du royaume de parents étrangers, sont établis en France seront réputés Français et admis, en prêtant le serment civique, à l'exercice des droits de citoyen actif, après cinq ans de domicile dans le royaume, s'ils ont en outre acquis des immeubles ou épousé une Française, ou formé des établissements de commerce, ou reçu dans quelques villes des lettres de bourgeoisie, nonobstant tous règlements contraires, auxquels il est dérogé[6].

Comment se peut-il qu'en l'espace de quelques années seulement, on soit passé d'une façon de traiter les étrangers telle qu'elle s'exprime dans la Constitution de 1791, et reflétant l'esprit de la *Déclaration des droits de l'homme*, à un sentiment de suspicion générale à l'égard de tous les étrangers ?

Quoique Kristeva en fasse une question de premier plan dans son étude, sa réponse demeure relativement vague : à ses yeux, c'est l'universalisme naïf et mal compris des Lumières qui n'a pas été en mesure d'intégrer les étrangers. On réprime plutôt ce qui est étranger chez l'autre et qui peut de nouveau éclater sous un visage hostile en temps de crise. Ce qui s'exprime ici, selon Kristeva, c'est « la violence et l'insolite de la face

1. Voir J. Kristeva, *Étrangers à nous-mêmes*, *op. cit.*, p. 230 *sq*.
2. *Ibid.*, p. 233.
3. *Ibid.*, p. 234
4. Voir *ibid.*, p. 235.
5. Dite le décret Target [NdT].
6. Cité d'après *ibid.*, p. 230.

subjective du cosmopolitisme »[1]. À partir de là, Kristeva développe sa théorie selon laquelle la prétention cosmopolite et émancipatrice de la Révolution n'a une chance de se réaliser qu'à la condition de reconnaître l'étranger en nous-mêmes. À l'aide d'une « éthique de la psychanalyse »[2], elle cherche à donner un nouveau fondement politique au traitement de l'étranger. Bien que l'analyse de Kristeva constitue un apport important à la compréhension du visage de Janus des Lumières, il me semble qu'il s'agit ici d'une psychologisation du politique, qui identifie la pluralité du monde et la pluralité affective. Le rapport avec l'étranger en soi-même est toujours un rapport avec *son propre* étranger, alors que l'étranger dans une communauté politique et sociale est réellement autre[3]. Il y a un fossé entre l'économie psychologique et les événements politiques et sociaux du monde, qui provient de la logique intrinsèque de chaque sphère et qui ne saurait être comblé par la simple terminologie. D'autre part, Kristeva ne donne pas de réponse à la question de savoir pourquoi ce sont seulement les *étrangers* qui furent l'objet de suspicion. Car, si l'on suit l'argumentation de Kristeva, mon voisin – de la même nationalité que moi – ne peut guère m'être bien moins étranger. Tout ce que Kristeva peut montrer, en fin de compte, c'est *que* les étrangers furent soupçonnés, et elle explique cela – rétrospectivement – par leur étrangeté apparemment peu recommandable.

Par conséquent, je vais emprunter un chemin différent avec Arendt afin d'expliquer ce changement drastique qui eut lieu au cours des premières années de la Révolution[4]. Dans un premier temps, je vais parler d'une proposition datée de 1793, les « certificats d'hospitalité »[5], qui étaient

1. J. Kristeva, *Étrangers à nous-mêmes*, *op. cit.*, p. 211.

2. *Ibid.*, p. 284.

3. Je fais référence ici au syllogisme de Kristeva, qui l'amène à conclure, en parlant de l'étranger en soi, que nous sommes tous des étrangers. Si seulement nous reconnaissions cet étranger en nous, il n'y aurait plus d'étrangers, semble promettre Kristeva. Car là où tout le monde est étranger, personne n'est plus étranger (voir *ibid.*, p. 284). Au lieu d'un examen politique de la pluralité conflictuelle des formes d'existence humaines, elle fait un plaidoyer pour la tolérance. C'est du moins ainsi que je comprends la demande de Kristeva de reconnaître « notre inquiétante étrangeté » (*ibid.*, p. 283).

4. Le fait qu'Arendt a également ce basculement à l'esprit se manifeste dans ce passage : « Un grand enthousiasme pour les "nouveaux spécimens de l'humanité" (Herder) emplissait le cœur des héros de la Révolution française, qui ne se souciaient pas seulement de la libération de la nation française, mais qui espéraient libérer tous les peuples sous les couleurs tricolores et d'en faire des nations. C'est ce que signifiait le mot "*fraternité*", qui devait s'étendre à toute la terre car "*la raison est de tous les climats*" (La Bruyère). Et pourtant, c'est précisément le siècle qui a libéré la nation et qui s'est enthousiasmé pour l'idée d'humanité qui a vu pousser les premiers germes du concept de race, concept qui a détruit les nations et anéanti l'idée d'humanité née de la nation » (ETH, p. 358).

5. Citée d'après J. Kristeva, *Étrangers à nous-mêmes*, *op. cit.*, p. 235.

destinés à libérer l'étranger de la suspicion générale après un examen approfondi de son esprit civique. Un brassard portant le nom du pays d'origine et le mot « hospitalité » devait rendre cet étranger visible aux yeux de tous. Nous retrouvons ici la motivation décrite plus haut qui consiste à placer l'*ethos*, l'attitude intérieure – et non les actes – au centre de l'attention. Cette fois, cependant, le test de l'*ethos* n'était bien sûr exigé que de ceux qui n'étaient pas d'origine française. Cela pose la question suivante : est-ce que l'ethnicisation du politique pourrait être liée d'une manière ou d'une autre à l'intériorisation du politique ? C'est précisément ce que semble affirmer Arendt.

Avec la Révolution française, la notion de bon citoyen a été ramenée à l'intérieur de l'homme. Pour la nation, le patriotisme est un patriotisme du cœur : ce ne sont pas tant les actes que la pureté intérieure de l'individu qui sont déterminants pour juger de sa qualité de citoyen. Car ce n'est que de la pureté que naît la possibilité légitime de s'identifier passionnément à la volonté de la nation. L'écart entre l'exigence de pureté affective de l'individu, d'une part, et l'accent mis sur l'origine commune, d'autre part, est comblé par le fait que l'origine commune offre au patriotisme du cœur l'opportunité de prendre une forme extérieure, mondaine, tout en répondant à ses impératifs constitutifs, c'est-à-dire en mettant l'accent sur une intériorité homogène, similaire. Comment le comprendre ? Tout comme le patriotisme du cœur, l'origine commune tire également sa force constitutive de la communauté de quelque chose qui demeure caché. Mais cet aspect caché est désormais objectivé, pour ainsi dire, par la naissance, et peut donc être transposé dans un monde tangible. Du fait de cette origine commune, on part du principe que l'on est lié par une alliance intérieure intangible et pré-politique, mais que cette alliance se manifeste en même temps dans le monde par le fait de la naissance.

Cette idée du passage de la volonté générale nationale à une origine nationale est illustrée de manière frappante par les réflexions de Renan sur la nature de la nation. Dans son célèbre discours sur la question « Qu'est-ce qu'une nation ? », Renan fait du plébiscite quotidien une caractéristique de la nation : « L'existence d'une nation est (pardonnez-moi cette métaphore) un plébiscite de tous les jours, comme l'existence de l'individu est une affirmation perpétuelle de vie »[1].

On ne saurait accuser Renan d'être un défenseur résolu d'une conception de la nation à connotation ethnique. Bien au contraire, notamment dans la question du statut de l'Alsace-Lorraine, il oppose son idée de la nation

1. E. Renan, *Qu'est-ce qu'une nation ?*, *op. cit.*, p. 55.

comme unité de la volonté à la vision culturelle et nationaliste du publiciste allemand David Friedrich Strauß[1]. Il est donc d'autant plus étonnant que, lorsque l'on s'interroge sur les conditions préalables à la formation de la volonté, on se heurte à une définition de la nation par Renan comme une famille, évoquant la filiation :

> Une nation est un principe spirituel, résultant des complications profondes de l'histoire, une famille spirituelle, non un groupe déterminé par la configuration du sol [...]. Une nation est une âme, un principe spirituel [...] L'une est dans le passé, l'autre dans le présent. L'une est la possession en commun d'un riche legs de souvenirs ; l'autre est le consentement actuel, le désir de vivre ensemble, la volonté de continuer à faire valoir l'héritage qu'on a reçu indivis[2].

L'âme, la volonté et la famille constituent apparemment le socle du concept de nation de Renan : la condition préalable de la « volonté commune » ne se trouve pas en elle-même mais dans l'« âme » qui la guide et la motive. Cette âme, forgée par les « gloires communes » du passé et par l'histoire qui a été vécue, est incarnée par la « famille », par une communauté ancestrale. Bien qu'il s'agisse d'une famille qui place la « volonté » consciente au premier plan – se démarquant ainsi foncièrement des « idées de nation » tribales –, l'âme, en tant que condition préalable de cette volonté, est façonnée par l'histoire et se trouve donc quelque peu soustraite à l'emprise individuelle. Si cette âme très particulière est placée avant la volonté, alors il est avant tout nécessaire que tous ceux qui souhaitent désormais contribuer à façonner la volonté de la nation possèdent en eux-mêmes cette âme commune. Si, ayant considéré l'analyse de la nation par Renan, nous revenons à la question soulevée plus haut, à savoir pourquoi les étrangers en particulier devaient prouver qu'ils avaient le bon *ethos*, et étaient les premiers à faire l'objet de soupçons, alors c'est précisément l'âme en tant que condition préalable de la volonté commune, nationale, qui nous donne la solution : on pensait que ceux qui avaient vécu cette histoire commune ou bien les enfants de ces derniers étaient plus à même d'adopter l'attitude « affective » requise, qui tient au caractère[3], et ainsi de s'identifier à l'âme nationale. C'est également ainsi qu'il faut comprendre la décision de la Convention d'expulser tous les étrangers installés en France en 1789. Lorsque les appartenances

1. Voir M. Muret, « La Querelle de Strauss et Renan (1870-1871), lettres inédites », *Revue des Deux Mondes*, 6e période, t. 30, 1915, p. 186-205.
2. *Ibid.*, p. 25-26.
3. ETH, p. 204.

politiques se nourrissent en grande partie d'une force intérieure et cachée, il y a un désir de symboliser cette force intérieure et cachée sous une certaine forme. Ainsi, la nation en tant que famille, qui a vécu une histoire très spécifique, agit comme un symbole. Il n'est pas exclu que d'autres personnes rejoignent cette famille – et il est possible de rejoindre cette famille –, mais la famille sait parfaitement qui fait partie du « cercle restreint » et qui n'en fait pas partie. En d'autres termes, toute forme d'intériorisation du politique et d'identification de l'âme comme origine de la volonté s'accompagne du danger d'ethniciser les questions politiques.

J'ai parlé ci-dessus du fait que la conception de la nation comme famille développée par Renan met la volonté au premier plan et se distingue fondamentalement de l'idée tribale de nation. Cet ajout est d'une importance capitale, puisqu'il pose les jalons pour être en mesure de différencier rigoureusement le « nationalisme occidental » – également sous sa forme chauvine pervertie – et le « nationalisme *völkisch* » (le nationalisme tribal)[1]. Car même l'expression chauvine du nationalisme occidental français, telle qu'elle s'incarne dans le « *nationalisme intégral** » de Maurras et de Barrès[2], ne se manifeste jamais de telle sorte que des gens qui ont peut-être des ancêtres français, mais qui sont nés et ont grandi dans un autre pays sans aucune connaissance de la langue, de l'histoire ou de la culture françaises, soient déclarés Français simplement en raison des « mystérieuses qualités de leur "sang" »[3]. Quoique la volonté doive son origine à une âme commune, qui elle-même appartient à la famille nationale, l'expression de la volonté est indispensable. Car c'est justement l'expression de la volonté qui rend visible au monde extérieur ce qui distingue les individus les uns des autres. Dans le nationalisme *völkisch* ou tribal, une expression de la volonté qui est extérieurement visible était et reste entièrement superflue. Dans ce cas, l'« âme » n'est *pas* le produit d'une histoire vérifiable orientée vers les événements du passé, mais plutôt une « qualité nationale »[4], qui provient ultimement d'un « sang » commun.

> En termes de psychologie, la différence capitale entre le chauvinisme, même le plus violent, et ce nationalisme tribal tient à ce que le premier est extraverti, tourné vers les réalisations concrètes, spirituelles et matérielles, de la nation, tandis que le second, même dans ses formes les plus modérées

1. ETH, p. 481, voir trad. fr., p. 507.
2. *Ibid.*
3. *Ibid.*
4. *Ibid.*

> (ainsi le mouvement de jeunesse allemand), est introverti, se concentre sur l'âme particulière de chaque individu qu'il considère comme l'incarnation de qualités nationales générales. La mystique chauviniste vise encore à quelque chose qui a réellement existé dans le passé (comme dans le cas du « *chauvinisme intégral** ») et cherche simplement à en faire un royaume au-delà du contrôle de l'homme ; le tribalisme, au contraire, part d'éléments pseudo-mystiques non existants et propose de les réaliser pleinement dans le futur. On reconnaît sans peine le nationalisme tribal au fait qu'il mesure et juge principalement tout ce qui appartient à l'existence visible de sa propre nation, de ses institutions politiques, de sa culture, à l'aune imaginaire de ce « sang »[1].

Pour Arendt, la différence entre les conceptions occidentale et tribale de nation est la plus importante de toutes. Seul un nationalisme tribal pouvait, en raison des conditions de sa constitution, développer une haine raciale telle que celle qui a libéré ce potentiel d'annihilation jusque-là jamais anticipé. La « trinité du peuple, de l'État et du territoire »[2], qui constitue le fondement de la conception occidentale de la nation, est remise en cause par le nationalisme tribal[3]. On peut voir cela rien qu'au fait que l'idée d'une communauté de sang transcende les limites territoriales et fait d'un peuple, en tant qu'unité historiquement constituée, une communauté tribale. À l'inverse, la conception occidentale de la nation est directement liée à l'État et à ses institutions. Mes remarques sur le rapport entre droit et nation ont montré que la Révolution française a bel et bien aidé l'État moderne à s'imposer, en éliminant entièrement le féodalisme et en poussant ainsi à une juridification de l'État. En outre, à partir de la Révolution, l'« égalité de tous devant la loi » – qui constitue alors une

1. ETH, p. 482, trad. modifiée, p. 507.

2. ETH, p. 107 *sq.*

3. Arendt ne fait pas que distinguer le nationalisme occidental et le nationalisme tribal, elle distingue aussi le nationalisme tribal et la pensée raciale. Le national-socialisme a transformé le nationalisme tribal – qui a toujours occupé une place prédominante en Allemagne, de même que dans l'est et le sud de l'Europe de l'Est – en pensée raciale. Arendt souligne le fait que tout ce qui est racial est toujours tribal, mais que tout ce qui est tribal n'est pas toujours racial. Le grand danger du tribal est la privation de monde [*Weltlosigkeit*] et sa tendance à la spéculation. La pensée de la race décuple cela immédiatement avec une échelle de valeurs qui divise le monde entre races supérieures et races inférieures. Cela rend instantanément la pensée raciale « politique ». La communication entre les entités politiques, telle qu'elle est comprise dans l'idée de nation, est impossible sur la base de la pensée raciale. C'est pourquoi Arendt parle de « pensée raciale anti-nationale » et part du principe que le racisme est « partout un facteur opposé au nationalisme et qui le sape, ainsi que toute forme de patriotisme ». Les idéologies raciales sont les seules qui « frappent véritablement l'État-nation au cœur, en même temps que le nationalisme, avec son refus du principe d'égalité et de solidarité des nations, qui était garanti par l'idée d'humanité » (ETH, p. 357).

extension qualitative de l'« égalité de tous devant l'État » – invoque un agenda politique. Ce qui semble donc paradoxal, c'est que le rapport entre le droit et la nation apparaît sous un autre aspect, qui met à mal à la fois la rationalité tout juste acquise du droit et la légalité de l'action politique. C'est pourquoi Arendt écrit, révélant la situation conflictuelle au fondement de l'État-nation :

> Il n'y a aucun doute quant au fait que ce développement de la conquête de l'État par la nation a toujours constitué un danger particulier pour l'État-nation. Comme cette forme d'État signifie en même temps la création d'un État constitutionnel et qu'elle se fondait essentiellement sur l'État de droit contre l'administration despotique et arbitraire, c'était aussi le danger qui allait être fatal à cette forme de gouvernement[1].

Cette tension dans la structure fondamentale de l'État-nation pousse Arendt à parler de « l'équilibre précaire entre la nation et l'État, entre la volonté du peuple et la loi, entre l'intérêt national et les institutions juridiques »[2]. Nous avons vu comment cet « équilibre précaire » bascule pendant la période de l'entre-deux-guerres, et transforme l'État, en tant qu'« appareil légiférant et institution en faveur de la préservation des droits », en un « instrument de la nation » : « La nation prend la place de la loi »[3].

Dans la troisième partie de ce chapitre, je présenterai la critique de la souveraineté populaire par Arendt comme une critique de l'organisation structurelle de l'État d'Europe continentale. Ma thèse est qu'Arendt décèle dans la structure de l'État moderne des caractéristiques présentant un danger pour l'ordre. Mon analyse montrera entre autres que l'État risque d'être conquis par la nation, et ceci justement parce que l'idée de nation est la seule façon pour l'État moderne de générer l'identité et la solidarité entre les citoyens. Un axe critique sera donc de montrer que la conversion au national est aussi une réaction par rapport au fait que l'État moderne n'a pas développé ni permis la formation d'institutions politiques au sein desquelles une mentalité et une culture politiques auraient pu émerger sur la base d'un processus discursif et démocratique. Cependant, si on revient aux réflexions de Max Weber, c'est justement cette organisation structurelle et hiérarchique de l'État d'Europe continentale qui fut la condition préalable à l'État de droit rationnel. Maintenant que la configuration structurelle de l'État d'Europe continentale est remise en

1. ETH, p. 575.
2. ETH, p. 575 *sq.*
3. ETH, p. 488.

cause, le concept de droit se retrouve au centre de la critique. Alors que la critique juridico-philosophique de la souveraineté populaire finit par devenir une critique du mode de compréhension du politique, la critique de la dimension institutionnelle et structurelle de l'État finit par remettre en question le concept de droit. Ce n'est pas une ruse dialectique, mais un indice du rapport intrinsèque qui lie la politique et le droit.

LA SOUVERAINETÉ POPULAIRE ET LA POLITIQUE

Adelbert Reif : Sur quel concept d'État vous fondez-vous ?
Hannah Arendt : En réalité, je ne me fonde pas sur un concept d'État différent, mais je reconnais le besoin de changer de concept d'État[1].

Le problème central de l'État d'Europe continentale est la délimitation et la description de la nature du pouvoir politique. L'un et l'autre sont intimement liés. En ce qui concerne la nature du pouvoir, l'État d'Europe continentale établit de manière institutionnelle une conviction qui est un lieu commun de la pensée politique depuis Platon : l'identification du pouvoir et de la violence. C'est ainsi que « l'efficacité du commandement »[2] devient la caractéristique essentielle du pouvoir, et la domination [*Herrschaft*] la catégorie fondamentale de toute réflexion sur les communautés politiques. En effet, la domination désigne avant tout une condition qui garantit que la volonté du ou des dirigeants, c'est-à-dire le commandement, puisse être imposée de manière permanente aux dirigés. À cet égard, le concept de domination est un pilier primordial de la célèbre définition de l'État de Max Weber, qui décrit l'« État » comme « un rapport de *domination* exercé par des hommes sur d'autres hommes, et appuyé sur le moyen de la violence légitime (ce qui signifie : considérée comme légitime) »[3]. Si l'on part du principe que le pouvoir et la violence sont identiques, et que la domination constitue l'essence de tout État, par conséquent, seul un État dans lequel la volonté ordonnatrice est indivise et les ressources nécessaires pour la mettre en place sont centralisées et monopolisées peut être qualifié de « puissant ». En bref : là où le pouvoir est concentré en un seul endroit. Cette idée de la place et de la nature du pouvoir conduit Arendt à parler – à propos de la configuration structurelle de l'État continental

1. Hannah Arendt dans une interview avec Adelbert Reif, 1970.
2. OV, p. 37.
3. PaB, p. 507, trad. fr. C. Colliot-thèlène, *Le savant et le politique*, Paris, La Découverte, 2003, p. 120.

européen – d'« absolutisme étatique »[1], qui fut incarné pendant des siècles de façon mémorable par la figure du roi comme souverain. Avec la Révolution française, cette configuration structurelle de l'État devient un problème central. Si la question de la légitimation se pose à nouveau avec la Révolution, et si le caractère supposément divin du souverain absolu est déclaré caduc, la conception traditionnelle de l'État a néanmoins été préservée. Le peuple s'est assis sur le trône du roi. D'où la difficulté de faire coïncider le soi-disant nouveau règne du peuple avec la configuration structurelle de l'État. Selon Arendt, au niveau de la légitimation, « un moyen hautement ingénieux » fut trouvé dans les réflexions de Rousseau sur la *volonté générale**, à savoir « mettre une multitude à la place d'une seule personne ; car la volonté générale n'était rien de plus ni de moins que ce qui liait la multitude en une seule personne »[2]. Mais, à ses yeux, cela ne répondait pas à la question suivante : comment fallait-il former et définir cette soi-disant volonté générale ? En d'autres termes, comment fallait-il traduire le règne du peuple en termes politiques et institutionnels ?

Pour Arendt, le système parlementaire de partis représente « à ce jour la seule forme […] au sein de laquelle la souveraineté populaire peut entrer en vigueur dans un État-nation »[3]. Cependant, comme je le démontrerai ci-dessous, cette forme politico-institutionnelle engendre des pathologies politiques dans les démocraties de masse modernes, qui se reconnaissent au comportement des citoyens. Pour Arendt, ces pathologies résultent de la « "*Praxisentzug*", la suspension de l'action »[4] et de la « *Machtfremdheit* » (absence de familiarité avec le pouvoir »)[5], qui sont les conséquences principales de la structure politique de l'État moderne. Par conséquent, nous devons en conclure que la critique des partis et du Parlement chez Arendt est, dans le même temps, une critique de l'État, au sens où elle soulève le problème de la place du pouvoir au sein de l'État et de la relation qu'entretiennent les citoyens vis-à-vis de ce pouvoir[6].

1. ÜR, p. 203.
2. OR, p. 72.
3. NuD.
4. OV, p. 81.
5. ETH, p. 540.
6. La thèse selon laquelle la critique des partis et du Parlement par Arendt est également une critique de l'État est renforcée par le fait que les systèmes politiques du Royaume-Uni et des États-Unis sont exclus, pour la plupart, de cette critique. Qui plus est : la critique arendtienne des partis et du Parlement commence précisément par une démarcation entre le système anglo-saxon et celui de l'Europe continentale. En ce qui concerne la période européenne de l'entre-deux-guerres, Arendt affirme que, bien que la Grande-Bretagne ait une « tradition impérialiste distincte » (ETH, p. 530) et que les conséquences de la société

Mais ce n'est pas tout : le concept formel et rationnel du droit a justement besoin de cette configuration structurelle afin de développer son potentiel ordonnateur au sein d'une communauté. Ma thèse est que non seulement la critique d'Arendt des partis, du Parlement et de l'État remet en question les conditions traditionnelles de base de la formation du droit rationnel, mais aussi qu'elle remet fondamentalement en cause l'essence même du concept de droit.

Pour pouvoir expliquer cette thèse, je présenterai d'abord la conception arendtienne de la société de masse, et j'étudierai son rapport avec le système représentatif d'Europe continentale. Ce faisant, j'aborderai le reproche que fait Arendt à la démocratie parlementaire, qui selon elle induit une « gigantesque massification »[1] des citoyens, au lieu d'essayer de casser cette « massification » dans la sphère politique. Pour Arendt, la

de masse y soient beaucoup plus facilement visibles qu'en Allemagne ou en France, aucun mouvement de masse n'a jamais réussi à y exercer une véritable influence politique. La question décisive pour Arendt est donc de savoir dans quelle mesure les « conditions de la société de masse » conduisent également à « la formation de mouvements de masse » (OR, p. 274, trad. fr., p. 413) ? Alors que le système bipartisan britannique pouvait se passer d'un changement décisif dans les « institutions politiques » (OT, p. 252, trad. fr., p. 540), les mouvements de masse ont trouvé un « sol fertile » (ETH, p. 540) dans le système multipartisan du continent. Selon Arendt, ce sol plus fertile signifiait qu'il y avait, en vérité, une conception différente de l'État derrière cette formation du système représentatif. Alors que dans la configuration verticale de l'État continental européen, tout le pouvoir est centralisé au sommet de l'État, le système bipartisan se fonde sur une structure étatique horizontale, qui est associée à une « conception radicalement différente du pouvoir » (OR, p. 272, trad. fr., p. 409). Mis en œuvre institutionnellement dans le système politique, cet autre principe de pouvoir s'exprime dans le fait que – *premièrement* – le parti qui gouverne en Grande-Bretagne est non seulement identique au gouvernement, mais aussi « que, pour un temps, le parti au pouvoir s'identifie à l'État » (OT, p. 252, trad. fr., p. 541). La conséquence de cela est que toutes les branches de l'administration sont guidées par cette identification du parti avec l'État, et ne peuvent être organisées de manière non partisane. Dans le système de parti d'Europe continentale, en revanche, chaque parti n'est qu'une partie du tout, la nation, qui, pour sa part, est représentée par l'État. Si, en théorie, l'idée est que tous les partis forment ce tout ensemble, en réalité, ce tout imaginaire se réduit à une unité comprenant les ministères et autres entités administratives de l'État, qui vont alors certainement se confronter ou s'opposer aux différents partis et même au gouvernement. Dans ce cas, le pouvoir de l'État réside dans l'appareil administratif (voir OT, p. 252 *sq.*, trad. fr., p. 541 *sq.*). *Deuxièmement*, il y a le fait que l'opposition britannique elle-même soit reconnue comme une sorte d'« institution politique » (OR, p. 271, trad. fr., p. 408), qui incarne le pouvoir et à laquelle incombe la tâche de garantir « l'intégrité de l'ensemble » (OT, p. 252, trad. fr., p. 541), ce qui est étroitement lié à ce qui précède. La « différence essentielle entre le gouvernement et l'État » (*ibid.*), c'est-à-dire la différence essentielle à l'État continental européen, est ainsi effacée. En outre – *troisièmement* –, en raison de la « fonction des partis au sein du corps politique » et de l'« attitude des partis vis-à-vis du pouvoir », « le pouvoir comme l'État restent à la portée des citoyens organisés dans le parti » (*ibid.*).

1. OT, p. 316.

« massification » s'exprime par la mentalité, qui traverse l'ensemble de la société, qui veut que l'individu soit politiquement insignifiant. Après quoi je montrerai comment ce sentiment d'insignifiance politique évolue en méfiance envers toutes les autres institutions politiques de l'État. Le problème central que pose cette méfiance est que le « *Legalitätsglauben* » (la croyance en la légalité)[1], en tant que pilier de l'ordre démocratique, est remis en cause. L'insignifiance comme la méfiance mettent en danger l'ordre démocratique, dans la mesure où elles provoquent la montée de mouvements de masse antidémocratiques, comme nous le soulignons dans la dernière partie de ce chapitre. Il devient alors manifeste que « la perte progressive d'autorité correspond à une menace tout aussi progressive pour la liberté »[2]. Car la mentalité apolitique des citoyens, comme conséquence de la méfiance et de l'insignifiance, menace de chavirer et de devenir une attitude anti-démocratique. En bref, l'État d'Europe continentale produit des formes pathologiques et déstabilisatrices du comportement politique.

La politique dans la société de masse

Sans aucun doute, le problème des masses et des pathologies de la société de masse est d'une importance capitale dans la pensée d'Arendt. Néanmoins, le sujet des masses et de la société de masse doit être analysé avec prudence. Sans prétendre couvrir toutes les dimensions du concept arendtien de masse, j'aborderai ce concept de trois façons différentes. Premièrement, Arendt parle de la société de masse quand elle sous-entend le constat sociologique – plus ou moins neutre – en vertu duquel on ne peut plus parler de société de classes quand on prend en considération les sociétés modernes et la dissolution de la structure de classes. Le terme de « société de masse » vise alors à rendre compte de l'évolution des conditions sociales, culturelles et socio-économiques, qui fait que les modèles d'identité et de valeurs traditionnels commencent à se dissoudre avec le temps. En conséquence de cela, les attitudes, les intérêts et les projets de vie ne peuvent plus être appréhendés selon le schéma anciennement coutumier d'une société de classes[3]. Outre l'usage

1. WuG, p. 19, voir aussi EaS, p. 37.

2. H. Arendt, « Was ist Autorität ? », art. cit., p. 162. Cette phrase et tout le reste du paragraphe où Arendt prend en considération le lien entre autorité et liberté est absent de la version anglaise de « What is Authority ? ». Arendt conclut ce paragraphe par une phrase qui s'oppose à toute interprétation de sa pensée en termes de démocratie radicale : « Notre question – qu'est-ce que l'autorité ? – qui suppose qu'il n'y a plus aucune véritable autorité dans le domaine politique, pourrait correspondre à la question dont nous ne pouvons plus discuter, à savoir : qu'est-ce que la liberté, en réalité, dans les conditions de l'ère moderne ? » (*ibid.*, p. 163).

3. Voir OR, p. 274 *sq*.

sociologique, il y a, deuxièmement, le concept de masses modernes. Ce concept renvoie à l'oubli de soi et à l'isolement des individus modernes, qui se sentent de plus en plus superflus face à la modernisation sociale et économique. Le recours au concept de masses modernes s'inscrit non seulement dans la critique classique de la modernité, qui était prédominante chez de nombreux intellectuels de la première moitié du XXᵉ siècle, mais il souligne également la forte portée normative du concept de masses d'Arendt. L'oubli de soi et l'isolement décrivent la « psychologie de l'homme de masse européen »[1]. Pour étayer la pertinence sociale de cette mentalité, Arendt parle dans certains passages de son œuvre de la société *de masse*, comme d'une société constituée par des individus modernes. J'indiquerai clairement en italique ce dont il est question dans chaque cas. Troisièmement, l'analyse des masses par Arendt est directement liée à ses réflexions sur « l'architecture du monde moderne »[2]. C'est dans ce contexte que se développe un « mode de pensée de la modernité »[3], à partir de la place prépondérante prise par le processus vital. Dans ce mode de pensée de la modernité, le raisonnement logique occupe une place cruciale. Il veille à ce que l'individu perçoive, conçoive et évalue son environnement uniquement en fonction de ses besoins subjectifs. En bref, le sujet des masses est également abordé par Arendt sous l'angle *d'un mode de pensée spécifique*. La raison de cette précision terminologique préalable tient au fait qu'Arendt utilise chacune des trois variantes du terme de « masses » comme argument contre le système représentatif de la démocratie parlementaire[4].

Avec la disparition de la société de classes, qui a toujours eu un visage de Janus[5] dans le cadre de l'État-nation moderne, l'État moderne se trouvait confronté à des difficultés politiques entièrement

1. OT, p. 315.

2. C. Volk, *Urteilen in dunklen Zeiten*, *op. cit.*, p. 60.

3. Dans mon ouvrage *Urteilen in dunklen Zeiten*, je parle d'une « architecture de la modernité », qu'on peut tirer des réflexions d'Arendt. Ce mode de pensée joue un rôle central au sein de cette structure architecturale de la modernité (voir *ibid.* p. 92-113).

4. Dans cette partie, il sera seulement question de la première et de la dernière variantes de ce concept. La mentalité d'une société de masse sera le sujet d'un développement ultérieur.

5. D'un côté, la société de classes garantit « la seule stratification, à la fois sociale et politique, des États-nations européens » (OT, p. 312), et permet ainsi d'avoir un minimum de liberté démocratique. D'un autre côté, l'appartenance rigide à une classe a empêché le développement de toute forme de conscience politique à l'égard de la responsabilité de l'État dans son ensemble, et ce pendant de longues périodes au XIXᵉ siècle – Arendt parle même, dans certains passages, d'une « guerre civile » latente mais « permanente » (OT, p. 230), résultant des différences de classe.

nouvelles. Ces difficultés résultaient principalement du phénomène des masses modernes et du « problème de la solitude »[1] qui s'ensuivait. La solitude[2], selon Arendt, est un phénomène général de l'âge moderne qui résulte principalement de la pression compétitive des sociétés capitalistes. Arendt affirme que la solitude est déjà perceptible en tant que sentiment social dans une société compétitive organisée en classes, quoiqu'elle puisse être canalisée et limitée par le cadre social. La solitude n'apparaît comme un courant qui traverse la société qu'avec le processus de désintégration de la société de classes. Mais pourquoi la solitude est-elle un « problème », et en quoi le « problème de la solitude » est-il un problème politique ?

La solitude, pour Arendt, ne signifie pas seulement l'isolement ou bien la stricte individualisation, au sens d'être abandonné par les autres. Le terme de « solitude » signifie qu'on est passé du fait d'être abandonné par les autres à celui d'être déserté « par [s]on propre moi »[3]. Ce qui fait la solitude, et donc la mentalité caractéristique des masses modernes, c'est cet abandon de soi-même, qu'Arendt appelle « la perte du moi ». Ce que montre cette mentalité, c'est la croyance selon laquelle « soi-même n'a pas d'importance, le sentiment d'être dispensable »[4]. L'idée qu'une personne soit « superflu[e] »[5] se traduit en politique par une absence caractéristique d'intérêts et une non-appartenance au monde qui est diamétralement opposée au principe représentatif du système parlementaire. C'est pourquoi Arendt écrit dans son chapitre sur les masses dans *Elemente und Ursprünge totaler Herrschaft*, en parlant de la période de l'entre-deux-guerres :

> On ne pouvait plus inciter ces gens à s'engager dans des actes politiques et révolutionnaires en leur disant qu'ils n'avaient plus rien à perdre, sinon leurs chaînes ; ils avaient déjà perdu bien plus que les chaînes de la misère et de l'exploitation quand ils furent dépossédés de leur intérêt pour leur propre bien-être. *Leur misère matérielle était la plupart du temps tout à fait supportable grâce à la sécurité sociale des États modernes, mais cela ne leur rendait pas leur relation perdue avec un monde commun. Avec la perte du monde commun, les individus de masse avaient perdu la source de toutes leurs inquiétudes et soucis qui ne font pas que troubler la vie humaine, mais qui la guident et la dirigent.* En fait, ils n'étaient pas « matérialistes »

1. ETH, p. 682, trad. fr., p. 835.
2. La traduction Quarto traduit *loneliness* par « désolation » pour désigner la solitude de l'homme que le système totalitaire déracine, prive de sol. Voir *Les origines du totalitarisme*, *op. cit.*, p. 833, note 4 [NdT].
3. OT, p. 476, trad. fr., p. 835.
4. OT, p. 315.
5. OT, p. 475, trad. fr., p. 814.

> et ne réagissaient plus aux arguments matérialistes puisque, dans cette situation, même les avantages purement matériels avaient en grande partie perdu de leur sens. Comparés à leur non-appartenance au monde [*worldlessness*], les moines chrétiens semblaient enracinés dans le monde, pleins d'intérêt pour les affaires mondaines[1].

Arendt met en évidence la manière dont le fait de se sentir superflu vis-à-vis des choses du monde, de la coexistence sociale et politique des gens de l'ici et du maintenant, se traduit par un manque général d'intérêt. Ce manque d'intérêt de la part des masses modernes conduit à la non-appartenance au monde [*worldlessness*] et devient un problème politique, parce que les partis traditionnels ne sont plus en mesure de continuer à intégrer politiquement les masses modernes. En Europe continentale, le système représentatif en général et le parti, en tant qu'organisation servant à représenter les intérêts politiques, ont historiquement pour origine une société qui offrait des profils d'intérêts identifiables, « plus ou moins francs et objectifs »[2], qui pouvaient être dérivés de la position sociale et représentés sous forme de programme par les partis concernés. Ce qu'Arendt semble dire, c'est que dans une société de *masse*, où les intérêts ne sont plus identifiables, l'idée de représentation des intérêts est désormais dénuée de fondement[3]. Il ne fait aucun doute que l'erreur qu'Arendt commet ici est qu'elle définit la représentation exclusivement comme une représentation d'identité ou d'intérêt. Elle ne voit pas la dimension configuratrice de la représentation, en termes politiques, c'est-à-dire le « caractère constitutif de la représentation pour la formation d'alternatives politiques »[4]. Ceci étant dit, si on part du principe que la

1. ETH, p. 679, nous soulignons.

2. ETH, p. 667.

3. Voir ETH, p. 676. Arendt souligne ici que ce sont justement « l'appartenance à une classe et les formes de représentation élaborées dans ce système » (ETH, p. 676) qui ont garanti une certaine stabilité politique et sociale.

4. W. Thaa, « Die Krise politische Repräsentation – eine Folge der Auflösung gesellschaftlicher Großgruppen und sozio-kultureller Milieus ? », *in* W. Thaa, M. Linden (Hrsg.), *Krise und Reform politischer Repräsentation*, Baden-Baden, Nomos, 2011, p. 143. Pour une critique nuancée et prudente de la conception arendtienne de la représentation comme une projection de l'identité, voir aussi W. Thaa, *Politisches Handeln. Demokratietheoretische Überlegungen im Anschluss an Hannah Arendt*, Baden-Baden, Nomos Verlag, 2011. Si Winfried Thaa critique Hannah Arendt pour sa conception pragmatique de la représentation, c'est en même temps Arendt qui concentre et oriente la vision de Thaa vers une nouvelle approche de la représentation politique comme « condition de possibilité de la liberté politique » (W. Thaa, « Kritik und Neubewertung politischer Repräsentation : vom Hindernis zur Möglichkeitsbedingung politischer Freiheit », *Politische Vierteljahresschrift* 49, p. 619).

fonction primordiale d'une démocratie parlementaire est la formation de la volonté, et donc la génération de la légitimité, alors le déficit de représentation dans les sociétés de masse modernes se répercute sur la forme de gouvernement tout entière. Arendt en conclut que dans les

> conditions d'une société *de masse* [...] les institutions démocratiques telles que les libertés démocratiques [perdent] leur sens ; elles ne peuvent pas fonctionner, car la majorité du peuple n'est jamais représentée en leur sein, et elles deviennent incroyablement dangereuses quand une partie du peuple, qui n'est pas représentée, ce qui constitue la véritable majorité, se rebelle contre le fait d'être gouverné par une soi-disant majorité[1].

Si on laisse de côté pour l'instant la question de savoir quels sont exactement les dangers que représente la « gigantesque massification d'individus »[2] pour le système parlementaire aux yeux d'Arendt, et si on se tourne plutôt vers la question des conditions d'émergence de cette « massification », alors c'est le système parlementaire de l'État d'Europe continentale lui-même qui devient l'objet de sa critique. Selon Arendt, la « massification » n'est pas seulement la conséquence de la structure capitaliste des sociétés modernes. Elle remarque également des tendances dans le système représentatif qui soutiennent politiquement une *massification*, cimentant ainsi, de manière institutionnelle, le sentiment généralisé d'être superflu. Arendt affirme que même là où « la communication entre les votants et les élus »[3] fonctionne encore en principe – il est question dans ce contexte du système bipartite anglo-saxon –, on ne peut en aucun cas parler d'un dialogue entre individus égaux. Toute démocratie représentative perpétue la confrontation entre les gouvernants et les gouvernés. Alors que les révolutions de l'époque moderne incluaient dans la sphère institutionnelle ceux qui en avaient été autrefois exclus – en raison de leur genre, de leur naissance ou de leurs biens –, la relation structurelle « entre l'élite dirigeante et le peuple »[4] se perpétue néanmoins. Bien plus, elle fut le pilier de la structure constitutive de toute politique démocratique jusqu'alors. C'est ainsi que la majorité de la population demeure dans une situation passive, en ayant conscience que l'opinion particulière n'a pas d'importance politique. De cette manière, le système représentatif renforce aussi la « massification des individus » dans la sphère politique, au lieu de « divis[er] “la multitude” en assemblées où

1. ETH, p. 672, nous soulignons.
2. OT, p. 316, trad. fr., p. 624.
3. ÜR, p. 356.
4. OR, p. 281, trad. fr., p. 424.

chacun pourrait compter et où tous pourraient compter sur chacun »[1]. La thèse d'Arendt est donc que d'un côté le principe représentatif n'est plus en mesure de trouver dans une société de masse ce qui peut garantir la cohésion continue de la communauté étatique. De l'autre, la démocratie représentative encourage pour sa part, par des moyens politiques, le phénomène de massification et permet ainsi la diffusion d'une mentalité apolitique. Il est vrai que le problème du manque d'intérêt et de contact avec le monde ne vient pas seulement du manque d'occasions de participer à la vie politique dans l'État moderne. Mais Arendt pense certainement que la participation politique active pourrait contrer le sentiment de superfluité et d'insignifiance de l'individu lorsqu'il est confronté aux questions politiques centrales du moment[2].

Cela étant, une démocratie parlementaire ne doit pas nécessairement sombrer dans la crise à cause d'une certaine mentalité qui traverse de vastes pans de la société. Néanmoins, le système est confronté à un problème de légitimation : d'une part, la mentalité révèle le fait que certaines parties de la communauté ne se considèrent plus comme faisant partie du démos politique, ce qui contredit la manière même dont la démocratie parlementaire se conçoit elle-même. D'autre part, l'exercice du pouvoir par les élites politiques est susceptible de perdre progressivement son fondement normatif, ce qui entraînera un déficit de légitimation. De plus, si l'on soutient, comme le fait Arendt, que le système représentatif lui-même promeut ou entretient la mentalité que nous venons de décrire, alors c'est une ressource clé de la légitimation qui devient pour le moins discutable, dans le cadre de la forme de parlementarisme esquissée ici. Dans le premier chapitre, sur les paradoxes de l'État-nation, j'ai suggéré que la question de la légitimation peut devenir une question de stabilité politique, en particulier pour les formes de gouvernement démocratiques. L'atrophie de la légitimation va généralement de pair avec le fait que les élites politiques de la démocratie parlementaire perdent leur pouvoir de persuasion auprès de larges pans de la société dans la bataille politique

1. OR, p. 257, trad. fr., p. 388.

2. Le fond du raisonnement d'Arendt est similaire à celui de Hirschman, qui, dans son essai *Shifting Involvements*, détecte également une source de frustration dans la « sous-implication » institutionnalisée et forcée, ainsi que dans la « surimplication » des citoyens (A. O. Hirschman, *Shifting Involvements. Private Interests and Public Action*, Princeton, Princeton University Press, 1982, p. 103). Contrairement à Hirschman, cependant, Arendt ne prête pas attention à ces « facteurs incitatifs » (*ibid.*, p. 5) de l'action politique qui pourraient justement conduire au désengagement politique et au désenchantement – et qui sont discutés longuement par Hirschman. Pour Arendt, l'action politique en soi sert de point de repère normatif; toute déception intérieure potentielle doit être supportée.

pour l'explication, l'interprétation et l'évaluation des événements et des évolutions de la société – une circonstance qui a toujours donné du grain à moudre aux populistes de tous bords.

La critique d'Arendt à l'égard de l'État d'Europe continentale et de ses institutions est amplifiée par le fait que, dans une société de masse, on a affaire *aussi* à une multitude de projets de vie, de valeurs, d'idéaux et d'identités différents. Par conséquent, selon elle (et en raison d'une conception inopérante de la représentation), il devient de plus en plus illusoire, dans une société de masse, de vouloir représenter les intérêts de personnes très différentes de manière approfondie, globale et durable. C'est l'une des raisons pour lesquelles la mise en place d'espaces de prise de décision démocratiques et discursifs est une nécessité politique, et avec elle la recherche d'« une forme nouvelle de gouvernement qui eût permis à chaque membre de la société égalitaire moderne de devenir "participant" aux affaires publiques »[1].

Méfiance et autorité

Outre le fait qu'elle maintienne les individus dans un sentiment de superfluité et d'insignifiance, la configuration structurelle de l'État parlementaire moderne pour Arendt est également responsable du fait que les citoyens développent peu à peu une « méfiance à l'égard de toutes les institutions qui étaient censées représenter le peuple »[2]. Cette méfiance ébranle un des piliers de l'État moderne d'Europe continentale, à savoir la « croyance des citoyens en la légalité »[3]. Mais qu'entend-on exactement par là ?

L'expression « croyance en la légalité » nous vient de Max Weber. Il l'emploie pour exprimer le fait que, quand bien même le monopole de la violence physique se trouve au cœur du droit et de l'administration de l'État moderne comme *ultima ratio*, aucun État moderne ne peut fonctionner uniquement et exclusivement sur la base de ce monopole. Contrairement aux formes traditionnelles et charismatiques de domination du passé, c'est précisément la « croyance en la légalité » qui pousse les citoyens à obéir aux résolutions, aux lois et aux décisions. Dans la conception de Weber, l'expression « croyance en la légalité » comprend

> la croyance à la validité d'une *codification* légale et de la « compétence » objective fondée sur l'application de règles instituées de manière rationnelle,

1. OR, p. 268, trad. fr., p. 404.
2. ETH, p. 532.
3. « Legalitätsglauben », WuG, p. 19, trad. fr., p. 73.

> donc en vertu de la disposition à l'obéissance et à l'accomplissement des devoirs conformément à cette codification : une domination du type de celle qu'exercent le « serviteur de l'État » moderne et tous les détenteurs de pouvoirs qui lui ressemblent à cet égard[1].

Selon Weber, la « soumission » des citoyens à la loi est fondée sur la croyance que les décisions et résolutions sont « formellement correctes et [...] établies selon la procédure d'usage »[2], qu'elles sont donc compatibles avec l'ordre de base de la communauté, et qu'elles ne résultent pas de la corruption et du népotisme. La « croyance en la légalité » exprime ainsi la confiance dans le fait que l'État déploie ses moyens de façon impartiale et indépendamment des intérêts de l'élite dirigeante, au service du seul intérêt commun. Cette impartialité et cette indépendance se manifestent et se singularisent sous la forme de la bureaucratie étatique.

Arendt soutient quant à elle que la dégradation de la réputation du parti et du Parlement auprès de larges pans de la société peut également s'étendre aux autres institutions étatiques. Ainsi, dans les sociétés modernes, l'État risque de perdre peu à peu son autorité et le consentement des citoyens. La raison de cette dégradation de la réputation des partis et de la méfiance à leur égard dans la société moderne est due à son type d'organisation. En effet, au fil du temps, le parti, en tant qu'organisation de représentation, est devenu un organe représentatif « qui n'approche le peuple que de l'extérieur et d'en haut »[3]. Arendt écrit sur ce point :

> Quoi qu'il en soit, ni le peuple en général ni les politologues en particulier n'ont laissé planer beaucoup de doute : les partis, parce qu'ils détiennent le monopole de la désignation, ne peuvent être considérés comme des organes du peuple, mais constituent au contraire les instruments très efficaces grâce auxquels on réduit et on contrôle le pouvoir du peuple[4].

L'évolution des partis en « organes représentatifs » est due principalement aux exigences systémiques de différenciation interne de cette forme d'organisation. La mission de représentation politique des intérêts doit être menée avec des ressources limitées – ce qui conduit également à la rationalisation interne des partis. Dans la perspective sociologique de l'organisation, les partis deviennent des bureaucraties de parti, dont la tâche première est de « recruter leurs propres élites »[5]. Selon Arendt, ces élites sont des élites de parti ; et cela est révélateur du fait

1. PaB, p. 507, trad. fr. C. Colliot-Thèlène, *Le savant et le politique*, *op. cit.*, p. 88.
2. EaS, p. 37, trad. modifiée, p. 73.
3. OR, p. 251, trad. fr., p. 379.
4. OR, p. 273, trad. fr., p. 411.
5. OR, p. 281, trad. fr., p. 423.

que le parti moderne n'est plus « un organe populaire », mais que seuls les membres du parti qui se soumettent à l'« esprit de corps »[1] propre au parti politique peuvent espérer être admis à une carrière politique. Outre la nécessité de rationalisation interne de ce type d'organisation politique, Arendt souligne – en suivant Weber – que l'« esprit de corps » et la discipline de factions peuvent également être une conséquence de la « politique négative »[2] à laquelle les partis se voient condamnés dans le fonctionnement quotidien du parlementarisme moderne. Cette « politique négative » serait alors la conséquence d'un transfert du pouvoir politique du législatif vers l'exécutif. Quoi qu'il en soit, dans ce contexte et aux yeux d'Arendt, « le véritable talent politique » n'a que rarement l'opportunité de se dévoiler. Ce talent est généralement broyé par les « manœuvres mesquines de la politique partisane »[3]. Par conséquent, le recrutement a lieu uniquement sur la base de la crédibilité de l'individu et sa capacité à prouver son attachement au parti. Comme il est si évident que la politique est devenue « un métier et une carrière »[4], toute croyance ou confiance en la possibilité que le monde politique tel qu'il est établi puisse impliquer quelque chose comme la solidarité, l'esprit de communauté et la cohésion dépassant la logique « d'achat et de vente »[5] est perdue. Moindre est la croyance auprès de larges pans du public que les leaders politiques peuvent faire de la politique en préservant les intérêts de la nation et pour le bien commun dès leur entrée au gouvernement, plus grand est le déclin de la confiance en l'impartialité et l'indépendance de l'État et de la fonction publique. À une époque où, politiquement, on pense généralement que seuls sont poursuivis les intérêts particuliers, les intérêts privés, il est difficile pour chaque groupe d'individus ou de métiers de convaincre les autres qu'ils font preuve de neutralité en matière d'intérêts et d'impartialité dans les affaires politiques quotidiennes. Arendt en conclut que l'autorité de l'État constitutionnel et démocratique est alors en déclin lorsque la « conviction générale » gagne du terrain « que les fonctionnaires sont à la solde non de l'État, mais des classes possédantes »[6] et qu'ils sont donc aussi corrompus que tous les autres.

1. PuR, p. 348.

2. PuR, p. 351. Selon Weber, la politique négative signifie que les partis sont seulement en mesure d'exercer « des critiques, d'émettre des plaintes, des conseils, des amendements et d'exécuter les propositions du gouvernement » (PuR, p. 351), et n'ont pas de compétence pour introduire des requêtes statutaires au Parlement.

3. ÜR, p. 357.

4. OR, p. 282, trad. fr., p. 424.

5. ÜR, p. 356.

6. OT, p. 154, trad. fr., p. 409.

Et pourtant, ce n'est pas sur l'appareil politique à lui seul, sous la forme du parti, du Parlement, et de la bureaucratie, que porte le cœur de la critique arendtienne, mais aussi et singulièrement sur la vision transfigurée qu'a le citoyen de ces institutions. Car que signifie être « convaincu » que les fonctionnaires n'ont pas d'obligation envers l'État ? Qu'est-ce que le citoyen normal d'un État parlementaire considérerait comme une attitude pouvant indiquer un attachement à l'État ? En interrogeant la « conviction » très « générale » d'un grand nombre de citoyens, Arendt s'immisce dans les pathologies qui constituent l'État continental et qui ne peuvent être perçues par les citoyens : elle soutient que « l'isolement et le manque de rapports sociaux normaux »[1] du citoyen dans le système politique, c'est-à-dire le manque d'opportunité de s'impliquer de façon politiquement efficace, le conduisent à rester pris dans l'isolement de ses intérêts particuliers. La conséquence qui en découle est la formation d'une mentalité politique spécifique où ni la solidarité ni la loyauté n'ont une importance immédiate. Pris dans la logique des processus vitaux d'une société de masse moderne, le « monde » se révèle à l'individu depuis la seule perspective de ses propres besoins subjectifs. Il pourrait dans le meilleur des cas catégoriser le discours sur la solidarité et l'esprit de communauté comme n'étant « pas du monde » [*unwordly*] ; mais il croit généralement ne voir derrière cela que de l'illusion et de l'hypocrisie[2]. Paradoxalement, d'un autre côté, le « patriotisme voulait dire renoncement de chacun à son parti et à ses intérêts particuliers en faveur du gouvernement et de l'intérêt national »[3]. La solidarité et l'esprit civique équivalent donc au renoncement de l'individu à ses propres intérêts. À l'aune de ce standard, le quotidien des affaires politiques est nécessairement voué à l'échec.

1. OT, p. 317, trad. fr., p. 626.

2. Il y a une contradiction presque irréductible entre la mentalité de la modernité et les réflexions d'Arendt sur la pluralité des intérêts et des valeurs d'une société de masse. Comme on le sait, la mentalité conduit à ce que l'individu se soumette à un processus vital qui nivelle tout. Dans cette perspective de la mentalité, toujours selon Arendt, il est considéré comme une « impertinence » pour l'individu de masse de « dire je » (T. W. Adorno, « Minima Moralia. Reflexionen aus dem beschädigten Leben » [1951], in *Gesammelte Schriften*, éd. R. Tiedemann, vol. 4, Frankfurt, Suhrkamp, 1997, p. 55). La promotion politique des partis devient alors une « technique publicitaire» (ÜR, p. 356). Ce terme est bien entendu tout à fait opposé à la pluralité des valeurs et des intérêts – et peut donc être contrôlé le plus efficacement possible par une machine administrative. La seule issue qu'Arendt semble entrevoir est probablement le fait que l'ensemble de ce processus de vie n'est en fait pas aussi total qu'elle le décrit ailleurs.

3. OT, p. 255, trad. fr., p. 545.

La « disparité »[1] entre les attentes et l'expérience devient source de déception. Alors que, dans la perspective de la perception et de la mentalité d'un individu de la société de masse, il ne peut exister rien de tel que la solidarité dans la sphère politique, dans la perspective analytique de la solidarité au contraire, la solidarité est rattachée à des critères qui ne peuvent jamais être remplis dans la politique de tous les jours. Quand on étudie les débats politiques, ce standard normatif erroné qu'ont les citoyens des démocraties de masse modernes conduit à une prétendue *prophétie auto-réalisatrice* : les élites politiques sont déjà uniquement préoccupées par leur propre bien-être, et sont donc discréditées avant même d'avoir commencé à agir. Il en résulte qu'on est toujours déçu par l'appareil politique – ce qui se trouve confirmé dans le même temps par nos préjugés et nos comportements. Cette double articulation constitue le terreau idéal pour le désenchantement et la méfiance envers la politique.

Selon Arendt, la méfiance et ce mode spécifique de perception proviennent du manque d'expérience politique des citoyens dans les démocraties représentatives modernes. En effet, ils n'ont jamais eu l'occasion de soumettre leurs visions et leurs intérêts dans le cadre d'un dialogue politique, de les confronter à d'autres points de vue et de les transformer ainsi en une opinion politique. Il n'y a aucun endroit où ils pourraient engranger l'expérience pratique qui leur permettrait de se familiariser avec l'essence de la politique démocratique comme conflit justifié entre des intérêts contradictoires, comme une lutte autour de problèmes, de questions et de positions spécifiques, qui pourraient être observés et discutés de façons très différentes. Le citoyen des démocraties parlementaires de masse modernes souffre de « *Praxisentzug*, la suspension de l'action »[2], qui le conduit toujours à considérer le travail politique et parlementaire des partis « de l'extérieur », d'une position extra-politique, avec circonspection et méfiance. Le désenchantement vis-à-vis de la politique et des politiciens est (aussi) une conséquence d'un « ajustement des attentes »[3] irréaliste. Dans la perspective de l'isolement de ma subjectivité, le monde de la politique semble être une illusion au moyen de laquelle l'élite fait passer ses intérêts au détriment de mes propres besoins. Si nous considérons cela d'un point de vue radicalement différent, celui de l'oubli de soi comme critère d'un type de politique qui soit

1. A. O. Hirschman, *Shifting involvements. Private Interests et Public Action*, Princeton, NJ, Princeton University Press, 1982, p. 96. La « déception », selon Hirschman, « naît de la disparité existant entre les attentes envers une activité plaisante et l'expérience réelle » (*ibid.*).

2. MuG, p. 80.

3. A. O. Hirschman, *Shifting involvements*, *op. cit.*, p. 10.

véritablement orienté vers le bien commun, toute forme de représentation devient alors une trahison. Dans chaque perspective, le mot « intérêt » est compris en des termes « absolus », en étant soit absolument idolâtré soit absolument condamné, au lieu d'être compris de façon signifiante pour le positionnement de chaque individu qui prend la parole. Ce positionnement est pourtant un prérequis permettant d'ancrer le processus politique de négociation dans les conditions particulières et concrètes de l'existence. Les pathologies de la démocratie parlementaire de masse moderne se manifestent par les incohérences du niveau d'attente des citoyens.

Si nous considérons les deux intérêts absolus à la lumière de nos remarques sur la *volonté générale**, on voit clairement qu'ils sont étroitement liés l'un à l'autre : en effet, seul le désintérêt privé absolu, l'*aliénation totale**, au profit de l'*union sacrée** absolue, sous la forme de la nation par exemple, semble pouvoir arracher l'individu isolé à sa subjectivité. Ce n'est que par la condamnation absolue de tout intérêt privé dans l'action politique que l'individu peut être rassemblé avec les autres citoyens isolés et mobilisé pour l'action politique. C'est pourquoi on peut distinguer le désir de solidarité et d'appartenance éprouvé par les citoyens d'une société moderne de la demande faite à tous de renoncer à leurs intérêts privés. Cependant, en raison du manque d'occasion de participer, ce désir n'apparaît jamais que sous la forme d'une renonciation non mondaine [*unwordly*] à tous les intérêts. Le fait qu'on déclare que la renonciation totale de chacun à ses intérêts propres est le fondement du patriotisme, et l'*aliénation** ou l'oubli de soi est une vertu cardinale, signifie que le sentiment de communauté ainsi créé perd tout contact avec la vie réelle et située des gens, de même qu'avec les conditions politiques concrètes. Ce sentiment de communauté peut rapidement prendre la forme d'un « nationalisme fanatique et chauvin », qui devient ensuite le seul « moyen de se connecter »[1] pour les membres des démocraties de masse modernes. Un revirement aussi abrupt, de la subjectivité radicale d'un côté à l'*aliénation totale** de l'autre, vient du fait que la majorité des citoyens n'a jamais pris part à un processus de négociation politique qui leur demande de formuler et de discuter de leurs intérêts de façon responsable au sein d'une communauté. Les « salariés » [*job holders*][2], presque incapables de voir le point de vue de l'autre comme quelque chose qui soit légitime et digne de considération, recherchent, en temps de crise, de manière inconditionnelle et sans réfléchir, la solidarité avec le plus grand nombre, la masse nationale ; ils parlent de « la disposition au

1. ETH, p. 682.
2. VA, p. 410.

sacrifice de soi » et s'autorisent à être mobilisés à l'extrême par la montée des « passions nationalistes »[1]. C'est de cette façon qu'Arendt montre que le nationalisme est *aussi* une conséquence du « caractère non politique de la forme de gouvernement de l'État-nation »[2], car il présente l'oubli de soi comme la seule manière d'engendrer un sentiment de communauté entre les citoyens.

Si nous revenons à la question de la méfiance, on voit très clairement à quel point la perte de considération et d'autorité résulte à la fois de la forme spécifique des institutions centrales de l'État moderne et de la structure hiérarchique de l'État. Car cette structure hiérarchique est responsable de la suspension de l'action [*Praxisentzug*] des citoyens, car elle « n'offre pas d'espaces publics auxquels la population pourrait avoir accès en nombre, en dehors des bureaucraties de partis »[3]. En expliquant que la méfiance est le résultat de la suspension de l'action, Arendt rompt fondamentalement avec Weber, et même s'oppose entièrement à lui. Comment et de quelle manière ?

Weber part du principe qu'au cours des processus de rationalisation et de la mise en œuvre de l'idée de souveraineté, « la véritable domination »[4] tombe entre les mains des fonctionnaires. Car l'État moderne est, comme on le sait, un « État bureaucratique qui rend la justice et administre selon des lois rationnellement établies et des règlements rationnellement conçus »[5]. Pour Weber, la découverte et la création rationnelles du droit reviennent à adopter un point de vue objectif depuis lequel, au-delà de toute influence et au-dessus de toute logique de faction politique, on applique des règles formellement correctes sur la base de compétences purement objectives. Cette rationalité du gouvernement et de la domination, qui n'est rien d'autre que la domination du droit formel et rationnel, est garantie précisément par l'intégrité des fonctionnaires, leur expertise, leur compétence et leur « fierté [...] d'être les gardiens de l'impartialité »[6], et constitue ainsi la base de la « croyance en la légalité »[7] des citoyens.

1. ETH, p. 539. Voir aussi OT, p. 255.
2. ETH, p. 676. Dans la version anglaise, Arendt parle du « caractère apolitique des populations de l'État-nation » (OT, p. 314), ce qui est une différence notable.
3. ÜR, p. 357.
4. WuG, p. 825.
5. PuR, p. 322.
6. WuG, p. 854.
7. Bien que Weber mette en évidence le contre-mouvement irrationnel de la rationalisation de la domination, cela ne modifie en rien son idée de la structure d'un État moderne. Sa « démocratie des chefs avec une "machine" » (PaB, p. 544, trad. fr. C. Colliot-Thélène, *Le savant et le politique*, *op. cit.*, p. 180) correspond elle aussi à la structure étatique de l'Europe continentale.

Quoiqu'Arendt admette que l'idée de l'égalité de tous les citoyens devant la loi vienne à s'exprimer dans la rationalité du droit, elle doute que ce contenu normatif, ou la fiabilité de l'ordre politique, puisse se réaliser durablement de la façon dont l'envisage Weber. L'hypothèse d'Arendt est la suivante : puisque les processus de création du droit demeurent impénétrables pour les citoyens dans l'État de droit [*Rechtsstaat*] – en raison de l'idée de souveraineté et de la structure hiérarchique de l'État –, ceux-ci perçoivent le droit rationnellement légalisé comme une « violence » extérieure « nécessaire à l'exécution des lois »[1]. Ce qui, cependant, accroît leur méfiance envers l'ensemble de l'appareil d'État et envers ses élites. Le point de vue opposé d'Arendt est donc fondé sur une considération politico-théorique : elle décrit les conséquences qu'engendrerait une vision wébérienne de la rationalité juridique pour la culture politique et la mentalité des citoyens. Elle en déduit que la participation des citoyens au processus de prise de décision politique doit être minimisée au nom de ce type (wébérien) de rationalité juridique et de croyance en la légitimité. D'autre part, le cours de la justice et la création des lois doivent être entièrement détachés de l'opinion publique, et rester l'apanage des élites administratives et juridiques. Arendt doute fondamentalement qu'une telle conception de la justice soit capable d'engendrer une croyance en la légalité chez les citoyens, au point de pouvoir garantir la stabilité de l'ordre politique. Au contraire, cette conception de la rationalité juridique conduit à la juridification de la vie politique publique[2] ; elle prive de sens politique ces espaces publics et les débats où les citoyens se rassemblent et s'engagent dans un processus de formation de l'opinion. En d'autres termes, la méfiance politique est justement la conséquence de ce que la « croyance en la légalité » des citoyens était censée avoir engendré, selon Weber. Arendt cherche à expliquer les causes des doutes des citoyens quant à l'existence même d'une impartialité dans la sphère politique – et bien que ce doute soit justifié, elle souligne en même temps combien la forme pathologique de ce doute résulte, à son tour, de la constitution de l'État moderne lui-même.

Pour revenir à notre discussion sur la relation entre droit et politique, on voit une fois de plus ici à quel point le droit rationnel dépend *aussi* du politique. Il existe un lien intrinsèque entre la politique et le droit. Les conditions pour que le droit soit rationnel dans l'État d'Europe continentale ont pour conséquence que la légitimité du droit est remise en question par

1. ETH, p. 540.
2. Voir OT, p. 314.

les citoyens eux-mêmes. Weber a lui aussi constaté l'existence d'un lien entre le droit et la politique. Cela se traduit par le fait qu'il lie la domination du droit formel et rationnel à des conditions systémiques, induites par la configuration structurelle de l'État institutionnel moderne. Ces conditions systémiques elles-mêmes sont déjà l'expression d'une conception très spécifique du politique, que j'ai appelé le paradigme formel et rationnel du politique, plus tôt dans ce chapitre. Mais ce qui est décisif ici, c'est que Weber ne tire aucune conclusion de ce lien intrinsèque dans sa conception du droit et de la politique. Il échoue au contraire à saisir ce lien sur le plan conceptuel. Il en résulte que l'approche wébérienne maintient la dichotomie entre le droit et la politique. Par conséquent, il ne peut que plaider en faveur d'une « démocratie des chefs avec une "machine" »[1], car ses concepts de politique et de droit sont incompatibles. Pour Weber, la politique signifie gouverner. Idéalement, dans une démocratie des *leaders*, c'est l'expression *justifiée* d'une volonté qui gouverne, formée par l'art supérieur des raisons d'État. Néanmoins, dans le même temps, c'est la « machine » qui devrait elle aussi gouverner en produisant du droit rationnel. Le droit rationnel est idéalement l'expression *justifiée* de la volonté d'une élite indépendante, impartiale, objective et compétente. Le droit tire sa fiabilité et sa vérifiabilité du fait que la découverte et la création des lois suivent uniquement la logique de la sphère juridique. Weber sait que la logique de la sphère juridique est très différente de celle de la sphère politique. De ce fait, toutes ses considérations sur le droit et la politique impliquent que deux expressions *justifiées* de la volonté, d'une « dignité qualitative divergente »[2], sont en opposition directe l'une avec l'autre. Le résultat de cette dichotomie du droit et de la politique dans la pensée de Weber est soit la matérialisation du droit, soit la formalisation de la politique. Selon Arendt, chacune de ces deux tendances est préjudiciable à la stabilité et à la permanence de l'ordre politique.

Après avoir fait de la matérialisation du droit l'objet de ma critique, je me tourne à présent vers la question de la formalisation de la politique : chez Weber, le gouvernement rationnel exige justement que le postulat matériel d'une sphère publique et politique, ou « l'opinion publique »[3] soit tenu à l'écart du droit[4]. Mais cela ne peut se réaliser que si les citoyens demeurent privés d'un accès actif à la découverte et à la création du droit. Pourtant, c'est justement cette privation, en d'autres termes la condition

1. PaB, p. 544, trad. fr. C. Colliot-Thélène, *Le savant et le politique*, *op. cit.*, p. 180.
2. WuG, p. 397.
3. WuG, p. 565 *sq.*
4. Voir WuG, p. 507.

du droit rationnel, qui contribue à la massification, qui entraîne le manque d'expérience politique et qui suscite la méfiance à l'égard de l'ensemble du monde politique. Le fait que les conditions du droit rationnel conduisent ainsi à la remise en cause de l'autorité du droit remet en question le concept de droit lui-même. Plus précisément, on peut se demander si le droit peut être rationnel s'il n'est que l'expression d'une volonté justifiée, formée par une élite juridique avec des moyens juridico-techniques. Comme nous le verrons dans la section suivante, ce scepticisme se renforce d'autant plus lorsque cette méfiance à l'égard des élites politiques menace de se muer soudainement en une attitude antidémocratique. Dans le chapitre V, je démontrerai donc que, pour Arendt, le « droit rationnel » – au sens d'une sphère juridique « impartiale » – nécessite non seulement une nouvelle conception du politique, mais aussi une autre conception du droit, c'est-à-dire une conception qui ne suit aucune logique antipolitique et qui ne saurait se matérialiser à l'encontre du politique. Nous pouvons en conclure avec Arendt que le droit (ou une conception du droit) qui entrave le déroulement d'une vie publique et politique dynamique ne saurait être rationnel. Car il présuppose des conditions qui mènent à l'ébranlement de l'ordre même que le droit rationnel est censé préserver.

Mouvement de masse et pouvoir

Selon Arendt, l'insignifiance politique des masses, leur sentiment d'être « superflues » et leur méfiance envers les institutions de l'État constituent un danger pour l'ordre démocratique fondamental, dans la mesure où cela favorise la montée des mouvements de masse antidémocratiques[1]. Pour Arendt, une des caractéristiques essentielles des mouvements de masse modernes – à ne pas confondre avec les mouvements démocratiques et politiques, tels que le mouvement américain des droits civiques – est leur « "propagande de puissance" » [*power propaganda*][2]. Celle-ci prétend et promet d'utiliser le pouvoir politique qui est accordé au mouvement grâce au soutien de la société uniquement dans l'intérêt de tous. Dans

1. Les mouvements de masse doivent leur « force d'attraction » à la « suspicion et l'hostilité que le peuple nourrit à l'égard du système de partis tel qu'il existe et du mode de représentation qui prévaut au Parlement (OR, p. 274, trad. fr., p. 413), entre autres choses. Toute protestation politique de masse n'est pas un mouvement de masse. Par « mouvement de masse », Arendt entend en premier lieu une « forme d'organisation » spécifique qui, comme je le montrerai plus loin, peut être caractérisée par un type de propagande et un type d'action politique qui lui sont propres. Bien qu'Arendt distingue trois formes différentes de mouvements – les « partis au-dessus des partis », les mouvements « pans » et le mouvement de masse totalitaire – elle voit dans le soubassement idéologique du mouvement des étudiants allemands un élément typique des mouvements de masse.

2. Voir ETH, p. 540. Voir aussi OT, p. 340, trad. fr., p. 661.

la perspective d'Arendt, la rhétorique commune et les slogans des mouvements de masse, qui consistent à se mettre « au-dessus des partis », leur appel aux « hommes de tous les partis », et le fait qu'ils se vantent de se « dresser loin des querelles de partis et [de] ne représenter qu'un but national »[1] ont toujours eu de bonnes chances de succès. Pourquoi en est-il ainsi ? Quel est le lien entre les pathologies politiques d'une démocratie de masse et la propagande totalitaire des mouvements de masse ?

Sans expliquer en détail les conditions d'émergence des mouvements populistes, il nous faut étudier l'analyse arendtienne des mouvements de masse dans le seul contexte de sa critique de l'État. Pour aller plus loin, c'est-à-dire pour obtenir une analyse satisfaisante et complète des mouvements de masse, ses remarques ne sont sans doute pas assez complexes[2]. Cependant, si nous nous concentrons sur le contenu politico-théorique de ses réflexions, nous pouvons déceler une nouvelle critique de la constitution structurelle de l'État moderne. Selon Arendt, la raison pour laquelle la propagande de puissance des mouvements trouve un terrain si favorable dans les démocraties de masse modernes est que la suspension de l'action politique et le manque d'expérience politique des citoyens s'accompagnent d'une « *Machtfremdheit* (absence de familiarité avec le pouvoir) qui constitue les formes de vie politiques des États continentaux, malgré la démocratisation »[3]. Selon Arendt, cette absence de familiarité s'exprime de deux façons différentes : d'une part, en tant qu'*absence de familiarité avec le phénomène de pouvoir politique* ; et, d'autre part, en tant qu'*aliénation vis-à-vis du processus politique de formation du pouvoir*. Bien que les deux aspects de la *Machtfremdheit* soient étroitement liés aux pathologies évoquées ci-dessus, la façon dont Arendt se confronte à la propagande de puissance des mouvements de masse nous ouvre une autre vision des démocraties modernes.

L'*absence de familiarité avec le phénomène du pouvoir* tient au fait que la majorité des citoyens n'a aucune idée de la manière dont le pouvoir politique naît, de ce qui le constitue et du rôle que joue l'intérêt dans le processus de formation du pouvoir. On se livre à des « spéculations oiseuses sur le Pouvoir »[4], on conçoit le pouvoir politique comme une

1. OT, p. 250, trad. fr., p. 538.

2. Une analyse des mouvements de masse devrait opérer dans de nombreux domaines scientifiques distincts et aborder non seulement des questions politiques, mais aussi les questions socio-psychologiques, culturelles et psychologiques, socio-économiques et socioculturelles. Arendt ne fait rien de tout cela. Son point de vue est « limité » à la sphère de la théorie politique.

3. ETH, p. 540.

4. OT, p. 252, trad. fr., p. 541.

substance « échappant à la portée de l'homme », comme des « entités métaphysiques indépendantes de la volonté et de l'action des citoyens »[1], et on est convaincu que le « déploiement » du pouvoir pour le bien commun doit toujours être exempt d'intérêt. Cette méconnaissance des conditions de création du pouvoir fait que les expressions vides de sens des discours populistes, qui ne cherchent qu'à masquer le fait que ces populistes ne souhaitent que « favoriser un intérêt particulier jusqu'à ce qu'il eût dévoré tous les autres, et faire d'un groupe particulier le maître de l'appareil d'État »[2], ne sont pas mises à nu. Au lieu de cela, ces discours sont opposés aux propositions de réforme sérieuses des politiciens des partis. Les hommes politiques des partis ne peuvent généralement pas l'emporter dans cette bataille inégale, car leur participation au travail parlementaire leur impose d'argumenter dans le sens d'un programme spécifique et les empêche de répondre au *moment spécifique de mobilisation de la propagande* des mouvements de masse[3]. C'est dans ce moment spécifique de mobilisation que se dévoile l'autre facette de la *Machtfremdheit : l'aliénation du citoyen vis-à-vis du processus politique de la formation du pouvoir.*

Les mouvements de masse utilisent la propagande comme réponse à un vide central dans le quotidien politique des démocraties de masse modernes : la création de sens. Ce qui trouve un écho si favorable auprès des masses à travers les discours et les appels à un « état d'esprit général et à un vague sentiment d'appartenance commune »[4], c'est le message idéologique qu'ils véhiculent, à savoir faire (potentiellement) partie d'un projet historiquement significatif. À cette fin, les leaders populistes recourent délibérément aux « slogans les plus abstraits, qui ne correspondent qu'au moment historique "général", et non à une situation politique spécifique »[5]. Contrairement aux propositions de réforme

1. OT, p. 252, trad. fr., p. 541.

2. OT, p. 256, trad. fr., p. 546.

3. Néanmoins, Arendt souligne le fait qu'un certain fanatisme en matière de confrontation politique, une transformation des questions politiques en questions idéologiques, pourraient apparaître dans les partis en réaction à l'extension des mouvements de masse. Cela vient du fait que les partis essaient de détourner l'attention de la particularité de leurs intérêts en présentant leurs intérêts comme les intérêts réels de tous les vrais patriotes, des gens raisonnables, des citoyens responsables, etc. Selon Arendt, ils pensent qu'ils ne peuvent obtenir un soutien politique pour leurs programmes qu'en les formulant en termes absolus. Ils remplissent donc les « conditions » nécessaires à la mobilisation des masses modernes, mais en même temps, ils se soumettent aux règles des mouvements – et donc au système parlementaire (voir sur ce point ETH, p. 537 *sq.* ou 676 *sq.*).

4. ETH, p. 547.

5. ETH, p. 675.

planifiées, aux directives adoptées ou aux programmes détaillés – les outils du parlementarisme moderne –, les « slogans les plus abstraits » s'efforcent de ne pas donner aux citoyens la possibilité de faire le lien entre leurs conditions de vie particulières dans la structure sociale d'une part, et les conséquences réelles de ces slogans politiques, d'autre part. Car chaque proposition de réforme spécifique comporte un « danger » : celui de voir l'attention politique se déplacer vers le niveau des besoins qui peuvent être satisfaits par le processus de vie d'une société de masse, ce qui aurait pour effet de maintenir les citoyens dans l'isolement de leur sphère privée, où ils ne seraient plus susceptibles d'être mobilisés sur le plan politique. Naturellement, du point de vue du mouvement de masse et de ses leaders populistes, c'est ce qui doit être évité. C'est pourquoi ils utilisent le langage de l'absolu, de la totalité et de l'unité, et tentent ainsi de susciter chez le citoyen le prérequis émotionnel nécessaire à leur *aliénation totale* – le seul moyen de motiver le citoyen moderne à s'engager dans l'action politique. Tout comme la propagande de puissance, ce type de rhétorique, qu'Arendt qualifie de « mystification idéologique du pouvoir », est

> d'autant plus facile à réaliser que les citoyens sont plus éloignés des sources du pouvoir de sorte que le pouvoir les confronte [...] comme dans l'État de droit, comme le pouvoir qui est nécessaire à l'exécution des lois et qui, précisément pour cette raison, doit donc rester impartial et tenu hors de la portée et de l'expérience pratique du « citoyen »[1].

Pour Arendt, l'apparition de mouvements de masse très hétérogènes dans les démocraties modernes montre comment l'absence de familiarité des citoyens vis-à-vis du pouvoir politique – entendue à la fois au sens d'une méconnaissance des conditions d'émergence du pouvoir et au sens d'une aliénation vis-à-vis du processus politique – se traduit par un comportement remettant en cause la stabilité de l'ordre politique. À première vue, Arendt semble donc suivre Weber, qui a décrit la « fuite massive dans les irrationalités de l'émotivité apolitique »[2] comme un mouvement allant à l'encontre de la bureaucratisation totale[3]. La rationalité

1. ETH, p. 540 ; voir aussi OT, p. 248, trad. fr., p. 531 et OT, p. 256, trad. fr., p. 545.

2. WuG, p. 362.

3. Weber a toujours refusé de rattacher l'irrationalité à la nation et au nationalisme. Dans ce contexte, Andreas Anter souligne le fait que Weber « ne veut pas lier la nation, sa "dernière valeur", à l'irrationalisme pur et simple » (*Max Webers Theorie des modernen Staates*, *op. cit.*, p. 208). Ziegler adopte une approche différente : il affirme que c'est le « processus de rationalisation de la société » qui a « libéré le nouveau mythe de la nation » (*Die moderne Nation*, *op. cit.*, p. 258).

de l'État constitutionnel moderne – Arendt semble faire explicitement référence à cette rationalité dans la citation précédente en utilisant l'adjectif « impartial » – se heurte de plein fouet au comportement irrationnel du peuple. Dans ce contexte, Weber déclare, dans ses réflexions sur le parlementarisme, que la recherche d'une forme d'organisation politique capable de « contraindre et de contrôler efficacement »[1] la « progression du bureaucratisme »[2] est la question cruciale de son époque. L'aspect novateur de ces réflexions est que sa critique du système parlementaire de la République de Weimar déplore des conditions insuffisantes pour le développement de qualités de *leadership* et de dirigeants politiques à la personnalité charismatique. Ainsi, Weber n'appelle pas de ses vœux la participation politique des citoyens, il vise au contraire la « démocratie des *leaders* plébiscitaire »[3]. Le charisme du leader démocratique est censé empêcher le basculement dans l'irrationalité dû à la bureaucratisation totale en prenant en compte, en assimilant et en stabilisant les émotions qui ont été négligées dans le processus de rationalisation du gouvernement[4].

Arendt, en revanche, met le doigt sur la plaie ouverte que constituent le manque de possibilités de participation et le manque d'implication des citoyens au processus de prise de décision politique. Car ce qui rend le mouvement de masse si attrayant en tant que nouvelle forme d'organisation politique – une forme d'organisation diamétralement opposée à celle des partis –, c'est précisément son plaidoyer visant à faire des masses une puissance supra-étatique[5]. De manière pseudo-active – en faisant par exemple de l'assemblée ou de la manifestation un *événement* –, le mouvement de masse crée du sens dans la sphère de la politique et des affaires politiques, et satisfait le besoin d'appartenance commune : tout ce que le citoyen espère en vain recevoir dans une démocratie de masse parlementaire. En bref, les mouvements de masse réussissent parce qu'ils font miroiter la fin de la passivité et de l'isolement. Au cours de ses nombreuses réflexions sur la nature des mouvements de masse, Arendt ne laisse planer aucun doute sur le fait que cette promesse n'est que

1. PuR, p. 333.
2. PuR, p. 321.
3. WuG, p. 157. Dans *Le Savant et le politique*, Weber conclut que la seule alternative ne peut être que « la démocratie des chefs avec une “machine” ou démocratie sans chef, c'est-à-dire la domination d'hommes politiques professionnels dépourvus de vocation (*Berufspolitiker ohne Beruf*), sans les qualités charismatiques intérieures qui fond les chefs » (PaB, p. 544, trad. fr. C. Colliot-Thélène, *Le savant et le politique*, *op. cit.*, p. 180).
4. Voir PuR, p. 382-406 et PaB, p. 541-551.
5. Voir OT, p. 258 *sq.*, trad. fr. 550 *sq.*

falsches Glück, qu'un faux bonheur[1] : les leaders populistes permettent aux personnes déracinées et privées de contact de s'exprimer dans la rue – ce qui explique leur popularité généralement grande –, mais sans leur accorder le droit à une participation politique active dans des espaces discursifs et démocratiques[2]. Bien entendu, il est également vrai que dans les mouvements de masse, l'opinion individuelle ne compte pas ; dans un mouvement de masse, chacun agit « l'un pour l'autre »[3] de sorte que le pouvoir repose précisément sur le caractère massivement représentatif du

1. Voir W. Benjamin, « Das Kunstwerk im Zeitalter seiner technischen Reproduzierbarkeit » [1936], in *Abhandlungen, Gesammelte Schriften*, vol. 1, R. Tiedemann, H. Schweppenhäuser (Hrsg.), Frankfurt, Suhrkamp, 1980, p. 506.

2. La réflexion de Weber sur la démocratie des *leaders* peut aussi être abordée du point de vue de la théorie constitutionnelle. En ressort alors la croyance que pour assurer « l'intégrité de l'ensemble » (OT, p. 252, trad. fr., p. 541), il soit nécessaire d'avoir une personne ou une institution capable de s'établir à la tête de l'État, nécessairement au mépris des mesquineries de partis, et qui n'a d'intérêt que pour la préservation de l'État et de son pouvoir. On retrouve ces réflexions dans *Le gardien de la Constitution* de Carl Schmitt. Schmitt y affirme que dans des cas exceptionnels, le président du Reich peut intervenir dans « l'intérêt de l'État » au moyen d'une « décision étatique dont l'impartialité ne repose que sur l'unité et la totalité politiques » (*Der Hüter der Verfassung* [1931], Berlin, Duncker & Humblot, 1996 p. 148, trad. fr. H. Mouton *et al.*, *Le gardien de la Constitution*, Paris, Dalloz, 2015). Presque tous les éléments discutés ci-dessus réapparaissent dans ce passage : le discours sur la totalité, l'idée d'impartialité et l'intérêt étatique qui, loin de tout discours, s'appuie sur les « autres forces d'un peuple » (*ibid.*, p. 148 *sq.*). Arendt répond à ces réflexions dans le cadre de sa critique de l'État lorsqu'elle évoque le fait qu'« il devrait vraisemblablement être plus facile pour une dictature de parti unique de s'emparer de l'appareil d'État dans les pays où l'État est au-dessus des partis, donc au-dessus des citoyens » (OT, p. 255, trad. fr., p. 545), que si l'État, par le biais des institutions pertinentes, est entre les mains d'une population politiquement organisée et que le pouvoir reste « à la portée des citoyens » (OT, p. 252, trad. fr., p. 541). Dans ce contexte, Arendt attire l'attention sur le système bipartite britannique. On parle généralement d'un « gouvernement de parti » (K. Rohe, « Parteien und Parteiensysteme », *in* H. Kastendiek *et al.* (Hrsg.), *Länderbericht Großbritannien. Geschichte, Politik, Wirtschaft Gesellschaft*, Bonn, Bundeszentrale für politische Bildung, 1998, p. 239), ce qui implique que le parti au pouvoir devienne temporairement l'État, et que même l'opposition soit « une sorte d'institution gouvernementale » (ÜR, p. 345). Un aspect fondamental de la pensée d'Arendt est que l'armée, en tant que garante ultime du monopole de la violence de l'État, ne saurait échapper à la perte d'autorité de l'État causée par la massification, la perte de sens, la méfiance et l'absence de familiarité avec le pouvoir. Ce n'est pas que dans la République de Weimar que son statut a été de plus en plus contesté par des organisations paramilitaires, qui étaient non seulement armées, mais aussi en uniforme. Pour Arendt, la simple observation de la France ou de l'histoire des révolutions montre qu'il existe un lien intrinsèque entre la confiance des citoyens dans l'État, d'une part, et l'exercice du monopole de la violence, d'autre part.

3. VA, p. 220. Dans *La condition de l'homme moderne*, Arendt distingue trois formes d'action. « Agir l'un avec l'autre » est opposé à la fois à « agir l'un pour l'autre » et « agir l'un contre l'autre » (*cf.* la sous-partie sur les « Formes du consensus et modes d'action » dans le chap. v, p. 252).

peuple. Mais cela ne change rien au fait que les mouvements de masse sont certainement en mesure de mettre en danger l'ordre démocratique.

Si nous intégrons les réflexions d'Arendt sur les espaces démocratiques discursifs dans le contexte de sa critique de l'État, il apparaît une fois de plus que sa critique de l'État moderne, y compris celle de l'idée de souveraineté populaire, est conçue comme une critique du rôle spécifique et des conséquences politiques de cette prétention à la souveraineté. On comprend ici qu'Arendt considère *aussi* que le politique a une dimension de sens – mais cela ne veut pas dire que la participation politique est la seule à pouvoir donner un sens à la vie humaine. Dans le meilleur des cas, on ne pourrait arriver à cette conclusion erronée qu'en se fiant à une interprétation unilatérale, exclusive et excessive de *La condition de l'homme moderne*. Bien qu'Arendt fasse dire beaucoup de choses au concept de participation[1], cette conception de la signification du politique n'est pas fixée *a priori*. Cette dimension de sens ne découle pas d'un concept normatif de la politique fondé sur l'ontologie ou l'anthropologie. Au contraire, Arendt puise sa conviction, selon laquelle le politique a *aussi* une dimension de sens, dans l'analyse politico-théorique des mouvements de masse antidémocratiques – et donc dans l'analyse fondamentale des phénomènes politiques du quotidien. À mon avis, l'interprétation dite « ontologico-normative » de sa pensée politique est une grande erreur intellectuelle et historique. La pensée d'Arendt ne tire pas son origine normative d'Athènes, mais plutôt de la chute d'un ordre européen fondé sur l'État-nation, de l'effondrement de la République de Weimar et de la montée du national-socialisme. Le point de départ de ses réflexions politico-théoriques n'est pas marqué par l'œuvre d'Aristote mais par l'abîme et par « ce qui reste d'Auschwitz »[2]. Outre le fait qu'une interprétation ontologico-normative de son œuvre ne résiste pas à une interprétation approfondie à l'aune de la philosophie politique, comme celles proposées par Tsao, Tamineaux ou Hammer, son plus grand défaut tient au fait qu'elle ne prend pas au sérieux les réflexions d'Arendt sur les phénomènes politiques réels tels que les partis, les mouvements de masse, les constitutions, les parlements, etc. Cette interprétation ne voit derrière sa critique que le citoyen de la *polis* antique. Cela prive la pensée d'Arendt

1. Dans le chapitre v, je montrerai que pour Arendt, outre le concept de participation, le cadre institutionnel apparaît certainement aussi comme un garant de l'ordre. Néanmoins, elle reste critique quant au fait que le manque de participation politique constitue un risque pour l'ordre dans les démocraties de masse modernes.

2. G. Agamben, *Ce qui reste d'Auschwitz*, trad. fr. P. Alféri, Paris, Payot et Rivages, 2003.

de sa perspective critique et théorique et la réduit essentiellement à une histoire d'aliénation et de déclin tout droit sortie d'un conte de fées.

En revanche, ce qui a été montré dans le cadre de la reconstitution de sa critique de l'État, du Parlement et des partis, et qui est décisif pour la suite de nos réflexions sur le droit et la politique, c'est que le droit prétendument rationnel ne peut pas assurer sa fonction ordonnatrice. L'État moderne d'Europe continentale lui-même, et donc la garantie de la rationalité du droit dans la tradition de la pensée politique de l'Europe continentale, entraîne la suspension de l'action politique, l'absence de familiarité avec le pouvoir et un manque d'expérience politique pour ses citoyens. Cette aliénation politique (et non l'*aliénation** rousseauiste) constitue un terreau idéal pour toutes sortes de mouvements de masse antidémocratiques et présente donc un risque essentiel pour la stabilité de l'ordre politique. Pour être considéré comme rationnel, le droit doit donc être d'une nature très différente. Il doit être en mesure de respecter les besoins d'une sphère publique et démocratique active et favoriser la participation politique.

CHAPITRE V

L'ORDRE DE LA LIBERTÉ

DE LA DÉHIÉRARCHISATION DU RAPPORT ENTRE DROIT ET POLITIQUE

> Il n'y aurait pu y avoir de civilisations – ces constructions faites de mains d'hommes pour arbitrer la succession de générations – en dehors de l'instauration d'un certain cadre stable à l'intérieur duquel vient s'inscrire le changement. Parmi les facteurs de stabilisation, plus durables que les coutumes, les mœurs et les traditions, figurent en premier lieu les systèmes juridiques qui règlent notre existence et nos rapports avec nos semblables[1].

INTRODUCTION

La question de l'adéquation entre le droit et la politique dans une communauté démocratique fait l'objet de nombreux débats. Ce qui est sans cesse questionné, ce sont les réponses possibles aux deux « pathologies complémentaires »[2] des systèmes juridiques modernes : si accorder la primauté à la politique peut amener à subordonner les individus à des objectifs sociaux collectifs de quelque nature que ce soit, accorder la primauté au droit c'est prendre le risque que les questions politiques et sociales cruciales soient tranchées par une élite juridico-administrative

1. H. Arendt, « La désobéissance civile », dans *Du mensonge à la violence. Essais de politique contemporaine*, trad. fr. G. Durand, Paris, Calmann-Lévy, 1972, p. 107-108.

2. O. Gerstenberg, *Bürgerrechte und deliberative Demokratie. Elemente einer pluralistischen Verfassungstheorie*, Frankfurt, Suhrkamp, 1997, p. 11.

au lieu d'être confiées à des citoyens actifs[1]. Beaucoup d'auteurs se sont impliqués dans ce débat sur le rapport entre la politique et le droit. Si la plupart d'entre eux sont probablement d'accord en principe avec la maxime de Frank Michelman, selon qui « quiconque participe sérieusement à des discussions constitutionnelles ne peut durablement ignorer ou omettre l'un de ces deux aspects, le gouvernement du peuple ou l'État de droit »[2], on peut néanmoins distinguer trois grands axes d'argumentation. On peut tout d'abord citer des auteurs comme Wolin, Mouffe ou Rancière, qui plaident – plus ou moins – en faveur d'une vision radicale et démocratique du politique et pour la « primauté ontologique de la politique »[3]. À l'inverse, Ronald Dworkin défend la suprématie du droit par rapport à la politique. Des auteurs comme John Ely[4] et Bruce Ackerman se rallient, quoique différemment, à son plaidoyer pour une « justice en robe »[5] – du moins « pendant les périodes de politique normale »[6]. D'autres auteurs proposent une troisième voie, comme Michelman, avec son concept de « *jurisgenerative politics* »[7] ou comme Jürgen Habermas, avec sa thèse sur la co-originarité[8]. Suivant l'approche de Habermas, une communauté démocratique est fondée (au niveau des faits) et devrait être fondée (au niveau normatif) sur une relation de même rang entre la juridiction et la législation, entre la constitution et la démocratie, entre l'autonomie privée et l'autonomie publique, entre le droit et la politique.

1. Voir sur ce point O. Gerstenberg, *Bürgerrechte und deliberative Demokratie*, *op. cit.*, p. 13 *sq.* ; G. Frankenberg, « Feindes Wiederkehr ? Zur Verfassung des unbequemen Verhältnisses von Recht und Politik », *in* G. Frankenberg (Hrsg.), *Autorität und Integration. Zur Grammatik von Recht und Verfassung*, Frankfurt, Suhrkamp, 2003, p. 13 ; U. K. Preuß, « Zu einem neuen Verfassungsverständnis. Wie kann der Geist der Revolution institutionalisiert werden ? », *in* G. Frankenberg (Hrsg.), *Auf der Suche nach der gerechten Gesellschaft*, Frankfurt, Fischer, 1994, p. 117 et U. K. Preuß, *Revolution, Fortschritt und Verfassung. Zu einem neuen Verfassungsverständnis*, Berlin, Wagenbach, 1990, p. 76.

2. F. I. Michelman, « Kollektiv, Gemeinschaft und das liberale Denken in Verfassungen », *in* G. Frankenberg (Hrsg.), *Auf der Suche nach der gerechten Gesellschaft*, *op. cit.*, p. 61.

3. E. Laclau, « Deconstruction, Pragmatism, Hegemony », *in* C. Mouffe (ed.), *Deconstruction and Pragmatism*, London, Routledge, 1996, p. 62.

4. J. H. Ely, *Democracy and Distrust. A Theory of Juridical Review*, Cambridge (Mass.), Harvard University Press, 2002.

5. R. Dworkin, *Justice in Robes*, Cambridge (Mass.), Harvard University Press, 2006.

6. B. Ackerman, « Constitutional Politics/Constitutional Law », *Yale Law Journal* 99, 3, 1989, p. 94.

7. Littéralement « politique génératrice de droit », voir F. I. Michelman, « Law's Republic », *Yale Law Journal* 97, 8, 1988, et « Kollektiv, Gemeinschaft und das liberale Denken in Verfassungen », art. cit.

8. FuG, p. 135, trad. fr., p. 120.

La question de l'adéquation du droit et de la politique – comme je me suis efforcé de le démontrer tout au long de ce travail – est tout aussi cruciale dans la pensée d'Arendt. Angélica Bernal a raison de dire qu'« on a trop longtemps ignoré le fait qu'Arendt est une penseuse constitutionnelle importante »[1]. Le point de départ d'Arendt est le déclin de l'ordre des États-nations européens au cours de l'entre-deux-guerres. J'ai montré dans le premier chapitre comment, à ses yeux, l'hypothèse du « déclin de l'État-nation »[2] équivaut au déclin de l'ordre politique et juridique, ainsi qu'à l'abrogation de l'État de droit. Dans son analyse des problèmes des réfugiés et des minorités dans la période de l'entre-deux-guerres européen, elle met en évidence la façon dont l'action du gouvernement « sape la légalité dans les affaires intérieures des États concernés et dans leurs relations internationales »[3] ; elle pose le diagnostic d'une propagation de l'illégalité dans la société et d'un « défi à l'autorité des lois », qui sont un « signe évident de l'instabilité et de la vulnérabilité internes des gouvernements et des systèmes juridiques existants »[4]. De là découle une dynamique d'incapacité à agir propre à chacun des États, associée aux conflits ethniques en leur sein, au déclin de l'« esprit de solidarité et d'entente tacites »[5] entre les États, et à la perte d'autorité de la forme démocratique de gouvernement. En outre, avec « l'effondrement du système de l'État-nation »[6] en tant que forme de gouvernement, les normes et valeurs morales commencent à disparaître de la vie publique. En bref : la stabilité, la sécurité et la fiabilité de l'ordre politique ne peuvent plus être garanties.

La façon dont Arendt reconstitue la période de l'entre-deux-guerres européen a mis au premier plan la question du rapport entre droit, politique et ordre – la triade du constitutionnalisme. En m'inspirant de cette reconstitution, j'ai fait ressortir deux discours politico-théoriques dans son œuvre, prouvant ainsi d'une façon plus systématique l'inadéquation de la (des) conception(s) de la politique et de celle(s) du droit qui – quoiqu'incompatibles l'une avec l'autre – étaient des paradigmes de l'État-nation européen. L'objectif de cette entreprise était de mettre en

1. A. Bernal, « A Revolution in Law's Republic : Arendt and Michelman in Dialogue », *HannahArendtNet* 5, 1, 2009, p. 4.

2. OT, p. 267, trad. fr., p. 562.

3. ETH, p. 592.

4. H. Arendt, « Civil Disobedience », in *Crises of the Republic*, New York, Harvest Books, 1972, p. 69, trad. modifiée, *Du mensonge à la violence*, *op. cit.*, p. 94.

5. OT, p. 278, trad. fr., p. 575.

6. OT, p. 22.

évidence l'interdépendance intrinsèque du droit et de la politique dans la pensée d'Arendt.

Pour Arendt, le contenu normatif du droit rationnel ne peut se concrétiser sans lien avec le politique. C'est la quintessence de sa confrontation avec Weber et avec la thèse d'une prévalence du droit sur la politique. Ce qui ressort de cette discussion, c'est qu'Arendt considère que la vérifiabilité et l'indépendance politique du droit rationnel contribuent de façon importante à former un ordre politique fiable. Mais ce n'est qu'un aspect du problème. Arendt doute que la fiabilité de l'ordre politique puisse s'instaurer durablement avec cette notion (wébérienne) de la rationalisation légale. Si l'État de droit implique que la participation des citoyens aux processus politiques de formation de l'opinion et de prise de décision soit limitée au maximum au nom de la rationalité des résultats, si ce concept de droit et cette conception de l'État de droit exigent que la découverte et la création des lois soient séparées du processus de formation de l'opinion politique publique et qu'elles soient uniquement entre les mains d'une élite administrative et juridique, alors ce concept de droit devient discutable aux yeux d'Arendt. Discutable parce qu'Arendt est convaincue qu'un droit ainsi conçu ne peut pas remplir sa fonction envers la communauté politique : la sauvegarde de l'ordre. Une telle conception du droit conduit à la bureaucratisation et à la juridification de la vie publique. Celles-ci s'accompagnent d'emblée de la suspension de l'action politique, d'une absence de familiarité avec le pouvoir politique et d'un manque d'expérience politique des citoyens. Il en découle un sentiment d'insignifiance politique, ainsi qu'une montée de la « méfiance » envers l'élite politico-juridique au sein de plus larges pans de la société. Selon Arendt, cela conduit ou bien à l'apathie politique, ou fait le lit des mouvements de masse antidémocratiques. Ni l'une ni l'autre option ne contribuent à la stabilité de l'ordre démocratique, cela sape au contraire la croyance des citoyens en sa légitimité, ce qui signifie que le projet de Weber consistant à faire découler la légitimité de la légalité est voué à l'échec.

Weber, on le sait, espérait résorber ces « irrationalités » menaçantes issues de la formalisation de la politique au moyen d'une démocratie plébiscitaire des *leaders* ; le charisme du *leader* devait apporter un élément vital à la froide rationalité de la « machine ». Si l'on fait abstraction du fait qu'il méconnaît ainsi, dans une perspective arendtienne, le véritable fondement de l'élan « irrationnel » des masses (voir chapitre IV, « Mouvement de masse et pouvoir »), la « démocratie des chefs avec une "machine" »[1] de Weber perpétue la tradition d'une relation dichotomique

1. PaB, p. 544, trad. fr. C. Colliot-Thélène, *Le savant et le politique*, *op. cit.*, p. 180.

entre la politique et le droit, sans médiation : soit le dirigeant d'une démocratie ignore les postulats formels de son élite administrative et juridique en s'appuyant sur les impératifs matériels de la *raison d'État** ; soit les représentants parlementaires, sous la dictée des tensions et des conflits sociaux, remettent fondamentalement en cause le « formalisme du droit » par des « postulats moraux pathétiques ("justice", "dignité humaine") »[1]. En semblant approuver la matérialisation du droit dans le premier cas et en la rejetant catégoriquement dans le second, Weber affiche clairement ses préférences politiques. En outre, il est manifeste que, pour Weber, la politique ne peut conserver son autonomie qu'au détriment du droit, et vice-versa. Les deux sphères, avec leurs différentes formes de rationalité, sont directement opposées l'une à l'autre[2].

Cependant, la critique d'Arendt vise également la position qui, à l'instar de la version démocratique radicale élaborée par Rousseau, exige la primauté de la politique sur le droit. Selon la critique classique, une telle position ne met pas seulement en danger les droits juridiques individuels, mais c'est tout le système juridique qui se fragilise sous le diktat de la revendication de souveraineté d'une volonté générale. En effet, cette revendication de souveraineté ne peut s'exprimer juridiquement que si la loi se transforme en commandement et que les parties centrales ou les principes fondamentaux du système juridique sont composés de clauses générales (Arendt donne l'exemple des lois sur l'asile, les minorités et les immigrés). Dans ce cas, lorsque des éléments essentiels du système juridique font l'objet de clauses générales, la fiabilité, la prédictibilité et la stabilité sont perdues. Comme l'écrit Arendt, cela « fait des ravages dans la justice et fait peu de cas des lois »[3]. Une telle conception du politique est incompatible avec une sphère juridique autonome.

Pour Arendt, le droit et la politique sont interdépendants et renvoient donc l'un à l'autre. Par conséquent, les deux sphères, la sphère juridique et la sphère politique, doivent prendre en considération les exigences de l'autre sphère et inclure leurs besoins réciproques. Si ce n'est pas le cas,

1. WuG, p. 507.

2. J'ai décrit le problème de cette sorte de matérialisation du droit dans le chapitre III : le droit devient un « droit situationnel » (C. Schmitt, *Politische Theologie*, *op. cit.*). Son caractère vérifiable et sa stabilité sont remplacés par l'imposition arbitraire d'un pouvoir souverain. Dans son projet *Homo Sacer*, Giorgio Agamben étudie ce type de critique des démocraties modernes. Le camp de concentration, dans la théorie d'Agamben, devient « le paradigme de l'espace politique de la modernité » (*Remnants of Auschwitz*, New York, Zone York, 1999, p. 123) car le droit y est conçu à partir d'un état d'urgence (voir *State of Exception*, Chicago (IL), The University of Chicago Press, 2005, p. 1-31).

3. OR, p. 86.

mais qu'au contraire une sphère prime sur l'autre, c'est-à-dire que le droit est souverain ou bien que le peuple est souverain, et si la dichotomie entre le droit et la politique est maintenue, la stabilité de l'ordre politique est menacée. C'est pourquoi je montrerai dans ce chapitre qu'Arendt plaide pour la « déhiérarchisation »[1] du rapport entre le droit et la politique. Cette déhiérarchisation constitue le noyau politico-normatif de la pensée constitutionnelle d'Arendt.

Afin de développer, d'expliquer et de justifier cette thèse dans le détail, j'ai divisé le chapitre en deux grandes sections. La première porte sur l'idée que se fait Arendt d'une pratique politique réussie. En bref, je dégagerai ici la conception arendtienne du politique. Je soutiens que chaque fois qu'Arendt parle de pratique politique réussie, c'est-à-dire dans les passages de son œuvre qui font l'éloge des sections et des sociétés populaires de la Révolution française, qui prennent en considération les assemblées municipales [*town hall meetings*] en Amérique du Nord ou les conseils ouvriers de la Révolution hongroise, etc., elle fait référence à une « politique structurée »[2]. Les principes structurels qui y sont exprimés – Arendt parle de la « syntaxe et de la grammaire »[3] de l'action politique – ne sont pas seulement le produit de l'« agir l'un avec l'autre »[4], mais aussi sa condition préalable. En suivant les exemples de pratique politique réussie d'Arendt et en en développant les principes structurels, je montrerai comment le droit trouve sa place dans la conception arendtienne du politique et dans quelle mesure le concept politique d'Arendt contribue à la déhiérarchisation de la relation entre le droit et la politique. La deuxième partie est consacrée à la conception arendtienne du droit. Contrairement à la tradition en philosophie du droit (Hobbes, Bentham, Austin, etc.) qui prône une « conception impérative de la loi »[5], Arendt *désubstantialise* le concept de droit et le conçoit comme un concept de relation. À partir de

1. T. Kupka, « Demokratie ohne Naturrecht. Eine rechtsphilosophische Entwicklungsskizze in vier Schritten und einem Ausblick », *in* H. Brunkhorst (Hrsg.), *Demokratischer Experimentalismus. Politik in der komplexen Gesellschaft*, Frankfurt, Suhrkamp, 1998, p. 265. Dans cet essai, Kupka plaide en faveur d'une conception de la politique démocratique qui tend à abandonner tout vestige de droit naturel. Dans son analyse d'Aristote, de Kant et de Habermas, il aborde, dans la dernière partie, les « possibilités de déhiérarchisation » dans la relation du droit et de la politique.

2. J. Waldron, « Arendt's Constitutional Politics », *in* D. R. Villa (ed.), *The Cambridge Companion to Hannah Arendt*, Cambridge, Cambridge University Press, 2005. p. 210.

3. Voir OR, p. 173, trad. fr., p. 265.

4. Voir HC, p. 180, voir trad. fr., p. 305.

5. OV, p. 41, trad. fr. G. Durand, *Du mensonge à la violence*, *op. cit.*, « Sur la violence », p. 185.

ce changement fondamental de perspective sur le droit, la question de la légitimité du droit se pose à nouveau. Ma réponse, que je tire de la pensée d'Arendt et que j'applique à la nouvelle question de la légitimation du droit, est la suivante : le droit est légitime lorsqu'il permet et rend possible l'action politique. Arendt tente ainsi d'accorder aux exigences d'un public actif et démocratique une place constitutive dans sa conception du droit légitime. Selon elle, la tâche du droit est de garantir et de préserver les règles d'une sphère publique politique intacte. Je montrerai cependant que ce point de vue comporte un certain nombre d'écueils et qu'en fin de compte, Arendt ne sait pas exactement comment le droit doit servir les besoins du politique. Une future théorie du constitutionnalisme, inspirée par une perspective arendtienne et étayée par ses réflexions, devrait commencer et se développer à partir de ce point.

Au début de ce chapitre, j'ai fait référence au théorème de co-originarité de Habermas, qui ne peut manquer de venir à l'esprit lorsque l'on aborde la déhiérarchisation du droit et de la politique en tant que théorème constitutionnel. La critique de Habermas à l'égard de la dichotomie du droit et de la politique vient également de son analyse de Weber. Dans ses *Tanner Lectures*, il formule – dans une perspective de philosophie morale – trois critiques à l'encontre de la conception wébérienne du droit. Premièrement, Weber méconnaît les implications morales des processus de découverte et de création du droit qu'il décrit. Ainsi, suivant l'aspect principal de la critique habermassienne, les considérations de Weber présentent une interprétation erronée des propriétés formelles du droit. Habermas explique la raison du problème d'interprétation de Weber de la manière suivante : « Weber n'a pas reconnu le noyau moral du droit civil parce qu'il comprenait les idées morales comme des orientations subjectives de valeurs. Les valeurs étaient considérées comme des contenus impossibles à justifier davantage et manifestement incompatibles avec le caractère formel du droit »[1]. Hormis ce manque interprétatif, Habermas remarque – deuxièmement – que les procédures ne sont rationnelles que lorsqu'elles sont fondées sur des principes moraux. Habermas cherche alors à critiquer le concept de rationalité de Weber. Contrairement ce que défend l'« argumentation fonctionnaliste » de Weber, les lois ne peuvent « être justifiées comme rationnelles qu'à la lumière de ces principes constitutivement moraux »[2]. Troisièmement, Habermas formule une critique sur fond d'exigences démocratiques de légitimation. Dans les

1. FuG, p. 549.
2. FuG, p. 548.

démocraties de masse modernes, les processus juridiques constitutionnels doivent être fondés sur des principes moraux pour pouvoir prétendre à une quelconque légitimation. Il reproche ici à Weber d'avoir méconnu les prérequis démocratiques des sociétés modernes. Ces trois critiques reviennent à dire que « la légalité ne peut tirer sa légitimité que d'une rationalité procédurale constitutivement morale »[1]. Weber a reconnu à juste titre qu'on ne pouvait considérer que « l'autonomie du droit »[2] fût préservée qu'à la condition de « [tenir] compte de la rationalité intrinsèque de la forme du droit lui-même » ; « mais comme le droit est intrinsèquement lié à la politique, d'une part, et à la morale, d'autre part, la rationalité du droit n'est pas seulement une question de droit »[3]. En partant de cette nécessaire imbrication du droit, de la politique et de la morale, Habermas récapitule l'histoire de l'État et du droit et parvient ainsi à une nouvelle interprétation de l'idée de contrat social. Dans ce nouveau cadre interprétatif, Habermas se démarque de Rousseau et de Kant dans la mesure où il rompt avec leur enracinement dans la tradition d'une philosophie de l'esprit et compose une théorie de la raison communicationnelle. Il ne conçoit pas la volonté populaire de façon « concrétiste » : celle-ci se dilue au contraire dans des « formes de communication sans sujets »[4]. Néanmoins, Habermas cherche à préserver la « rationalité procédurale » ancrée dans la version rousseauiste et kantienne de la théorie du contrat social. Plus encore, cette entreprise constitue le point de départ de sa théorie discursive du droit et de sa revendication de la « co-originarité de l'autonomie privée et publique »[5]. On voit alors clairement à quel point sa pensée est enracinée dans la tradition kantienne et qu'il s'agit avant tout d'un grand projet philosophique visant à fonder la politique (et la démocratie) sur des bases philosophico-morales.

Le théorème de déhiérarchisation d'Arendt, quant à lui, présente une approche différente et formule – en s'efforçant de distinguer la politique de (toutes les formes de) la domination – une alternative à la co-originarité de Habermas[6]. Arendt était une excellente connaisseuse de la philosophie de Kant. Cette affirmation est étayée non seulement par les carnets de

1. FuG, p. 542.
2. FuG, p. 573.
3. FuG, p. 580.
4. FuG, p. 365.
5. FuG, p. 135, trad. fr., p. 120.
6. En outre, l'objection selon laquelle sa théorie de la co-originarité revient en principe à la suprématie du droit a été soulevée à maintes reprises par diverses parties à l'encontre de Habermas. Voir sur ce point p. 313, « Le théorème constitutionnel arendtien de la déhiérarchisation et la tradition de la démocratie radicale ».

notes sur Kant dans le *Journal de pensée*[1] ou les nombreuses références et analyses dans son œuvre parue, mais aussi, si on y jette un œil, par sa bibliothèque au *Bard College*[2]. C'est précisément la raison pour laquelle il est si étonnant pour certains lecteurs qu'elle n'aborde à aucun moment ce que Habermas appelle le « formalisme éthique »[3] de la philosophie morale de Kant, sur la base duquel Habermas a développé sa théorie discursive du droit. Du point de vue d'Arendt, les questions morales sont des questions de conscience – et donc, impossibles à généraliser ou même à universaliser[4]. Cependant, comme je le développerai au fil de mes réflexions sur le concept de politique chez Arendt, on peut dégager à partir de ses considérations *un mode d'action politique*, suivant des principes qui devraient préserver la reconnaissance de l'autre et le respect de son opinion. Cette exigence de reconnaissance ne vient pas d'un « formalisme éthique » et ne peut donc avoir de prétention universelle à la manière des justifications de la philosophie morale. Au contraire, je soutiens que, chez Arendt, la reconnaissance de l'autre est le substrat d'une « éthique de la puissance à partir de la faculté de juger »[5], comme elle

1. Voir DT, p. 807-824, trad. fr., t. 2, p. 1001-1018.

2. Un de mes souvenirs les plus marquants de ma visite dans les collections Arendt et Blücher au *Bard College* furent les commentaires manuscrits d'Arendt dans les différentes éditions des œuvres de Kant – et de temps à autre ses corrections complaisantes des éditions anglaises.

3. FuG, p. 549. Comme Habermas l'explique dans *Eine genealogische Betrachtung zum kognitiven Gehalt der Moral* : « Ce n'est pas par hasard si l'impératif catégorique s'adresse à la deuxième personne au singulier et donne l'impression que chacun peut procéder pour lui-même *in foro interno* à l'examen requis des normes. Mais, en fait, l'application réflexive du test d'universalisation appelle une forme de délibération dans laquelle chaque participant est obligé d'adopter la perspective de tous les autres afin d'examiner si une norme peut être voulue par tous *du point de vue de chaque personne* ». C'est la situation d'un discours rationnel visant à parvenir à un accord auquel participent toutes les personnes concernées. (« Eine genealogische Betrachtung zum kognitiven Gehalt der Moral », *in* J. Habermas (Hrsg.), *Die Einbeziehung des Anderen. Studien zur politischen Theorie*, Frankfurt, Suhrkamp, 1999, p. 48).

4. Voir sur ce point les remarques de E. M. Saavedra, *Die deliberative Rationalität des Politischen : Eine Interpretation der Urteilslehre Hannah Arendts*, Würzburg, Königshausen & Neumann, 2002, p. 153-189. Arendt souligne à plusieurs reprises dans différents passages que le problème de la moralité réside dans le fait qu'il s'agit d'une question de conscience, et que tout ce que je ne peux pas supporter pour pouvoir continuer à vivre avec moi-même peut certainement être supporté par d'autres (Voir « Home to Roost » [1975], *in* H. Arendt *Responsibility and Judgement*, éd. J. Kohn, New York, Random House, 2003).

5. DT, p. 818, trad. fr. t. 2, p. 1012. Le texte allemand dit : « Die Frage ist : Lässt sich eine Ethik der Macht aus der Urteilskraft entwickeln ? ». En traduisant « Ethik der Macht » par « éthique de la puissance », Sylvie Courtine-Denamy distingue la « puissance / *potentia* » (qui concerne l'action politique entre êtres libres et égaux), et le « pouvoir / *potestas* » (qui relève des instances de domination telles que l'État). La version anglaise dit : « an ethics of power developed on the basis of the power of judgement » [NdT].

l'écrit dans son journal de pensée [*Denktagebuch*]. Mais si l'on s'interroge sur la raison pour laquelle l'autre doit être reconnu dans la politique, on tombe « seulement » sur un argument politique : l'exclusion engendre l'impuissance – et l'impuissance est, à plus ou moins long terme, la cause centrale du déclin d'un ordre politique. Je qualifie ces réflexions d'Arendt de « théorème de la stabilité » et j'expliquerai ce théorème en détail ci-dessous. Ce qui ressort de ces remarques, cependant, c'est que la durabilité et la stabilité constituent le point de référence d'Arendt – et non, comme dans la tradition de philosophie morale kantienne, l'individu humain en tant que « fin en lui-même »[1]. Selon Arendt, cet ordre stable et durable ne peut être qu'un ordre libre, c'est-à-dire un ordre au sein duquel tout un chacun puisse faire l'expérience de l'action politique. Pourtant, il est important de noter que la justification d'Arendt est « seulement » fondée sur un récit historique, qui demande à être validé. Si Habermas porte une théorie de la démocratie fondée sur des prémisses philosophico-morales, « le pouvoir » et « l'ordre » – deux catégories politiques cruciales – constituent le cœur de la théorie politique d'Arendt. C'est ce qui différencie essentiellement ces deux penseurs qui insistent sur des points distincts : la raison pratique, la connaissance et la fonction épistémique de la discussion démocratique d'un côté ; la faculté de juger politique, l'expérience et l'accent mis sur les dimensions de la signification de l'action politique de l'autre[2].

La conception arendtienne du politique

> Dans toute la philosophie politique, le discours dominant sur la démocratie suppose cette liberté comme pouvoir, faculté, facilité de faire, force en somme de faire ce que l'on veut, énergie de la volonté intentionnelle et décidante. On voit donc mal, et c'est ce qui reste à penser, comment une autre expérience de la liberté pourra fonder, de façon immédiate, continue, conséquente, ce qu'on appellerait encore une politique démo*cratique* ou une philosophie politique démo*cratique*[3].

Dans ce chapitre j'étudie la conception arendtienne du politique. Je m'efforce de démontrer qu'Arendt est sensible aux exemples de pratique politique réussie qu'elle présente justement parce que, dans cette pratique, c'est un mode très spécifique d'action politique qui se réalise. Pour expliquer

1. I. Kant, « Grundlegung zur Metaphysik der Sitten », in *Grundlegung zur Metaphysik der Sitten*, éd. B. Kraft, D. Schönecker, Hamburg, Meiner, 1999, p. 53.

2. Pour une critique similaire, voir L. M. Zerilli, « "We feel our freedom". Imagination and Judgment in the Thought of Hannah Arendt », *Political Theory* 33, 2, 2005, p. 160.

3. Jacques Derrida, *Voyous*, Paris, Galilée, 2003, p. 69.

cette thèse en détail, je rappellerai d'abord la distinction qu'Arendt fait entre pouvoir et violence et, partant, je dévoilerai le fondement normatif de sa conception du politique. Beaucoup d'auteurs critiquent et mettent en doute la façon dont Arendt justifie le respect de l'autre dans son altérité. Quelles sont les fondements de la justification théorique de la pensée politique d'Arendt ? Quelle est, eu égard à son postulat de pluralité, la réponse d'Arendt à la *quaestio juris* de Kant ? Je soutiens qu'on ne peut trouver dans l'œuvre d'Arendt qu'une justification politique du traitement de la pluralité humaine. Cependant, je ne considère pas cela fondamentalement comme un manque, mais plutôt comme la preuve explicite qu'elle est plus une penseuse politique qu'une philosophe politique. En ce sens, je vais faire apparaître une *normativité politique* inhérente à la pensée politique d'Arendt, qui est à l'œuvre dans la formation de la faculté politique de juger. Pour Arendt, la faculté politique de juger est le reflet d'un type distinct de rationalité politique qui diffère fondamentalement de la raison d'État, des approches propres à la négociation et au choix rationnel ou de la recherche du consensus. Arendt développe et énonce ce nouveau type de rationalité politique dans des termes concrets, particulièrement dans son analyse de la République américaine. Cette « rationalité de la faculté de juger »[1] se forme sur la base de règles procédurales au sein des institutions, entre les institutions et entre le système politique et la sphère publique. Les réflexions d'Arendt sur la (fondation de la) République américaine sont particulièrement significatives dans la mesure où elles nous donnent un aperçu de la façon dont elle traite la tension entre idéal et réalité. De même que la constitution de la République fédérale représentait le cadre réel à partir duquel Habermas pouvait développer ses réflexions normatives dans *Droit et démocratie. Entre faits et normes*, l'analyse de la République américaine par Arendt est au cœur de la genèse de sa conception du droit et de la politique.

Arendt et la normativité du politique

Pouvoir et violence – une nouvelle approche

Selon Arendt, toute communauté politique est fondée sur le pouvoir. « Le pouvoir », dit-elle, « est l'essence de tout gouvernement, de tout groupe organisé de quelque façon »[2]. Chaque État, chaque communauté politique et chaque groupe organisé « est essentiellement un pouvoir

1. E. Vollrath, *Grundlegung einer philosophischen Theorie des Politischen*, Würzburg, Königshausen & Neumann, 1987, p. 253.

2. MuG, p. 52. L'expression « de tout groupe organisé de quelque façon » est omise dans *On Violence*.

organisé et institutionnalisé »[1]. Avec cette thèse, Arendt s'oppose à une ligne traditionnelle de la pensée politique qui considère que l'essence du politique réside dans la violence ou, plus précisément, dans l'exécution violente de la volonté. De Platon à Machiavel, en passant par Hobbes et Marx, jusqu'à Weber et Schmitt, le pouvoir a été associé à la violence et conçu comme le fondement de toute forme de régime politique. Cette assimilation du pouvoir à la violence commence par l'assimilation ancienne des formes d'État à celles de la domination, elle se reflète dans l'idée judéo-chrétienne du « caractère impératif des lois » et connaît finalement un essor décisif avec la formation de la structure étatique (moderne) à partir du XVIIe siècle. Pour Arendt cependant, le pouvoir et la violence n'ont rien en commun. La violence est toujours instrumentale et dépourvue de communication. C'est pourquoi elle écrit :

> [I]l ne suffit pas de dire que, dans le domaine politique, il ne faut pas confondre pouvoir et violence. Le pouvoir et la violence s'opposent par leur nature même ; lorsque l'un des deux prédomine de façon absolue, l'autre est éliminé. La violence se manifeste lorsque le pouvoir est menacé, mais si on la laisse se développer, elle provoquera finalement la disparition du pouvoir. Il en résulte que la non-violence ne devrait pas être considérée comme le contraire de la violence. Parler d'un pouvoir non violent est en fait une tautologie. La violence peut détruire le pouvoir, elle est parfaitement incapable de le créer[2].

Mais qu'est-ce que le pouvoir ? Pour Arendt, « [l]e *pouvoir* correspond à l'aptitude de l'homme à agir, et à agir de façon concertée »[3]. Le pouvoir naît de l'action commune du grand nombre ; il disparaît dès que les personnes qui constituent ce « grand nombre » s'en vont chacune de leur côté. Ainsi, contrairement à la violence, le pouvoir n'est jamais détenu par un individu, mais seulement par un groupe. Étant donné que la violence repose quant à elle sur des instruments, Arendt estime qu'elle est indépendante (pour l'essentiel) du nombre de ses partisans.

Il faut toutefois se garder d'interpréter la distinction d'Arendt entre pouvoir et violence comme une condamnation morale de la violence[4].

1. OV, p. 51, trad. fr., p. 203.
2. OV, p. 56, trad. fr., p. 210.
3. OV, p. 44, trad. fr., p. 193.
4. McGowan interprète la distinction en termes moraux et parle ainsi de la « vision utopique d'Arendt » (J. McGowan, « Arendt's Utopian Vision », *in* C. Calhoun, J. McGowan (eds.), *Hannah Arendt and the Meaning of Politics*, Minneapolis, MN, University of Minnesota Press, 1997, p. 264). Keith Breen prétend à tort qu'Arendt rejette la violence pour des raisons morales, et croit pouvoir déceler dans son concept de pouvoir un plaidoyer

Arendt parle en effet d'une certaine « rationalité de la violence »[1] et explique que la violence peut être un moyen tout à fait nécessaire, voire justifié, pour attirer l'attention sur des conditions politiques, sociales, économiques, etc., insupportables[2]. Au lieu de la concevoir en termes de condamnation, il faut plutôt voir la distinction entre les caractéristiques conceptuelles du pouvoir et de la violence comme une étape préparatoire à sa thèse selon laquelle « [i]l n'y a jamais eu de gouvernement qui soit exclusivement fondé sur l'emploi des moyens de la violence »[3]. Selon Arendt, la tradition de la pensée politique se fonde – à quelques exceptions près – sur une erreur : le pouvoir est l'essence du politique.

Avant d'aborder en détail le concept de pouvoir chez Arendt, il convient de s'arrêter un instant sur la distinction elle-même : qu'est-ce qui a poussé Arendt à vouloir ébranler le bastion fondamental d'une tradition de pensée politique vieille de plus de 2 000 ans ? La déconstruction de cette tradition par Arendt doit être interprétée comme une réaction à la « rupture de la civilisation »[4]. Ce qu'Arendt cherche à développer, c'est une conception nouvelle du politique qui reflète l'expérience de la terreur et de la violence et qui rejette tout recours à l'instrumentalisation. À cette fin, sa recherche prend deux directions différentes, une qui relève de la philosophie politique et l'autre de la théorie politique : la première s'exprime à travers le fait qu'Arendt recourt philosophiquement aux racines de notre réflexion sur le politique. L'analyse des auteurs anciens et de l'expérience « réelle » au sein de la démocratie athénienne se trouve au premier plan. Le cœur de sa critique est que l'analyse philosophique rétrospective de la *polis* met en jeu un concept – la domination [*rule*] – qui entre en contradiction avec le contenu de l'expérience réelle[5]. Ce mouvement exploratoire se

pour l'amitié et l'amour (voir « Violence and power : A critique of Hannah Arendt on the "political" », *Philosophy and Social Criticism* 33, 3, p. 343). Or, selon Breen, l'histoire du XXe siècle montre que nous ne pouvons pas exercer la violence comme un mal mineur pour prévenir un mal encore plus grand (*ibid.*, p. 348). Mes propos ici montreront que la distinction d'Arendt entre pouvoir et violence ne doit pas être comprise comme une condamnation morale de la violence.

1. Voir OV, p. 79, trad. fr., p. 239.
2. *Ibid.*
3. OV, p. 50, trad. fr., p. 201.
4. D. Diner (Hrsg.), *Zivilisationsbruch : Denken nach Auschwitz*, *op. cit.*
5. Du point de vue de l'histoire de la philosophie, le procès contre Socrate est ici décisif. Arendt écrit par exemple que « le fossé entre la philosophie et la politique s'est ouvert historiquement avec le procès et la condamnation de Socrate, qui marque un tournant dans l'histoire de la pensée politique, tout comme le procès et la condamnation de Jésus dans l'histoire de la religion » (H. Arendt, « Philosophy and Politics » [1954], *Social Research* 57, 1990, p. 73).

retrouve dans l'ouvrage de philosophie politique d'Arendt, *La condition de l'homme moderne*, ainsi que dans les nombreuses réflexions de *La crise de la culture*. En 2007, Jerome Kohn a publié deux essais posthumes d'Arendt parus sous le titre *The Great Tradition*, où cette critique est à nouveau mise en évidence. Arendt y oppose les témoignages d'Hérodote et de Thucydide, fondés sur l'expérience, à l'interprétation politico-philosophique ultérieure de la *polis* par Platon et Aristote.

> Que l'organisation de la vie de la *polis* ne permette pas la distinction entre gouvernants et sujets apparaît clairement dans la fameuse discussion de Hérodote sur les formes de gouvernement, où le défenseur de la *polis* grecque, après avoir eu le dessous dans une dispute, demande la permission de se retirer totalement de la vie politique, parce qu'il ne veut ni commander ni obéir. La question, bien sûr, est que la vie de la *polis* grecque ne connaissait aucune division de ce type entre ses citoyens. Comme l'indique Aristote, la domination sur laquelle elle était fondée ne s'exerçait pas dans le domaine public-politique, mais dans la sphère strictement privée du foyer, dont le chef régnait sur sa famille et ses esclaves[1].

Cette réinterprétation politico-philosophique du politique a largement été entérinée et elle est aujourd'hui également considérée – grâce aux excellents travaux de Tsao, Tamineaux, Hammer, etc. – comme une déconstruction de la période hellénistique, ainsi que de l'interprétation aristotélicienne de la démocratie athénienne – et non, comme le croyait O'Sullivan, comme son affirmation[2].

Dans sa recherche politico-théorique, en revanche, la riche expérience des révolutions de l'époque moderne devient la source d'une réinterprétation du politique. Ce sont précisément les révolutions des 200 dernières années qui renforcent l'idée d'Arendt selon laquelle le pouvoir politique ne peut jamais être qu'une question de consentement et de soutien. En effet, ce n'est que lorsque l'ordre et l'autorité anciens ne trouvent plus ni consentement ni soutien que les révolutions se produisent. C'est pourquoi, selon Arendt, les révolutions ne sont généralement pas sanglantes dans leurs premières phases et ne font qu'illustrer la perte massive de légitimation de l'*ancien régime*[*3]. Arendt décrit de façon

1. H. Arendt, « The Great Tradition I. Law and Power » [1953], *Social Research* 74, 3, 2007, p. 713, trad. fr. F. Bouillot, « La grande tradition », dans *Gouverner. Loi, pouvoir, domination*, Paris, Payot, 2024, p. 45.

2. Voir sur ce point N. K. O'Sullivan, « Hellenic Nostalgia and Industrial Society », *in* A. de Crespigny, K. Minogue (eds.), *Contemporary Political Philosophers*, New York, Dodd-Mead, 1975.

3. Voir OV, p. 48, trad. fr., p. 199 *sq*.

saisissante le moment où il devint indéniable en France qu'il ne s'agissait pas d'une simple révolte mais d'une révolution. « Le roi, nous dit-on, s'écrie : "*C'est une révolte**", et Liancourt rectifie : "*Non Sire, c'est une révolution**" »[1]. Une révolte montre expressément que les moyens de violence sont toujours entre les mains de l'État et à sa disposition. Mais parce que, comme dans la scène décrite entre Louis XVI et Liancourt, les soldats n'ont pas obéi à l'ordre de tirer, il devint plus qu'évident que même le dernier atout de l'ancien ordre, le canon, ne l'emporterait pas. La police, l'armée, etc. n'obéissaient plus aux ordres parce que les « instruments de l'autorité » ne fonctionnaient plus. C'est ainsi qu'Arendt parvient à son idée centrale :

> Les moyens de la violence deviennent inutiles quand on n'obéit plus aux ordres, et le facteur décisif n'est plus alors une question d'obéissance au commandement, mais un problème d'opinion : celle du nombre plus ou moins grand de ceux qui sont du même avis. *Tout dépend du pouvoir que la violence parvient à rassembler*. Les effondrements dramatiques du pouvoir, qui se produisent au cours des révolutions, révèlent soudainement à quel point l'obéissance civile – aux lois, aux gouvernants, aux institutions – n'est que la manifestation extérieure du soutien et du consentement[2].

La Révolution montre clairement qu'en cas de doute, tout dépend du pouvoir[3]. Ce passage résonne presque comme une parodie de la maxime de Schmitt dans sa *Théologie politique*, selon qui « le cas normal » ne prouve rien, « l'exception prouve tout »[4]. Si, nous dit Arendt, presque en réponse à Schmitt, nous portons notre attention sur le véritable état d'urgence, le « phénomène de la révolution »[5], nous voyons rapidement dans quelle mesure il n'est pas convaincant de réduire le politique à la

1. OR, p. 41, trad. fr., p. 68.
2. OV, p. 49, trad. fr., p. 200, nous soulignons.
3. Les réflexions d'Arendt sur le pouvoir et la violence semblent parfois contradictoires. Par exemple, on peut lire ici et là que la violence peut détruire le pouvoir, mais qu'elle est incapable de l'engendrer (voir OV, p. 56, trad. fr., p. 210). On pourrait dire que si la violence peut détruire le pouvoir, c'est qu'en fin de compte la violence importe le plus. Mais si l'on interprète ce passage dans le contexte de sa tentative de distinction conceptuelle entre la violence et le pouvoir, il apparaît clairement qu'Arendt s'attache à montrer que la violence et le pouvoir sont des phénomènes fondamentalement différents. Derrière l'exercice de la violence, il y a toujours aussi le pouvoir, c'est-à-dire le consentement et le soutien des personnes qui détiennent les armes. Ce qui détruit la violence, c'est le pouvoir du « groupe adverse », et donc l'ensemble du pouvoir possible au sein d'une communauté.
4. C. Schmitt, *Politische Theologie. Vier Kapitel zur Lehre von der Souveränität* [1922], Berlin, Duncker & Humblot, 2004, p. 2, trad. fr. J.-L. Schlegel, *Théologie politique I*, Paris, Gallimard, 1988, p. 25.
5. OV, p. 47, trad. fr., p. 197.

violence – à l'exécution violente de la volonté. La perte d'autorité de l'ordre ancien aux yeux des citoyens contamine également la police et l'armée. La déconstruction de la pensée politico-philosophique d'une part et l'analyse des révolutions d'autre part peuvent être considérées comme des sources importantes qui conduisent Arendt à faire du pouvoir la caractéristique essentielle du politique. Mais ce n'est rien d'autre que le point de départ d'une refonte de la réflexion sur la politique. Jusqu'à présent, rien n'a été dit sur ce qu'est le pouvoir, comment il est formé, comment il est préservé ou comment il est lié à d'autres concepts de la pensée d'Arendt.

Formes du consensus et modes d'action

Le pouvoir est fondé sur le consentement et le soutien, et correspond donc aux deux types d'activité, la parole et l'action, qu'Arendt identifie comme étant des paradigmes de la politique. Si le pouvoir est l'essence du politique, la parole et l'action n'en sont pas moins importantes. Puisque l'action de soutien implique le consentement, pour Arendt, le pouvoir est fondé sur le consentement. Mais pour elle – contrairement à Habermas –, le consentement ne signifie rien qui soit de prime abord rationnel : « Le consentement implique la reconnaissance du fait qu'aucun homme ne peut agir seul, que les hommes, s'ils veulent accomplir quelque chose dans le monde, doivent agir de concert »[1]. Cela ne nous dit rien sur le contenu et les modalités du consensus. Au contraire, la « forme du consentement [...] peut se constituer de nombreuses façons différentes »[2]. Pour ne citer que quelques exemples : Arendt explique, avec la Révolution française et la scène du Serment du Jeu de Paume, comment le consentement a été exprimé par des cris, des sifflets, des braillements inarticulés, par des « émotions exaltantes » et des « applaudissements sauvages »[3]. Dans les démocraties, le niveau de consentement est généralement déterminé par des élections. Même le régime totalitaire, dont les principaux moyens de domination sont, selon Arendt, les camps et la terreur policière, « a besoin, pour son pouvoir, d'une base », qui est alors constituée par « la police secrète et son réseau d'indicateurs »[4]. Ces quelques exemples

1. LoM/W, p. 201.
2. *Ibid.*
3. OR, p. 116.
4. OV, p. 50, trad. fr., p. 201-202. Arendt est là encore contradictoire sur ce point. D'un côté, elle affirme que le régime totalitaire a besoin d'une base de pouvoir; de l'autre elle déclare qu'au moment où la terreur atteint son point culminant, « le pouvoir disparaît totalement » (OV, p. 55, trad. fr., p. 209). Si l'on y réfléchit bien, cette affirmation n'est vraie que d'un seul point de vue, que j'ai qualifié ailleurs de « dimension éthique de la Shoah »

illustrent clairement que, pour Arendt, le concept de pouvoir en soi est indéterminé et n'a pas de contenu concret, et que le pouvoir n'est donc pas « absolument positif »[1], « émancipatoire »[2], « radicalement normatif »[3] ou aussi « intrinsèquement et normativement positif »[4] que le croient de nombreux auteurs. C'est tout le contraire : Arendt se réfère même à des constellations de pouvoir, c'est-à-dire à des formes de consentement, qui sapent les catégories clés de sa propre pensée politique :

> Une démocratie [...], c'est-à-dire le simple règne de la majorité fondé seulement sur le pouvoir, peut avoir pour effet redoutable la suppression des droits des minorités et peut s'avérer très efficace dans la répression des oppositions sans avoir recours à la violence. En l'absence de partage et de contrôle, le pouvoir peut engendrer l'uniformité de l'opinion qui n'est guère moins « coercitive » que la répression violente. Mais il n'en résulte pas que le pouvoir et la violence soient une seule et même chose[5].

Bien que la façon dont la reconnaissance de la pluralité et celle d'autrui sont justifiées dans l'œuvre d'Arendt soit discutée dans le monde académique – je reviendrai sur ce point à la fin de ce chapitre –, c'est un lieu commun de dire qu'Arendt « a “augmenté” le monde d'un mot : le

(C. Volk, « Hannah Arendt über das Böse und die Zukunft des Politischen », *Internationale Zeitschrift für Philosophie* 16, 1, 2007, p. 71). Cela signifie que les camps de concentration nazis visaient principalement à éliminer les êtres humains en tant qu'êtres humains. Ils voulaient changer la nature même de l'humain ; le *Muselmann* représentait le prototype d'une telle forme de domination, le « modèle du citoyen d'un État totalitaire » (ETH, p. 936). Parce qu'alors le moi de l'homme a été éliminé, la signification de concepts tels que le consentement et le soutien est dissoute. On peut certes essayer d'interpréter de manière moins dramatique l'affirmation selon laquelle le pouvoir a quitté le pays dans le cadre du régime totalitaire. On peut dire, par exemple, que la terreur conduit à l'« atomisation de la société » (OV, p. 55, trad. fr., p. 208) au moyen de son « étau de fer » (OT, p. 473). Mais pour maintenir cet appareil, il faut le soutien de la police secrète et des informateurs – et ce soutien est celui d'un petit nombre.

1. A. Anter, *Theorien der Macht. Zur Einführung*, Hamburg, Junius, 2012, p. 97. Voir aussi E. Young-Bruehl, *Why Arendt Matters*, New Haven, CT, Yale University Press, 2006, p. 92.

2. W. Meints-Stender, « Reflektierende Urteilskraft als Ethos der Macht – eine Annäherung an einen emanzipatorischen Begriff von Macht », *in* K.-H. Brier, A. Gantschow (Hrsg.), *Politische Existenz und republikanische Ordnung*, Baden-Baden, Nomos, 2012, p. 199. Voir aussi B. Parekh, *Hannah Arendt and the Search for a New Political Philosophy*, Atlantic Highlands, NJ, Humanities Press, 1981, p. 160 ; D. Luban, « On Habermas, on Arendt, on Power », *Philosophy and Social Criticism* 6, 1, 1979, p. 82.

3. G. Göhler, « “Power to” and “Power over” », *in* R. Stewart, M. Haugaard (eds.), *The SAGE Handbook of Power*, London, SAGE, 2009, p. 32.

4. A. Allen, « Power, Subjectivity, and Agency : Between Arendt and Foucault », *International Journal of Philosophical Studies* 10, 2, 2010 p. 143.

5. MuG, p. 43, voir aussi OV, p. 42, trad. fr., p. 189-190.

mot “pluralité” »[1]. La question centrale est donc celle d’une forme de consensus ou de constellation de pouvoir qui reflète et favorise également la pluralité sur le plan politique. Si toute forme de consensus et de constellation de pouvoir naît de la parole et de l’action, la question qui se pose est de savoir comment l’action politique doit être menée pour donner lieu à des formes de consentement et de soutien susceptibles de réaliser la pluralité sur le plan politique. Les réflexions d’Arendt sur le pouvoir suggèrent que la *qualité politico-normative d’une constellation de pouvoir* ne dépend pas tant de l’action et de la parole en tant que telles que de la *manière dont l’action et la parole sont menées*[2]. En conséquence, Arendt distingue des formes d’action spécifiques dans *La condition de l’homme moderne*, et parle même de « forme(s) pervertie(s) de l’“agir ensemble” »[3]. Elle oppose « agir les uns avec les autres » à « agir les uns pour les autres » et « agir les uns contre les autres », lorsqu’elle écrit que « cette qualité de révélation de la parole et de l’action est en évidence lorsque l’on est *avec* autrui, ni *pour* ni *contre* »[4]. Si ces trois modes d’action conduisent au développement du pouvoir, ils comportent des différences essentielles en termes de contenu normatif :

> À défaut de la révélation de l’agent dans l’acte, l’action perd son caractère spécifique et devient une forme d’activité parmi d’autres […]. Cela se produit chaque fois que l’unité humaine est perdue, c’est-à-dire lorsque l’on est seulement pour ou contre autrui, comme dans la guerre moderne où les hommes se lancent dans l’action et utilisent les moyens de la violence afin d’atteindre certains objectifs de leur parti et contre l’ennemi. En de telles circonstances […], la parole devient en effet du « bavardage », […] qu’elle serve à tromper l’ennemi ou à étourdir tout le monde à coups de propagande […]. En pareils cas, l’action perd sa qualité grâce à laquelle elle transcende la simple activité productive[5].

1. M. Canovan, *Hannah Arendt : A Reinterpretation of Her Political Thought*, Cambridge, Cambridge University Press, 1992, p. 281.

2. Quelques mots sur les manières d’agir et leur relation vis-à-vis du politique : selon Arendt, il n’y a d’action que dans le politique. Puisque le politique est fondé sur le pouvoir, il n’est question dans le politique que de parole et d’action – tant que la pluralité humaine est une condition fondamentale de notre coexistence sur Terre. On peut concevoir le politique dans l’esprit philosophique comme un « travail », comme la philosophie politique l’a toujours fait depuis Platon, selon Arendt, et tenter de remplacer l’action par « une activité sur le mode du travail » (VA, p. 279). Selon Arendt, cependant, cela échouera dans la pratique tant qu’il y aura une pluralité humaine. L’élimination de l’action en tant que quintessence du politique est précédée par l’élimination *de facto* de la pluralité humaine.

3. HC, p. 203.

4. HC, p. 180, trad. fr., p. 305, nous soulignons.

5. HC, p. 180, trad. fr., p. 306.

Lorsque l'on agit l'un pour l'autre ou l'un contre l'autre, l'acte de parole perd sa signification dans la mesure où il ne fournit aucune information réelle sur la personne qui parle, et la personne qui agit en tant que telle n'a plus d'importance. Arendt fait référence à la bonté comme exemple d'« agir l'un pour l'autre », en la faisant remonter à la lignée traditionnelle chrétienne qui s'est imposée à l'époque moderne par le biais de la philosophie morale, du moins en ce qui concerne son mode d'action[1]. En effet, les idées de Rousseau et en particulier la *volonté générale** tirent leur supposé contenu moral du fait que l'individu abandonne tous ses intérêts personnels et se consacre au bien de la communauté, c'est-à-dire agit « pour » les autres. L'intériorisation du politique au cours de la Révolution française et la naissance de la nation prennent une teinte chrétienne au travers du mode d'action postulé.

C'est dans l'esprit politique et agonal des Grecs, et plus particulièrement dans la figure d'Achille, que l'expression « agir l'un contre l'autre » apparaît le plus clairement. La guerre et l'« agir l'un contre l'autre » sont devenus un moyen de « la révélation de soi aux dépens de tous les autres facteurs »[2]. À l'exception d'Achille – qui constitue la célèbre exception à la règle –, ce type de révélation de soi est toujours purement stratégique et uniquement dirigé vers l'adversaire[3]. Pris dans un tel mode d'action, on ne peut pas « risquer la révélation »[4] et révéler « le "qui", l'identité unique et distincte de l'agent »[5]. Ce mode d'action passe également à côté du « but réel de l'action » ; et « ce concept d'action est hautement individualiste »[6]. Si le pouvoir politique est généré sur un mode « d'agir l'un pour l'autre » ou sur un mode « d'agir l'un contre l'autre », alors le critère d'inter-subjectivité dérivé du principe de pluralité en tant que condition de l'action humaine demeure non réalisé. Le moment de la subjectivité, la perception individuelle du monde, est soit dissous, soit hypostasié. Soit cette personne est considérée comme politiquement vertueuse, prenant la défense de l'autre avec passion et désintéressement

1. Voir WiP, p. 61 *sq. Cf.* aussi sur ce point A. Kalyvas, « From the Act to the Decision : Hannah Arendt and the Question of Decisionism », *Political Theory* 32, 3, p. 327.

2. HC, p. 194, trad. fr., p. 326-327.

3. La particularité d'Achille, selon Arendt, est qu'il est la seule personne impliquée dans « l'agir l'un contre l'autre » qui « livre au narrateur toute la signification de son acte : c'est comme s'il n'avait pas seulement joué l'histoire de sa vie, mais qu'il l'eût "faite" en même temps » (HC, p. 194, trad. fr., p. 326). Achille, en d'autres termes, est l'exception à la règle selon laquelle personne ne sait qui il révèle réellement lorsqu'il agit.

4. HC, p. 180, trad. fr., p. 305.

5. HC, p. 180, trad. fr., p. 306.

6. VA, p. 243 ; voir aussi HC, p. 194, trad. fr., p. 326.

et abandonnant ses intérêts personnels ; soit la « révélation de soi » devient une fin en soi. Le fait que la révélation de soi est hypostasiée signifie qu'en retour, la relation à l'autre, c'est-à-dire l'*inter*-subjectivité, revêt un caractère purement instrumental. Avec l'agir l'un contre l'autre comme mode d'action politique, le « nous » agissant est constitué par l'opposition et la lutte contre un « eux » imaginé et structuré. Dans un tel scénario, les objections et les suggestions des opposants politiques, aussi légitimes ou justifiées soient-elles, ne sont pas prises en compte. L'articulation et la formation du pouvoir d'un « nous » généré selon ce mode est toujours de nature stratégique et vise principalement l'adversaire. Il en va de même lorsque le pouvoir politique est généré sur un mode d'agir l'un pour l'autre : puisque chaque personne s'identifie au principe de « l'un pour l'autre » et se sacrifie complètement « pour » le groupe ou la communauté, l'espace entre les individus se dissout et la diversité d'opinion est sacrifiée sur l'autel du principe unificateur. Le moment d'*inter*-subjectivité censé garantir la pluralité dans la sphère politique est ainsi perdu[1].

Le pouvoir pour Arendt n'est pas en lui-même un concept « intrinsèquement et normativement positif »[2], « radicalement normatif »[3] ou « émancipatoire »[4] – comme on l'affirme généralement[5]. Il n'y a pour Arendt qu'*une forme d'action politique* – à savoir, « l'agir l'un avec l'autre » – qui entraîne la formation d'un concept substantiel et normatif de pouvoir. Quand le pouvoir est généré sur le mode de l'agir l'un avec l'autre, alors les gens se rassemblent librement, apparaissent en personne, exposent leur point de vue sur un sujet spécifique, ont le droit de rendre

1. Dans son œuvre, Arendt donne des exemples innombrables de constellations de pouvoir qui ont été générées sur un mode d'« agir l'un pour l'autre » ou d'agir « l'un contre l'autre ». Citons les mouvements de masse antidémocratiques, pangermaniques et nationalistes de la République de Weimar, le régime jacobin, le mouvement des Black Panthers ou le mouvement idéologique des étudiants allemands.

2. A. Allen, « Power, Subjectivity, and Agency : Between Arendt and Foucault », *International Journal of Philosophical Studies* 10, 2, 2010 p. 143.

3. G. Göhler, « "Power to" and "Power over" », *in* R. Stewart, M. Haugaard (eds.), *The SAGE Handbook of Power*, *op. cit.*, p. 32.

4. W. Meints-Stender, « Reflektierende Urteilskraft als Ethos der Macht – eine Annäherung an einen emanzipatorischen Begriff von Macht », *in* K.-H. Brier, A. Gantschow (Hrsg.), *Politische Existenz und republikanische Ordnung*, Baden-Baden, Nomos, 2012, p. 199. Voir aussi B. Parekh, *Hannah Arendt and the Search for a New Political Philosophy*, Atlantic Highlands, NJ, Humanities Press, 1981, p. 160 ; D. Luban, « On Habermas, on Arendt, on Power », *Philosophy and Social Criticism* 6, 1, 1979, p. 82.

5. Je m'efforce de donner une analyse exhaustive et générale du concept arendtien de pouvoir dans C. Volk, « Hannah Arendt und die Kritik der Macht », *Deutsche Zeitschrift für Philosophie* 61, 4, 2013, p. 505-528 et « Towards a Critical Theory of the Political. Hannah Arendt on Power and Critique », *Philosophy and Social Criticism* 42, 6, 2016, p. 549-575.

leurs opinions publiques, et se permettent d'entendre et d'être confrontées à d'autres points de vue. Agir l'un avec l'autre n'équivaut pas à une action rationnelle dirigée vers le consensus raisonnable. Au contraire, il s'agit d'écouter et d'être écouté, de clarifier les alternatives politiques, de réagir et de s'exprimer dans un discours sérieux, et de débattre fermement entre des opinions conflictuelles, voire peut-être incompatibles. Agir l'un avec l'autre signifie intégrer d'autres prises de position dans un processus politique de formation de l'opinion, dans le but de renforcer la faculté de juger politique de toutes les personnes impliquées et de contribuer à une formation de la conscience politique par le biais du discours public, et ainsi – possiblement – d'établir des « îlots de conviction » individuels[1] dans une mer d'incertitude. Agir l'un avec l'autre signifie se mettre d'accord sur des sujets de conflit politique pour lesquels le consensus n'est ni probable ni conçu comme un point de fuite normatif. L'accord peut également signifier accepter que nous soyons en désaccord, car ce n'est pas l'autre qui se trouve au centre d'un tel accord *politique*, « mais plutôt le monde commun tel qu'il apparaît à l'autre »[2].

C'est pourquoi, quoique « l'agir l'un pour l'autre » et « l'agir l'un contre l'autre » surviennent à maintes reprises dans la sphère politique, générant un consensus et donc un pouvoir, selon Arendt seul « l'agir l'un avec l'autre » peut produire une forme de pouvoir dans laquelle la pluralité peut se réaliser politiquement. Aux yeux d'Arendt, être capable de participer à cet « agir l'un avec l'autre » signifie être libre. Mais, ce qui est crucial, c'est que « l'agir l'un avec l'autre implique que la pluralité et la possibilité de la liberté politique ne peuvent être préservées *que* sur la base *d'un mode ou d'une procédure spécifique* suivant laquelle l'action politique est menée. Ce n'est qu'en prenant en compte et en satisfaisant certains principes dans sa pratique, c'est-à-dire en agissant, que « l'agir l'un avec l'autre » garantit la pluralité dans la sphère politique. Dans ses écrits ultérieurs, Arendt relie ce mode d'action au concept de jugement, dans la mesure où ce mode est requis pour que la faculté de juger puisse se manifester dans les affaires politiques publiques (dans *Human Condition* / *Vita activa*, cependant, la faculté de juger ne joue pas vraiment de rôle et n'apparaît même pas dans l'index) : « agir l'un avec l'autre » est une action qui repose sur la faculté de juger. Dans son *Denktagebuch*,

1. N. Deitelhoff, « Was vom Tage übrig blieb. Inseln der Überzeugung im vermachteten Alltagsgeschäft internationalen Regierens », *in* P. Niesen, B. Herborth (Hrsg.) *Anarchie der kommunikativen Freiheit. Jürgen Habermas und die Theorie der internationalen Politik*, Frankfurt, Suhrkamp, 2007, p. 32.

2. DT, p. 451.

elle parle d'une « éthique de la puissance à partir de la faculté de juger »[1]. Cela signifie plus spécifiquement que la « procédure méthodique »[2] de la faculté de juger s'applique dans le discours et l'action, et qu'une rationalité politique spécifique se forme de cette manière. Ce qui rend cette rationalité politique, la « rationalité de la faculté de juger »[3], normativement substantielle, c'est qu'elle cherche à réaliser à la fois l'« individualité de l'individu »[4] et l'expérience politique de la liberté. Je reviendrai sur ce point en détail ci-dessous et présenterai la faculté de juger comme un concept politique de sagesse pratique qui se conçoit d'abord au niveau de l'individu. Cependant, je soutiendrai que la faculté de juger politique constitue la « procédure méthodique »[5] d'une forme de rationalité dont les principes, en tant que normes procédurales, peuvent se trouver dans les institutions qui, selon Arendt, permettent d'abord et avant tout la pluralité dans la vie d'un régime politique. Mais auparavant, nous nous pencherons sur la question de savoir pourquoi la pluralité doit être reconnue dans le domaine politique. Comment la reconnaissance de l'autre, qui caractérise l'« agir l'un avec l'autre » en tant que mode d'action politique privilégié par Arendt, peut-elle être justifiée ?

La reconnaissance de l'autre : Une tentative de réponse politique à la « lacune normative »

Il y a un vaste débat au sein de la recherche arendtienne au sujet de la justification de la reconnaissance de la pluralité. Il n'est guère surprenant que ce débat ait surtout été initié par la question de la garantie des droits de l'homme. D'un côté, des auteurs comme Canovan, Kateb, Villa, Lefort et Benhabib soutiennent qu'il y a une « lacune normative »[6] dans la pensée d'Arendt. Benhabib affirme qu'il manque dans l'œuvre d'Arendt un fondement philosophique qui justifie *comment* passer de la pluralité en tant que condition humaine à « l'égalité morale et politique des êtres humains

1. DT, p. 818, trad. fr., p. 1012.

2. E. Vollrath, *Grundlegung einer philosophischen Theorie des Politischen*, *op. cit.*, p. 271. Voir aussi le travail bien documenté de Meints-Stender, *Partei ergreifen im Interesse der Welt. Eine Studie zur politischen Urteilskraft im Denken Hannah Arendts*, Bielefeld, transcript, 2011.

3. E. Vollrath, *Grundlegung einer philosophischen Theorie des Politischen*, *op. cit.*, p. 253.

4. W. Meints-Stender, « Reflektierende Urteilskraft als Ethos der Macht – eine Annäherung an einen emanzipatorischen Begriff von Macht », *in* K.-H. Brier, A. Gantschow (Hrsg.), *Politische Existenz und republikanische Ordnung*, *op. cit.*, p. 120.

5. E. Vollrath, *Grundlegung einer philosophischen Theorie des Politischen*, *op. cit.*, p. 271.

6. S. Benhabib, *The Reluctant Modernism of Hannah Arendt*, *op. cit.*, p. 193.

dans une communauté de reconnaissance réciproque ». Arendt répond à la question de savoir sur quelle base et *pourquoi* nous devrions nous soucier les uns des autres par une « description de la condition humaine qui semble factuelle »[1]. Le prix à payer pour cela, selon Benhabib, est un défaut de légitimité[2]. Bien qu'il y ait des différences fondamentales entre Benhabib et Villa dans l'interprétation de l'ensemble de l'œuvre, Villa prétend également qu'Arendt « consacre peu d'attention à la tradition libérale et à la théorie des droits qui anime »[3] le discours sur les droits de l'homme. Claude Lefort formule des doutes similaires[4].

D'un autre côté, des auteurs tels que Birmingham, Bernstein, Parekh, Michelman et Hansen pensent qu'ils peuvent identifier dans l'œuvre d'Arendt des arguments ontologiques, anthropologiques, moraux ou éthiques en faveur de la reconnaissance de l'autre et la réalisation politique de la pluralité. Dans son livre *Hannah Arendt and Human Rights*, paru en 2006, Birmingham soutient que la plupart des lecteurs d'Arendt « n'ont pas réussi à comprendre qu'une de ses principales préoccupations, dès les *Origines du totalitarisme*, est de trouver un fondement théorique pour reformuler la notion moderne des droits de l'homme »[5]. Cette « reformulation » part du « principe de l'humanité commune » qui provient de « l'événement anarchique et imprévisible de la natalité »[6]. Le principe de natalité permet de dégager une justification ontologique des droits de l'homme. Richard Bernstein part du principe que, sans la reconnaissance de l'autre et sans la possibilité de participer aux événements politiques,

1. Voir *ibid.* Dans « Another Universalism : On the Unity and Diversity of Human Rights », Benhabib décrit comme suit la réponse de la théorie de la discussion à la question de la reconnaissance de l'autre : « En revanche, suivant le modèle discursif, nous soutenons que la reconnaissance de *votre* droit à avoir des droits est justement la condition requise pour que vous puissiez contester ou accepter en premier lieu *ma* propre revendication de mes droits. *Mes* besoins spécifiques en tant qu'agent ne peuvent servir de justification pour *vous* que si je présuppose que *vos* besoins spécifiques en tant qu'agent peuvent également servir de justification pour *moi*. Et cela signifie que vous et moi avons reconnu notre droit mutuel d'avoir des droits » (« Another Universalism : On the Unity and Diversity of Human Rights », *Proceedings and Addresses of the American Philosophical Association* 81, 2, 2007, p. 16).

2. Voir S. Benhabib, *The Reluctant Modernism of Hannah Arendt*, *op. cit.*, p. 193.

3. D. R. Villa, *Politics, Philosophy, Terror : Essays on the Thought of Hannah Arendt*, Princeton, NJ, Princeton University Press, 1999, p. 199.

4. C. Lefort, *Democracy and Political Theory*, trad. angl. D. Macey, Minneapolis, MN, University of Minnesota Press, 1988, p. 54.

5. P. Birmingham, *Hannah Arendt and Human Rights. The Predicament of Common Responsibility*, Bloomington, IN, Indiana of University Press, 2006, p. 3.

6. *Ibid.*

aucune « vie pleinement humaine »[1] ne peut être vécue. Selon Serena Parekh, la conception arendtienne des droits de l'homme est ancrée directement dans « notre nature même en tant qu'être politique »[2] qui peut être dérivée de nos actions. Un argument similaire est présenté par Frank Michelman, qui écrit qu'Arendt fait confiance à « l'humanité comme son dernier meilleur espoir »[3] pour la garantie des droits de l'homme. En revanche, Phillip Hansen affirme que la reconnaissance de l'autre n'est précisément pas une « caractéristique contingente de l'existence humaine », mais qu'elle est au contraire un « élément essentiel de notre existence en tant qu'êtres pluriels »[4].

Le problème des tentatives de justification qui précèdent est, à mon sens, très bien illustré par Birmingham elle-même :

> En établissant un nouveau principe d'humanité, Arendt est en mesure de différencier les formes légitimes et illégitimes du pouvoir et de l'action politique sans avoir à invoquer l'éthique. Le pouvoir, qui est synonyme d'agir politiquement avec d'autres, doit s'inspirer de l'impératif catégorique du politique : le principe de pluralité nous livre une nouvelle loi d'humanité, qui requiert que chaque acteur, en vertu de l'événement même de la natalité, ait le droit d'apparaître avec d'autres, le droit d'agir et de parler à l'intérieur de l'espace politique[5].

Même si je suis d'accord avec Birmingham pour dire que le respect de la pluralité doit être le critère décisif de toute constellation de pouvoir, il reste difficile de savoir dans quelle mesure son raisonnement sur la garantie des droits de l'homme répond au problème politique de sa non-réalisation, tel qu'il a été exposé par Arendt. L'histoire de la philosophie contient sans aucun doute de nombreuses contributions ingénieuses qui donnent des raisons et cherchent à justifier le fait que l'autre doive être reconnu dans son altérité[6]. Qui plus est, dans le prolongement de mes remarques

1. R. J. Bernstein, « Hannah Arendt on the Stateless », *Parallax* 11, 1, 2005, p. 58.

2. S. Parekh, « A meaningful place in the world : Hannah Arendt on the nature of human rights », *Journal of Human Rights* 3, 1, 2004, p. 49.

3. F. I. Michelman, « Parsing "a Right to have Rights" », *Constellations* 3, 2, 1996, p. 207.

4. P. Hansen, « Hannah Arendt and Bearing with Strangers », *Contemporary Political Theory* 13, 3, 2004, p. 10.

5. P. Birmingham, *Hannah Arendt and Human Rights*, *op. cit.*, p. 60.

6. Par exemple, Benhabib parle de « l'essentialisme universaliste » du XVIIIe siècle, dans lequel se reflète la conviction qu'il y a une « nature humaine ou essence humaine fondamentale qui définit qui nous sommes en tant qu'humains » (S. Benhabib, « Another Universalism : On the Unity and Diversity of Human Rights », *Proceedings and Addresses of the American Philosophical Association* 81, 2, 2007, p. 11). Mais l'universalisme moral classique ou l'universalisme rationnel s'efforcent également de répondre à la *quaestio juris* kantienne (voir *ibid.*, p. 11 *sq.*).

du premier chapitre, je rejoins les conclusions de Birmingham selon lesquelles « Arendt fait entièrement porter la responsabilité des camps de la mort sur une notion des droits de l'homme philosophiquement invalide et politiquement impuissante »[1]. Cependant, je ne vois pas comment la justification de Birmingham par le biais du concept de natalité peut donner aux droits de l'homme le poids politique qui leur manque. Comme le souligne Wellmer à juste titre dans un autre contexte, c'est le « problème de l'application » – et justement pas le « problème de la justification »[2] – qu'Arendt met en avant dans le discours sur les droits de l'homme. Selon moi, la justification ontologique des droits de l'homme de Birmingham s'inscrit parfaitement dans la tradition de la « *notion politiquement impuissante des droits de l'homme* ». Par exemple, dans un passage central du livre, elle fait référence à une formule grecque fréquemment employée par Arendt : « Où que vous alliez, vous serez une polis »[3]. Birmingham interprète cette formule de la manière suivante : « Où que l'on aille, on a le droit d'appartenir à un espace politique… Ceci parce que chaque être humain est une apparence qui a besoin d'un espace public pour apparaître réellement »[4].

Comme je le disais, je ne conteste nullement le fait que la philosophie puisse offrir de bonnes raisons d'assurer à l'autre une place dans le monde. La question centrale est de savoir dans quelle mesure elle peut le faire avec la force et la pertinence nécessaires à l'argumentation politique. Car, comme on le sait, toute connaissance se transforme en opinion dans le domaine politique. Je trouve que les remarques de Birmingham sur le « commencement et le donné », la double structure de la natalité, sont très inspirantes en tant que contribution philosophique, mais on ne sait pas très bien dans quelle mesure cette justification peut être « politiquement plus puissante » que la justification existante de la philosophie morale. De plus, en imposant à la description ontologique arendtienne de la condition humaine la charge de servir de critère de légitimation, on rapproche involontairement sa pensée du domaine de la métaphysique. Comme pour Heidegger dans *Être et temps*, l'essence et l'existence de l'homme deviennent identiques par l'hypostatisation de l'ontologie. Mais contrairement à Heidegger, Arendt ne cherche justement pas à définir le

1. *Ibid.*, p. 270.

2. A. Wellmer, *Ethik und Dialog. Elemente des moralischen Urteils bei Kant und in der Diskursethik*, Frankfurt, Suhrkamp, 1986, p. 137.

3. VA, p. 192, trad. fr., p. 333.

4. P. Birmingham, *Hannah Arendt and Human Rights*, *op. cit.*, p. 59.

« sens de l'existence »[1] avec ses considérations ontologiques, mais plutôt à dégager les conditions auxquelles l'existence et l'action politique sont soumises[2]. En répondant à la *quaestio juris* par sa description ontologique, on transforme donc la pensée politique d'Arendt en métaphysique politique – une entreprise qui, comme Birmingham le dit elle-même à juste titre, est diamétralement opposée à la pensée d'Arendt[3]. La question de savoir « de quel droit » une chose devrait être telle qu'elle est (ou traitée telle qu'elle est) est résolue simplement en affirmant qu'elle est. De cette manière, cependant, on transforme une description d'une condition en une revendication normative.

a. *Le théorème de la stabilité et la question de la justification*

Dans l'œuvre d'Arendt, on cherchera en vain des modes d'argumentation dans le style de l'universalisme fondateur de la philosophie morale, où la reconnaissance d'autrui découle du langage de la réciprocité. À cet égard, je suis d'accord avec l'observation de Benhabib. Néanmoins, ce que l'on peut certainement trouver, c'est un théorème spécifique qui traverse toute l'œuvre d'Arendt et qui « suggère » la reconnaissance de l'autre et de la pluralité – « justifie » n'est pas tout à fait le bon terme. La durabilité et la stabilité de l'ordre politique, c'est-à-dire la constellation de pouvoir, jouent un rôle central dans ce théorème. Ou, pour le dire autrement, on lit des déclarations générales sur la « perte inévitable du pouvoir »[4], « l'effondrement soudain et dramatique du pouvoir »[5] ou « l'impuissance » [*powerlessness*][6]. Ce théorème, que je qualifierais volontiers de « théorème de la stabilité », est le suivant : l'exclusion engendre l'impuissance, et l'impuissance conduit à l'effondrement de l'ordre politique à court ou à long terme. La pluralité est un « fait »[7], et une constellation stable de

1. M. Heidegger, *Sein und Zeit* [1927], Tübingen, Mohr Siebeck, 2001, p. 17.

2. *Cf.* sur ce point la critique arendtienne de Heidegger dans H. Arendt, *Was ist Existenz-Philosophie ?* [1948], Frankfurt, Hain, 1990, p. 31 et « Concern with Politics in Recent European Philosophical Thought » [1954], *in* H. Arendt, *Essays in Understanding 1930-1954. Formation, Exile, and Totalitarianism*, éd. J. Kohn, New York, Schocken, 1994.

3. P. Birmingham, « The An-Archic Event of Natality and the "Right to have Rights" », *in* Heinrich-Böll-Stiftung (Hrsg.), *Hannah Arendt : Verborgene Tradition-Unzeitgemäße Aktualität ?*, *op. cit.*, p. 269. Voir aussi E. Vollrath, « Politik und Metaphysik : Zum Denken Hannah Arendts », *in* A. Reif (Hrsg.), *Hannah Arendt : Materialien zu ihrem Werk*, *op. cit.*, p. 19.

4. HC, p. 222.

5. OV, p. 49, trad. modifiée, p. 200.

6. ÜR, p. 113.

7. WiP, p. 9.

pouvoir ne peut manquer de reconnaître ce fait et de s'y résoudre. La *normativité politique* ainsi formulée, ce à quoi renvoie le théorème de la stabilité d'Arendt, est constituée de manière entièrement différente de la *quaestio juris* kantienne, qui requiert des justifications morales. Ce théorème est le point de départ de la réflexion d'Arendt sur les questions historico-politiques, ainsi que la position théorique à partir de laquelle Arendt aborde les questions sociales américaines contemporaines et les questions fondamentales de l'histoire intellectuelle. Ce qu'Arendt identifie et retrace à travers toutes ces considérations et tous ces contextes, ce sont les conséquences négatives qui surviennent lorsqu'un ordre politique naît d'une politique d'exclusion ou de non-reconnaissance.

Le théorème de la stabilité est intégré dans son *récit historique des événements et incidents politiques du vingtième siècle*. Comme nous l'avons vu dans le premier chapitre, par exemple, dans l'analyse arendtienne de la période européenne de l'entre-deux-guerres, non seulement les politiques des États-nations européens à l'égard des réfugiés et des minorités ont conduit les réfugiés eux-mêmes à une situation humanitaire précaire, mais la politique factuelle d'exclusion a également eu des effets négatifs, selon son analyse, pour la stabilité de l'ordre politique des États-nations européens. Arendt parle du « déclin de l'État-nation »[1] ou de « l'effondrement du système des États-nations »[2]. Arendt fait ici référence à la manière dont les mesures politiques prises pour garantir la sécurité nationale ont massivement sapé l'ordre juridique et constitutionnel des États-nations démocratiques et empoisonné les relations internationales. La politique d'exclusion affecte négativement l'ordre constitutionnel, contredit les normes et valeurs fondamentales, voire essentielles, d'un ordre politique juridico-démocratique et peut avoir des conséquences négatives, en particulier dans un monde globalisé[3]. En résumé : le récit politique d'Arendt ici est que cette politique d'exclusion n'a justement pas conduit à un ordre durable et stable, mais plutôt à sa désintégration.

Du point de vue de la philosophie politique, le théorème de la stabilité se retrouve dans les réflexions d'Arendt sur la portée politique de la pluralité. Le point de départ conceptuel est, comme l'a souligné Patchen Markell, « l'existence des autres – des autres encore non spécifiés,

1. OT, p. 267, trad. fr., p. 561.
2. OT, p. 22.
3. Voir C. Volk, « From Nomos to Lex. Hannah Arendt on Law, Politics and Order », *Leiden Journal of International Law* 23, 4, 2010, p. 27-67.

indéterminés – [qui] fait de l'imprévisibilité et de l'absence de maîtrise des conditions inévitables de la faculté humaine à agir »[1]. Ce qui découle de cette imprévisibilité et de ce manque de maîtrise, c'est que l'incapacité ou le refus structurel ou individuel de prendre en compte les points de vue et les opinions politiques des autres répand les « germes de sa destruction »[2] au sein de la coexistence politique. Cette désintégration se matérialise de deux manières : premièrement, on assiste à la formation d'une constellation de pouvoir qui ne se soucie pas – structurellement – de l'inclusion et du consentement de tous, mais qui est au contraire fondée dès le départ sur l'exclusion de « l'autre ». Pour Arendt, il est plus que contestable que ce type d'ordre politique reçoive l'approbation, même tacite, des marginaux. Que ce soit rapidement ou à plus long terme, les « autres » marginalisés créeront des moyens radicaux de résister à l'ordre politique actuel. Deuxièmement, la négation politique de la pluralité prive *chaque membre* d'une société de la possibilité de prendre en compte la « réalité du monde ». Un tel système renforce la perspective limitée de chacun sur le monde et reflète uniquement nos propres idiosyncrasies, au lieu de prendre en compte la multitude de points de vue et d'opinions qui constituent effectivement la société. Par conséquent, on échoue à reconnaître pleinement le potentiel de conflit, à moins qu'il ne soit déjà trop tard.

En termes d'*histoire intellectuelle*, Arendt situe le théorème de la stabilité chez Montesquieu : selon son interprétation de Montesquieu, celui-ci était convaincu que la tyrannie – contrairement à la monarchie – n'est soutenue que par un petit nombre de personnes. Ainsi, bien que la tyrannie soit la forme de gouvernement la plus violente, elle est, selon Montesquieu, la plus impuissante[3]. Poursuivant son interprétation de Montesquieu, Arendt déclare ensuite qu'une politique d'exclusion « prépar[e] une inévitable perte de puissance, même si le désastre ne doit se produire que dans un avenir relativement éloigné »[4]. Et tant qu'une « armée de robots »[5] ne remplace pas les humains – l'une de ses objections –, et que le monde ne

1. P. Markell, *Bound by Recognition*, Princeton, NJ, Princeton University Press, 2003, p. 180.

2. HC, p. 203, trad. fr., p. 339. Voir aussi I. M. Young, « Power, Violence and Legitimacy : A Reading of Hannah Arendt in an Age of Police Brutality and Humanitarian Intervention », *in* M. Minow (ed.), *Breaking the Cycles of Hatred : Memory, Law and Repair*, Princeton, NJ, Princeton University Press, 2002, p. 267.

3. À ce sujet, voir Ch. L. de Montesquieu, *De l'esprit des lois* [1748], éd. allemande, *Vom Geist der Gesetze*, vol. 1 et 2, Tübingen, Mohr, 1992, p. 104-116.

4. HC, p. 222, trad. fr., p. 367.

5. OV, p. 50, trad. fr., p. 202.

se transforme pas en camp de concentration, un ordre durable et stable ne peut être fondé que sur la reconnaissance de la pluralité.

Mesuré à l'aune des exigences de la *quaestio juris* kantienne et de la justification philosophico-morale des droits, ce théorème de la stabilité n'est pas vraiment satisfaisant (il est d'ailleurs révélateur que les références d'Arendt sur ce point soient Montesquieu et Machiavel – et non Kant)[1]. La stabilité et la « grande durabilité », qu'elle considère comme la « promesse »[2] de la forme républicaine de gouvernement, sont les critères d'Arendt pour évaluer un ordre politique. Pourtant, dans une société marquée par la pluralité des perspectives conflictuelles, seule une constellation de pouvoir qui émane de l'« agir l'un avec l'autre » peut permettre de faire l'expérience de la liberté politique et donner l'espoir justifié que la stabilité et la durabilité puissent être préservées. Dans ce cadre, ce qui rend possible la liberté politique est *politiquement rationnel*. Dans ce même esprit, Ernst Vollrath a décrit le principe de cette conception de la politique comme suit : « Agis de sorte que tes actions et celles d'autrui restent possibles à tout moment, c'est-à-dire de sorte qu'un monde humain soit préservé »[3].

Il n'y a dans ces réflexions aucune prétention à la vérité, car elles n'ont manifestement aucune « connotation épistémique »[4]. Dans le même temps, cependant, la lacune théorique fondamentale dans la pensée

1. Il est à noter ici qu'Arendt ne se réfère pas aux idées de Kant sur la liberté politique, mais plutôt à celles de Machiavel : « Pour Machiavel, il s'agissait moins de savoir si l'on aimait Dieu plus que le monde, que si l'on était capable d'aimer le monde plus que soi-même. Et cela a toujours été une question cruciale pour ceux qui sont, effectivement, politiques. Les objections que Machiavel adresse à la religion visent généralement ceux qui s'aiment eux-mêmes, c'est-à-dire leur propre salut, plus que le monde ; elles ne concernent pas, ou pas généralement, ceux qui aiment vraiment Dieu plus que le monde et qu'eux-mêmes » (ÜR, p. 366). *Cf.* sur ce point également H. Bluhm, « Niccolò Machiavelli », *in* W. Heuer, B. Heiter, S. Rosenmüller (eds.), *Arendt-Handbuch. Leben – Werk – Wirkung*, Stuttgart, Metzler Verlag, 2011, 198 *sq.*, J. Förster, *Die Sorge um die Welt und die Freiheit des Handelns. Zur institutionellen Verfassung der Freiheit im politischen Denken Hannah Arendts*, Würzburg, Königshausen & Neumann, 2009, p. 61-63 et F. Baluch, « Arendt's Machiavellian Moment », *European Journal of Political Theory* 13, 2, 2014.

2. OR, p. 227. Elle écrit : « D'où il s'ensuit que la forme républicaine de gouvernement présentait beaucoup d'attrait aux yeux des théoriciens politiques prérévolutionnaires non pour son caractère égalitaire [...], mais pour la durabilité qu'elle laissait présager » (OR, p. 227, trad. fr., p. 343).

3. E. Vollrath, *Die Rekonstruktion der politischen Urteilskraft*, Stuttgart, Klett, 1977, p. 215.

4. J. Habermas, « Versöhnung durch öffentlichen Vernunftgebrauch », *in* J. Habermas (ed.), *Die Einbeziehung des Anderen. Studien zur politischen Theorie*, Frankfurt, Suhrkamp, 1999, p. 85.

arendtienne indique qu'Arendt choisit, pour son type de théorie politique, un point de départ différent de celui des théoriciens qui suivent la tradition du fondationnalisme philosophico-moral. On peut en déduire que si la question de la justice est la première question de la philosophie politique, la question de la liberté – et la manière d'ordonner et d'institutionnaliser cette liberté – est la première question de la théorie politique. En ce sens, Arendt doit être considérée comme une théoricienne politique.

b. *Une perspective prudente : Le cosmopolitisme républicain*

Pour Arendt, la pluralité humaine est un « fait »[1]. Et les acteurs politiques sont confrontés à ce fait – qu'ils le veuillent ou non, qu'ils y réagissent ou non, ou même s'ils se doivent d'y réagir ou non. À l'ère de la mondialisation, cette pluralité se reflète dans le fait qu'un certain nombre de problèmes et de conflits politiques ne s'arrêtent pas aux frontières des États, qu'ils sont susceptibles d'affecter l'ordre politique et juridique de tous les États et qu'ils concernent l'humanité dans son ensemble. Dans ses réflexions sur les problèmes des réfugiés et des minorités, sur le conflit israélo-palestinien, sur la guerre froide (Vietnam, Cambodge, Hongrie), etc., Arendt réfléchit à cette nouvelle réalité politique du XXᵉ siècle. Mais l'humanité ne devient un concept politique que lorsque des structures politiques sont créées pour permettre à cette réalité de s'exprimer. On peut citer à titre d'exemple ses réflexions sur la mise en place d'une Cour pénale internationale[2], sur une confédération européenne[3], sur le « droit d'avoir des droits » et sur l'institutionnalisation d'un ordre économique juste et exempt de toute forme d'exploitation[4].

Sa principale contribution, cependant, est certainement la réinterprétation du politique lui-même, qui est directement reliée à l'expérience de la fondation de la République américaine. Arendt est convaincue que la fondation de l'Amérique renfermait « en fait [...] un précepte d'organisation politique de l'humanité »[5]. La souveraineté de

1. WiP, p. 9.

2. EJ, p. 393.

3. Voir aussi sur ce point ses commentaires dans « Foreign Affairs in the Foreign-Language Press » ([1944], *in* H. Arendt, *Essays in Understanding 1930-1954. Formation, Exile, and Totalitarianism*, éd. J. Kohn, New York, Schocken, 1994, p. 100-104), « Power Politics Triumphs » ([1945] in *ibid.*, p. 156 *sq.*) et la « Rand School Lecture » ([1948-1949], in *ibid.*, p. 222 *sq.*), qui ont tous les trois été publiés dans *Essays in Understanding*.

4. Voir JW, p. 423-450 et les commentaires de P. Birmingham dans *Hannah Arendt and Human Rights. The Predicament of Common Responsibility*, Bloomington, IN, Indiana of University Press, 2006, p. 141 *sq.*

5. DT, p. 131, trad. fr. t. 1, p. 151. Je ne suis pas d'accord avec le point de vue de Stefan Ahrens, selon qui l'expérience de la fondation américaine ne saurait, pour Arendt, être généralisée sur le plan théorique (voir S. Ahrens, *Die Gründung der Freiheit. Hannah Arendts*

l'État-nation est remplacée par un réseau fédéral comprenant différents centres de pouvoir, au sein duquel toutes les communautés restent en relation les unes avec les autres en toutes circonstances et pour toutes les questions politiques[1]. Cette fédération, dont « la structure interne [les prédéterminait] [...] à un développement constant dont le principe n'était ni l'expansion ni la conquête, mais la combinaison plus poussée des pouvoirs »[2], établit le « droit d'avoir des droits » à la fois localement et globalement. Localement, parce que c'est là que le droit d'avoir des droits trouve sa forme et son contenu spécifiques en premier lieu. Globalement, parce que ce droit est l'expression du fait que le pouvoir et la rationalité de l'ordre tout entier reposent sur la *possibilité* pour chaque personne d'avoir son mot à dire en son sein. Cela met fin à la nationalisation de la citoyenneté, y compris les constructions d'identité et de solidarité qui y correspondent. Dans une telle « organisation politique de l'humanité », le « droit d'avoir des droits » est devenu la condition de possibilité de la liberté politique. Dans ces conditions, la promesse des droits de l'homme, c'est-à-dire la garantie d'une place dans ce monde pour chaque personne, n'irait plus à l'encontre des structures politiques établies, mais en serait au contraire l'expression authentique. Dans le même temps, le concept de *droits* humains change : l'individu n'est plus protégé en tant qu'« être humain » abstrait et individualiste, mais en tant que citoyen du monde. Les droits de l'homme deviennent les droits des citoyens du monde, ce qui comprend, par définition, la « pluralité des êtres humains en eux-mêmes »[3]. Tel est le cœur du cosmopolitisme républicain d'Arendt. Arendt ne dispose d'aucun argument moral universellement valable au nom duquel on pourrait exiger une telle « organisation politique de l'humanité ». En revanche, elle s'appuie sur un récit politique qui vise à clarifier et à étayer le fait que l'exclusion engendre l'impuissance. Dans la section suivante, nous examinerons de plus près le type de rationalité politique qui réside, selon Arendt, dans la structure du système de la République américaine.

politisches Denken über die Legitimität demokratischer Ordnungen, Frankfurt, Peter Lang Publishing, 2005, p. 262). Avec la fondation de l'Amérique et de sa république, Arendt ne se contente pas d'identifier un nouveau type de rationalité politique, qu'elle oppose à la *raison d'État* ou à la version partisane de l'État-nation européen.

1. Il ne faut pas confondre cela avec le scepticisme d'Arendt à l'égard d'un gouvernement mondial. Arendt inscrit l'idée d'un gouvernement mondial dans la tradition de la pensée de l'État constitutionnel d'Europe continentale. Selon elle, l'idée d'un gouvernement mondial vient compléter le concept de structure hiérarchique de la communauté politique. Dans un monde organisé de cette manière, selon le scénario catastrophe d'Arendt, tout pouvoir et toute violence seraient monopolisés et toutes les échappatoires seraient bloquées.

2. OR, p. 167, trad. fr., p. 257.

3. ETH, p. 604.

De cette manière, nous pourrons en même temps rassembler des preuves supplémentaires pour soutenir la thèse selon laquelle la pratique politique réussie chez Arendt implique une sorte de « politique structurée ».

De la faculté de juger aux règles procédurales du système politique

> La condition de possibilité de la faculté de juger est la présence des autres, l'espace public[1].

Le fondement théorique de la conception arendtienne de la rationalité politique repose sur le concept de « mentalité élargie »[2], issu de la critique kantienne du jugement. La « mentalité élargie » des « jugements réfléchissants »[3] renvoie à une forme de rationalité qui se distingue à la fois de la rationalité matérielle de l'homme d'État chez Weber et de la rationalité formelle de l'élite judiciaire. Bien que la rationalité formelle exige simplement du fonctionnaire wébérien qu'il identifie correctement la question à débattre, tandis que l'homme d'État, lui, a besoin d'un « jugement déterminant »[4] pour pouvoir établir le rapport entre la situation donnée et le canon rationnel de la *raison d'État*[*], dans les deux cas ces activités mentales disposent d'une règle générale qui permet de subsumer l'affaire en instance de jugement[5]. Il n'existe pas de telle règle générale dans le cas du « jugement réfléchissant ». La validité du verdict ne peut pas être déterminée par un point de vue soi-disant impartial en dehors du débat politique, mais seulement à partir du point de vue formé par tous les autres points de vue dans leur relation les uns avec les autres. Chez Kant, et tant que l'on reste au niveau de l'individu, il faut également faire appel à une certaine disposition – que Kant appelait la « satisfaction inactive (*untätiges*

1. DT, trad. fr. S. Courtine-Denamy, t. 2, Paris, Seuil, 2005, p. 764.
2. I. Kant, *Critique de la faculté de juger*, trad. modifiée, Paris, Gallimard, 1985, § 40, p. 246.
3. *Ibid.*, § 75, p. 366.
4. *Ibid.*
5. Weber conçoit le fonctionnaire judiciaire comme une « machine à paragraphes » (PuR, p. 323). Si l'on fait totalement abstraction du fait qu'il s'agit d'une hypothèse datée, alors le fonctionnaire judiciaire de Weber doit faire preuve d'un « raisonnement logique » (HC, p. 171), qui met au premier plan l'identification correcte. En revanche, l'homme d'État doit exercer ce que l'on appelle, à la suite de Kant, un « jugement déterminant ». Contrairement au raisonnement logique, le jugement déterminant a toujours opéré dans un espace en apesanteur, car les relations à établir entre le particulier et le général ne sont nullement évidentes avec le jugement déterminant. C'est précisément pour cette raison que la responsabilité qui incombe à l'homme d'État est non seulement plus grande, mais aussi d'une tout autre nature que celle du fonctionnaire. L'erreur de procédure des uns est l'erreur de jugement politique des autres. Les réflexions d'Arendt sur le politique, en revanche, se détachent de la raison d'État – et donc de l'idée selon laquelle il existerait quelque chose d'objectivement général dans le politique.

Wohlgefallen) »[1] – pour s'ouvrir à cette « opération de réflexion »[2] dans l'élaboration du jugement. Cette « opération de la réflexion » garantit alors une « impartialité »[3] différente de celle proposée par Weber. L'impartialité à l'égard des événements et des faits dans la sphère politique signifie alors que l'on aspire à une position qui résulte du contexte de ces événements et faits eux-mêmes[4].

En réinterprétant la théorie du jugement de Kant, Arendt développe un type nouveau et différent de rationalité politique. Dans ce chapitre, je montrerai que, selon Arendt, cet autre type d'« impartialité » et de rationalité dans la sphère politique se réalise précisément dans et par l'agir politique institutionnalisé. Les institutions politiques peuvent contribuer à la diffusion de ce nouveau type de rationalité politique dès lors que leurs procédures internes sont structurées dans le sens de l'« opération de la réflexion »[5].

Cependant, si nous restons un instant au niveau de l'individu et que nous détaillons ces procédures internes, nous constatons qu'il y a impartialité lorsque l'on permet aux points de vue d'autrui d'imprégner notre propre opinion. Les personnes qui jugent se libèrent de l'égocentrisme sur leurs propres conditions de vie privées et prennent en compte d'autres points de vue possibles sur un même sujet. Pour être capable d'envisager les autres perspectives – du moins mentalement –, on a besoin d'une « opération de l'imagination » : on rend présent ce qui est absent. Parallèlement à l'opération de l'imagination, une opération de la réflexion est également nécessaire pour aboutir à un jugement. Ce processus est divisé en deux phases. Au début du processus de jugement, les « sens intérieurs »[6], le noyau de la subjectivité, font une distinction : ceci me plaît ou ne me plaît pas. Le « sens intérieur » qui conduit à cette distinction s'appelle le goût.

1. Kant cité d'après LoK, p. 13, trad. fr. M. Revault d'Allonnes, H. Arendt, *Juger. Sur la philosophie politique de Kant*, Paris, Seuil, 1991, p. 33.

2. LoK, p. 68, trad. fr., p. 104.

3. LoK, p. 68, trad. fr., p. 105.

4. *Cf.* E. Vollrath, « Hannah Arendt und die Methode des politischen Denkens », *in* A. Reif (ed.), *Hannah Arendt : Materialien zu ihrem Werk*, Wien, Europaverlag, 1979, p. 62 *sq.* et « Hannah Arendt über Meinung und Urteilskraft », in *ibid.*, p. 103 *sq.*

5. Bien qu'Ernst Vollrath ne suive pas la voie que j'ai suggérée, à savoir retracer les règles procédurales au sein des institutions politiques elles-mêmes, mais qu'il développe davantage la faculté de juger « simplement » comme un concept (individuel) de sagesse pratique, il souligne clairement le caractère procédural de la faculté de juger (voir E. Vollrath, *Grundlegung einer philosophischen Theorie des Politischen*, Würzburg, Königshausen & Neumann, 1987, p. 279) et constitue pour moi une source d'inspiration dans le cas qui nous occupe ici.

6. LoK, p. 66, trad. fr., p. 104.

Mais on peut approuver ou désapprouver le fait de plaire ou de ne pas plaire. Le goût lui-même est, à son tour, sujet à approbation ou à désapprobation[1]. Mais comment décider de l'approbation ou de la désapprobation en matière de goût ? Le critère d'approbation ou de désapprobation est la « communicabilité »[2]. Il faut rendre compte, c'est-à-dire non pas prouver, mais être capable d'argumenter pour expliquer pourquoi on est parvenu à une opinion. La mesure de la communicabilité est le « *sensus communis* » :

> C'est à ce *sens commun* que le jugement fait appel chez tout un chacun, et cet appel potentiel fournit aux jugements leur validité spécifique. Le ça-me-plaît-ou-ça-me-déplaît, qui, en tant que sentiment, est en apparence entièrement privé et ne se communique pas, s'enracine en réalité dans ce sens de la communauté : il est donc ouvert à la communication une fois qu'il a été transformé par la réflexion qui prend en considération tous les autres ainsi que leurs sentiments. La validité de ces jugements n'atteint jamais celle des propositions cognitives ou scientifiques qui ne sont pas à proprement parler des jugements[3].

En jugeant, on a abandonné l'égoïsme du goût et on prend en compte les sentiments, les opinions, etc. d'autres personnes. Ainsi, quelque chose de non subjectif se trouve au sein du sens apparemment invariablement privé et le plus subjectif, le sens du goût, ce qui permet de parvenir à un jugement compréhensible et acceptable pour les autres. Bien que chaque jugement conserve son contenu subjectif, pour le bien de l'autre, on surmonte le biais purement subjectif du « goût » en considérant les jugements possibles des autres[4].

S'il peut suffire, pour les questions esthétiques, d'imaginer ce processus de jugement, ce n'est certainement pas le cas des questions politiques. La seule séparation sujet-objet – ici le juge, là l'image – ne peut plus être garantie dans les questions de coexistence humaine. Sans la confrontation avec l'opinion particulière de l'autre, l'« objet » des considérations politiques perd sa consistance. C'est pourquoi Arendt écrit : « [L]a réalité dans laquelle nous vivons nécessite le langage, si son influence sur nous doit survivre à l'instant de l'expérience vitale, elle a besoin de la parole et du partage, de la communication avec les autres, *pour subsister en tant*

1. Selon Arendt, c'est là que réside la différence entre le goût et le jugement, c'est-à-dire entre les énoncés « ça me plaît » et « c'est beau ». Si l'on ne peut pas donner de raisons pour expliquer pourquoi quelque chose nous plaît, la chose reste agréable, mais pas belle – selon Arendt, l'adjectif beau indique déjà que je cherche l'approbation de l'autre.

2. LoK, p. 40.

3. LoK, p. 72, trad. fr., p. 111-112.

4. Voir LoK, p. 67 *sq.*, trad. fr., p. 104 *sq.*

que réalité »[1]. Pour porter un jugement sur les questions politiques, il faut prendre en compte les opinions concrètes des autres. La diversité des perspectives est nécessaire pour pouvoir ne serait-ce que se mettre d'accord sur ce qu'est le monde en tant que tissu humain de relations en général, et sur ce qu'est la sphère publique en particulier. Ainsi, Arendt affirme que la réalité est conditionnée par deux choses : sans la diversité des perspectives de différentes personnes, il n'est nullement possible de se mettre d'accord sur ce qu'est le monde ; en outre, il est nécessaire que l'individu défende son point de vue dans le monde – si les gens se taisent, la réalité reste dépourvue de monde [*worldless*]. Appliquées à la sphère politique, de telles considérations sur la réalité suggèrent qu'il faut un espace institutionnalisé dans lequel l'apparence des personnes est garantie. Ces espaces doivent être conçus de telle sorte que, dans le processus de formation de l'opinion, ils intègrent ces principes mêmes qui caractérisent la « rationalité du jugement »[2].

Arendt a vu cette rationalité propre à une « politique du jugement »[3] se réaliser au sein d'espaces démocratiques discursifs tels que les conseils, les sections, les sociétés populaires et les assemblées municipales. Cependant, si l'on devait mesurer toute action politique uniquement à l'aune de l'idéal de la participation politique directe des citoyens dans de tels espaces – abstraction faite de toute contrainte éventuelle au sein de ces mêmes espaces –, alors il n'y aurait pas lieu de procéder à une quelconque analyse critique des actions politiques des démocraties contemporaines

1. DUR, p. 35, trad. fr. « Réflexions sur la Révolution hongroise », dans *Les origines du totalitarisme*, *op. cit.*, p. 917, trad. modifiée, nous soulignons. Lorsque l'on porte des jugements individuels, on chemine mentalement et l'on s'efforce de réfléchir à la position des autres. Selon Arendt, c'est ce qui est généralement requis si nous voulons comprendre la « réalité du monde » (HC, p. 50, trad. fr., p. 131). Seules les choses qui sont « vues par un grand nombre d'hommes sous une variété d'aspects sans changer d'identité » peuvent nous informer sur la « réalité du monde » (VA, p. 72, trad. fr., p. 131). Le discours vrai est essentiel pour la permanence de cette réalité, et donc pour le débat politique sur cette réalité. (*Cf.* également K. Curtis, *Our Sense of the Real. Aesthetic Experience and Arendtian Politics*, Ithaca (NY)-New York, Cornell University Press, 1999, p. 23-65).

2. E. Vollrath, *Grundlegung einer philosophischen Theorie des Politischen*, *op. cit.*, 1987, p. 253.

3. D. Howard, *Die Grundlegung der amerikanischen Demokratie*, Frankfurt, Suhrkamp, 2001, p. 25. Au moyen d'une analyse résolue de la fondation de l'Amérique, Howard tente de prouver qu'une « nouvelle façon [...] de penser l'expérience politique » (*ibid.*) s'est formée au sein des institutions de la République américaine. Comme Howard, je ne mets pas non plus sur le même plan la faculté de juger et le « pouvoir décisionnaire de la Cour suprême ou de toute autre instance gouvernementale » (*ibid.*), mais j'entends en premier lieu un autre type de rationalité politique.

(du moins si l'on attend de la critique une quelconque valeur ajoutée sur le plan institutionnel). Aucune démocratie parlementaire moderne ne sera jamais en mesure ne serait-ce que de se rapprocher de l'idéal de rationalité décrit par Arendt dans ses réflexions sur les conseils et les assemblées municipales. Avec de telles prémisses, le résultat est déjà établi avant même de commencer l'analyse. La critique interventionniste des questions politiques quotidiennes deviendrait singulièrement étrangère au monde [*unwordly*], puisqu'elle ne réfléchirait même plus à ce qui les conditionne[1]. Arendt ne s'est jamais engagée dans cette voie. La « présence » de sa pensée politique est son critère de qualité. C'est ce qui ressort clairement de son analyse du système politique des États-Unis. Car il ne s'agit pas d'une simple comparaison entre l'idéal et la réalité. Bien au contraire : Arendt perçoit bien cette rationalité d'une politique du jugement dans les institutions de la République américaine, le Sénat, la Cour Suprême, les *caucus*, etc., ainsi que dans la structure du système politique – le principe du fédéralisme, la division des pouvoirs, et le rôle du système judiciaire. C'est précisément cette rationalité qu'Arendt estime menacée par les changements systémiques, par l'érosion et la perte de pouvoir et d'autorité des institutions politiques. En d'autres termes, l'analyse arendtienne de la politique et de la République américaines est à la fois critique et affirmative. Affirmative dans la mesure où l'analyse de la République américaine sert de moteur à Arendt pour élaborer un nouveau type de rationalité qu'elle oppose par la suite à la conception dominante de la politique et de la structure étatique d'Europe continentale. Critique au sens où elle montre où et dans quelle mesure les États-Unis ont abandonné cette rationalité. Je démontrerai ci-dessous que ce nouveau type de rationalité fait également référence à la rationalité du jugement – jusqu'à présent, je n'ai fait que l'affirmer. Je démontrerai qu'Arendt identifie des procédures d'interaction politique aux trois

1. C'est dans ce sens que s'inscrit la critique pertinente que Wellmer adresse à Villa : l'interprétation heideggérienne du concept de politique d'Arendt, qui réduit la politique à l'événement dans le moment révolutionnaire, conduit, selon Wellmer, à une « dépolitisation du concept arendtien du politique ». En effet, le concept arendtien du politique perdrait ainsi tout « lien reconnaissable avec les expériences et les possibilités politiques inhérentes à la vie quotidienne des sociétés démocratiques complexes : la politique deviendrait l'"autre" du politique tel que nous le connaissons » (A. Wellmer, « Hannah Arendt über die Revolution », *in* H. Brunkhorst *et al.* (Hrsg.), *Recht auf Menschenrechte. Menschenrechte, Demokratie und internationale Politik*, Frankfurt, Suhrkamp, 1999, p. 226 *sq.*). Les résultats seraient certainement très similaires si les conseils et les assemblées municipales étaient les seules véritables formes du politique.

niveaux[1] – au sein des institutions discursives et démocratiques, entre les institutions du système politique, et entre le système politique et la société civile/la sphère publique – qui mettent en œuvre le contenu rationnel de la faculté de juger, précisément en raison des règles et des normes qui les sous-tendent.

La rationalité politique au sein des institutions

Aux yeux d'Arendt, les conseils et les sociétés populaires sont des institutions paradigmatiques des espaces discursifs et démocratiques : Arendt privilégie ces espaces discursifs et démocratiques pour l'échange d'opinions politiques et la formulation de jugements, et ce précisément parce que c'est là que l'idéal de la rationalité politique du jugement trouve sa plus proche approximation. Cela apparaît clairement lorsque l'on considère ses réflexions sur la révolution hongroise. Dans une exagération qui lui est propre, Arendt affirme que, dans les différents conseils de la révolution hongroise, « la voix du peuple » s'est fait entendre, « sans être altérée par les cris de la populace [*mob*] et les querelles des fanatiques »[2]. Pourquoi ? Comment une telle « purification » est-elle possible ? Elle n'est et ne peut être possible que si certaines règles sont respectées lors de la formation de l'opinion, garantissant ainsi un échange d'opinions à tous les niveaux. Dans *De la révolution*, Arendt déclare ainsi qu'« une formation *raisonnable* de l'opinion »[3] ne peut avoir lieu que là où les gens peuvent se réunir librement, où ils peuvent se montrer en personne, défendre leur point de vue sur un sujet spécifique et avoir le droit de représenter leur opinion publiquement[4]. Ce n'est que lorsqu'ils sont ouverts à d'autres opinions et peuvent les tester que l'on peut parler d'une formation « véritable » de l'opinion et de la formation d'un jugement[5].

1. Arendt mentionne en fait quatre niveaux : elle affirme que la particularité de la République américaine réside dans le fait qu'elle a à la fois transposé les traités de politique étrangère en lois nationales et qu'elle a également fait appel à la « cour de justice du monde pour justifier » (ÜR, p. 166) ses décisions. Je ne vois pas très bien ce qu'Arendt veut dire dans la deuxième partie de la phrase, étant donné que les décisions judiciaires des plus hautes juridictions étrangères sont méprisées dans la tradition juridique américaine. C'est sans doute le cas d'autres cours suprêmes qui motivent leurs jugements en s'appuyant sur la pratique juridique internationale.

2. DUR, p. 46, trad. modifiée, p. 925.

3. ÜR, p. 303, nous soulignons.

4. Voir H. Arendt, « Wahrheit und Politik » [1964], *in* H. Arendt, *Zwischen Vergangenheit und Zukunft. Übungen im politischen Denken* I, éd. U. Ludz, München, Piper, 2000, p. 350, et les réflexions d'Arendt sur la « vérité subjective » (*ibid.*, p. 352).

5. Voir ÜR, p. 290 *sq*.

Jeremy Waldron a souligné le fait qu'un tel mode d'action politique ne peut jamais fonctionner sans certaines règles, et que ces règles font justement la différence entre la « politique structurée » et toute forme de « remontée indifférenciée de l'opinion de masse dans un contexte extra-parlementaire qui inquiétait tant Arendt ». C'est pour cette raison, nous dit Waldron, qu'Arendt doit également se soucier des « règles de base de la procédure politique », qui déterminent des éléments tels que

> la façon dont les débats sont lancés et conclus ; qui a le droit de parler, à quelle fréquence et pendant combien de temps ; qui peut interrompre, qui peut exiger une réponse à une question, qui a le droit de répondre ; comment préserver une conception commune de la pertinence des débats ; la façon dont la délibération est liée aux pouvoirs de résolution et d'action d'une communauté donnée[1].

Seul un processus politique de formation de l'opinion fondé sur ces règles-là peut permettre et garantir l'égalité dans le processus de négociation politique. Si l'on examine l'œuvre d'Arendt sous cet angle, il ressort que c'est précisément cet aspect de l'auto-organisation politique qu'elle met en avant en parlant des conseils révolutionnaires, des sociétés populaires, etc. Par exemple, elle dit que, dans la première phase de la Révolution française, on pouvait voir clairement dans « les statuts d'une des sections parisiennes [...] *comment* le peuple s'organisait en sociétés ». Les nominations du « président et du vice-président [y sont réglementées] (quatre secrétaires, huit censeurs, les trésoriers et l'archiviste) ». La « fréquence des sessions » est déterminée et la rotation des fonctions est contrôlée. Les statuts stipulent que chaque opinion sera « consciencieusement respectée », qu'un orateur « ne peut être interrompu pour quelque raison que ce soit », que : « S'il [l'orateur] se livre à des digressions ou devient ennuyeux, l'assistance se lèvera. Dès que six d'entre eux se sont levés, le président doit consulter l'assemblée »[2]. Dans tous ces espaces discursifs et démocratiques, on traitait de questions qui concernaient la mise en œuvre concrète de « "la liberté, l'égalité, l'unité, l'indivisibilité de la République" ». On s'y attachait constamment à « "discuter des lois à adopter, s'éclairer mutuellement sur les lois existantes, à surveiller toutes les personnes publiques" ». Les membres de ces sociétés étaient supposés « "éclairer leurs concitoyens sur les vrais principes de la Constitution et afficher la Constitution ouvertement" »[3].

1. J. Waldron, « Arendt's Constitutional Politics », *in* D. R. Villa (ed.), *The Cambridge Companion to Hannah Arendt*, Cambridge, Cambridge University Press, 2005, p. 210.
2. ÜR, p. 311 ; voir aussi OR, p. 246, trad. fr., p. 371.
3. ÜR, p. 307, trad. modifiée, p. 366-367.

Ces normes procédurales ne peuvent être considérées comme fiables que sur la base d'un ordre juridique; de fait, elles supposent déjà un tel ordre. C'est la raison pour laquelle Arendt affirme que les participants des sociétés et sections populaires se référaient toujours à la « constitution éternelle » et – ce qui est tout à fait unique en France – qualifiaient la constitution de « “sacrée” »[1].

Arendt ne s'est pas particulièrement efforcée de détailler ces normes procédurales auxquelles doit se conformer une « formation raisonnable de l'opinion ». Cela est probablement dû en grande partie au fait que l'essentiel de sa réflexion sur le jugement s'arrête à la personne individuelle. Pour Arendt, la faculté de juger est d'abord et avant tout un concept de sagesse pratique[2]. Une partie non négligeable de sa pensée politique repose sur l'idée que des personnes avisées se réunissent librement en petits groupes tels que des conseils, des sections, des sociétés populaires ou des assemblées municipales et, sur la base d'un discours direct et immédiat les unes avec les autres – *quasiment de leur propre chef* – observent des règles qui permettent des discussions « loyalement, pleinement et paisiblement exprimées »[3]. À cet égard, la rationalité politique est le résultat d'individus avisés et non de l'institution.

Or, Arendt souligne le fait que les Américains n'ont pas réussi à institutionnaliser constitutionnellement ces conseils locaux de villes et de villages. Selon elle, ils ont donc perdu un pilier essentiel de « l'esprit de la révolution »[4]. À l'ère des sociétés de masse modernes, cette perte se traduit par le conformisme ou la massification politique. Arendt a créé le terme d'« absence de familiarité avec le pouvoir » pour désigner ce phénomène. Elle fait ainsi valoir que la faculté de juger des citoyens est fondée sur l'expérience et qu'elle peut se tarir très facilement en l'absence des possibilités nécessaires en matière de participation politique. Selon Arendt,

1. ÜR, p. 312, trad. modifiée, p. 371.

2. Vollrath affirme que, dans ses conversations avec Arendt, celle-ci partait du principe que la faculté de juger était une « ancienne sagesse pratique » (E. Vollrath, *Grundlegung einer philosophischen Theorie des Politischen*, Würzburg, Königshausen & Neumann, 1987, p. 257), qu'il suffisait de reconstruire. Aujourd'hui, il est clair pour Vollrath que la faculté de juger représente un nouveau commencement, en raison de sa nature radicale. C'est pourquoi il parle désormais d'une « nouvelle sagesse » (*ibid.*, p. 256). Dans ses dernières réflexions sur *Phronesis bei Aristoteles und Hannah Arendt*, Helgard Mahrdt estime également que la « solution [est] dans l'*attitude* » de la personne (H. Mahrdt, « Phronesis bei Aristoteles und Hannah Arendt. Von der Sorge um das Leben und das Selbst zur Sorge um die Welt », *Deutsche Zeitschrift für Philosophie* 55, 4, 2007, p. 598). Cependant, je doute que l'on puisse ressentir la force de la faculté de juger pour le politique si on la considère uniquement comme un concept de sagesse.

3. OR, p. 237, trad. fr., p. 358.

4. ÜR, p. 277.

le danger de telles évolutions vers la massification et le conformisme est qu'elles masquent « des éléments et des tendances totalitaires »[1] et (peuvent) donc saper la stabilité et l'ordre de la communauté.

De même que l'on trouve fréquemment dans son œuvre des réflexions qui mettent l'accent sur les possibilités de participation directe, on trouve également des commentaires qui insistent justement sur la composition structurelle d'une communauté « réussie ». Ainsi, une des idées centrales dans les réflexions d'Arendt sur le totalitarisme est que c'est grâce à la « structure politique »[2] qu'aucun mouvement de masse antidémocratique d'une réelle importance sur le plan politique n'a réussi à s'établir aux États-Unis d'Amérique (USA) ou au Royaume-Uni, contrairement à l'Europe continentale. Cela montre clairement que la raison de la rationalité politique spécifique de la République américaine ne saurait se situer *uniquement* au niveau de la participation directe des citoyens à petite échelle, mais que la faculté de juger doit également son origine à la composition structurelle et institutionnelle du système politique.

Or, ce qui pose problème, c'est que dans ses commentaires et ses références aux jugements, Arendt ne fait pas suffisamment de distinction entre le jugement d'un individu, le jugement des conseils et des sections, les processus de formation de l'opinion et du jugement dans les arènes décisionnelles politico-parlementaires – ce que l'on appelle traditionnellement la prise de décision politique et démocratique – ou les jugements du pouvoir judiciaire. Pourquoi est-il justifié de parler de jugement ou de faculté de juger dans chacun de ces cas ? La question de savoir ce que la rationalité du jugement de l'individu a de commun avec celle d'un petit groupe, celle du Parlement ou celle de la Cour Suprême reste totalement ouverte. La citation suivante illustre très bien le manque de clarté et de cohérence d'Arendt dans l'utilisation des termes d'« opinion » et de « jugement » :

> Dans ce schéma, l'opinion et le jugement relèvent évidemment de facultés de la raison, mais le fait est que ces deux facultés rationnelles, politiquement capitales, avaient été presque totalement négligées par la tradition de la pensée politique et philosophique. Manifestement, ce n'était pas l'intérêt théorique ou philosophique qui expliquait l'importance attribuée par les hommes de la Révolution à ces facultés [...]. Ce qui permit aux Pères fondateurs de transcender le cadre étroit et traditionnel de leurs idées générales, ce fut l'urgent désir d'assurer la stabilité de leur

1. ETH, p. 530.
2. ETH, p. 533.

création et *de stabiliser chacun des facteurs de la vie politique en une « institution durable »*[1].

Dans le contexte qui nous intéresse ici, ce passage est révélateur à deux titres : d'une part, il souligne le fait que la République américaine est parvenue à institutionnaliser la faculté de juger dans le système politique. La rationalité du jugement n'est donc plus une question qui relève de l'individu ou des conseils locaux. D'autre part, la forme de la séparation entre l'opinion et le jugement prête à confusion. Selon moi, cette séparation traduit le fait qu'Arendt n'a pas réussi à réunir les différents fils qui traversent son œuvre et qui constituent une « politique du jugement ». Car si cette séparation entre opinion et jugement reflète quelque chose de central, à savoir la distinction entre les sphères de la politique et du droit, elle n'a pas de sens, dans la mesure où nous « ne pouvons pas évoluer dans la sphère politique sans juger, car la pensée politique se fonde par essence sur la faculté de juger »[2]. Les nombreuses critiques et controverses dans la littérature secondaire partent de cette contradiction entre le jugement judiciaire, qui juge toujours une affaire rétrospectivement, et le jugement politique, qui est tourné vers l'avenir. Arendt assume cette contradiction parce que, dans ses réflexions philosophiques – partant de l'idée de la participation directe de l'individu –, elle conçoit la faculté de juger avant tout comme un concept de sagesse pratique. Dans une certaine mesure, ses réflexions philosophiques sur le jugement sont donc en retard par rapport à la radicalité de sa pensée politique, dans la mesure où Arendt, dans sa conception du jugement, s'intéresse davantage à la *personne* avisée qu'à ce qui se passe *entre* les personnes. Si elle avait davantage mis l'accent sur la « procédure méthodique » et ses principes, au lieu de se concentrer sur l'attitude personnelle de la personne qui juge, elle n'aurait peut-être pas abouti à l'impasse des jugements rétrospectifs et prospectifs[3]. En effet, il n'incombe qu'à ces principes procéduraux de pouvoir dire d'un processus de formation de l'opinion – chez l'individu, dans les conseils,

1. OR, p. 231 *sq.*, trad. fr., p. 350-351, nous soulignons.

2. WiP, p. 19.

3. Sur ce débat, voir R. Beiner, « Hannah Arendt über das Urteilen », *in* H. Arendt, *Das Urteilen. Texte zu Kants Politischer Philosophie*, éd. R Beiner, München, Piper, 1985, p. 176. F. Hermenau (*Urteilskraft als politisches Vermögen. Zu Hannah Arendts Theorie der Urteilskraft*, Lüneburg, Zuklampen, 1999), E. M. Saavedra (*Die deliberative Rationalität des Politischen : Eine Interpretation der Urteilslehre Hannah Arendts*, Würzburg, Königshausen & Neumann, 2002) et D. J. Opstaele, (*Politik, Geist und Kritik : Eine hermeneutische Rekonstruktion von Hannah Arendts Philosophiebegriff*, Würzburg, Königshausen & Neumann, 1999), ont formulé une approche opposée, entre autres. Pour une vue d'ensemble, voir C. Volk, *Urteilen in dunklen Zeiten. op. cit.*, p. 79 et p. 112.

au Parlement ou à la Cour Suprême – qu'il constitue la rationalité politique de la faculté de juger. Indiscutablement, les procédures sont exécutées de façons très différentes selon les niveaux[1]. Et pourtant, seul un processus politique de formation de l'opinion, orienté vers le « principe » de la « procédure méthodique »[2] de jugement, se rapproche de l'idéal d'une « mentalité élargie ».

Dans les conseils, les sections et les sociétés populaires d'Arendt, cette rationalité politique est développée de telle sorte que le contenu de l'« opération de l'imagination » garantit que chaque personne dans ces espaces politiques institutionnalisés puisse avoir son mot à dire, puisse exprimer ses opinions librement et de manière informelle, et puisse entendre d'autres opinions. La présence des autres, et l'obligation de se justifier qui émane d'eux, fait que chacun est obligé d'expliquer sa position avec des raisons crédibles et par ces moyens de convaincre. Les opinions sont guidées par le critère de la communicabilité. La mesure de la communicabilité étant le *sensus communis*, il doit s'agir d'opinions qui, à la fois, soient susceptibles d'être acceptées par une majorité et qui ne remettent pas en cause les règles générales de l'échange d'opinions. En bref, sur le plan politique, le *sensus communis* signifie la capacité de parvenir à une majorité en conformité avec la constitution – et non pas simplement des points communs pré-politiques comme ceux auxquels on peut penser dans le cas d'associations locales telles que les conseils des villages et des villes. L'impartialité du jugement, c'est-à-dire l'aspiration à ce que le jugement représente la position adoptée par toutes les autres positions les unes par rapport aux autres, est réalisée au moyen d'un mode d'action et de prise de parole tel qu'il est « en accord avec le principe ». En d'autres termes, l'impartialité est l'« esprit » qui prévaut dans ces espaces discursifs et démocratiques, ce qui devrait garantir que le jugement puisse

1. Ainsi, au niveau de l'individu, il est convenable de parler de principes procéduraux lorsqu'il s'agit d'émettre un jugement. Car le terme « principe » contient déjà une référence à la manière dont l'individu aborde ou « commence » un jugement. Lorsqu'on passe au niveau où plusieurs personnes se réunissent et jugent ensemble, on peut parler de normes procédurales qui sont suivies au moment d'émettre un jugement. Si un groupe, une section ou un conseil a été constitué, on peut parler de règles de procédure. Au sein d'une communauté et au niveau de chaque institution politique, ces règles procédurales sont garanties juridiquement. Les normes procédurales sont devenues des normes juridiques et peuvent désormais se retrouver dans les statuts concrets et les dispositions procédurales sous une forme juridique et positive.

2. E. Vollrath, *Grundlegung einer philosophischen Theorie des Politischen*, *op. cit.*, 1987, p. 271.

prétendre à une « validité universelle subjective »[1] – ou, comme le suggère Benhabib, à une « validité intersubjective »[2].

Les espaces formés selon les principes du jugement rationnel assurent une formation raisonnable de l'opinion, mais sont, bien sûr, d'autre part, dépendants de la formation de la faculté de juger au sein de la communauté[3]. C'est pourquoi Arendt décrit également ces espaces discursifs et démocratiques comme une « école du peuple »[4]. En participant à ces espaces, l'individu développe davantage sa faculté de juger politiquement et « s'exerce » à la pensée politique – étant donné que la faculté de juger ne peut pas être apprise mais seulement pratiquée, le terme « école » en lien avec la faculté de juger est quelque peu malheureux[5]. Le plus grand danger pour ces processus de formation de l'opinion et du jugement dans les sociétés capitalistes modernes est la massification et le conformisme. Sans aucun doute, l'engagement politique de chaque individu est une arme puissante pour lutter contre cela[6]. Aussi dépendante que puisse être la politique démocratique discursive de la culture politique, cette culture politique n'est pas non plus détachée des institutions juridico-politiques pour ce qui est de la formation de l'opinion et du jugement. C'est pourquoi Arendt souligne que les espaces politiques institutionnalisés ne dépendent pas entièrement, mais toujours partiellement, de la faculté de juger de l'individu. Du fait de leurs statuts, les institutions politiques démocratiques garantissent des procédures par lesquelles la rationalité des jugements peut se constituer. Cela montre clairement pourquoi Arendt considère les conseils, les sociétés populaires, les sections, etc. comme des « organes

1. I. Kant, *Critique de la faculté de juger*, *op. cit.*, p. 144.

2. S. Benhabib, « Über das Urteilen und die moralische Grundlagen der Politik im Denken Hannah Arendts », *in* S. Benhabib (ed.), *Selbst im Kontext*, Frankfurt, Suhrkamp, 1995, p. 146.

3. Dans « Kultur und Politik », Arendt réfléchit à la cohésion d'une scène culturelle intacte (musique, art, etc.) pour la formation de la faculté de juger. Voir à ce sujet son discours sur la « socialisation de la culture dans la culture de masse » (« Kultur und Politik » [1958], *in* H. Arendt, *Zwischen Vergangenheit und Zukunft. Übungen im politischen Denken I*, éd. U. Ludz, München, Piper, 2000, p. 278.) Dans « Die Krise der Erziehung », elle étudie la relation entre les sentiments politiques de responsabilité et le type d'éducation. Selon elle, cette crise de l'éducation n'est rien d'autre qu'une crise du sens commun (« Die Krise der Erziehung » [1958], in *ibid.*, p. 259 *sq.*).

4. ÜR, p. 302. *Cf.* sur ce point les réflexions de Tocqueville sur les règlements municipaux en Amérique (*Democracy in America* [1835], éd. H. C. Mansfield, D. Winthrop, Chicago, IL, University of Chicago Press, 2002, p. 57).

5. Voir I. Kant, *Kritik der reinen Vernunft* [1781], Hamburg, Meiner, 1998, p. 236 *sq.*

6. Voir sur ce point A. de Tocqueville, *Democracy in America*, *op. cit.*, p. 489-492.

d'ordre »[1]. En effet, un ordre politique se caractérise justement par le fait que, en étant toujours lié à la vie concrète au sein de la société, il développe en même temps des structures qui aident à réguler la vie politique et à l'émanciper – en partie – des humeurs, des points de vue, etc. En ce sens, Arendt écrit :

> Si l'on avait tenu compte de l'histoire des conseils, on n'aurait pas parlé des vieux adages sur les tendances anarchistes et anarchiques du peuple ; car où que les conseils soient apparus, et surtout au cours de la Révolution hongroise, ils se sont souciés de la réorganisation de la vie politique et économique ; la dernière chose qu'ils souhaitaient était de favoriser le chaos, et rien n'était plus important pour eux que d'établir *un nouvel ordre politique* le plus rapidement possible[2].

C'est ainsi que les conseils, les sociétés populaires, etc. décrivent la « physionomie du seul système démocratique »[3], mais aussi une procédure de formation de l'opinion et du jugement. Bien que les « erreurs tragiques »[4] de la Révolution américaine résident dans le fait que les assemblées municipales n'ont pas été institutionnalisées constitutionnellement comme des arènes d'action politique, le mode de formation de l'opinion raisonnable sur lequel elles se fondent n'a pas disparu du système politique dans son ensemble. Dans les caucus et en tant que juré au tribunal, le « dernier vestige de la participation active des citoyens à la République »[5], le « citoyen normal » a encore la possibilité de participer et d'influencer activement et directement – et pas seulement dans l'intimité de l'isoloir – la vie politique du pays, même si c'est au niveau le plus bas du système politique. Ces deux formes renvoient à la rationalité de l'action et de la parole politiques au sens de la faculté de juger[6].

Pourtant, en dehors de ces formes importantes mais encore assez périphériques, Arendt est convaincue que le Sénat et la Cour Suprême sont les « institutions américaines de la liberté »[7]. Ce qui rend ces institutions si particulières pour le processus politique, c'est qu'elles empêchent un

1. OR, p. 266, trad. fr., p. 401. Karl-Heinz Breier met en avant l'aspect de l'ordre dans la pensée d'Arendt, mais l'aborde de manière unilatérale – et non dialectique – dans le sens de « l'expérience, l'attitude et [...] les habitudes quotidiennes » (K. H. Breier, *Hannah Arendt zur Einführung*, Hamburg, Junius, 2001, p. 132).
2. ÜR, p. 349, nous soulignons ; voir aussi OR, p. 275, p. 414.
3. DUR, p. 46, trad. fr., p. 925.
4. OR, p. 238, trad. fr., p. 360.
5. DiT, p. 90.
6. PRPI, p. 104.
7. H. Arendt, « Personal Responsibility and Dictatorship » [1964]), *in* H. Arendt, *Responsibility and Judgement*, éd. J. Kohn, New York, Random House, 2003, p. 260.

« chaos d'opinions non représentées et non épurées »[1]. Cet objectif ne peut lui-même être atteint que sur la base des règles procédurales qui prévalent dans les deux institutions. Ce type de production de rationalité peut très bien être illustré par la description qu'Arendt fait du Sénat. Pour « arbitrer leurs différences et leurs conflits », les multiples opinions qui prévalent dans l'arène politique sont transmises « par l'intermédiaire d'un corps d'hommes », le Sénat.

> Ce n'est pas que ces représentants de l'opinion – les sénateurs – soient eux-mêmes, en tant qu'individus, « sages » ou plus sages que leurs concitoyens, mais ils ont été élus et ils sont réunis dans une institution dont l'objectif est d'assurer une place dans la vie politique à la *sagesse possible dans les affaires publiques ; et l'institution elle-même tient compte des conditions de la faillibilité et de la fragilité de l'esprit humain*[2].

Deux aspects de la citation ci-dessus sont intéressants pour notre discussion. Premièrement, Arendt parle de « sagesse » et non d'équilibre des intérêts. Cependant, la « sagesse » exprime une rationalité politique, dont la réalisation est l'« objectif » de l'institution tout entière. Dans la sphère politique, la « sagesse » ne peut signifier autre chose que la faculté de juger. Cependant, et en second lieu, cette faculté de juger n'est pas rattachée aux personnes qui composent l'institution, les sénateurs, mais à l'institution elle-même. Néanmoins, affirmer que la faculté de juger est attachée à l'institution n'a de sens que si l'échange politique d'opinions au sein de ces institutions se fonde sur les normes procédurales nécessaires au développement de la rationalité du jugement. Dans le cas contraire, l'ensemble du processus politique dépendrait en effet uniquement de l'intégrité des représentants. En d'autres termes, pour Arendt, la rationalité politique du jugement se réalise également, dans une certaine mesure, au niveau du système politique institutionnalisé des États-Unis. Les règles du processus politique garantissent l'échange d'opinions différentes et empêchent une « opinion publique hystérique et unanime [...] qui sonne le glas de toutes les opinions », d'élaborer des lois.

> Techniquement parlant, l'alternative à une diversité d'opinions représentées et purifiées est le plébiscite, qui de fait correspond étroitement

1. OR, p. 231.

2. ÜR, p. 293, nous soulignons. La version anglaise dit : « Sachant que les opinions se forment et s'aiguisent par l'échange et la confrontation, la médiation de leurs divergences n'est possible qu'au travers d'une instance composée d'hommes choisis à cet effet ; en soi, ces hommes ne sont pas des sages et pourtant leur objectif commun est la sagesse – sagesse soumise à la faillibilité et à la fragilité de l'esprit humain » (OR, p. 230, trad. fr., p. 348).

> à la domination de l'opinion publique. Et tout comme l'opinion publique, en vérité, sonne le glas de toutes les opinions et de la formation de l'opinion, le plébiscite met un terme au droit des citoyens de voter, sur la base duquel les citoyens ont au moins le droit de désigner et de contrôler leur gouvernement[1].

Tant pour son idéal d'espaces discursifs et démocratiques que pour le parlementarisme américain, Arendt part du principe qu'une prise de décision doit en fin de compte recourir au principe de la majorité[2]. Dans la perspective d'Arendt, il ne s'agit pas d'un inconvénient ou d'un défaut du processus politique, mais de la réalisation de l'égalité politique et de la démocratie : « *One man, one vote !* ». Il faut toutefois garantir – et nous voyons ici l'attitude anti-partisane d'Arendt, qui n'est pas pour autant anti-parlementaire[3] – que la majorité soit à chaque fois renouvelée, pour chaque question ; ainsi, la formation de l'opinion ne peut pas être déterminée par une quelconque forme de coercition liée aux partis, et il ne devrait pas non plus être possible pour la majorité d'écarter d'emblée certaines opinions de l'échange politique futur. Ici aussi, il s'agit de postulats procéduraux, qui ne peuvent être satisfaits que sur la base de règles (juridiquement garanties). Mais le fait que le principe de majorité doive déterminer la décision signifie en même temps que la « politique de la faculté de juger » ne peut pas être complètement indépendante du jugement politique de chaque citoyen. Si les règles de procédure démocratiques institutionnalisées sont assurément d'une grande importance, la formation d'opinions et de jugements « raisonnables » dépend *également* de la culture politique d'une communauté donnée pour réaliser une « politique de la faculté de juger ».

La rationalité politique entre les institutions

Pour Arendt, la rationalité de l'action politique ne se réalise pas seulement dans les institutions mentionnées ci-dessus, mais elle résulte également de la relation de ces institutions entre elles. Comme j'étudierai plus loin la relation entre la sphère du droit et celle de la politique en particulier, je me concentrerai ici principalement sur les pouvoirs législatif et exécutif.

Dans l'idéal, Arendt envisage une structure systémique au sein de laquelle les différents espaces discursifs et démocratiques « se coordonn[ent] entre eux pour choisir en leur sein les délégués qui

1. ÜR, p. 294, voir OR, p. 231, trad. fr., p. 349.
2. Voir OR, p. 163, trad. fr., p 251.
3. Voir DUR, p. 42, trad. fr., p. 923.

constitueraient les conseils de niveau plus élevé jusqu'au Conseil national suprême, l'analogue d'un gouvernement étatique »[1]. Au-delà de la conviction arendtienne que seule la participation peut contrer les conséquences négatives de la massification politique, c'est cette mise en réseau de relations qui devrait garantir la rationalité politique. Arendt a esquissé la genèse de cette rationalité dans un entretien avec Adelbert Reif :

> Mais lorsque dix personnes seulement sont assises autour d'une table, que chacun exprime son opinion, que chacun entend l'opinion des autres, *une opinion raisonnable peut se former* grâce à l'échange d'opinions. C'est également lors de la discussion que l'on verra lequel d'entre nous est le plus apte à représenter notre opinion au conseil suprême suivant, où notre opinion sera ensuite une fois encore clarifiée, remodelée ou jugée fausse sous l'influence d'autres opinions[2].

Si l'on s'efforce de considérer ces commentaires sous leur aspect le plus argumenté et que l'on fait abstraction de l'idée romantique d'un « cercle de dix personnes »[3], on constate qu'ils impliquent un processus de réflexion en trois étapes. Au premier niveau, les points de vue et attitudes individuels de chacun se transforment en une opinion grâce à l'échange avec les autres. Arendt a omis cette étape dans la citation ci-dessus. Il est cependant évident, d'après ses écrits, qu'elle fait une distinction entre une « opinion individuelle » non discutée, l'humeur, le point de vue ou l'attitude, et une opinion discutée et réfléchie. Elle se concentre alors sur la « formation raisonnable de l'opinion » au sein de l'espace discursif et démocratique, le deuxième niveau pour ainsi dire. Cet « échange d'opinions » ne peut être considéré comme raisonnable que s'il est mené conformément aux principes détaillés ci-dessus. Au

1. DUR, p. 46, trad. modifiée, p. 925.

2. H. Arendt, « Interview mit Hannah Arendt. Von Adelbert Reif » [1970], *in* H. Arendt (ed.), *Macht und Gewalt*, München, Piper, 1998, p. 132 *sq.*, nous soulignons.

3. *Cf.* sur ce point la critique de Bhikhu Parekh qui considère que la façon dont Arendt évalue les élites révolutionnaires dans ces systèmes de conseils est « romantique et plutôt naïve » (*Hannah Arendt and the Search for a New Political Philosophy*, Atlantic Highlands, NJ, Humanities Press, 1981, p. 170). M. Canovan affirme que l'idée qu'Arendt se fait du conseil exclut du processus politique en particulier les personnes âgées, les malades, les travailleurs et ceux qui ne peuvent pas s'exprimer (« The Contradictions of Hannah Arendt's Political Thought », *Political Theory* 6, 1, 1978, p. 19). W. Heuer défend l'idée de conseil (*Citizen. Persönliche Integrität und politisches Handeln. Eine Rekonstruktion des politischen Humanismus Hannah Arendts*, Berlin, Akademie Verlag, 1992, p. 332). En mettant l'accent, dans mon interprétation des conseils, sur l'aspect de la rationalité, je soustrais l'idée de conseil d'Arendt au feu de cette critique justifiée, du moins partiellement.

troisième niveau, le potentiel de rationalité de chaque espace démocratique discursif est désormais accru par la médiation d'autres espaces politiques démocratiques (sections, conseils, quartiers, etc.). En effet, à ce troisième niveau, l'opinion est « clarifiée », « remodelée » et rejetée comme étant « fausse », c'est-à-dire indifférenciée, ou incapable de recueillir une majorité, ou non conforme à la constitution, ou autre. Il est très probable que tant la clarification et la reformulation que le rejet d'une opinion au niveau supérieur d'un tel système politique ne seront acceptés par le niveau précédent que si les règles d'un débat raisonnable et de la formation de l'opinion ont été également suivies et respectées au niveau supérieur.

Ce qu'Arendt décrit ici, avec la structure en plusieurs étapes des réseaux de relations entre les espaces discursifs et démocratiques, se retrouve une fois de plus dans ses réflexions sur le fédéralisme américain. Là aussi, le « pouvoir central » n'élimine pas le pouvoir des États fédéraux, il est en relation avec eux. Les dépendances et interdépendances des différents niveaux du système politique américain créent non seulement une « conception radicalement différente du pouvoir »[1], diamétralement opposé à celui de l'Europe continentale, mais aussi un autre type de rationalité politique. Ce qui est crucial, c'est que dans ses écrits des années 1960 et 1970 sur la situation politique en Amérique, Arendt évoque à plusieurs reprises les conséquences de « la croissance énorme de l'administration fédérale au détriment des droits des États »[2] pour la rationalité des décisions politiques. Le reproche d'Arendt porte sur le fait que les États-Unis se rapprochent de plus en plus du centralisme du modèle européen de l'État-nation et qu'ils adhèrent ainsi à l'idée de souveraineté de l'État-nation. Du point de vue d'Arendt, cette idée de souveraineté est discutable à plusieurs titres. Dans « La désobéissance civile », par exemple, elle s'inquiète du fait que la Cour suprême soit condamnée au silence par ce qu'on appelle la « doctrine du domaine politique »[3], et que la constitutionnalité des lois ou des ordonnances contestées ne puisse être soumise à l'examen.

Un autre aspect est d'une importance décisive pour notre discussion : Arendt nous met en garde sur le fait qu'avec les changements au sein du système politique, un certain type de rationalité – nouveau pour l'Amérique, mais bien connu en Europe continentale – commence à

1. OR, p. 272, trad. fr., p. 409.
2. CD, p. 75, trad. fr., p. 102.
3. CD, p. 100, trad. fr., p. 135.

imprégner les activités politiques : la « doctrine de la raison d'État »[1]. Cependant, dans les conditions des sociétés capitalistes modernes, Arendt affirme que ce nouveau type de rationalité, bien qu'à certains égards ancien, conduira inévitablement à une politique irrationnelle. C'est dans ses réflexions sur les *Pentagon papers* que l'on retrouve cette mise en garde formulée de la façon la plus pressante : étant donné que, dans les sociétés modernes, l'« image »[2] d'un gouvernement ou d'un homme politique est devenue d'une importance capitale, les « responsables de relations publiques » et les « spécialistes de la solution des problèmes »[3] exercent une influence croissante sur les décisions politiques. Ces « variétés modernes de l'art de mentir » sapent un processus politique raisonnable de formation de jugement en créant une « atmosphère digne d'Alice au pays des merveilles »[4]. Pour des raisons d'image, les mensonges des uns et des autres menacent donc de constituer la base des décisions politiques, avec pour résultat, en fin de compte, de tomber dans le domaine de la politique complètement irrationnelle, qui exclut la réalité. Si la politique des sociétés modernes est toujours exposée à ce risque, les procédures entre les différents organes politiques, institutions, etc. et niveaux du système politique maintiennent au moins un certain degré de rationalité et augmentent les chances que les activités politiques ne soient pas complètement absorbées par de telles pratiques liées à l'image. Mais si ces procédures sont contournées ou invalidées par des changements au sein du système politique, la politique risque de devenir irrationnelle[5].

1. *Ibid.*
2. LiP, p. 9, trad. fr. G. Durand, « Du mensonge en politique », dans *Du mensonge à la violence*, *op. cit.*, p. 18.
3. LiP, p. 9, trad. fr., p. 17 et p. 20.
4. LiP, p. 20, trad. fr., p. 34.
5. L'exemple le plus frappant de l'irrationalisation des décisions politiques présenté par Arendt dans son analyse des *Pentagon papers* est probablement le statut et l'importance de la théorie des dominos pour les décisions politiques. Bien que très peu de personnes au sein de la CIA et de l'administration aient vu dans la théorie des dominos quelque chose de plus qu'une théorie, celle-ci est devenue une ligne directrice pour l'action politique. La raison en est, selon Arendt, que cette théorie concentre des données politiques complexes de telle sorte qu'elle peut convaincre une large masse de citoyens qui n'ont pas d'intérêt pour la politique. Le problème, cependant, c'est qu'en raison du changement et du renforcement systémiques de l'exécutif, cette théorie se substitue également à la réalité politique pour ceux qui sont appelés à prendre des décisions. Arendt écrit : « Selon les documents du Pentagone, cette théorie ne semble avoir été acceptée dans son sens littéral que par le comité des chefs d'état-major, M. [Walt. W.] Rostow et le général [Maxwell] Taylor, mais le point important ici est que ceux-là mêmes qui ne l'acceptaient pas l'utilisaient cependant, non seulement dans des déclarations publiques, mais également dans la réflexion préliminaire à leurs décisions » (LiP, p. 25, trad. fr., p. 39).

Dans ses réflexions sur les *Pentagon papers*, Arendt affirme que le président (et avec lui le pouvoir exécutif) devient « une victime idéale de la manipulation totale » par les responsables des relations publiques et de la contrainte liée à l'image. Elle affirme que c'est la conséquence de la coupure du pouvoir exécutif avec l'autorité législative du Congrès. Pour Arendt, « c'est ce qui se produit logiquement, dans notre système de gouvernement, quand le Sénat est privé de ses pouvoirs de participation et de conseil, ou qu'il répugne à les exercer »[1] dans le processus de prise de décision politique. L'échange procédural entre les différents organes de l'État est inhibé, ce qui a pour conséquence de faire chuter la rationalité de la décision politique et de rendre la « tromperie » « chronique »[2].

Sur fond de phénomènes menaçant l'ordre, tels que la massification politique et le conformisme, la République américaine a perdu une grande partie de son potentiel de rationalité. Ni le fédéralisme ni la qualité des résultats politiques démocratiques ne peuvent compenser cette perte. Telle est l'*épine d'Arendt*, plantée dans chaque démocratie capitaliste moderne, et qui montre clairement que sa pensée politique est une pensée de crise. C'est ici qu'apparaît nettement une différence importante entre sa philosophie politique et celle de Jürgen Habermas, à laquelle on ne peut manquer de penser avec toutes ces questions de procédures et de règles procédurales. Habermas analyse le quotidien politique des sociétés démocratiques complexes en se fondant principalement sur la théorie de la légitimation. Cela signifie qu'il étudie – et, si nécessaire, critique – les décisions politiques du point de vue de leur validité (morale). En bref, il se soucie avant tout de la normativité morale des décisions politico-démocratiques. Arendt, quant à elle, ne cherche pas vraiment à scruter la validité morale des décisions politiques. Elle s'intéresse plutôt à la question de la durabilité et de la stabilité de l'ordre politique. Toutefois, étant donné que la stabilité politique est menacée, à la fois par les changements systémiques visant à renforcer le pouvoir central et par le manque de possibilités de participation pour les citoyens, il apparaît que la durabilité d'un ordre politique est nécessairement liée à la possibilité et à la réalisation de la pluralité dans le processus de formation de l'opinion et du jugement. En résumé, on peut dire qu'Arendt se soucie de la normativité politique des décisions politico-démocratiques.

1. LiP, p. 9, trad. modifiée, p. 19.
2. CD, p. 93, trad. fr., p. 126.

La rationalité politique entre le système politique et la sphère publique

Arendt déplore que la transformation des points de vue en opinions ainsi qu'un processus raisonnable de formation de l'opinion ne soient qu'insuffisamment garantis en raison de la disparition des assemblées municipales ou de leur perte d'importance politique. Les opinions ne se forment qu'à partir d'un « échange d'opinions vivant » et n'apparaissent « que dans un processus de discussion publique » : « Là où les opinions n'ont aucune occasion de se former, il peut y avoir des humeurs [...], mais non une opinion »[1]. Arendt constate cependant la « transformation structurelle du public », dans la mesure où elle identifie la presse comme le « seul organe public » dans les démocraties de masse modernes dans lequel il y a au moins « une certaine forme de représentation de l'opinion ». À ses yeux, la presse est à juste titre qualifiée de « sorte de quatrième pouvoir, presque égal aux pouvoirs exécutif, législatif et judiciaire »[2]. Les médias ne représentent qu'un substitut de fortune à l'absence d'institutionnalisation d'espaces discursifs et démocratiques – substitut de fortune non seulement en raison de contraintes systémiques, mais aussi parce qu'ils ne peuvent pas compenser la disparition de la participation concrète des citoyens. Les tâches de la presse comprennent « l'examen des opinions, l'élimination de l'arbitraire ou des questions purement individuelles et le fait de ne laisser parvenir au public que les opinions qui peuvent prétendre à une certaine validité »[3]. Dans la droite ligne de l'« opération de l'imagination », la presse offre un pot-pourri de différentes opinions réfléchies sur des questions nécessitant une réglementation. Indirectement, le Parlement reprend certaines de ces opinions et teste leur plausibilité politique au sein de ses commissions et comités. Les opinions ou décisions représentées au Parlement ou par les parlementaires sont à nouveau discutées dans la presse et doivent y prouver leur capacité à représenter le *sensus communis* (si ce n'est pas le cas, un recours constitutionnel peut être déposé). C'est aussi de cette manière que sont initiées les procédures de communication publique qui engendrent « l'attention » envers les questions politiques et « le sentiment de leur importance »[4].

1. ÜR, p. 346, trad. fr., p. 410-411.
2. ÜR, p. 346.
3. ÜR, p. 292.
4. T. Thiel, *Republikanismus und die Europäische Union*, Baden-Baden, Nomos, 2012, p. 204.

Dans ses écrits sur la situation du système politique américain, Arendt critique sans cesse le fait que le processus de médiation, de communication et de réflexion inhérent au système est suspendu ou contourné. Dans ses réflexions sur les *Pentagon papers*, elle met fortement l'accent sur « l'intégrité et [les] pouvoirs de la presse »[1] – une presse qu'elle jugeait tout autrement lors de la controverse sur Eichmann – mais, surtout dans le contexte de la guerre du Vietnam, elle doute que le droit à une opinion non manipulée puisse être garanti par un simple article constitutionnel[2]. C'est pourquoi Arendt soutient de plus en plus la protestation politique émanant de la société civile.

Jean Cohen a reproché à Arendt d'ignorer les agents de la société civile. Elle pense avoir identifié chez Arendt un « déficit sociologique » qui se traduisait notamment par le fait qu'elle n'était pas en mesure de « rendre compte de manière satisfaisante de la source des droits élémentaires ou “fondamentaux” »[3]. Ce « déficit sociologique » est la « grande lacune »[4] de la pensée d'Arendt :

> La société civile, distincte de la société politique, joue un rôle crucial dans l'affirmation et la protection des droits parce qu'elle est un lieu propice au développement spontané de la libre association, de publics et de pouvoirs civils, parallèlement aux institutions et structures politiques. Dans le sens de la société civile, le social est distinct du politique, mais il revêt une importance politique. La vie sociale dans la société civile moderne n'est guère réductible au mutisme, à l'atomisation ou à l'expansion contre nature du naturel. Au contraire, la société civile établit des liens et des relations, comme en témoigne la prolifération aujourd'hui, aux niveaux national et international, d'un éventail large et très structuré d'associations, d'organisations non gouvernementales, de comités, de publics interconnectés et de mouvements sociaux. Ceux-ci peuvent produire de la reconnaissance et de la confiance en créant des contextes dans lesquels les individus peuvent agir de concert en tant que pairs, échanger des opinions et développer la compétence civique nécessaire pour exercer une influence

1. LiP, p. 45, trad. fr., p. 65.

2. Voir LiP, p. 45, trad. fr., p. 66.

3. J. L. Cohen, « Rights, Citizenship, and the Modern Form of the Social : Dilemmas of Arendtian Republicanism », *Constellations* 3, 2, 1996, p. 164 *sq.*

4. *Ibid.*, p. 180. Dans ses dernières réflexions sur Arendt, Cohen révise son éloge de la société civile et annonce que son « optimisme a disparu et que les choses semblent plutôt différentes » (J. L. Cohen, « Sovereignty and Rights : Thinking with and beyond Hannah Arendt », *in* Heinrich-Böll-Stiftung (ed.), *Hannah Arendt : Verborgene Tradition – Unzeitgemäße Aktualität?*, *op. cit.*, p. 292).

> sur les entités politiques, les organes administratifs et les tribunaux, au niveau national et supranational[1].

Mais Cohen passe à côté d'un ouvrage central qu'on peut certainement considérer comme étant la pierre angulaire des réflexions d'Arendt sur ce qu'on nomme aujourd'hui la société civile : son texte intitulé « La désobéissance civile ». Dans ce texte, Arendt va bien au-delà d'une forme d'expression politique consistant à choisir d'enfreindre la loi afin de faire valoir des griefs. Il suffit pour en rendre compte de partir de trois caractéristiques essentielles du concept tel qu'elle l'envisage : *premièrement*, Arendt inclut dans le terme « désobéissance civile » des éléments que l'on peut aujourd'hui attribuer sans hésitation à la société civile – tels que le mouvement américain des droits civiques. En outre, Arendt fait référence à la résistance à la conscription, qui, avec le mouvement anti-guerre, est considérée, en particulier dans les sociétés européennes d'après-guerre, comme le début de l'activité civique. C'est encore plus net lorsqu'elle évoque les droits de négociation tarifaire, le droit de grève et le droit de se syndiquer, qui sont tous, selon elle, le résultat de la désobéissance civile. Aujourd'hui, ces droits font partie de l'inventaire des débats portant sur la politique sociale et l'emploi, et offrent un espace de négociation aux syndicats en tant qu'agents de la société civile[2]. *Deuxièmement*, Arendt affirme que la désobéissance civile est volontaire, qu'elle n'est motivée ni par l'État ni par des considérations économiques, et qu'elle se forme toujours lorsqu'un « certain nombre de citoyens »[3] s'associent en mouvements ou en groupes parce que le Parlement manque d'aborder certains sujets, ou le fait de manière insuffisante. Mais c'est précisément le « développement spontané de la libre association, des publics et des pouvoirs civils en marge des institutions et des structures politiques » qu'Arendt méconnaît selon Cohen. Arendt conclut que ces agents de la société civile acquièrent une importance de plus en plus grande dans les démocraties modernes, et que ces démocraties ne sont plus concevables sans eux. Bien que les mouvements civils, c'est-à-dire les « associations volontaires [aie]nt constitué le remède spécifiquement américain aux défaillances des institutions, à l'impossibilité de faire totalement confiance aux hommes et aux incertitudes de

1. J. L. Cohen, « Rights, Citizenship, and the Modern Form of the Social : Dilemmas of Arendtian Republicanism », art. cit., p. 180 *sq*.
2. Voir CD, p. 80, trad. fr., p. 110.
3. CD, p. 74, trad. fr., p. 101.

l'avenir »[1], Arendt déclare qu'un arrière-plan juridique est également nécessaire. C'est à ce moment précis que l'on comprend à quel point ses commentaires vont au-delà de la définition étroite de la désobéissance civile. Car, *troisièmement*, elle plaide pour que ces groupes aient la possibilité de s'arrimer au système politique, en leur accordant la même reconnaissance qu'aux lobbyistes des « groupes de pression »[2]. On peut évidemment se demander s'il est judicieux, dans le cadre d'une discussion sur le concept de société civile, d'établir une distinction entre les agents à motivation politique, d'une part, et les groupes de pression des grandes entreprises, d'autre part. Mais la principale préoccupation d'Arendt dans son plaidoyer pour « faire place à la désobéissance civile au sein de nos institutions politiques »[3] est que ces agents reçoivent le droit garanti juridiquement de « s'établir comme une puissance non seulement "qu'on voit de loin" au cours des manifestations [...] mais aussi une puissance présente en permanence et avec laquelle il faudrait compter dans les affaires quotidiennes du gouvernement »[4]. Cela va bien au-delà des manifestations spontanées, désorganisées et anti-institutionnelles. Contrairement à ses réflexions sur les espaces discursifs et démocratiques sous la forme de conseils, qui sont systématiquement conçus de l'intérieur et se voient assurément accorder des compétences décisionnelles[5], les agents de la société civile se déchaînent dans les couloirs et les vestibules du Parlement. C'est là qu'ils essaient, en utilisant « la persuasion, le poids de leur opinion et le nombre de leurs adhérents », qui sont les outils des agents de la société civile dans les démocraties modernes, « pour "influencer" et "apporter leur aide" au Congrès »[6]. Ou bien ils cherchent à mobiliser un public politique par le biais d'assemblées, de manifestations, etc. Mais dans tous les cas, le pouvoir de décision politique reste l'apanage de la représentation parlementaire.

1. CD, p. 102, trad. fr., p. 137-138.
2. CD, p. 101, trad. fr., p. 136.
3. CD, p. 101, trad. modifiée, p. 137.
4. CD, p. 101, trad. modifiée, p. 136.
5. Albrecht Wellmer ne tient pas compte de cette différence entre les conseils et la société civile. Il affirme au contraire que le plaidoyer d'Arendt en faveur des conseils n'a de sens que si nous l'interprétons comme une contribution au renforcement de la société civile – « par opposition aux institutions politiques actuelles » (A. Wellmer, « Hannah Arendt über die Revolution », *in* H. Brunkhorst *et al.* (Hrsg.), *Recht auf Menschenrechte. Menschenrechte, Demokratie und internationale Politik*, *op. cit.*, p. 131). Les réflexions d'Arendt sur les conseils sont plutôt l'expression d'une rationalité institutionnelle spécifique.
6. CD, p. 101, trad. fr., p. 136.

La façon dont l'opinion « raisonnable » se forme au sein des différents groupes ou mouvements de la société civile varie d'un agent à l'autre et d'un sujet à l'autre[1]. Indépendamment de cela, la contribution de la société civile réside dans le fait qu'elle prône « des changements désirables et nécessaires, ou [la] préservation [ou] la restauration nécessaire et désirable du *statu quo* »[2], et qu'elle expose ainsi les griefs au public. Pour Arendt, la société civile est une partie essentielle du public politique. Cette interdépendance entre le système politique, la société civile et la sphère publique a pour effet d'accroître le degré de rationalité politique de la communauté. Quant au problème de la corruption, Arendt décrit l'importance d'une sphère publique préservée de la manière suivante :

> Les seuls remèdes contre le détournement de la puissance publique à des fins privées se situent dans l'espace public lui-même, dans cette lumière qui donne à voir tout acte accompli à l'intérieur de ses limites, dans cette visibilité même à laquelle il expose tous ceux qui y pénètrent[3].

Les agents de la société civile attirent l'attention sur le comportement réel des agents politiques. En d'autres termes, ils examinent la communicabilité d'une pratique politique donnée et la soumettent au *sensus communis* d'une communauté. Ce *sensus communis* se reflète non seulement dans la constitution, ou dans certaines parties de celle-ci, mais aussi dans la culture politique. Au moyen d'une politique de « blâme et de honte », les pratiques politiques qui sont (supposément) incompatibles avec la culture publique prédominante sont stigmatisées publiquement – dans le but de les rendre illégitimes. Pour ce qui est de son œuvre, Arendt aborde le potentiel politique de la société civile dans les pages de *Du mensonge à la violence* [*Crises of the Republic*] qui couvrent le scandale du Watergate, les *Pentagon papers*, les révoltes raciales et étudiantes, et la guerre du Vietnam.

En conclusion, l'« éthique de la puissance à partir de la faculté de juger » d'Arendt revient à mettre en œuvre la « procédure méthodique » de la faculté de juger au sein des institutions politiques, entre les institutions politiques et entre le système politique institutionnalisé et la sphère publique. Nous parvenons ainsi à une conception de la rationalité politique arendtienne qui diffère fondamentalement de la conception traditionnelle. Pour elle, la rationalité politique est réalisée lorsque les institutions

1. Arendt fait ici référence à Tocqueville, qui a souligné que ces associations exercent un « contrôle tyrannique » en leur sein (CD, p. 97, trad. modifiée, p. 131).

2. CD, p. 75, trad. fr., p. 102.

3. OR, p. 256, trad. fr., p. 386.

politiques et l'action politique permettent et stabilisent mutuellement l'autre dans le sens d'un ordre de la liberté. Le critère essentiel de la rationalité politique est la préservation d'un ordre de la liberté. De cette manière, il est devenu possible d'adopter un point de vue différent sur le concept arendtien du politique et de montrer dans les grandes lignes comment ce concept pourrait contribuer à la déhiérarchisation du rapport entre le droit et la politique. Je vais à présent, dans la dernière partie de ce chapitre, m'intéresser à la question du droit.

LA THÉORIE DU DROIT D'ARENDT

Jusqu'à présent, nous avons mis en évidence la relation entre l'agir et le pouvoir dans la pensée d'Arendt. Nous avons ainsi expliqué comment la conception arendtienne de la politique est intrinsèquement liée à la préservation et à la mise en œuvre d'une logique du droit – ou, pour être plus précis, comment des règles procédurales protégées juridiquement deviennent une condition favorable à une pratique politique réussie et à un public démocratique vivant, et constituent la condition *sine qua non* d'un ordre politique durable, stable et libre. Outre qu'il nous faut encore développer cette hypothèse, la question primordiale de ce chapitre sera de savoir comment repenser le concept de droit pour qu'il soit applicable à une théorie constitutionnelle fondée sur le critère de la déhiérarchisation.

Je commencerai par étudier comment Arendt, dans ses réflexions sur le droit, se démarque de la « « théorie du "commandement" propre au droit commun »[1] » attachée à la *common law* et la *statute law* anglo-saxonnes. En s'inscrivant dans la tradition romaine, elle cherche à *désubstantialiser* le concept de droit, à mettre en avant une dimension du droit comme mise en relation, faisant ainsi du droit un concept relationnel. Dans un deuxième temps, j'examinerai comment ce changement de perspective en philosophie du droit, touchant à l'essence même du droit, vise à surmonter la dichotomie entre droit et politique, et aboutit à un autre type de légitimation. Je soutiens que le droit légitime est le droit qui rend possible l'agir politique d'un public politique démocratique. Toutefois, malgré la fécondité de cette reconceptualisation juridico-philosophique du droit, il reste à savoir comment Arendt traduit cet exposé juridico-philosophique en une conception appropriée et adéquate de la juridiction, et quelles sont

1. J. Dewey, « The Public and its Problems » [1927], *in* J. A. Boydston (ed.), *John Dewey. The Later Works 1925-1935*, vol. 2 : *1925-1927*, Carbondale, IL, Southern Illinois University Press, 1985, p. 269, trad. fr. J. Zask, *Le public et ses problèmes*, Paris, Gallimard, 2010, p. 137.

les conséquences, pour la théorie du droit, de l'affirmation selon laquelle le système juridique devrait contribuer à préserver la syntaxe et la grammaire d'une sphère publique et politique active. Qu'est-ce que cela veut dire pour la pratique de la juridiction, le cours et l'élaboration de la justice légale, et le statut (possible) du contrôle judiciaire au sein d'un ordre politique ? Comment esquisser une théorie du droit compatible avec une forme de constitutionnalisme axée sur le théorème de la déhiérarchisation ? Comment esquisser une théorie du droit compatible avec les exigences de la sphère publique et politique ? Les réponses à ces questions sont plus ou moins absentes. Mais elles auraient été nécessaires pour corroborer la perspective critique d'Arendt sur la relation entre le droit et la politique en général, et le théorème de la déhiérarchisation en particulier, en tant que point de convergence de ses réflexions.

Le concept de droit : relation versus substance

Le lien intrinsèque entre le droit et la politique, le théorème constitutionnel de la déhiérarchisation qui en découle et le fait qu'Arendt renonce à identifier la politique au gouvernement et à la domination nous obligent à repenser également le concept de droit. La première étape consiste à appliquer au droit ses réflexions sur la nature du pouvoir politique, en qualifiant ainsi d'« illusoire »[1] la prétendue volonté de domination qui se cache derrière le droit. La raison en est que le pouvoir, en tant que nature et essence de toute communauté politique, renvoie à une sorte de consensus entre les personnes. En somme, il indique la réciprocité. Les révolutions en particulier ont révélé à Arendt qu'en fin de compte, « tout dépend du pouvoir ». Selon elle, l'effondrement du pouvoir qu'entraînent les révolutions prouve à quel point l'obéissance supposée aux lois dépend de l'opinion publique et qu'elle est l'expression d'un soutien positif et d'un consentement général[2]. Ce changement de perspective montre clairement que le droit n'est pas l'expression d'un commandement, ni la volonté juridiquement établie du ou des dirigeants, mais que l'essence du droit est de décrire, de consigner et de réglementer les relations qui existent entre les personnes au sein d'une communauté politique[3]. Dans le contexte de la réinterprétation du politique par Arendt, toute loi au sein d'une communauté est l'expression, formalisée

1. OV, p. 97, trad. fr., p. 265.
2. Voir OV, p. 48 *sq.*, trad. fr., p. 200 *sq.*
3. On trouve un exposé similaire chez John Dewey. Voir J. Dewey, « The Public and its Problems » [1927], *in* J. A. Boydston (ed.), *John Dewey. The Later Works 1925-1935*, vol. 2 : *1925-1927*, *op. cit.*, p. 269 *sq.*

juridiquement, des relations de consentement existantes. Le droit ne devient pas l'expression du pouvoir, et n'est certainement pas identique au pouvoir, mais il permet de se faire une idée de la constellation de pouvoir sous-jacente d'une communauté[1]. Ma thèse selon laquelle Arendt conçoit le droit comme un concept relationnel, comme un concept de mise en relation qui permet de comprendre la constellation de pouvoir en place, peut également être illustrée par ses réflexions sur les criminels ou les rebelles. Aux yeux d'Arendt, le pouvoir de la police dans le domaine des affaires intérieures et dans la lutte contre la criminalité

> constitue la dernière instance du pouvoir contre les criminels et les rebelles – c'est-à-dire contre des individus isolés qui, pour ainsi dire, refusent de se soumettre au consensus de la majorité. En temps normal, c'est la supériorité de cette majorité et de son « opinion » qui charge la police ou l'habilite à exercer la violence contre ceux qui se soustraient à sa prétention au pouvoir[2].

Tous ceux qui se conforment aux lois, qu'ils soient ou non d'accord avec ces lois, leur donnent leur consentement implicite. Ils reconnaissent ainsi que la relation qui les unit est réglementée de la manière définie par la loi. Pour Arendt, l'obéissance aux commandements et aux lois dans le domaine politique est toujours synonyme de consentement[3].

Dans ce contexte, les théories du contrat social de Kant et de Rousseau sont restées figées à mi-chemin. Il ne fait aucun doute qu'Arendt reprend des éléments essentiels des idées contractuelles de Kant et de Rousseau dans sa pensée politique. Car ce qui fait la force de l'idée contractuelle et qui la rend si plausible, c'est qu'elle vise à constituer une communauté politique sur la base des rapports entre les citoyens, mettant ainsi fin à toute forme de domination étrangère. C'est là le noyau émancipateur et démocratique de l'idée contractuelle telle qu'elle est représentée par Kant et Rousseau. Mais le problème des deux théories contractuelles est qu'elles s'inscrivent dans une tradition qui assimile la politique à la domination. Cela signifie que la théorie contractuelle recherche désespérément un nouveau sujet de domination, qui est alors conçu soit dans le sens du droit, soit dans le sens de la politique. Comment faut-il comprendre cela ? Kant et Rousseau ont

1. En ce sens, R. Dworkin qualifie le droit d'« *institution sociale révélatrice* » (*Law's Empire*, Oxford, Harvard University Press, 1998, p. 11).

2. MuG, p. 52, voir aussi OV, p. 51, trad. modifiée, p. 202.

3. Voir H. Arendt, « Personal Responsibility und Dictatorship » [1964], *in* H. Arendt (ed.), *Responsibility and Judgement*, éd. J. Kohn, New York, Random House, 2003, p. 43R. *sq.* Tout le discours sur Eichmann en est un exemple. Voir sur ce point C. Volk, *Urteilen in dunklen Zeiten*, *op. cit.*, p. 16-46, p. 81-91, p. 113-138.

certes redéfini la forme de la domination dans le domaine politique, mais l'assimilation de la politique à la domination est restée inchangée chez ces deux penseurs. Cela confère à l'idée contractuelle une dichotomie entre politique et droit, celle-là même qu'Arendt cherche à éviter. Par conséquent, la seule chose qui importe dans la version libérale et kantienne du contrat social est de savoir si le gouvernement en question respecte les lois (gouvernement républicain) ou non (gouvernement despotique) – et ce indépendamment du nombre de personnes qui participent à cette instance de domination. Dans son ouvrage *Vers la paix perpétuelle*, Kant distingue la « forme de *souveraineté* (*forma imperii*) » et la « forme du gouvernement (*forma regiminis*) »[1]. Dans le premier cas un seul, ou bien quelques-uns ou bien tous peuvent gouverner, alors que dans le second cas il ne peut y avoir que des systèmes républicains ou despotiques. Pour Kant, il n'y a aucun doute que le républicanisme est la seule forme de gouvernement valable. Mais, pour cette forme de gouvernement, le nombre des gouvernants n'a pas d'importance – même si Kant explique qu'il préfère qu'un petit nombre gouverne[2].

L'autre théorie du contrat est celle du républicanisme de Rousseau, dans lequel la domination de la communauté ne peut pas et ne saurait être liée par aucun droit au monde[3]. Alors que dans le cas kantien, priorité est donnée au droit, dans le cas rousseauiste, cette priorité est donnée à la politique. Le potentiel de mise en danger de l'ordre dans les deux cas a amplement été discuté. En ce qui concerne notre propos sur le concept de droit, dans les deux cas, le droit est conçu et *justifié* à partir de la volonté, dans la continuité de la tradition de l'idée politique de domination : soit, comme chez Kant, par le biais de la volonté individuelle (ou de l'arbitraire

1. I. Kant, *Vers la paix perpétuelle. Un projet philosophique*, trad. fr. M. Marcuzzi, Paris, Vrin, 2007, 2e section, 1er aticle, p. 27.

2. Voir *ibid.*, p. 27-28.

3. Voir J.-J. Rousseau, *Du contrat social*, *op. cit.*, p. 54. Arendt elle-même parle souvent de l'« État de droit » dans une république ; mais, comme je le démontrerai plus loin, cette expression même est pour le moins ambiguë dans le cadre de sa théorie politique. Arendt veut probablement dire que l'action politique doit suivre une certaine grammaire et devrait incarner l'esprit des principes constitutionnels fondamentaux. Elle s'inscrit ainsi dans la tradition de l'*État de droit* [*rule of law*]. Mais en même temps, l'« État de droit » peut aussi signifier « domination par le droit » et faire référence à un État dominé par une élite administrative et judiciaire, ce qui a aussi été critiqué dans le chapitre précédent. La pensée politique d'Arendt doit plutôt être lue et comprise comme une tentative de se départir du concept de domination.

individuel et de la délimitation des droits à la liberté qui en découle), soit, comme chez Rousseau, comme expression de la volonté générale[1].

Aux yeux d'Arendt, Montesquieu est le seul à avoir reconnu que le droit n'est pas une manifestation de la volonté de dominer, mais plutôt l'expression de la relation qui existe entre les personnes dans un système gouvernemental. Montesquieu est parvenu à cette conclusion parce que toute sa pensée politique était profondément enracinée dans la tradition romaine. Ses considérations sur le droit, sur la *loi**, sont fidèles à la pensée juridique romaine et à son idée de *lex* – et non à la tradition grecque du *nomos*. La différence entre *lex* et *nomos* est cruciale pour le développement de la pensée juridico-philosophique d'Arendt[2] : le *nomos* grec exprime l'idée de démarcation, alors que la *lex* romaine désigne la relation :

> Car la lex romaine, très différente et même contraire à ce que les Grecs entendaient par nomos, signifie en fait « lien durable » et a très vite pris le sens de « contrat », qu'il s'agisse d'un contrat entre simples citoyens ou d'un traité entre les nations. La loi est donc *quelque chose qui lie les êtres humains entre eux, et elle n'est pas le fruit d'un diktat ou d'un acte de violence, mais plutôt d'un accord mutuel* [...]. Pour les Grecs, le droit n'est ni un accord ni un contrat; il ne se forme certainement pas entre les hommes dans un va-et-vient de paroles et d'actions [...]. [Les Grecs cherchent] à fixer des limites à l'action au moyen du nomos et à interpréter la loi non pas comme un lien et une relation, mais plutôt comme une frontière circonscrite que personne ne doit franchir[3].

Arendt oppose les expériences politiques des Romains, ancrées dans leur concept de *lex*, au *nomos* grec. En faisant de l'accord mutuel la caractéristique essentielle du droit, la *lex* romaine démontre que le droit

1. Voir I. Kant, *Die Metaphysik der Sitten* [1797], volume VIII, Frankfurt, Suhrkamp, 1977, p. 337 et J.-J. Rousseau, *Du contrat social*, *op. cit.*, p. 71.

2. Dans mon interprétation de la pensée juridique d'Arendt comme déplacement du *nomos* à la *lex*, je ne suis pas d'accord avec la lecture de Hans Lindahl. Lindahl est convaincu que pour Arendt « le *nomos* mérite la priorité conceptuelle et politique sur d'autres conceptions subsidiaires du droit » (« Give and take. Arendt and the nomos of political community », *Philosophy and Social Criticism* 32, 7, 2006, p. 884). Selon Lindahl, cela est dû au fait qu'Arendt « affirme avec force que la clôture juridique de l'espace est constitutive de la communauté politique en tant que telle » (*ibid.*). Lindahl, à mon avis, passe non seulement à côté du fait qu'Arendt plaide en faveur d'une conception relationnelle du droit, mais aussi du fait qu'elle comprend l'espace en termes d'espace relationnel – une notion d'espace qui correspond à sa conception du politique – et, par conséquent, qu'elle se départit de la notion d'une communauté politique toujours enracinée dans la pensée de l'espace comme contenant, qui met fortement l'accent sur les frontières.

3. H. Arendt, *The Promise of Politics* [1950], éd. J. Kohn, New York, Random House, 2007, p. 184, nous soulignons.

a une dimension de mise en relation. Arendt parle ainsi explicitement du « caractère contractuel de la loi » et qualifie le concept romain de « concept politique de loi »[1]. Assurément, ce qui fait du concept romain de loi un concept politique, c'est son caractère relationnel. Ce concept de loi correspond parfaitement à une conception du politique qui met l'accent sur l'« action concertée ». La finalité et la rationalité du système juridique, à ses yeux, est de préserver la syntaxe et la grammaire de l'agir politique démocratique et de fixer les règles d'une sphère publique et politique active.

Même si Arendt est convaincue que le concept grec de loi est « pré-politique », au sens où les lois, conçues par un législateur, sont là avant tout pour établir le domaine politique – comme les murs de la cité – au sein duquel l'action et l'interaction politiques futures pourront avoir lieu, il est crucial de souligner que, pour elle, la dimension de mise en relation du droit est également présente dans l'idée de *nomos*. Mais contrairement au concept romain, cette dimension de mise en relation est loin d'être évidente; elle ne se manifeste qu'à travers les écrits pré-philosophiques des cités-États hellénistiques. Selon ces écrits, c'est la recherche de l'immortalité qui motivait les hommes à s'engager dans la vie politique. Cela explique également la fonction centrale des poètes et des historiens au sein des cités-États hellénistiques. Dans la quête hellénistique de l'immortalité, toutefois, les lois n'étaient pas moins importantes, bien au contraire :

> Le grand avantage de l'organisation de la vie publique sous la forme de la *polis* était que celle-ci, du fait de la force stabilisante de sa muraille de lois, pouvait impartir aux affaires humaines une solidité que l'action humaine elle-même, avec sa futilité intrinsèque et sa dépendance à l'immortalisation par les poètes, ne peut jamais posséder. Parce qu'elle s'entourait d'une muraille permanente de lois, la *polis* en tant qu'unité pouvait assurer que tout ce qui se produisait ou s'accomplissait en son sein ne périrait pas avec la vie de l'individu concerné, mais vivrait dans la mémoire des générations futures[2].

Le concept grec de loi ne permettait pas d'établir des relations entre les cités-États. C'est ce qui la distingue de la *lex* romaine. Cependant, grâce à sa « force stabilisante » et à sa « muraille permanente », le *nomos* grec garantissait que les acteurs politiques resteraient « dans la mémoire des

1. ÜR, p. 244.
2. H. Arendt, « The Great Tradition I. Law and Power » [1953], *Social Research* 74, 3, 2007, p. 716, trad. fr. F. Bouillot, « La grande tradition », dans *Gouverner*, *op. cit.*, p. 19.

générations futures » ; et ce faisant, dans les schémas de pensée politiques grecs, les lois contribuaient à instaurer une relation entre les citoyens de la polis. Ainsi, à l'instar de la *lex* romaine, nous pouvons également mettre en évidence la dimension de mise en relation de la notion grecque de *nomos*. Cela nous oblige toutefois à reconsidérer l'idée de démarcation et la notion de frontière, que nous avons principalement attribuées au concept grec de loi. Ce qui apparaît alors, c'est le fait que le concept romain de *lex* est lui aussi ambivalent en matière de frontière et de démarcation. Pour illustrer cette ambivalence, Arendt prend l'exemple de la civilisation carthaginoise. Sur le plan de la puissance militaire, Carthage était sur un pied d'égalité avec Rome, « et incarnait simultanément un principe opposé à celui de Rome »[1]. Ce que montre l'histoire des deux empires, c'est que le principe politique romain de contrat et de relation entre partenaires ne pouvait pas s'appliquer partout. C'est pourquoi Arendt conclut :

> Le prix que les Grecs ont payé pour ce pouvoir formateur de leur *nomos* a été leur incapacité à construire un empire, et il ne fait aucun doute que toute l'Hellas a fini par périr à cause du *nomos* des poleis, les cités-États, qui, bien qu'elles aient pu proliférer en tant que colonies, n'ont jamais pu s'unir et former une alliance durable. Mais on pourrait tout aussi bien dire que les Romains ont également été victimes de leur loi, de leur *lex*, qui, si elle leur permettait d'établir des liens et des alliances durables partout où ils allaient, était en soi illimitée et les a donc contraints, contre leur propre volonté – et en l'absence de toute volonté de puissance ou de soif de domination – à régner sur l'ensemble du globe, une domination qui, une fois atteinte, ne pouvait que s'effondrer[2].

Ce passage met en évidence le fait que l'horizon des expériences politiques et le schéma de pensée politique se manifestent dans chaque concept de droit et, ce faisant, renvoient à la relation intrinsèque entre le droit et la politique. En même temps, chaque paradigme politique est étroitement lié à la culture, à la religion, à la société, etc. Par conséquent, même si Arendt souligne que les Romains n'ont pas de « volonté de puissance ou de soif de domination », leur conception et leur notion du droit visaient à établir une « relation entre partenaires »[3]. Carthage, en revanche, n'était pas désireuse de s'engager dans une telle relation et devint donc un « État voyou » aux yeux de Rome, qu'il lui fallait détruire[4].

1. H. Arendt, *The Promise of Politics*, *op. cit.*, p. 181.

2. *Ibid.*, p. 187.

3. *Ibid.*, p. 186.

4. Ulrich Preuß décrit ce danger, inhérent à l'idée d'une juridification globale, comme le « talon d'Achille de ce qui est en réalité un projet attrayant » (U. Preuß, « Souveränität – Zwischenbemerkung zu einem Schlüsselbegriff des Politischen », *in* T. Stein *et al.* (Hrsg.),

Dans son article « Law beyond Command? », Keith Breen aborde ce problème et se demande si le fait qu'Arendt soit passée du *nomos* à la *lex* a « en fait libéré le droit des problèmes de souveraineté »[1]. Breen reconnaît qu'Arendt a tenté de concevoir le droit « à la fois en termes de frontières et de relations », et de libérer la politique et le droit des chaînes de la domination et de la coercition. Mais selon lui, en définitive, Arendt échoue. Bien que Breen soit d'accord avec Arendt pour dire que ni la politique ni le droit ne peuvent être réduits à des relations de commandement et d'obéissance, il prétend que tous deux, la politique et le droit, ne peuvent être complètement dissociés de ces relations. Il affirme avec force que « dans la mesure où elle tente de les dissocier, Arendt se garde bien de souligner les implications troublantes du *nomos* et de la *lex*, déforme le cours des événements historiques et dissimule des réalités qui devraient, et même doivent, être reconnues »[2].

Si je suis d'accord avec Breen pour dire qu'Arendt ne détaille pas assez la manière dont sa conception du droit pourrait être étayée par la théorie du droit, nous ne sommes pas obligés de suivre l'hypothèse de Breen selon qui toute loi doit être fondée sur le commandement et l'obéissance. Il y a un important contre-argument : la phrase-choc de la réflexion politico-théorique d'Arendt est de dire que l'obéissance est un terme que nous devrions bannir de notre vocabulaire *politique*. Pour elle, l'effondrement de l'autorité publique en période révolutionnaire montre qu'en fin de compte, la supposée obéissance à la loi dépend principalement de l'opinion publique et du consentement général. Elle en conclut que la loi ne doit pas être considérée comme l'expression d'un commandement ou comme la volonté juridique du souverain, mais plutôt comme ce qui décrit, révèle et organise les relations entre les personnes au sein d'une communauté politique. C'est la raison pour laquelle elle compare le droit aux règles d'un jeu qui régit les relations entre les personnes. Dans ce

Souveränität, Recht, Moral. Die Grundlagen politischer Gemeinschaft, Frankfurt, Campus Verlag, 2007, p. 332). Ce qu'il met en évidence, c'est que si le droit ne doit pas nécessairement être l'expression de la domination, il n'existe pas pour autant de droit neutre. Chaque loi, quelle qu'elle soit, véhicule sa propre vision d'une vie bonne – et même si l'on peut trouver de bonnes raisons de ne pas le faire, il faut en définitive accepter l'idée que son application ne sera jamais possible « sans ambivalence et avec une conscience parfaitement tranquille » (A. Wellmer, « Menschenrechte und Demokratie », *in* S. Gosepath, G. Lohmann (Hrsg.), *Philosophie der Menschenrechte*, Frankfurt, Suhrkamp, 1998, p. 288) à l'égard d'autres cercles culturels.

1. K. Breen, « Law beyond Command? An Evaluation of Arendt's Understanding of Law », *in* M. Goldoni, C. McCorkindale (eds.) *Hannah Arendt and the Law*, Oxford, Hart Publishing, 2012, p. 16.

2. *Ibid.*, p. 32.

contexte, les lois sont l'expression juridiquement formalisée d'accords – ou du moins de consentements tacites[1].

Outre ce renvoi à la visée générale du projet d'Arendt, il existe un second contre-argument, un peu plus prégnant : comme l'a établi Stefanie Rosenmüller[2], il existe un troisième concept de droit dans l'œuvre d'Arendt – le *rapport** – qui cherche à combiner la fonction défensive du *nomos* avec la dimension habilitante de la *lex*, et que Breen occulte ou outrepasse. La loi comme *rapport* remonte à Montesquieu. Pour le Montesquieu d'Arendt, le rapport signifie « la relation subsistant entre différentes entités ». Cela pose les bases d'un concept de droit qui est « relatif par définition »[3]. Selon l'interprétation d'Arendt, Montesquieu est parvenu à cette conclusion parce qu'il a distingué la liberté philosophique de la liberté politique. Alors que la première repose sur le « je veux » individuel, la seconde renvoie à un « je peux », c'est-à-dire au fait d'être habilité par les autres. Ainsi, selon Montesquieu, on ne peut être politiquement « libre » que là où on ne peut « être forcé à faire une chose que la loi n'ordonne pas »[4]. On ne peut parler de liberté politique que lorsque les personnes sont mutuellement habilitées à agir, lorsque des « lois civiles »[5] régissent la vie. Être mutuellement habilité à agir signifie se considérer les uns les autres comme des personnes politiques. Selon Arendt, le mot personne, *persona*, vient du langage théâtral et désigne le masque de l'acteur. En tant que tel, il a toujours eu deux fonctions.

1. Voir C. Volk, « From Nomos to Lex. Hannah Arendt on Law, Politics and Order », art. cit., p. 775 *sq*.

2. Voir S. Rosenmüller, *Orte des Rechts. Gemeinsinn und richterliches Urteilen nach Hannah Arendt*, Baden-Baden, Nomos, 2013, p. 158, ou « Recht kraft Urteilens : zum Recht im Denken Hannah Arendts », *in* J. Schulze Wessel, C. Volk, S. Salzborn (Hrsg.), *Ambivalenzen der Ordnung. Der Staat im Denken Hannah Arendts*, Wiesbaden, Springer VS, 2013, p. 410 *sq*.

3. H. Arendt, *The Promise of Politics*, *op. cit.*, p. 183. Dès le début du premier livre de *De l'esprit des lois*, Montesquieu décrit les lois comme des relations : « Les lois, dans la signification la plus étendue, sont les rapports nécessaires qui dérivent de la nature des choses » (Montesquieu, *De l'esprit des lois* [1748], Paris, Flammarion, 1979, vol. 1, Livre I, chapitre I, p. 123). Montesquieu parle également d'un « "Créateur et Conservateur" de l'univers », de « "l'état de nature" » et des « "lois naturelles», ce par quoi il entend les lois de la nature » (ÜR, p. 243, trad. fr., p. 289-290). Mais pour Arendt ces lois, aux yeux de Montesquieu, ne font que décrire « les rapports subsistant entre le Créateur et la création, ou entre les hommes dans l'état de nature ». Ce que révèlent les lois dans l'interprétation que fait Arendt de Montesquieu sont les « *règles** qui déterminent le gouvernement du monde et sans lesquelles il n'y aurait pas de monde du tout (OR, p. 189, trad. fr., p. 290).

4. Montesquieu, *De l'esprit des lois*, *op. cit.*, vol. 2, Livre XXVI, chapitre XX, p. 198.

5. *Ibid.*

D'une part, le masque devait cacher le visage naturel de l'acteur – ou plutôt le remplacer – mais, d'autre part, il devait être conçu de sorte que la voix naturelle puisse être entendue[1]. Ainsi, le statut que les sujets se garantissent mutuellement permet à la fois la participation et la protection. D'une part, il protège le domaine de la subjectivité, de la possession, de l'origine culturelle, des préférences privées, etc. D'autre part, par le biais du masque, ce statut permet de parler en tant qu'égal à d'autres égaux[2].

Qu'est-ce que le droit légitime ?

Ni la fondation, ni la promesse

Même si le caractère relationnel du concept de droit chez Arendt repose sur l'idée, somme toute ambivalente, d'une « relation entre partenaires », et nécessite donc un interlocuteur coopératif, on a pu constater que le droit est quelque chose de relatif, c'est-à-dire qu'il s'agit de « relations qui existent et préservent différents domaines de l'être »[3]. Jusqu'à présent, cependant, rien de significatif n'a été dit sur l'une des questions centrales de l'ensemble du chapitre, à savoir celle de la légitimité du droit. Cette question se pose non seulement dans le contexte de la législation parlementaire et de la sphère publique politique, mais elle est aussi à la base du droit pénal moderne[4]. Au début de ce chapitre, j'ai présenté l'argument selon lequel le droit légitime, selon Arendt, est celui qui rend possible l'action politique. Afin d'étayer cette thèse point par point, je commencerai par présenter deux autres conceptions.

Dans son ouvrage *Die Gründung der Freiheit*, Stefan Ahrens soutient qu'avec Arendt, la légitimité résulte de la possibilité de l'action politique expérimentée dans l'acte fondateur. Au moment de la fondation, c'est la « grammaire élémentaire de l'action politique en tant que telle »[5] qui se manifeste, c'est-à-dire, selon Ahrens, la volonté de commencer et sa spontanéité créatrice. Seule une pareille action politique est en mesure de

1. OR, p. 97, trad. fr., p. 162.

2. C. Volk, « From Nomos to Lex. Hannah Arendt on Law, Politics and Order », art. cit., p. 268-279.

3. OR, p. 189, trad. fr., p. 290.

4. Voir DT, p. 244. Dans *Macht und Gewalt*, Arendt fait allusion à la question de la légitimité du droit lorsqu'elle écrit : « Si l'essence du pouvoir réside dans l'efficacité du commandement, il n'y a en effet pas de plus grand pouvoir que celui qui vient "du canon d'un fusil", et la seule difficulté consisterait en ce qu'il serait désormais impossible de dire "en quoi les ordres de la police diffèrent de ceux d'un criminel armé" » (MuG, p. 38). Mais quelle différence cela fait-il si l'on conçoit le droit différemment ? Qu'est-ce que le droit légitime ?

5. S. Ahrens, *Die Gründung der Freiheit. Hannah Arendts politisches Denken über die Legitimität demokratischer Ordnungen*, Frankfurt, Peter Lang Publishing, 2005, p. 261.

« garantir la légitimité [...]. Elle n'est définissable ni sur le plan légaliste ni sur le plan institutionnel, et elle est imprévisible »[1]. Elle comporte toujours en elle le « danger d'une rétractation des acquis de la rationalisation »[2], et Arendt ne pouvait donc citer aucune « barrière contre l'influence de mouvements sociaux indésirables »[3].

Pourtant, Ahrens se perd de plus en plus dans des contradictions : d'une part, il part du principe que la liberté politique et l'action sont les seuls points de repère de toute politique légitime, et qu'en tant que tels, ils ne peuvent pas être « fondamentalement sujets à des limitations ». D'autre part, il souligne en revanche que « la pluralité et la référence à la fondation » représentaient des « dimensions limitatives »[4] pour Arendt, et met l'accent sur l'importance de la faculté de juger. Si l'on ne tient pas compte du fait que rien n'indique clairement qu'Ahrens pense que l'action politique peut être limitée ou non, alors la nécessaire référence à la fondation et le respect de la pluralité peuvent difficilement être réalisés par la volonté. En effet, selon la terminologie d'Arendt, la volonté est soit libre, soit inexistante[5]. Pour Arendt, le concept de la volonté se caractérise précisément par le fait qu'elle ne se laisse pas lier ou obliger de quelque manière que ce soit, indépendamment de la libéralité de l'acte de fondation. Chez Ahrens, le lien entre la volonté et la faculté de juger n'est pas non plus très clair. Dans l'horizon conceptuel d'Arendt, du moins, une conception du politique fondée sur le libre arbitre est totalement différente de celle qui renvoie à la pluralité et au jugement. Arendt ne cesse de souligner les différences entre la politique de la volonté et la politique de la faculté de juger[6]. On peut donc dire que Stefan Ahrens ne traite pas du contenu théorique du postulat de la pluralité d'Arendt pour le politique. S'il l'avait fait, il aurait tenu compte du fait que la réalisation de la pluralité politique nécessite un ordre institutionnel. Au lieu de cela, il part du principe que dans « la

1. S. Ahrens, *Die Gründung der Freiheit*, *op. cit.*, p. 261.

2. *Ibid.*, p. 270 *sq.*

3. *Ibid.*, p. 271.

4. *Ibid.*

5. Voir LotM/W, p. 140 *sq.*

6. Voir sur ce point, entre autres, FuP, p. 216 ; ÜR, p. 96 ; VLG, p. 425 *sq.* ; WiP, o. 48-53. Ces passages sont connus de Ahrens qui souligne ainsi que la volonté est un terme « des plus douteux » (*Die Gründung der Freiheit*, *op. cit.*, p. 77) pour le politique. Pourtant, étrangement, il ne tire aucune conséquence de ce fait. On trouve une analyse similaire de la volonté dans A. Kalyvas, « From the Act to the Decision : Hannah Arendt and the Question of Decisionism », *Political Theory* 32, 3, 2004.

théorie d'Arendt concernant l'acte de fondation [...], le tournant décisif ne réside pas dans la création des institutions »[1].

Dans son ouvrage *Die Sorge um die Welt und die Freiheit des Handelns*, Jürgen Förster aborde ce point et attribue l'incohérence des pensées d'Ahrens au fait qu'il se focalise sur la volonté comme source de la liberté politique. Förster soutient contre Ahrens que si

> la volonté [était] le seul organe de la liberté, alors les hommes seraient désespérément à la merci d'un océan d'incertitude et la politique serait impossible. Mais la liberté politique n'est pas identique à la contingence. La politique tente de contenir cette quasi-liberté pré-politique, qui n'est pas viable dans son absoluité, en fondant des « îles dans l'océan d'incertitude »[2].

En ce qui concerne la révolution américaine, il est évident, selon Förster, que le commencement américain n'était précisément pas, comme le pense Ahrens, fondé « sur *archein*, ici dans le sens de "dominer", et pas non plus sur *archestai*, à comprendre ici comme l'obéissance des dominés telle qu'elle est imposée par les dominants ». Selon Förster, ce nouveau commencement n'est « possible que dans la mesure où il y a un commencement qui n'est pas motivé par un acte de volonté »[3].

Au lieu de ramener et de limiter la fondation américaine à la volonté de commencer et à la spontanéité, Förster emploie une terminologie

1. S. Ahrens, *Die Gründung der Freiheit*, *op. cit.*, p. 261.

2. J. Förster, *Die Sorge um die Welt und die Freiheit des Handelns. Zur institutionellen Verfassung der Freiheit im politischen Denken Hannah Arendts*, Würzburg, Königshausen & Neumann, 2009, p. 317. *Cf.* également les commentaires de Canovan, qui considère également la faculté de faire des promesses comme une garantie de « prévisibilité » (*Hannah Arendt : A Reinterpretation of Her Political Thought*, Cambridge, Cambridge University Press, 1992, p. 192 ; C. Calhoun, « Plurality, Promises, and Public Spaces », *in* C. Calhoun, J. McGowan (eds.), *Hannah Arendt and the Meaning of Politics*, Minneapolis, MN, University of Minnesota Press, 1997, p. 246). Alan Keenan étudie également les idées d'Arendt sur le pouvoir de la promesse. Il défend l'argument selon lequel la liberté politique est « inévitablement » perdue avec la fondation, la promesse et l'ordre juridique. Il considère que la faculté de faire des promesses et la fondation sont des « *activités non politiques* » (« Promises, Promises : The Abyss of Freedom and the Loss of the Political in the Work of Hannah Arendt », *Political Theory* 22, 2, 1994, p. 299). Dans cette optique, il affirme qu'une constitution « ne peut effectivement établir la loi de la liberté qu'en violant immédiatement cette même loi » (*Democracy in Question : Democratic Openness in a Time of Political Closure*, Stanford, CA, Stanford University Press, 2003, p. 89 ; très similaire sur ce point B. Honig, « Declarations of Independence : Arendt and Derrida on the Problem of Founding a Republic », *American Political Science Review* 85, 1991, p. 111). Cela montre bien que Keenan ne reconnaît pas la nature politique de la promesse et qu'il n'a pas non plus réussi à s'affranchir de la dichotomie classique entre le droit et la politique.

3. J. Förster, *Die Sorge um die Welt*, *op. cit.*, p. 318.

complètement différente dans son interprétation de la lecture arendtienne de la fondation américaine. Le cœur de l'expérience américaine de la fondation réside dans la découverte de la faculté de faire des promesses en tant qu'institution instaurant un ordre et « formant le monde en soi »[1]. L'histoire de la fondation américaine pousse Arendt à considérer la faculté de faire des promesses comme l'institution formant le monde en soi, et à voir dans la promesse le fondement de « la politique et aussi du droit »[2]. Pour Förster, toute prétention à la légitimité au sein de la communauté trouve son origine dans la promesse. En remplaçant la volonté par la promesse, Förster met en évidence la réciprocité de la politique et du droit. Contrairement au caractère impérieux de la volonté, la promesse est conforme à la théorie d'Arendt sur le « caractère contractuel du droit ». En ce sens, Arendt part du principe que « la théorie du contrat est une théorie de la promesse »[3].

Il faut cependant garder à l'esprit que pour Arendt, toute loi est synonyme de relation – et que, par conséquent, la théorie du commandement n'exprime aucune vérité sur l'essence du droit, mais constitue plutôt une erreur juridico-philosophique. Et quelle que soit la manière dont les lois ont été établies, « le maintien des lois [...] peut être considéré comme le maintien de la promesse »[4]. C'est précisément ce qu'elle veut dire lorsqu'elle affirme que le dilemme supposé entre le droit naturel et le positivisme juridique repose sur « une illusion » :

> Le fameux dilemme – ou la validité de la loi est absolue et requiert, pour sa légitimation, l'existence d'un législateur divin et immortel, ou elle n'est qu'un commandement, soutenu uniquement par la violence, monopole de l'État – est purement illusoire. Toutes les lois sont « directives » plutôt qu'« impératives ». Elles dirigent les rapports humains, comme les règles dirigent le cours du jeu. Et l'ultime garantie de leur validité réside dans l'ancienne maxime romaine : « Pacta sunt servanda »[5].

Ainsi, bien que le concept de promesse auquel se réfère Förster évoque à la fois le caractère relationnel du droit et le lien intrinsèque entre droit et politique, le concept de promesse ne présente aucun critère permettant de différencier le « bien » du « mal », ou le droit juste du droit injuste[6]. Si on considère les réflexions de Förster sur la promesse à la lumière

1. J. Förster, *Die Sorge um die Welt*, *op. cit.*, p. 480.
2. *Ibid.*
3. DT, p. 338, trad. modifiée, p. 367.
4. *Ibid.*
5. OV, p. 98, trad. fr., p. 265.
6. Arendt revient à plusieurs reprises sur la question de « l'injustice des lois » (CD, p. 60), mais elle n'y apporte jamais de réponse claire.

des commentaires ci-dessus, on constate qu'elles n'ont pas de fondement politico-normatif. La promesse ne peut prétendre pouvoir « instaurer l'ordre » et « former le monde » que si elle a été faite d'une manière très spécifique, selon un mode très particulier, et si on attend également de l'action politique future qu'elle respecte ce mode. En d'autres termes, si la promesse ne se réalise pas d'une manière qui met en œuvre les principes de la faculté de juger, il peut certes s'agir d'une promesse, mais la force de la promesse ne peut prétendre pouvoir *établir l'ordre* et *former le monde* au sens de la libre démocratie arendtienne. Pour illustrer cela, nul besoin de prendre l'exemple extrême d'un rassemblement du NSDAP à Nuremberg, avec sa promesse collective : « Führer, commande ! Nous te suivrons ». La comparaison que fait Arendt entre l'élaboration de la constitution française et celle de la constitution américaine, qui est en fait une comparaison des formes de consensus et de promesse, suffit. Car cette comparaison n'a de sens que si l'on examine à nouveau le mode même de la promesse. Alors seulement, les vociférations et les cris qui ont accompagné l'élaboration de la constitution en France s'apparentent à « une plaisanterie » quand on « pense aux débats approfondis des assemblées populaires qui ont précédé la ratification de la constitution en Amérique »[1]. Ce qui différencie l'*union sacrée** des Français du *e pluribus unum* des Américains, ce n'est pas la promesse en tant que telle – ou du moins seulement si le concept de promesse est fondé ou a déjà été élaboré en termes normatifs. En bref, seule une promesse précédée d'un processus libre de formation de l'opinion et du jugement, et qui suppose le respect de ces règles à l'avenir, peut prétendre fonder un droit légitime[2]. Seule pareille promesse reflète la

1. ÜR, p. 161 ; voir aussi ÜR, p. 154.

2. Pour Rousseau aussi, la soumission totale à la volonté générale n'est possible que s'il y a eu une « convention antérieure » (J.-J. Rousseau, *Du contrat social*, *op. cit.*, p. 51) ; Rousseau l'appelle, de façon célèbre, la « première convention » (*ibid.*, p. 50). La « première convention » signifie que les membres du peuple se promettent mutuellement de suivre la volonté générale. Ici aussi, la réciprocité, l'égalité, l'affiliation et l'engagement, c'est-à-dire les principaux aspects de la promesse, sont respectés. Je ne conteste pas le fait qu'Arendt a contribué à la confusion en ce qui concerne la nature et le pouvoir politique de la promesse : elle n'a jamais pleinement pris conscience du fondement normatif de son concept de promesse – ou plutôt elle n'a jamais explicité ce fondement. Cela se voit par exemple dans le fait qu'elle a parfois interprété le contrat social de Rousseau dans la lignée des théories de la promesse (DT, p. 135, p. 338, trad. fr., p. 156 et p. 367), et parfois non (CD, p. 94). Chaque fois qu'elle dénie le caractère de promesse à certaines formes de contrat social, le cadre normatif de toute la notion apparaît clairement. Les considérations du chapitre II, en particulier, tentent de rendre justice à la profondeur du discours d'Arendt sur Rousseau. L'étude met en évidence la complexité de l'argumentation d'Arendt et souligne le fait que la distinction qu'elle fait – ici la promesse, là non – est précédée d'un travail théorique conceptuel massif. Il ressort clairement des réflexions de Förster qu'il tourne

pensée centrale qui se dégage de l'expérience américaine de la fondation : la déhiérarchisation de la relation entre l'agir politique « l'un avec l'autre » et le droit.

Élargissement et préservation : la conception arendtienne de l'ordre politique

Arendt illustre cette relation déhiérarchisée entre la politique et le droit par ses réflexions sur les colons qui, « comme par inadvertance, [ont découvert] *la grammaire élémentaire de l'action politique et sa syntaxe, plus compliquée, dont les règles régissent l'ascension et la chute du pouvoir humain* »[1]. Il convient tout d'abord de noter qu'Arendt nous met ici sur une fausse piste avec le verbe « découvrir ». Dans le champ du discours sur la fondation en philosophie morale, en philosophie du droit et en théorie politique, le terme « découverte », comme l'a souligné Michael Walzer, renvoie implicitement au « Dieu révélateur ». Dieu a révélé les lois morales à Moïse, qui les a ensuite transmises au peuple. La philosophie politique qui raisonne avec les termes de la découverte a toujours eu pour objectif la révélation, affirme Walzer :

> La morale religieuse prend généralement la forme d'un texte écrit, d'un livre sacré, et nécessite donc une interprétation. Mais nous en faisons d'abord l'expérience par le biais de la découverte. Le monde moral est comme un nouveau continent, et le chef religieux (le serviteur de Dieu) est comme un explorateur qui nous apporte la bonne nouvelle de son existence et la première carte de ses contours[2].

Même si Arendt part du principe que cette grammaire et cette syntaxe de l'action politique concernent « les quelques vérités élémentaires »[3],

intellectuellement autour de ce noyau normatif du concept de promesse et qu'il en vient à faire référence aux principes d'action ou à la faculté de juger. Dans son dernier chapitre, il plaide en faveur de la rationalité du jugement : « La faculté de juger », écrit Förster, « garantit des décisions politiques ayant un sens de la proportion et de la plausibilité » (*Die Sorge um die Welt*, *op. cit.*, p. 483). Pourtant, la relation entre le jugement et la promesse reste floue. Cela pourrait être dû au fait qu'il considère lui aussi en définitive la faculté de juger comme un concept de sagesse pratique et non comme une norme procédurale qui se matérialise dans les institutions politiques elles-mêmes.

1. OR, p. 173, trad. fr., p. 265, nous soulignons.

2. M. Walzer, *Kritik und Gemeinsinn. Drei Wege der Gesellschaftskritik*, Frankfurt, Fischer, 1993, p. 4. Dans *Three Paths in Moral Philosophy*, Walzer distingue les différentes façons de justifier les normes morales selon que l'on découvre, invente ou interprète ces normes à partir du contexte social.

3. OR, p. 173, trad. fr., p. 266. Arendt explique ailleurs son *Journal de pensée* ce qu'elle entend par vérité élémentaire : « Seule l'opinion peut régner dans le domaine politique ;

cette approche classique du droit naturel est à bien des égards incompatible avec sa pensée. Tout d'abord, *De la révolution* peut être lu comme une recherche des sources de la coexistence politique au-delà de tout absolu divin. En outre, elle souligne dans *Les origines du totalitarisme* que « les valeurs absolues et transcendantes de la religion ou de la loi de la nature ont perdu leur autorité »[1] et que les droits de l'homme ne sauraient être justifiés sur cette base. Troisièmement, l'argument le plus important dans ce contexte est probablement le suivant : la référence à Dieu en tant qu'autorité suprême dans le droit naturel s'inscrit dans la tradition des idées politiques de la domination, et c'est précisément pour cette raison qu'elle est incompatible avec les idées exposées plus haut sur le droit en tant que relation. Néanmoins, ce que la justification du droit naturel réussit à faire par rapport au positivisme juridique, c'est l'autorisation d'une certaine indisponibilité, la sacralisation du droit. Bien qu'Arendt affirme que cette indisponibilité et sa protection contre l'arbitraire ne peuvent plus être défendues dans le domaine politique en recourant à Dieu, à la raison ou à la nature, cette caractéristique du droit naturel exerce aussi un certain attrait sur sa pensée. Cet attrait se reflète ainsi dans des expressions telles que « grammaire élémentaire » ou dans la formule déjà citée « quelques vérités élémentaires »[2]. L'attrait du droit naturel dans une perspective arendtienne réside dans le fait qu'il esquisse une manière d'agir politique qui est pré-juridique au sens du droit positif, mais qui n'est pas sans lien avec le droit (naturel).

La grammaire, la syntaxe et les vérités élémentaires de l'action politique ne sont cependant pas découvertes par les colons, car cela signifierait qu'il existe un auteur du droit au-delà de la politique, dont les impératifs deviendraient alors effectifs dans le domaine politique. Elles ne sont pas non plus « inventées »[3], comme le prétend Walzer dans le cadre de la théorie de la discussion de Habermas. Arendt affirme que « ni la grammaire ni la syntaxe n'étaient choses totalement nouvelles dans l'histoire de la civilisation occidentale »[4]. La nouveauté de l'expérience américaine de la fondation réside plutôt dans le fait que la grammaire et la

il n'y a en elle que la perspective ! C'est précisément cela sa "vérité" » (DT, p. 375). Le texte allemand dit : « Im Politischen kann nur die Meinung herrschen ; in ihr gibt es nur Perspektivisches ! Gerade das ist ihre "Wahrheit" ».

1. OT, p. 299, trad. fr., p. 602.
2. OR, p. 173, trad. fr., p. 265.
3. Voir M. Walzer, *Kritik und Gemeinsinn*, *op. cit.*, p. 11.
4. OR, p. 173, trad. fr., p. 265.

syntaxe ont été « *expérimentées* » *dans l'exécution* du fait « d'agir et de parler l'un avec l'autre » :

> Les États-Unis sont issus de la révolution américaine, et cette révolution était porteuse d'une *conception nouvelle de la loi qui n'a jamais été formulée d'une façon explicite* et procédait d'aucune théorie, mais *s'était formée à la suite de l'expérience exceptionnelle* des premiers colons[1].

Ce passage souligne non seulement que l'expérience des colons était importante en tant que nouveau mode de compréhension de l'action politique, mais aussi que ce mode d'action signifiait, dans le même temps, qu'une nouvelle conception du droit prenait forme. Cette expérience d'une simultanéité du « droit » et de la « politique », c'est-à-dire l'idée que l'action ne peut conduire à une constellation de pouvoir durable et stable que si une certaine grammaire et une certaine syntaxe, un certain mode d'action, sont prises en compte dans son exécution, constitue, selon Arendt, le trait caractéristique de l'expérience américaine de la fondation et le noyau normatif qui s'exprime dans cette forme de la politique républicaine[2]. Si nous détaillons les conséquences politico-théoriques systématiques d'une telle interprétation, nous devons distinguer la pensée constitutionnelle et politique d'Arendt des postulats de la théorie délibérative ainsi que de ceux de la démocratie radicale.

a. *Déhiérarchisation, co-originarité et la question de la liberté politique*

Contrairement à la théorie de la co-originarité de Habermas, l'idée de déhiérarchisation ne sert pas à Arendt de marqueur de la politique légitime, c'est-à-dire que cette idée n'est pas inspirée par la philosophie morale mais provient plutôt de l'expérience que le pouvoir « périt » sans le maintien de cette grammaire et de cette syntaxe. Alors que Habermas conçoit – ou, au sens walzerien du terme, « invente » – la cooriginarité parce qu'il estime que les décisions démocratiques ne devraient pas être indépendantes des exigences morales en matière de validité, Arendt s'intéresse à la question des conditions du maintien du pouvoir politique[3]. Si on considère l'interprétation arendtienne de

1. CD, p. 83, trad. fr., p. 114, nous soulignons.

2. *Cf.* M. Canovan, *Hannah Arendt : A Reinterpretation of Her Political Thought*, Cambridge, Cambridge University Press, 1992, p. 201.

3. Selon Habermas, le pouvoir de légitimation de la formation discursive de l'opinion et de la volonté vient précisément du fait que « les forces d'obligation illocutoires qui sont à l'œuvre dans l'usage du langage orienté vers l'intercompréhension, peuvent être mises à profit pour réunir volonté et raison – et pour parvenir à des convictions sur lesquelles

l'expérience précoloniale et prérévolutionnaire sous cet angle, on constate rapidement que la « grammaire élémentaire de toute action politique » et la « syntaxe compliquée » désignent justement la structure de l'ordre qui permet « d'agir l'un avec l'autre ». Arendt explique comment cette « expérience prérévolutionnaire et même précoloniale » des principes de la rationalité politique a pu continuer à se développer pendant des siècles de gestion autonome, façonnant ainsi le « caractère essentiel de l'esprit révolutionnaire », qui s'est plus tard reflété – positivé par le droit – dans la constitution américaine[1]. Selon elle, la principale « leçon » à retenir est que l'action et le discours politiques ont un « effet égalisateur »[2] lorsqu'ils suivent une certaine « grammaire et syntaxe » dans leur exécution. En d'autres termes : lorsque seul « l'effort commun » compte dans l'action politique ; lorsque l'action « implique le plus grand nombre », laisse de côté les questions de « motivation – qu'il s'agisse ou non d'une "bande d'indésirables" – » et ne tient pas compte de « l'homogénéité des motivations, du passé et des origines » :

> L'effort commun efface *très efficacement* les différences d'origine et la diversité des qualités personnelles ; *ils sont tous vraiment égaux dans cet effort*. En outre, c'est dans cette confiance à l'égard de l'effet égalisateur de l'action elle-même que s'enracine le réalisme des Pères fondateurs, souvent admiré et à juste titre, quant à leur conception de la nature humaine. Ils pouvaient se permettre d'ignorer l'espoir révolutionnaire français de trouver « l'homme bon » hors de la société, dans un état de nature fictif – espoir qui après tout était celui du siècle des Lumières, dont ils faisaient également partie. En d'autres termes, ils pouvaient se permettre d'être désabusés voire pessimistes dans leur vision des hommes en tant qu'individus, car ils comptaient sur le fait qu'une communauté de « pécheurs », tant qu'elle s'était constituée *selon les bons principes*, n'était pas nécessairement le reflet du côté « pécheur » de la nature humaine[3].

tous les individus peuvent s'accorder sans contrainte » (FuG, p. 134, trad. fr., p. 119). Dans les conditions de la démocratie moderne, la légitimité du droit repose (simplement) sur un « arrangement communicationnel » : « en tant que participants à des discussions rationnelles, les sociétaires juridiques doivent, en effet, pouvoir examiner si une norme contestée trouve ou peut trouver l'adhésion de toutes les personnes qui seraient d'une façon ou d'une autre concernées » (FuG, p. 134, trad. fr., p. 120).

1. Toutefois, parallèlement, Arendt parle de « l'incapacité de la pensée postrévolutionnaire à conserver la mémoire de l'esprit révolutionnaire et à le formuler en concepts » (OR, p. 234, trad. fr., p. 354).

2. ÜR, p. 225.

3. *Ibid.*, nous soulignons.

L'égalisation « très efficace » dépend des « bons principes » qui déterminent la « structure intrinsèque » d'un espace politique et forment « un domaine politique qui *jou[it] du pouvoir et qui [est] habilité à revendiquer des droits sans posséder ni revendiquer la souveraineté* »[1]. En faisant converger le pouvoir et les droits, Arendt tente de dépasser la dichotomie du droit et de la politique, qui s'exprime de façon négative soit dans la matérialisation du droit, soit dans la formalisation de la politique. Alors que dans le premier cas, les garanties que l'on croyait acquises deviennent contestables, dans le second, les affaires politiques qui sont éloignées du citoyen engendrent la désaffection politique, le désenchantement et le désengagement, la méfiance et le déclin de la croyance en la légitimité.

Outre les différentes approches de la question de la co-originarité ou de la déhiérarchisation, il faut également tenir compte d'un autre élément dans cette discussion. Thomas Kupka a montré dans une analyse consacrée à Habermas que son postulat de co-originarité soutient essentiellement la prédominance du droit et qu'il est – dans une certaine mesure du moins – paternaliste à l'égard de l'action politique. La philosophie morale de Habermas définit des droits moraux fondamentaux, qu'il appelle les « droits non saturés »[2]. Ces droits non saturés constituent non seulement le point de référence de tout processus politique dans sa quête de légitimité démocratique, mais ils doivent également être transformés en droits fondamentaux d'un régime démocratique[3]. C'est ainsi que le droit est « informé », selon la critique de Kupka, par la morale, au lieu de ne représenter qu'un « supplément de moralité destiné à stabiliser les attentes »[4]. En effet, si les citoyens souhaitent vivre selon le droit légitime, ils doivent reconnaître les droits fondamentaux mêmes qui ont été élaborés dans le système de droits habermassien[5]. Si tel est le cas, nous ne pouvons

1. ÜR, p. 218 ; voir aussi OR, p. 167, trad. fr., p. 257.

2. FuG, p. 159, trad. fr., p. 143 ; *cf.* également T. Kupka, « Demokratie ohne Naturrecht. Eine rechtsphilosophische Entwicklungsskizze in vier Schritten und einem Ausblick », *in* H. Brunkhorst (Hrsg.), *Demokratischer Experimentalismus. Politik in der komplexen Gesellschaft*, Frankfurt, Suhrkamp, 1998, p. 259.

3. Voir J. Habermas, « The European Nation-State : On the Past and Future of Sovereignty and Citizenship », *in* J. Habermas (ed.), *The Inclusion of Other : Studies in Political Theory*, Cambridge (Mass.), The MIT Press, 1998, p. 159 *sq.*

4. FuG, p. 151 ; *cf.* également T. Kupka, « Demokratie ohne Naturrecht. Eine rechtsphilosophische Entwicklungsskizze in vier Schritten und einem Ausblick », *in* H. Brunkhorst (Hrsg.), *Demokratischer Experimentalismus*, *op. cit.*, p. 259.

5. T. Kupka, « Demokratie ohne Naturrecht. Eine rechtsphilosophische Entwicklungsskizze in vier Schritten und einem Ausblick », *in* H. Brunkhorst (Hrsg.), *Demokratischer Experimentalismus*, *op. cit.*, p. 258.

plus parler de co-originarité ; au contraire, la relation entre la politique et les normes juridiques et morales penche clairement en faveur d'une primauté du droit et de la morale. Certes, cette interprétation de Habermas est exagérée et ne prend certainement pas la mesure de la contingence qui sépare le postulat moral et philosophique de la matérialisation juridique[1]. Néanmoins, dans le contexte qui nous intéresse ici, cela nous aide à illustrer le théorème constitutionnel de déhiérarchisation d'Arendt et son concept d'ordre politique. L'idée d'ordre d'Arendt n'est pas statique dans l'espace et le temps. La « syntaxe et la grammaire » ne désignent pas des normes pré-politiques ou morales et des droits fondamentaux, qu'il suffirait alors d'interpréter et développer, tantôt de telle manière, tantôt d'une autre. Par « syntaxe et grammaire » de l'action politique, Arendt entend les normes qui ne proviennent et ne sont vécues en premier lieu qu'à travers l'action politique ; elles ne peuvent être comprises qu'à travers l'action politique dans son sens le plus large en tant que condition de la liberté politique. Contrairement à ce qu'affirme Habermas, elles sont également dépourvues de toute « connotation épistémique », parce qu'elles n'ont de sens que là où le pouvoir politique est généré. Richard Bellamy a résumé cette idée comme suit dans ses réflexions sur une « notion pré-souveraine de la politique démocratique » :

> S'agissant essentiellement d'un débat démocratique, il doit certainement reposer à la fois sur un ensemble de droits démocratiques constitutionnels et sur un *demos*. Mais les normes ne précèdent ni n'encadrent en aucun cas la pratique du dialogue, elles lui sont inhérentes et n'émergent qu'en son sein. Il n'y a donc pas de consensus préexistant sur les droits[2].

Dans le même sens, Arendt se soucie de « faire l'expérience », et non de « découvrir » ou bien d'« inventer » des normes et des droits à travers l'action politique. Cela nous permet de bien comprendre l'idée qu'Arendt se fait de l'ordre. Pour Arendt, un ordre politique durable et stable se caractérise par une dialectique « d'élargissement et de préservation ». On ne peut préserver quelque chose qu'en l'élargissant, c'est-à-dire par une action politique qui nous propulse vers l'avenir. Car ce n'est qu'au moment d'agir que l'on expérimente concrètement le sens et l'impact de ce qui doit être préservé sur sa vie. En un mot, le maintien d'un régime

1. *Cf.* K. Günther, « Diskurstheorie des Rechts oder Naturrecht in diskurstheoretischem Gewande ? », *Kritische Justiz* 27, 4, 1994, 478.

2. R. Bellamy, « Sovereignty, Post-Sovereignty and Pre-Sovereignty : Three Models of State, Democracy and Rights within the EU », *in* N. Walker (ed.), *Sovereignty in Transition*, Oxford, Hart Publishing, 2006, p. 184.

démocratique n'est possible qu'en faisant l'expérience de l'action politique. Ce n'est qu'en agissant politiquement les uns avec les autres que l'on peut expérimenter le sens politique de la constitution et les règles d'une sphère publique démocratique. L'élargissement n'est possible que si l'on est conscient, au cours de l'élargissement, que la constellation du pouvoir politique, qui se forme au moment de l'action entre les individus, se désintègre dès qu'ils ne respectent plus les règles de sa création. Dans cette perspective, Arendt tente d'intégrer simultanément la conscience de la nécessité de l'élargissement et celle de la préservation. Cette approche intégrative reprend l'idée centrale du constitutionnalisme arendtien, selon laquelle la relation entre le droit et la politique est déhiérarchisée et la constitution et la démocratie, la préservation et l'élargissement sont interdépendants au moment de l'action.

Comme je l'ai déjà dit, Arendt se soucie de « faire l'expérience » et non d'« inventer » ou de construire des normes et des droits. À ce stade, mon interprétation de son œuvre se distingue donc aussi de celle de Jeremy Waldron, qui interprète le fait qu'Arendt revendique des règles, des procédures et la garantie des droits individuels dans une optique constructiviste, c'est-à-dire en faisant des règles et des droits la *condition préalable* de la constitution du pouvoir politique. Comme Habermas, mais aussi comme le néo-républicain Pettit avec sa « liberté comme non-domination »[1], Waldron reconduit ainsi tacitement la tradition du couple

1. Voir P. Pettit, *Republicanism. A Theory of Freedom and Government*, Oxford, Oxford University Press, 1999, p. 21. Pour l'essentiel, la différence entre la liberté de Pettit comme non-domination et mon interprétation de la liberté politique arendtienne peut être ramenée au fait que chez Arendt, on doit faire l'expérience du pouvoir habilitant de l'ordre politique ; il ne suffit pas qu'il soit codifié juridiquement dans un sens simplement protecteur. On pourrait objecter que Pettit ne conteste même pas ce point. Dans ses considérations théoriques sur la démocratie, par exemple, il affirme qu'il est nécessaire d'établir une démocratie contestataire qui ne se limite pas à une démocratie électorale. La première se caractérise précisément par le fait que les possibilités d'action se présentent à la fois à l'individu et aux groupes (P. Pettit, « Democracy, Electoral and Contestatory », *in* I. Shapiro, S. Macedo (eds.), *Designing Democratic Institutions*, New York, New York University Press, 2000). Mais il s'agit là encore d'un point de vue libéral classique : Pettit a besoin de ce moment (potentiel du moins) d'action politique pour s'assurer que le pouvoir arbitraire soit découvert et que l'on puisse faire la différence entre la condition d'une hégémonie bénigne et une condition de la plus grande liberté possible (voir ici la critique acerbe de Patchen Markell, « The Insufficiency of Non-Domination », *Political Theory* 36, 1, 2008 et de Thorsten Thiel, « Politik, Freiheit und Demokratie – Hannah Arendt und der Moderne Republikanismus », *in* J. Schulze-Wessel, C. Volk, S. Salzborn (eds.), *Ambivalenzen der Ordnung. Der Staat im Denken Hannah Arendts*, Wiesbaden, Springer VS, 2013). Toutefois, cela signifie que l'action politique est, d'une part, restreinte de façon instrumentale : le républicanisme néo-romain n'a besoin de l'action politique *que* pour mettre au jour le pouvoir arbitraire. Le fait que la démocratie

liberté négative/liberté positive[1], dans la mesure où il ne reconnaît pas l'argument principal d'Arendt sur la « coïncidence de la politique et de la liberté »[2] : c'est seulement en *faisant l'expérience* de l'action politique que nous *pourrons rester conscients* du fait que la possibilité d'agir politiquement garantie par le droit est la condition *sine qua non* de toute liberté. Cette perspective arendtienne sur la « coïncidence de la politique et de la liberté » remet en question le couple liberté négative/liberté positive. Elle le fait en affirmant que le déclin d'une citoyenneté active, la montée de la dépolitisation de la vie politique publique et la perte de l'expérience d'agir politiquement de manière concertée au sein d'une communauté politique mènent à un déclin de notre liberté en général, car ils entraînent à la fois la dégénérescence de la culture politique démocratique et des processus de désintégration – même si l'ordre juridique et constitutionnel peut rester intact (pendant un certain temps). Ce à quoi Arendt fait référence à ce stade c'est le problème, comme le dit Rahel Jaeggi, de la sclérose des institutions politiques et de la négation de l'élément de la pratique politique au sein des institutions politiques[3]. Ces deux phénomènes font que les droits et les institutions qui devraient rendre possible l'action politique deviennent étrangers aux citoyens et sont perçus comme des entités qui se sont éloignées d'eux.

b. *Le théorème constitutionnel arendtien de la déhiérarchisation et la tradition de la démocratie radicale*

La pensée politique d'Arendt doit être dissociée non seulement des vestiges du droit naturel du théorème de co-originarité de Habermas, mais

soit un mode de vie à part entière n'est pas pris en compte. D'autre part – et c'est un point beaucoup plus important –, Pettit ne parvient pas à identifier les conditions préalables d'un tel agir politique, d'une démocratie contestataire, en termes théoriques et conceptuels. Il ne s'intéresse pas à la question de savoir à quelles conditions l'action politique se déroule au premier chef, à quelles conditions les différentes formes de pouvoir arbitraire peuvent être mises au jour. Pettit ne s'intéresse qu'à la possibilité de l'action politique, qui peut alors se produire ou non. Or, le défi central des démocraties modernes réside précisément dans ce décalage entre l'habilitation et la réalisation – et c'est aussi le problème central de la liberté politique.

1. Voir I. Berlin, *Freiheit : Vier Versuche*, Frankfurt, Fischer, 2006 ; C. Taylor, *Negative Freiheit ? : Zur Kritik des neuzeitlichen Individualismus*, Frankfurt, Suhrkamp, 2008.

2. H. Arendt, « What is Freedom ? » [1961], *in* H. Arendt (ed.), *Between Past and Future*, New York, Penguin Classics, 2006, p. 147, trad. fr. A. Faure et P. Lévy, *La crise de la culture*, Paris, Gallimard, 1972, p. 193.

3. R. Jaeggi, « Was ist eine (gute) Institution ? », *in* R. Forst *et al.* (eds.), *Sozialphilosophie und Kritik*, Frankfurt, Suhrkamp, 2009, p. 542.

aussi du programme de la « démocratie radicale »[1]. Dans la perspective de la démocratie radicale, la politique (réelle) n'est pas une pratique de la vie quotidienne[2] mais uniquement un mode d'action qui apparaît dans des moments « fugitifs »[3]. Pour des auteurs comme Abensour, Rancière ou Mouffe, les politiques démocratiques exigent que l'ordre ancien soit « interrompu par une liberté qui vient actualiser l'égalité dernière sur laquelle repose tout ordre social »[4]. En ce sens, des auteurs comme Ronald Beiner, Dana Villa, Andreas Kalyvas, Sheldon Wolin ou Bonnie Honig, qui ont beaucoup travaillé sur Arendt, relèvent les passages dans son œuvre qui semblent mettre en avant l'importance de la « libération »[5], de « l'action initiatique, agonistique » pour laquelle « la capacité de briller, d'être glorieux »[6] est primordiale – les passages qui paraissent apprécier la « rupture radicale vis-à-vis de nos attentes ordinaires »[7] et qui semblent soutenir que « le moment de l'intervention est [...] le moment de la

1. Voir E. Laclau, et C. Mouffe, *Hegemony and the Socialist Strategy. Towards A Radical Democratic Politics*, London-New York, Verso, 2001.

2. J. Rancière, *La mésentente : politique et philosophie*, Paris, Galilée, 1995, trad. all. R. Steurer, *Das Unvernehmen. Politik und Philosophie*, Frankfurt, Suhrkamp, 2002, p. 29.

3. S. S. Wolin, « Fugitive Democracy », *Constellations* 1, 1, 1994, p. 11. Sans pouvoir rendre justice ici au large éventail de la pensée démocratique radicale, je considère que la démocratie radicale se caractérise par trois éléments centraux dans la théorie démocratique. Ces éléments sont : *premièrement*, la « dynamisation » (H. Buchstein, D. Jörke, « Das Unbehagen an der Demokratietheorie », 4 *Leviathan* 31, 4, 2003, p. 490), c'est-à-dire l'accent mis sur l'action politique conflictuelle et agonistique ; *deuxièmement*, le discours sur « l'irréductibilité de l'antagonisme » (C. Mouffe, *On the Political*, London, Routledge, 2005, p. 12, trad. fr. P. Colonna d'Istria, *L'illusion du consensus*, Paris, Albin Michel, 2016), qui conduit à considérer le politique du point de vue du « sans-part » (J. Rancière, *La mésentente*, Paris, Galilée, 1995, p. 159) ; *troisièmement*, la politique en tant que politique des identités collectives. Cependant, au vu des conséquences politico-théoriques que les auteurs cités plus haut tirent de ces éléments, on constate un degré élevé d'hétérogénéité. Ainsi, par exemple, la relation entre les institutions et la politique est traitée très différemment par les penseurs radicaux-démocrates. Alors que Mouffe s'engage en faveur de procédures démocratiques institutionnalisées – ce qui ne se traduit pas pour autant chez elle par une théorie démocratique –, des auteurs comme Žižek placent l'acte révolutionnaire au centre de leurs préoccupations.

4. J. Rancière, *La mésentente*, *op. cit.*, p. 37.

5. A. Kalyvas, « From the Act to the Decision : Hannah Arendt and the Question of Decisionism », art. cit., p. 340.

6. D. Villa, *Arendt and Heidegger. The Fate of the Political*, Princeton, NJ, Princeton University Press, 1996, p. 55.

7. R. Beiner, « Action, Natality, and Citizenship : Hannah Arendt's Concept of Freedom », *in* Z. Pelczynski, J. Gray (eds.), *Conceptions of Liberty in Political Philosophy*, New York, Continuum International, 1984, p. 355.

politique »[1]. Même si cette lecture de l'œuvre d'Arendt comporte certaines preuves textuelles, elle néglige les aspects relatifs à la préservation de l'ordre dans l'œuvre d'Arendt, et ne parvient pas non plus à les envisager d'un point de vue conceptuel ou à les intégrer sur le plan argumentatif. Les pensées politiques d'Arendt ne se limitent pas au programme de la démocratie radicale.

Aussi inspirante que puisse être la perspective démocratique radicale pour détecter des éléments de dépolitisation dans les systèmes politiques modernes, elle est également problématique[2]. Selon ma lecture de l'œuvre d'Arendt, il convient de soulever deux objections majeures à l'égard du point de vue démocratique radical – qui contribuent toutes deux à préciser la signification de l'approche théorico-constitutionnelle d'Arendt pour la théorisation de la vie politique. La première objection concerne le mode d'action politique qui sous-tend la théorie de la démocratie radicale ; la seconde remet en question la perception de l'ordre politique et introduit une conception alternative de la politisation.

c. *La critique arendtienne de la conception agonistique de l'action politique*

La perspective de la démocratie radicale revendique la nécessité et la facticité d'un antagonisme politique selon une « distinction nous/eux ». Un « nous » contre l'ordre établi, un « nous » contre les puissances hégémoniques. Dans cette perspective, tout ordre politique est conçu avant tout comme un ordre de domination ; les lois sont d'abord perçues comme l'expression du commandement d'un pouvoir hégémonique établi. L'objectif de chaque « moment démocratique » est donc la rupture avec cet ordre traditionnel et « la transformation en profondeur des rapports de pouvoir existants et l'instauration d'une nouvelle hégémonie »[3]. Il en résulte une spirale sans fin d'ordre et de destruction. La durabilité n'est pas le but recherché. Par conséquent, l'accent mis par les démocrates radicaux sur l'antagonisme et la « distinction nous/eux » renvoient à un mode d'action que l'on peut décrire au mieux comme un « agir l'un contre l'autre ».

1. B. Honig, « Declarations of Independence : Arendt and Derrida on the Problem of Founding a Republic », *American Political Science Review* 85, 1, 1991, p. 111. Bonnie Honig a revu sa position sur certains points. Voir B. Honig, « Between Decision and Deliberation : Political Paradox in Democratic Theory », *American Political Science Review* 101, 1, p. 14.

2. Voir, par exemple, C. Mouffe, *L'illusion du consensus*, *op. cit.*, ou J. Rancière, *La mésentente*, *op. cit.*

3. C. Mouffe, *On the Political*, *op. cit.*, p. 52.

Comme nous l'avons vu plus haut, le problème de ce mode d'action est que le « nous » n'est constitué que par une hostilité à l'égard de quelqu'un ou de quelque chose. Liée par cette rationalité instrumentale, la « qualité de révélation de la parole et de l'action », qui « est en évidence lorsque l'on est *avec autrui*, ni pour, ni contre »[1], disparaît. De plus, il est très probable qu'un tel « nous » aille jusqu'à ignorer les objections, les propositions ou les critiques valables venant d'« eux ». Outre le fait que cette position théorique ne peut expliquer ce qui fait la cohésion d'une communauté, un tel état d'esprit politique met l'accent sur l'affirmation de soi, la rigidité et un certain degré d'ignorance, plutôt que sur l'esprit public et civique et le sens de la solidarité, associés à la faculté d'exercer un jugement politique. Une telle pensée contribue donc précisément à cette « perte de réactivité » qui, selon Patchen Markell, représentait pour Arendt « la menace la plus fondamentale pour l'activité politique démocratique » et favorisait « l'érosion des contextes dans lesquels l'action a un sens »[2]. En revanche, pour Arendt, la politique démocratique désigne l'orientation vers la compréhension et l'implication de l'autre dans un processus politique de formation de l'opinion et du jugement. Par conséquent, Arendt rejette catégoriquement une conception agonale de la politique, car « la communauté du monde politique [n'est] ni vue ni éprouvée dans les relations entre les citoyens » :

> Dans cet esprit agonal, qui devait à terme mener les cités-États grecques à la ruine, parce qu'il rendait les alliances entre elles pratiquement impossibles et empoisonnait la vie domestique des citoyens par l'envie et la haine mutuelle (l'envie était le vice national de la Grèce antique), la confédération était constamment menacée. *Parce que la communauté du monde politique n'était constituée que par les murs de la cité et les limites imposées par ses lois, elle n'était ni vue ni éprouvée dans les relations entre les citoyens*, ni dans le monde qui se trouvait entre eux, commun à tous, même s'il se révélait à chacun d'une manière différente[3].

Si nous soumettons ces réflexions à la question discutée ci-dessus (« Ni la fondation ni la promesse ») avec Ahrens et Förster sur le fondement de la légitimité de la constitution (américaine), le résultat est le suivant : la source de légitimation de la constitution (américaine) repose moins sur la fondation et la promesse que sur la possibilité d'un « agir l'un

1. HC, p. 180, trad. fr., p. 305.

2. P. Markell, « The Rule of the People : Arendt, Archê, and Democracy », *American Political Science Review* 100, 1, 2006, p. 12.

3. H. Arendt, « Philosophy and Politics » [1954], *Social Research* 57, 1990, p. 82, nous soulignons.

avec l'autre », qui se développe par l'exercice de la faculté de juger. Le contenu de la promesse mutuelle – pré-coloniale, pré-révolutionnaire et constituante – était la reconnaissance formelle de la grammaire et de la syntaxe de l'« agir l'un avec l'autre », c'est-à-dire les principes de la faculté de juger et partant, leur transformation simultanée en normes juridiques. La rationalité du jugement, à son tour, ne résulte nullement de sa compétence en matière de résolution des problèmes – bien qu'Arendt lui fasse plus confiance dans les affaires politiques qu'à tout autre type de rationalité. Son potentiel de rationalité vient du fait qu'il se réfère à un « agir l'un avec l'autre » qui permet à la liberté politique de devenir une réalité, préservant ainsi un ordre politique durable et stable. Si le « sens de la politique est la liberté »[1], si la liberté politique ne peut être éprouvée que dans l'exécution de l'« agir l'un avec l'autre », alors la faculté de juger est la condition de possibilité de cette liberté. Pour Arendt, il ne suffit nullement, pour réaliser la liberté politique, de s'appuyer uniquement sur une culture politique intacte et d'espérer que les citoyens n'iront pas trop loin dans la politique agonistique. Au contraire, les principes de la faculté de juger doivent être intégrés dans la constitution en tant que normes juridiques et guider la formation des institutions politiques, de manière à préserver ce « contexte » dans lequel on peut faire l'expérience de « l'agir l'un avec l'autre ».

Le lien décrit ci-dessus est au cœur de l'un des passages sans doute les plus centraux de son œuvre, dans *Freiheit und Politik*[2], où elle discute de la distinction faite par Montesquieu entre la liberté philosophique et la liberté politique. Dans ce cadre, Arendt s'intéresse à l'affirmation de Montesquieu selon laquelle « *la liberté politique consiste dans la sûreté** »[3] ; que cette liberté politique n'est pas toujours et partout présente, mais seulement dans les communautés politiques définies par des lois ; que sans cette sûreté, il n'y a pas de liberté politique, car « *la liberté ne peut consister qu'à pouvoir faire ce que l'on doit vouloir** »[4]. Afin de comprendre convenablement cette déclaration, qui à première vue fait penser à Hobbes et à la lignée de la tradition philosophique de la liberté

1. WiP, p. 28.

2. « Freiheit und Politik » diffère fondamentalement de la version « Qu'est-ce que la liberté ? » publiée dans *La crise de la culture*, qui n'est qu'une première version des réflexions d'Arendt sur le lien entre liberté et politique. « Freiheit und Politik » est une version révisée d'une conférence donnée par Arendt en mai 1958 à Zurich. Le passage auquel je fais référence est absent de « Qu'est-ce que la liberté » (dans *La crise de la culture*, *op. cit.*) ainsi que de « Freedom and Politics : A lecture », publié dans la *Chicago Review*. Pour l'histoire de cet article, voir les commentaires convaincants d'Ursula Ludz (FuP, p. 410).

3. Montesquieu, *De l'esprit des lois*, *op. cit.*, vol. 1, Livre XII, chapitre II, p. 328.

4. *Ibid.*, vol. 1, Livre XI, chapitre III, p. 292.

de la volonté, et afin de révéler la « véritable intention » de Montesquieu[1], Arendt affirme que nous devons « lire ces phrases d'une manière qui met l'accent *non pas* sur le *pouvoir** – que l'on doit avoir le pouvoir de faire ce que l'on veut ou devrait vouloir –, mais sur le *faire** »[2]. Nous devons en outre ajouter que, dans ce contexte, faire signifie bien plus qu'exécuter simplement sa volonté. En faisant cela, nous arrivons à une conception de la liberté politique entièrement différente de celles que nous donne la tradition philosophique. Arendt écrit en ce sens :

> *Être libre est inhérent au fait d'agir, et le pouvoir de le faire est garanti par les autres comme une sécurité.* La liberté ne consiste pas en un « je veux » qui, selon le cas, peut signifier ou contredire un « je peux », sans pour autant remettre en cause la liberté humaine ; être libre ne se manifeste qu'en agissant, de sorte que ne-pas-avoir-le-pouvoir-d'agir et ne-pas-être-libre signifient la même chose, même si la liberté (philosophique) de la volonté reste intacte. En d'autres termes, la liberté politique n'est pas identique à la « liberté intérieure » [...] ; elle [la liberté politique] dépend du fait qu'une nation libre accorde un espace dans lequel agir peut avoir un impact et devenir visible[2].

J'ai indiqué ailleurs que je ne partage pas l'interprétation tant normative et ontologique qu'anthropologisante du concept de politique arendtien, selon laquelle une personne n'est libre que lorsqu'elle agit effectivement. Être libre commence par le fait qu'une personne reçoit la garantie constitutionnelle des autres membres d'une communauté qu'elle est autorisée à agir – si elle le souhaite ; être non-libre en termes politiques signifie qu'une personne se voit refuser le pouvoir d'agir par d'autres membres de la politique, mais cela ne signifie pas qu'elle *n'agit pas*. Si une personne n'agit pas, elle ne fait pas *l'expérience* de la liberté politique dans son intégralité – et, à long terme, ce manque d'expérience politique a des conséquences négatives. Un ordre libre, durable et stable dépend précisément d'un public actif et démocratique – et ce aussi parce que c'est ainsi que les individus apprennent la signification et l'impact des droits politiques fondamentaux sur leur propre vie.

La sécurité issue du droit tient au fait que la possibilité d'agir est garantie à chaque personne – y compris si nécessaire au moyen d'une coercition extérieure à l'encontre de ceux qui veulent nier ce droit. Si l'on comprend le droit de cette manière, l'exigence de pluralité dans les affaires

1. FuP, p. 216.
2. *Ibid.*, nous soulignons.
2. FuP, p. 216, nous soulignons.

politiques prend une forme concrète dans l'espace et dans le temps. Ernst Vollrath affirme en ce sens que la « coercition légitime » – par opposition à la coercition illégitime – sert à « permettre de pouvoir agir ». Les lois ne sont « pas des limites, mais des raisons habilitantes »[1] : « chacune des lois d'une telle constitution donne une marge de manœuvre pour agir en référence à la constitution »[2]. En d'autres termes, le droit légitime ouvre un espace propice où l'« agir l'un avec l'autre » politique *peut* se réaliser.

d. *L'ordre et la politisation*

Ces dernières remarques mettent en évidence une autre différence essentielle entre Arendt et la tradition démocratique radicale : la théorie démocratique radicale diffère également de la vision arendtienne de la politique en ce qui concerne la perception de l'ordre politique. Dans une perspective arendtienne, la théorie de la démocratie radicale ne tient pas compte du caractère habilitant de l'ordre juridique démocratique. Aux yeux des démocrates radicaux, les droits et les lois ne sont conçus que comme des limites à l'action et à la liberté politiques. Les lois et l'ordre juridique sont interprétés uniquement comme l'expression de l'hégémonie. Sheldon Wolin en donne un exemple : « Ainsi, une constitution qui fixe des limites à la politique fixe également des limites à la démocratie, en la constituant d'une manière compatible avec les groupes de pouvoir dominants dans la société et en les légitimant »[3]. En raison de cette façon d'envisager le droit et l'ordre juridico-politique, les théoriciens de la démocratie radicale plaident en faveur de « l'interruption de l'ordre » et de la « primauté ontologique de la politique »[4].

En accord avec Arendt, je considère que cette vision du droit et de l'ordre politique est exagérée et peu plausible. L'une des caractéristiques essentielles des communautés politiques démocratiques est que leur ordre constitutionnel cherche aussi à préserver des « contextes » politiques durables et fiables[5] dans lesquels il est possible d'« agir l'un avec l'autre ». En ce sens, la loi protège une partie des conditions qui permettent une citoyenneté active. C'est pourquoi la protestation et la résistance dans les démocraties ne doivent pas nécessairement être de hauts faits héroïques ou une question de vie ou de mort. Mais c'est précisément ce que sont la

1. E. Vollrath, *Die Rekonstruktion der politischen Urteilskraft*, Stuttgart, Klett, 1977, p. 211.

2. *Ibid.*, p. 215.

3. S. S. Wolin, « Fugitive Democracy », art. cit., p. 14.

4. E. Laclau, « Deconstruction, Pragmatism, Hegemony », *in* C. Mouffe (ed.), *Deconstruction and Pragmatism*, London, Routledge, 1996, p. 62.

5. P. Markell, « The Rule of the People : Arendt, Archê, and Democracy », art. cit., p. 12.

protestation et la résistance dans les dictatures, les régimes autoritaires et même totalitaires, qui répriment toute forme de protestation par la violence et la terreur[1]. Michael Greven parle ainsi de la « possibilité de politiser »[2], qui est garantie dans les ordres démocratiques et qui constitue leur caractéristique distinctive.

La possibilité de politiser est le revers d'un ordre juridique politico-démocratique, et elle révèle qu'un ordre juridique démocratique ne peut pas être simplement identifié à l'hégémonie, et qu'il n'est pas plausible de réduire le droit à son aspect restrictif et impératif. Nous devons au contraire reconnaître la dimension habilitante d'un ordre juridique démocratique comme condition *sine qua non* pour faire l'expérience de la liberté politique. Au sein des ordres politiques démocratiques, le droit instaure *aussi* un espace favorable dans lequel les différends politiques peuvent être traités et la pluralité conflictuelle peut apparaître. Les penseurs démocratiques radicaux peuvent bien l'admettre, mais ils ne parviennent pas à saisir conceptuellement la dimension habilitante de l'ordre – en particulier en ce qui concerne la question de savoir comment préserver la conscience de l'importance d'un tel ordre démocratique juridique. Ou, pour reprendre les termes de Claude Lefort, certains penseurs démocrates radicaux n'ont pas une idée juste de ce qu'eux-mêmes et leurs pensées doivent à l'« expérience démocratique »[3].

Contrairement à la critique fondamentale de l'ordre politique par les démocrates radicaux, la possibilité de politiser constitue la caractéristique distinctive d'un ordre politique libre et fiable au sens arendtien. Les thèmes, les faits ou les réglementations existantes sont considérés comme politisés lorsqu'ils peuvent être reliés et renvoyés à des opinions discutées publiquement et controversées. En ce sens, la politisation est la mise à jour constante des différences, la conversation avec autrui, un discours sur les différences et les similitudes[4]. Les « dynamiques performatives » qui surviennent au cours du processus de politisation soutiennent la lutte et le débat politiques et « empêchent la fermeture du système politique »[5] ; elles encouragent au contraire la réflexion. Il faut opposer cette conception de

1. EJ, p. 221.

2. Voir M. T. Greven, « Verschwindet das Politische in der politischen Gesellschaft ? Über Strategien der Kontingenzverleugnung », *in* T. Bedorf *et al.* (Hrsg.), *Das Politische und die Politik*, Frankfurt, Suhrkamp, 2010, p. 68.

3. C. Lefort, *Essais sur le politique.* XIXe-XXe *siècles*, Paris, Seuil, 1986, p. 31.

4. T. Thiel, *Republikanismus und die Europäische Union*, Baden-Baden, Nomos, 2012, p. 204.

5. *Ibid.*, p. 179.

la politisation à la bureaucratisation, à l'informalisation, à l'économisation et à la juridification du processus de prise de décision politique; au jargon administratif et aux mots d'ordre axés sur la « nécessité et la fonctionnalité » qui accompagnent les présentations des programmes politiques; à un paysage médiatique qui contribue à faire des citoyens des consommateurs et les dépeint comme tels, monadiques et fondamentalement désintéressés par la politique; et à une culture politique qui ignore non seulement les éléments expressifs et créatifs de la liberté politique, mais aussi le désir du public envers ces éléments. Tous ces facteurs contribuent à la dépolitisation de la démocratie, tout en renforçant l'impression qu'il n'y a plus rien de contingent dans le processus politique – rien qui puisse être changé par des modes démocratiques d'engagement politique.

En outre, l'objectif de la politisation n'est pas de former une volonté générale, mais plutôt d'initier des processus de sensibilisation du public qui créent une attention, le sentiment de l'importance des questions politiques, et qui, ce faisant, cherchent à contrer le désenchantement politique de larges pans de la société. Un tel concept de politisation élaboré dans un sens arendtien diffère donc fondamentalement de la notion libérale de politisation qui réduit son sens à un lobbying acharné et à la seule politique des intérêts (et la vide de sens); mais il diffère également de la variante démocrate radicale de la politisation, qui assimile le terme à une authentique reconstruction du cadre social et politique[1]. Contrairement à une forme démocrate radicale de la politisation, Arendt ne conçoit pas l'ordre politique démocratique constitutionnel comme quelque chose qui s'oppose à la politisation; et donc la politisation n'est pas comprise comme un processus renvoyant à quelque chose qui se situe au-delà de l'ordre existant ou qui lui est extérieur. C'est plutôt l'ordre démocratique lui-même, fondé sur des principes normatifs abstraits tels que l'égalité politique, la liberté politique, le principe de l'alternance visible et de la conflictualité, qui rend possible la politisation qui en est le principe inhérent. Pour autant qu'un ordre démocratique constitutionnel repose sur ces principes abstraits, il contracte des promesses qui sont destinées à se réaliser dans le cadre de cet ordre. La particularité d'un ordre politique démocratique est donc que ces promesses peuvent être revendiquées et que ces principes peuvent être interprétés de manière nouvelle et différente au fil des conflits politiques.

1. S. Žižek, *Ein Plädoyer für die Intoleranz*, Wien, Passagen Verlag, 2009, p. 48.

e. *Arendt et la source de l'autorité de la constitution*

D'autre part, cette habilitation seule confère son autorité à la constitution – ce qui, en définitive, révèle aussi une autre différence importante par rapport à la pensée de Habermas : à la différence de Habermas et à sa théorie de la discussion, selon laquelle l'autorité de la constitution est liée au fait qu'elle repose sur des principes auxquels tout le monde, en principe, doit pouvoir consentir, Arendt emprunte une voie différente. La constitution symbolise une sorte de consensus au sein d'une communauté. Ce consensus ne repose pas uniquement sur les valeurs et les principes généralisés d'un mode de vie politique, mais sur l'histoire d'un dialogue politique républicain qui est rappelé, présenté et raconté comme tel[1]. Grâce à cette manière de se souvenir et de raconter, l'histoire devient *notre* histoire. L'autorité, affirme alors Arendt, est reconnue « partout où l'on se sent redevable de son être-là (que l'on soit l'auteur, le fondateur, le créateur, ou celui qui transmet) »[2]. Cependant, c'est précisément pour cette raison qu'Arendt, dans ses écrits sur la situation politique en Amérique dans les années 1960 et 1970, était convaincue que la lutte de la population noire pour l'égalité des droits est et doit être une lutte contre la Constitution. En effet, selon elle, le « crime originel » commis au moment de la fondation de la République américaine est « l'exclusion *tacite* » de la population noire « du consentement *tacite* »[3]. Tous les immigrés étaient les bienvenus, mais pas les Noirs. Comme la population noire n'avait pas d'alternative politique à ce combat pour l'égalité des droits, l'autorité de la Constitution était massivement remise en cause et la République était en crise. L'issue possible esquissée par Arendt est caractéristique de sa conception de l'autorité : la ségrégation raciale doit être abolie et bannie immédiatement à tous les niveaux de la vie politique et publique. Mais, en même temps, Arendt ne croit pas que la seule solution soit simplement d'inclure la population noire au sein du *consensus universalis* de façon rétrospective – comme le suggèrent les quatorzième et quinzième amendements. La Cour suprême a trop souvent donné une interprétation différente de la constitution, comme le montre Arendt en se référant à l'affaire *Dred Scott vs Sandford* de 1857. En ce qui concerne cette affaire, elle cite le verdict, qui déclare explicitement que « les Noirs ne sont pas et ne peuvent pas être considérés comme des citoyens au sens où l'entend la Constitution fédérale »[4]. La seule chose qui

1. *Cf.* F. I. Michelman, « Law's Republic », *Yale Law Journal* 97, 8, 1988, p. 1513.
2. DT, p. 299, trad. fr. t. 1, p. 327.
3. CD, p. 90 *sq.*, trad. fr., p. 123 *sq.*
4. CD, p. 91, trad. fr., p. 124.

pourrait y remédier, selon Arendt, serait « un amendement constitutionnel » explicite qui concerne « spécifiquement les Noirs américains » et qui admette et condamne sans détour l'injustice et l'inhumanité passées et, ce faisant, souligne et assure « l'importance des changements survenus »[1]. Ce n'est que comme cela que la constitution peut devenir l'expression symbolique d'un nouveau consensus commun, incluant ceux qui en étaient autrefois exclus, et ainsi évoluer vers une histoire qui a également un sens pour ceux qui en étaient auparavant exclus. Selon Arendt, ce n'est pas tant le potentiel d'universalisation supposé de ses principes qui confère à la constitution son autorité, mais plutôt le degré auquel la constitution dans son ensemble symbolise une expérience historique commune et chargée de sens, qui donne à chacun le pouvoir d'agir politiquement.

L'habilitation politique : le concept exigeant d'Arendt

De la dialectique des droits subjectifs et objectifs

Qu'entend-on précisément par le fait de rendre possible la participation à la vie politique? Si l'on fait abstraction du fait que la question du droit dans l'œuvre d'Arendt a été longtemps négligée, sa pensée est généralement qualifiée de républicaine. Les explications données précédemment semblent correspondre à cette image, dans la mesure où elles parviennent à la conclusion qu'une constitution est légitime lorsqu'elle garantit les conditions de possibilité de la liberté politique. Pour Arendt, cependant, la liberté politique n'est pas encore assurée lorsque les droits objectifs, y compris les droits de participation, sont garantis, mais seulement lorsque les droits subjectifs et fondamentaux peuvent eux aussi être considérés comme garantis. Le concept d'habilitation d'Arendt est un concept exigeant. Cela ressort clairement du fait qu'elle décrit le domaine politique sur lequel repose la liberté politique comme un « domaine qui *jou[it] du pouvoir et qui [est] habilité à revendiquer des droits sans posséder ni revendiquer la*

1. CD, p. 91, trad. fr., p. 123. Voir également les réflexions de D. Bell et P. Bansal (« The Republican Revival and Racial Politics », *Yale Law Journal : Symposium on the Republican Revival* 97, 8, 1988). On peut également établir certains parallèles avec les débats suscités par le livre d'Ackerman, *We the People*. La question qui se pose est de savoir dans quelle mesure le mouvement des droits civiques a été ou non un « moment constitutionnel ». (Voir B. Ackerman, *Au nom du peuple : Les fondements de la démocratie américaine*, trad. fr. J.-F. Spitz, Paris, Calmann-Lévy, 1998 ; K. J. McMahon, *Reconsidering Roosevelt on Race. How the Presidency Paved the Road to Brown*, Chicago, IL, University of Chicago Press, 2003 ; H. D. Graham, *The Civil Rights Era. Origins and Development of a National Policy 1960–1972*, Oxford, Oxford University Press, 1990 ; R. M. Smith, *Civic Ideals. Conflicting Visions of Citizenship in US History*, New Haven, CT, Yale University Press, 1999).

souveraineté »[1]. Le pouvoir est fondé sur le consentement et le soutien; il dépend donc des droits participatifs classiques du républicanisme. Dans cette tradition républicaine, qui constitue un tournant pour Rousseau, cette participation est privilégiée par rapport aux droits fondamentaux. *L'aliénation totale** de Rousseau en est un exemple.

En référence à l'expérience de la fondation américaine, Arendt parle explicitement d'une égalité qui s'abstient de toute forme de subjectivité[2]. En agissant, les agents s'assurent mutuellement de leur statut de sujet de droit, c'est-à-dire qu'ils se reconnaissent mutuellement comme *personne*. J'ai déjà souligné que le concept de « personne » est issu du langage théâtral et fait référence aux masques des acteurs. En tant que tel, il a toujours eu une double fonction. Il cache le visage de l'acteur, mais il permet également à la voix de se faire entendre[3]. Le statut de sujet de droit, que chacun se garantit mutuellement, permet donc à la fois la participation et la défense. Il protège d'une part le domaine de la subjectivité, de la propriété privée, de l'origine culturelle, des préférences personnelles, etc. et assure d'autre part, grâce au masque, la liberté de s'exprimer d'égal à égal. Sans la protection de ce qui se cache derrière le masque et qui caractérise précisément la subjectivité de l'individu, il n'est pas possible que le son émis par l'un parvienne à l'autre.

Si nous cherchons à préciser ces droits subjectifs, la première chose à mentionner serait la protection de la sphère privée. Dans ce contexte, Arendt parle de manière générale du fait que personne ne peut s'exposer en permanence à la vue du public. Le repli sur la sphère privée est une condition de base élémentaire pour la participation politique[4]. La protection de la sphère privée est la condition de l'« intégrité personnelle » et garantit ainsi « le sentiment spontané et naturel d'identité qui nous échoit par l'accident de la naissance »[5]. Dans la coexistence sociale, l'intégrité personnelle de l'individu n'est pas seulement menacée par le conformisme social, mais elle est également exposée en permanence au potentiel social

1. ÜR, p. 218; voir également OR, p. 167, trad. fr., p. 257.

2. Voir OR, p. 174, trad. fr., p. 266.

3. Voir OR, p. 102, trad. fr., p. 161.

4. Voir entre autres ÜR, p. 121, ainsi que le livre de N. C. Moruzzi sur la signification du masque pour la pensée d'Arendt (*Speaking through the Mask : Hannah Arendt and the Politics of Social Identity*, Ithaca (NY)-New York, Cornell University Press, 2000, p. 137 *sq.*) et les considérations de J. Van der Walt sur le droit et l'espace de l'apparence (« Law and the Space of Appearance in Arendt's Thought », *in* M. Goldoni, C. McCorkindale (eds.), *Hannah Arendt and the Law*, Oxford, Hart Publishing 63, 2012, p. 63-66).

5. RoLR, p. 193, trad. fr. J.-L. Fidel, « Réflexions sur Little Rock », dans *Responsabilité et jugement*, Paris, Payot, 2009, p. 249.

de discrimination. Selon Arendt, le phénomène de la discrimination en particulier est typique de la sphère sociale et s'explique par le simple fait que les gens sont séparés des autres sous la forme de groupes différents pour des raisons très diverses, parfois même pour leur propre plaisir :

> En tout cas, la discrimination est un droit social aussi indispensable que l'égalité est un droit politique. La question n'est pas de savoir comment abolir la discrimination, mais comment la maintenir dans la sphère sociale, où elle est légitime, et l'empêcher d'empiéter sur la sphère politique et personnelle, où elle est destructrice[1].

Arendt considère que la discrimination sociale à l'égard d'autres groupes sociaux ne doit être condamnée et interdite par la loi que lorsqu'elle se produit dans la sphère publique et qu'elle détermine les « services publics dont chacun a besoin afin de travailler et de vivre »[2]. Les exemples d'Arendt sont les bus publics, les trains, les lieux publics, les marchés, les hôtels et les restaurants. (Elle donne un exemple de discrimination dans « Réflexions sur Little Rock » qui s'étend à la sphère privée : il s'agit de l'interdiction des mariages mixtes, qu'elle critique avec véhémence[3]).

Mais cette interdiction de la discrimination sous la forme purement négative telle que nous la décrivons n'est pas une condition suffisante pour participer à la vie politique. Comme l'explique Arendt, en prenant l'exemple de la pauvreté, il faut non seulement qu'il y ait une protection négative contre la discrimination, mais aussi des droits habilitants positifs. Elle écrit :

> Donc, si nous parlons d'égalité, la question est toujours la suivante : combien avons-nous à changer la vie privée des pauvres ? En d'autres termes, combien d'argent devons-nous leur donner pour qu'ils soient capables de jouir du bonheur public ? L'éducation, c'est très bien, mais ce qui compte, c'est l'argent. Ce n'est que lorsqu'ils pourront jouir de la chose publique qu'ils seront désireux et capables de faire des sacrifices pour le bien public. Demander des sacrifices à des individus qui ne sont pas encore citoyens, c'est leur demander un idéalisme qu'ils n'ont pas et qu'ils ne sauraient avoir compte tenu de l'urgence du processus vital. *Avant de demander aux pauvres de l'idéalisme, il faut d'abord en faire des*

1. RoLR, p. 51, trad. fr., p. 264.
2. RoLR, p. 52, trad. fr., p. 265.
3. RoLR, p. 53, trad. fr., p. 266.

> *citoyens : et cela implique de changer les conditions de leur vie privée de telle sorte qu'ils deviennent capables de jouir du « public »*[1].

La dernière phrase de la citation, en particulier, indique clairement que l'égalité et les droits civils doivent aller de pair avec la libération de la pauvreté. Les droits civils ne peuvent être pleinement exercés que sur la base des droits sociaux. La participation n'est possible que lorsque la pauvreté a été « repoussée ». En revanche, les droits subjectifs ne peuvent être considérés comme garantis que si l'on a le droit de faire campagne publiquement pour leur maintien. Selon Arendt, ces droits civiques fondamentaux ne sont « jamais réalisés lorsque les citoyens ne se voient pas garantir le droit de participer activement aux affaires publiques »[2]. Ceci s'oppose aussi bien au républicanisme – du moins dans sa version rousseauiste – qu'au libéralisme. J'ai essayé d'illustrer clairement dans le chapitre IV comment *l'intériorisation du politique* remplace le concept de *persona* dans le sillage du rousseauisme de la Révolution française, comment les idées de moralité et de vertu prennent la place du droit et mettent fin à la nature déterminée du droit. Mais, selon Arendt, la réduction libérale de la politique à la garantie d'une liberté négative n'est pas moins dangereuse. Non seulement elle conduit à l'autonomie autoproclamée de la sphère politique étatique, qui développe une logique sous les auspices de la modernité, suivant laquelle elle récupère pas à pas les libertés négatives que l'on croyait autrefois assurées. En outre, cette approche libérale entraîne la dépolitisation de la vie publique et la perte de l'expérience de l'agir politique. Cela se traduit par des processus de désintégration et de dégénérescence de la culture démocratique et politique, qui ont un impact négatif sur la stabilité de l'ordre juridique lui-même. La participation

1. PRPI, p. 106 *sq.*, nous soulignons. Cela n'a plus rien à voir avec une conception « élitiste » de la sphère publique, dans la mesure où les conditions sociales nécessaires à l'engagement politique sont également prises en compte, pour ainsi dire, par Arendt (mais voir H. Brunkhorst, « Equality and Elitism in Arendt », *in* D. R. Villa (ed.), *The Cambridge Companion to Hannah Arendt*, Cambridge, Cambridge University Press, 2005, p. 178 et H. Brunkhorst, « Brot und Spiele ? Hannah Arendts zweideutiger Begriff von der Öffentlichkeit », *in* U. Kubes-Hofmann (Hrsg.), *Sagen, was ist. Zur Aktualität Hannah Arendts*, Wien, Verlag für Gesellschaftskritik, 1994, p. 153).

2. ÜR, p. 281. John Sitton n'a pas pris en compte cette fusion des droits participatifs et des droits fondamentaux dans ses réflexions sur la démocratie des conseils chez Arendt. Il conclut donc qu'Arendt « n'a pas réussi à reconnaître les distinctions entre les libertés négatives et a donc sous-estimé l'importance de certaines libertés civiles pour maintenir la possibilité de participation » (« Hannah Arendt's Argument for Council Democracy », *Polity* 20, 1, 1987, p. 93).

politique ne peut être assurée sans les droits de défense et de retrait; les droits fondamentaux sans le droit de participation sont une chimère.

Sur le rapport intrinsèque entre la Constitution et la politique démocratique

Le postulat de la déhiérarchisation ne rend en aucun cas le droit et la politique identiques l'un à l'autre, ils continuent au contraire à suivre leur propre logique fonctionnelle. L'habilitation de la liberté politique ne constitue pas la liberté politique elle-même. L'*habilitation* n'est pas non plus la *garantie* de la liberté politique. Arendt affirme qu'il ne peut y avoir de garantie de la liberté politique parce que la mise en œuvre de ces supposées garanties étoufferait les derniers vestiges de « l'imprévisibilité inhérente au concept même de liberté »[1]. La politique, c'est la négociation, le compromis, la dispute, la rhétorique – et, bien sûr, l'organisation de majorités. Une culture du débat et la tenue d'un discours politique ne sont ni inconditionnelles, ni une condition en soi. Arendt précise explicitement que le consensus sur les procédures du débat politique ne s'étend pas à « certaines lois ou à une politique déterminée, [...] même lorsque celles-ci sont le résultat de décisions majoritaires »[2]. La politique et la liberté politique ne se résument pas à la loi et à la législation[3]. Il en va de même à l'inverse. Le « très grand mérite de la procédure judiciaire » résulte précisément du fait qu'elle se soucie « de juger de façon impartiale un individu, en rejetant toute influence extérieure, sans se soucier de l'esprit du temps ou des opinions que l'inculpé peut partager avec d'autres personnes

1. H. Arendt, « Europe and the Atom Bomb » [1954], in *Essays in Understanding 1930-1954. Formation, Exile, and Totalitarianism*, éd. J. Kohn, New York, Schocken, 1994, p. 420. Albrecht Wellmer le perçoit de manière très nette lorsqu'il souligne que la liberté politique comprend « des moments de désir, d'expérience, de jugement et de circonstances heureuses [...] qui ne peuvent pas, comme l'exigence de droits universels et égaux, être universalisés par un principe normatif » (« Hannah Arendt über die Revolution », *in* H. Brunkhorst *et al.* (Hrsg.), *Recht auf Menschenrechte*, *op. cit.*, 1999, p. 141). En ce qui concerne la distinction entre habilitation et garantie, je suis d'accord avec l'observation de Wellmer, mais je lui reproche de critiquer cette garantie de manière si radicale qu'elle lui fait perdre de vue le postulat d'habilitation d'Arendt. (voir aussi sur ce point W. Heuer, *Citizen. Persönliche Integrität und politisches Handeln. Eine Rekonstruktion des politischen Humanismus Hannah Arendts*, Berlin, Akademie Verlag, 1992, p. 331). Il en résulte que Wellmer ne peut que se référer au supposé « universalisme anthropologiquement fondé » d'Arendt (« Hannah Arendt über die Revolution », *in* H. Brunkhorst *et al.* (Hrsg.), *Recht auf Menschenrechte*, *op. cit.*, 130) pour espérer que l'action politique ait lieu. Ce qu'il néglige, cependant, ce sont les considérations d'Arendt sur la dimension habilitante du droit lui-même.

2. CD, p. 88, trad. fr., p. 120.

3. *Cf.* également W. Heuer, *Citizen. Persönliche Integrität und politisches Handeln*, *op. cit.*, p. 339.

et tenter de présenter devant un tribunal »[1]. L'intégrité des procès repose donc en grande partie sur les normes des procédures judiciaires et sur les moyens juridiques exercés pour interpréter la Constitution et résoudre les problèmes juridiques[2]. En d'autres termes, la rationalité du droit est également garantie par l'indépendance et l'autonomie du droit lui-même et par une conception juridique du droit[3].

Cependant, d'un point de vue arendtien, la politique et le droit sont interdépendants. Cette interdépendance a des conséquences majeures sur le fondement normatif d'une notion arendtienne de constitutionnalisme. Contrairement à Weber, la rationalité ne provient pas uniquement du droit lui-même[4]. Une partie essentielle de la rationalité des deux sphères dépend de l'échange et du lien avec l'autre dans chacun des cas : le pouvoir judiciaire ne peut qu'examiner la législation et, le cas échéant, déclarer son incompatibilité avec les principes constitutionnels ; mais il ne peut jamais suggérer des lois lui-même ni les modifier. Le droit n'a que l'autorité, mais pas le pouvoir[5]. En outre, les décisions juridiques doivent toujours être prises sur la base de la Constitution, dont l'autorité, comme nous l'avons vu plus haut, découle de son caractère habilitant en matière de liberté politique. Arendt affirme que « les arrêts de la Cour suprême ne font qu'interpréter la Constitution »[6]. C'est de ce lien direct avec la Constitution que découle la légitimité des décisions judiciaires pour le processus politique. Inversement, Arendt souligne que les décisions des pouvoirs législatif et exécutif doivent également être reliées à la Constitution, faute de quoi les gens perdront « confiance dans les

1. CD, p. 99, trad. fr., p. 133-134.

2. Arendt fait allusion à cette rationalité du droit dans une lettre à Jaspers, dans laquelle elle rend compte de son activité de juré au tribunal. Arendt écrit : « Ce qui est déterminant, c'est toujours ce que disent les faits et la loi qui s'y rapporte, que le juge explique au jury. Le juge répète sans cesse : "Si vous n'aimez pas la loi, vous ne pouvez rien faire en tant que juré ; vous devez malgré tout décider en fonction d'elle. Vous pouvez changer la loi en tant que « citoyen », mais pas maintenant que vous êtes juré" ». (Arendt/Jaspers, p. 701).

3. Voir également S. Rosenmüller, *Orte des Rechts. Gemeinsinn und richterliches Urteilen nach Hannah Arendt*, Baden-Baden, Nomos, 2013, p. 358-393.

4. Faisant référence au livre d'Arendt sur Eichmann, Lida Maxwell a mis en évidence « la thèse d'Arendt sur la dépendance du droit à l'égard de l'action politique » (« Toward an Agonistic Understanding of Law. Law and Politics in Hannah Arendt's *Eichmann in Jerusalem* », *Contemporary Political Theory* 11, 1, 2012, p. 104.) Je suis d'accord avec cette analyse, mais je cherche à démontrer que la politique dépend *aussi* du droit dans la pensée d'Arendt.

5. Voir ÜR, p. 229 *sq*.

6. CD, p. 91, trad. fr., p. 123-124.

processus fixés par la Constitution et [retireront] leur consentement »[1]. Pour elle, la constitutionnalité de la (des) action(s) politique(s) sert de critère de légitimité et renvoie ainsi au lien intrinsèque entre le droit et la politique.

Le sérieux avec lequel Arendt envisage l'exigence de constitutionnalité de toute action politique ressort d'une discussion centrale de ses « Réflexions sur Little Rock » : elle y examine un argument avancé par les « libéraux »[2] selon lequel la référence des États confédérés à leurs compétences législatives garanties par la Constitution est un « subterfuge fabriqué »[3]. Les compétences législatives des différents États devraient être réduites pour renforcer celles de Washington, afin de mettre fin au racisme juridique des États confédérés qu'Arendt trouve également insupportable. Pourtant, elle soutient, contre les « libéraux », qu'un tel changement au sein du système politique ne peut être justifié, si tant est qu'il le soit, « que par des arguments juridiques et l'histoire constitutionnelle »[4]. De tels arguments ne sont ni « spécieux » ni des « subterfuges », mais ils « sont fondés sur un principe qui était supérieur dans l'esprit des fondateurs de la République »[5] : les actions politiques gouvernementales ne sont légitimes que lorsqu'elles sont compatibles avec les règles en matière d'opinion et de prise de décision telles qu'elles sont définies dans la Constitution. *Mutatis mutandis*, de telles mesures ne peuvent être légitimées juridiquement que si l'on peut présenter des arguments constitutionnels solides. Dans le cas contraire, ces mesures portent atteinte au fédéralisme libéral et renforcent dangereusement le pouvoir déjà croissant au niveau fédéral.

Cependant, afin de révéler la théorie constitutionnelle qui sous-tend sa pensée, nous devons également considérer les éléments de la « politique extraordinaire constitutionnalisée » d'Arendt[6] et sa « conception agonistique du droit » – « une conception qui présente la contestation des règles et des contraintes juridiques comme un moyen de favoriser, et non d'affaiblir, l'autorité et la réactivité de la loi »[7]. Une telle « conception agonistique » se retrouve également dans « La désobéissance civile », où

1. CD, p. 89, trad. fr., p. 221.
2. RoLR, p. 53, trad. fr., p. 268.
3. *Ibid.*
4. RoLR, p. 54, trad. fr., p. 268.
5. *Ibid.*
6. A. Kalyvas, « From the Act to the Decision : Hannah Arendt and the Question of Decisionism », art. cit., p. 15.
7. L. Maxwell, « Toward an Agonistic Understanding of Law », art. cit., p. 104.

Arendt aborde la question de savoir si la résistance aux lois est justifiée lorsque les personnes estiment que ces lois sont injustes[1]. Du point de vue de la juridiction, les « *freedom riders* »[2] enfreignent les règles de circulation tout autant que les militants des droits civiques ont enfreint les lois des États confédérés par leurs actions. Selon Arendt, il est dans la « nature [...] du droit »[3] de ne pas autoriser de telles pratiques. Dans le même temps, cependant, elle affirme que ces pratiques de violation de la loi sont légitimes lorsqu'elles sont conformes à « l'esprit de la Constitution » – même si elles ne sont pas conformes à sa formulation. À première vue, et en revenant à l'expérience de la fondation américaine, il semble désormais que l'« esprit de la Constitution » soit respecté lorsque des « *associations* » voient le jour. En accord avec Tocqueville, on pourrait affirmer que ces « associations » reflètent l'esprit de la Constitution et doivent donc être autorisées[4]. Stefan Ahrens va dans le même sens et part donc du principe qu'Arendt ne pouvait pas établir de barrières à l'encontre des mouvements sociaux indésirables[5].

De mon point de vue, cet argument passe à côté du sujet central des réflexions d'Arendt dans « La désobéissance civile ». Il est clair, notamment à partir de ses réflexions sur le totalitarisme, qu'Arendt considère les mouvements de masse comme une menace potentielle. L'exposé du chapitre IV a montré le scepticisme avec lequel elle appréhendait de tels mouvements. En outre – et c'est un point décisif pour la suite de l'argumentation –, les mouvements politiques, selon Arendt, ne sont plus conformes à « l'esprit de la Constitution » lorsqu'ils s'imposent dans la sphère publique par « le vandalisme, la violence, les emportements et les mauvaises manières », mais aussi lorsqu'il y a une « contagion croissante des influences idéologiques »[6]. Le contenu politique destructeur des idéologies réside dans le fait qu'elles savent et peuvent tout expliquer avant même que quiconque n'ait exprimé une opinion. Accrochées à un ou deux axiomes, elles prétendent non seulement expliquer le monde, mais elles considèrent aussi tout discours comme superflu. En lieu et place de toute forme de fermeture politique, la désobéissance civile devrait enclencher

1. Voir CD, p. 99, trad. fr., p. 133.

2. Les *freedom riders* étaient des militants du mouvement américain des droits civiques qui utilisèrent des bus inter-États pour protester contre la ségrégation dans les transports publics dans le Sud des États-Unis [NdT].

3. CD, p. 99, trad. fr., p. 134.

4. Voir A. de Tocqueville, *Democracy in America* [1835], éd. H. C. Mansfield et D. Winthrop Chicago, IL, University of Chicago Press, 2002, p. 485-500.

5. Voir S. Ahrens, *Die Gründung der Freiheit*, *op. cit.*, p. 270.

6. CD, p. 98, trad. fr., p. 132.

un débat politique public et exposer les dilemmes au grand jour[1]. L'idée de la protestation politique est de remettre en question le *statu quo* et de lancer un débat politique incluant de nombreuses perspectives différentes et des voix dissidentes, pas seulement pour ébranler l'ordre politique, mais pour en instaurer un qui soit libre et égalitaire[2]. En conséquence, Arendt déclare que les mouvements politiques tels que le mouvement des droits civiques sont si « important[s], non seulement par leur nombre, mais par la qualité de leur opinion »[3], qu'ils ne peuvent être ignorés, même s'ils enfreignent la loi et la contestent. Cependant, les mouvements politiques qui s'éloignent en tant que tels des règles du jeu du débat public et qui ne veulent pas s'engager dans une discussion politique portant sur un sujet précis ne sont pas compatibles avec « l'esprit de la Constitution »[4]. Pour Arendt, le « droit à la dissidence » est fondé sur le consentement à des voies politiques démocratiques de résolution des conflits, ce qui est nécessaire pour maintenir un contexte politique dans lequel un débat public controversé peut avoir lieu. C'est ce consensus concernant les règles auxquelles le discours public doit se conformer – et non la simple association en tant que telle – qui est l'expression de « l'esprit des lois américaines [et du] système juridique américain »[5]. Ainsi, dans une perspective arendtienne, la dimension politique de la contestation ne se manifeste pas au moment de l'interruption, et la contestation en démocratie n'est pas non plus condamnée à s'en tenir obstinément à la lettre de la loi pour être encore considérée comme légitime.

Il ne fait aucun doute que les mouvements de contestation ont souvent un côté conflictuel, voire violent, car – et Robin Celikates l'a bien montré dans son travail – la contestation ne parvient que rarement à déployer sa portée symbolique sans confrontation effective[6] : si l'on envisage de dresser un camp sur une place publique (pour souligner la situation précaire des réfugiés et des demandeurs d'asile, ou pour manifester contre le capitalisme mondial), ou si l'on souhaite installer un centre autonome

1. Voir CD, p. 81, trad. fr., p. 111.

2. Voir également ici l'interprétation d'Arendt par Patchen Markell et son insistance sur les pratiques politiques de réactivité, qui m'inspirent et avec lesquelles je suis en accord (P. Markell, « The Rule of the People : Arendt, Archê, and Democracy », *American Political Science Review* 100, 1, 2006, p. 12).

3. CD, p. 76, trad. fr., p. 14.

4. CD, p. 67.

5. CD, p. 99, trad. fr., p. 134.

6. Voir R. Celikates, « Ziviler Ungehorsam zwischen Gewaltfreiheit und Gewalt », *in* F. Martinsen, O. Flügel-Martinsen (Hrsg.), *Gewaltbefragungen. Beiträge zur Politischen Philosophie der Gewalt*, Bielefeld, transcript, 2013, p. 225.

dans un bâtiment, qui doit revêtir une certaine symbolique politique, il faut aussi être prêt à défendre cette place ou ce bâtiment. Sinon, cela reste une expression vide et inefficace de la volonté. Il ne s'agit pas de justifier la violence et le militantisme, mais simplement de répondre aux doutes quant à la bonne volonté et au désir de changement de ceux qui gouvernent.

Cependant, la confrontation peut ne pas être le seul aspect du mouvement. Arendt affirme que la volonté de nouer le dialogue avec l'adversaire politique en vue de parvenir à une entente doit également faire partie du répertoire politique. Sinon, cette opposition est absolue. Or, une opposition aussi absolue se traduit généralement par un climat politique qui sape les pratiques démocratiques réfléchies au sein des mouvements de contestation. La discussion et le débat deviennent alors une succession de platitudes et de stéréotypes idéologiques qui ne servent qu'à renforcer la position de chacun, au lieu de contribuer au développement de la faculté de juger politique. En outre, se forme alors une attitude politique qui *n'est plus en mesure* d'accepter d'éventuelles objections justifiées, des compromis ou des propositions alternatives de la part de la partie adverse. La dispute, le discours et le débat deviennent alors non seulement inutiles, mais aussi impossibles. Au lieu de contribuer à un discours public et à une prise de conscience politique par le biais de la protestation, le conflit menace de s'aggraver. Les mouvements de contestation devraient donc également tenir compte de l'expérience démocratique sur laquelle se fondent leurs pratiques. Cette expérience est alimentée par le fait qu'un ordre politique démocratique se caractérise *aussi* par son caractère habilitant. En d'autres termes, il est caractérisé par le fait qu'il peut interpréter et réaliser des actes de désobéissance civile comme des actes de re-politisation. Ceci a une importance fondamentale dans la mesure où, dans les démocraties, la désobéissance civile n'est pas nécessairement un formidable acte d'héroïsme ou une question de vie ou de mort. Or, la désobéissance civile dans les régimes dictatoriaux et autoritaires, voire totalitaires, est précisément de cette nature. Dans ce cas, la crainte est que tout acte de protestation politique soit étouffé par la violence et la terreur. C'est pourquoi Arendt doit être considérée comme une penseuse de l'ordre politique, qui cherche à étudier conceptuellement l'importance d'un ordre politique durable et libre dans lequel et à travers lequel la lutte politique et la dissension peuvent se produire et être expérimentées.

La déhiérarchisation incomplète

Lorsque Arendt affirme que le droit doit garantir et préserver les règles d'un public politique intact, cela peut à première vue rappeler la théorie du processus pluraliste de John Ely. Selon Ely, les tribunaux doivent intervenir lorsque des minorités politiques, quelle que soit leur couleur politique, sont menacées d'être exclues du processus politique. Ely appelle cette conception des tribunaux une « théorie du contrôle judiciaire visant à renforcer la représentation »[1]. J'ai soutenu plus haut qu'il ne suffit pas de rendre possible la participation politique pour garantir l'accès à l'arène politique dans le sens négatif de l'interdiction de l'exclusion. Arendt a en vue une conception beaucoup plus exigeante de l'habilitation. L'égalité politique en tant que condition de possibilité de la participation politique signifie davantage que la garantie de droits politiques égaux. Arendt plaide en faveur des droits sociaux, de la protection de la sphère privée et de l'interdiction de la discrimination des groupes dans l'espace public.

Dans sa discussion avec Ely, Ronald Dworkin soulève un point similaire et plaide également en faveur d'un concept plus substantiel d'habilitation à la participation politique. Selon Dworkin, les individus ne participent à la sphère politique que si leur indépendance morale et éthique est protégée par la loi[2]. Pour l'heure, ce qui est crucial pour notre discussion, c'est que Dworkin affirme que seule la justice peut garantir cette habilitation, car (i) seule la justice dispose de l'indépendance nécessaire pour décider des questions de valeur morale, et (ii) elle seule sait comment interpréter correctement la Constitution. Pour illustrer la position de Dworkin, on peut citer l'exemple du débat sur l'avortement et la question de savoir qui peut décider si un fœtus est une « personne constitutionnelle » et de quelle manière. Dworkin soutient qu'il existe des groupes de pression qui sont en mesure de mieux faire valoir leurs intérêts et donc d'influencer le processus politique. Cela peut conduire à des décisions qui ne sont pas dans l'intérêt de tous les citoyens. En outre, la question du statut juridique du fœtus n'est pas une question métaphysique ou théologique, elle relève uniquement du droit. Les juges doivent trancher en cas de litige juridique, car ce sont eux qui après tout connaissent le mieux la Constitution[3]. Le

1. J. H. Ely, *Democracy and Distrust. A Theory of Judicial Review*, Cambridge, Harvard University Press, 2002, p. 181.

2. Voir R. Dworkin, « Gleichheit, Demokratie und die Verfassung : Wir, das Volk, und die Richter », *in* U. K. Preuß (ed.), *Zum Begriff der Verfassung. Die Ordnung des Politischen*, Frankfurt, Fischer, 1994, p. 187-191.

3. Voir R. Dworkin, « Taking Rights Seriously in the Abortion Case », *Ratio Juris* 3, 1, 1990, p. 69 *sq.*

juge est l'« Hercule »[1], écrit Dworkin, qui sait trouver la bonne réponse à un litige juridique. Et Dworkin estime que cette circonstance justifie le rôle expansif des tribunaux – y compris lorsqu'il s'agit de garantir les conditions de la participation politique. En bref : il plaide en faveur d'un « contrôle judiciaire fort »[2].

Richard Bellamy ne partage pas ce point de vue, estimant que Dworkin brouille les frontières entre le droit et la législation. Bellamy accuse Dworkin de transformer les juges et les tribunaux en participants privilégiés du processus politique. Le concept de Dworkin est donc un exemple parfait de « constitutionnalisme juridique »[3], qui prive la politique du souffle dont elle a besoin et remplace le processus démocratique par le « gouvernement des juges »[4]. Si on laisse de côté la question de savoir si le modèle alternatif de Bellamy, qui consiste à « démocratiser le pouvoir judiciaire »[5], est plus convaincant ou non, cette brève discussion montre comment l'habilitation juridique de la participation politique peut elle-même devenir un problème. L'objection de Bellamy est que, chez Dworkin, l'habilitation de la participation politique est mise en œuvre *de telle façon* qu'elle nie l'autonomie du politique. Très concrètement, le problème réside donc dans la manière dont la supposée « domination du droit » [*Rechtsherrschaft*] est comprise et mise en œuvre. Comment Arendt se situe-t-elle par rapport à ce problème ?

Pour des auteurs américains comme Dworkin, Michelman, Ackerman et Ely, la période des *Warren Courts*, de 1953 à 1969, est d'une importance capitale. C'est à cette époque que la Cour suprême américaine, sous la direction du président Earl Warren, a initié d'importantes réformes politiques ou a soutenu leurs avancées par le biais de décisions constitutionnelles progressistes – c'est du moins l'interprétation commune qui en est faite. Les travaux d'Arendt en matière de théorie politique s'inscrivent précisément dans cette période, et elle fait même référence dans certains

1. R. Dworkin, « Gleichheit, Demokratie und die Verfassung : Wir, das Volk, und die Richter », *in* U. K. Preuß (ed.), *Zum Begriff der Verfassung*, *op. cit.*, p. 337 *sq*. Pour une critique nuancée de la représentation du juge en Hercule par Dworkin, voir aussi D. L. Cornell, « Institutionalization of Meaning, Recollective Imagination and the Potential for Transformative Legal Interpretation », *University of Pennsylvania Law Review* 136, 4, 1988, p. 1177 *sq*.

2. J. Waldron, « The Core of the Case Against Judicial Review », *Yale Law Journal* 115, 2006, p. 1350 et p. 1353.

3. R. Bellamy, *Political Constitutionalism. A Republican Defence of the Constitutionality of Democracy*, Cambridge, Cambridge University Press, 2007, p. 13.

4. *Ibid.*, p. 79.

5. *Ibid.*, p. 83.

passages aux *Warren Courts* – plus explicitement dans « La désobéissance civile » et « Réflexions sur Little Rock »[1]. Cependant, contrairement à Dworkin et à d'autres, Arendt affirme qu'« on estime désormais que des changements peuvent intervenir grâce à une modification de la loi ». Cette opinion, pour Arendt, semble « se fonder sur une appréciation erronée des possibilités du droit. Celui-ci peut stabiliser et légaliser les changements lorsqu'ils sont intervenus ; mais les changements eux-mêmes résultent toujours d'une action extra-juridique »[2]. « Extra-juridique » signifie que les changements ne sont pas le résultat de décisions judiciaires, mais plutôt de décisions politiques ou d'un transfert de la sphère publique vers la sphère du système politique. La tâche et la fonction de la juridiction sont de servir la justice et « d'agir *intra vires* »[3].

Et pourtant, c'est bien là le cœur du problème : comment un tribunal peut-il rendre la justice tout en respectant *en même temps* l'autonomie de la sphère politique ? Étant donné que, pour Arendt, les conditions requises pour permettre aux personnes de participer au processus politique et démocratique sont importantes et exigeantes, les tribunaux et les juges doivent être dotés, dans une certaine mesure, de compétences respectives. D'une part, la juridiction et le contrôle judiciaire ne doivent donc pas se limiter à « vérifier si la législation et l'action administrative ont effectivement été mises en place de la bonne manière »[4]. D'autre part, le « contrôle judiciaire fort », c'est-à-dire l'autorité des tribunaux « qui peuvent refuser d'appliquer une loi à un cas particulier [...] ou modifier l'effet d'une loi [...] ou même retirer purement et simplement

1. Le cœur de sa critique envers l'arrêt de la Cour suprême sur l'interdiction de la ségrégation raciale dans les écoles publiques est qu'il incombe aux enfants de résoudre un problème social et politique, ce que leurs parents et grands-parents n'ont pas réussi à faire. En outre, la loi porte atteinte au droit des parents – dans les familles noires comme dans les familles blanches – de choisir l'école de leur choix pour leurs enfants. En revanche, l'interdiction des mariages mixtes reste inchangée, ce que Arendt trouve incompréhensible, puisqu'il s'agit d'une aberration de la ségrégation raciale, qui contrevient effectivement aux droits de l'homme. L'essai d'Arendt, *Réflexions sur Little Rock*, a suscité une vague de protestations dès sa publication et reste encore aujourd'hui controversé. Pour un compte rendu détaillé de la controverse, voir S. Benhabib, *The Reluctant Modernism of Hannah Arendt*, *op. cit.*, p. 146-155.

2. CD, p. 80, trad. fr., p. 109.

3. M. Goldoni, C. McCorkindale, « The Role of the Supreme Court in Arendt's Political Constitution », *in* M. Goldoni, C. McCorkindale (eds.), *Hannah Arendt and the Law*, Oxford, Hart Publishing, 2012, p. 122.

4. J. Klabbers, « Possible Islands of Predictability : The Legal Thought of Hannah Arendt », *Leiden Journal of International Law* 20, 1, 2007, p. 21.

une disposition législative des textes de loi »[1], aboutirait à une situation dans laquelle les problèmes politiques cruciaux seraient décidés par une élite administrative et juridique plutôt que par des citoyens actifs. La juridification de la vie publique et politique et la dépolitisation de la démocratie en seraient les conséquences négatives.

Il ne fait aucun doute qu'Arendt nous donne peu de détails sur la manière de résoudre ce puzzle théorico-constitutionnel et sur la façon dont on peut, selon elle, éviter les dangers évoqués. Néanmoins, au regard du postulat de déhiérarchisation, il semble qu'Arendt plaide pour un « système de contrôle judiciaire faible », c'est-à-dire un système dans lequel la déclaration par le tribunal de l'incompatibilité d'une loi pourrait « initier une procédure législative accélérée pour remédier à cette incompatibilité »[2]. Cela correspond en tout cas à sa conception de la Cour suprême comme point de référence commun et évite d'adopter une « constitution des juges »[3]. Les différents camps ou partis politiques impliqués dans un conflit ne devraient pas être simplement rejetés, mis en minorité ou réduits au silence par la décision du tribunal. Il existe de nombreuses perspectives légitimes et justifiables dans un litige juridique, et la question décisive pour la stabilité et la durabilité de l'ordre politique est de savoir comment arbitrer entre elles. D'un point de vue arendtien, on peut donc douter qu'une forme de constitutionnalisme juridique et un système de contrôle judiciaire fort soient en mesure de le faire. Cette approche des litiges juridiques soutient la tradition souverainiste de la « conception impérative du droit », en l'occurrence les ordres de l'élite administrative et juridique, et ignore les exigences d'une vie politique publique active.

Contrairement au contrôle judiciaire fort, la déclaration d'incompatibilité d'une cour suprême cherche à matérialiser un consensus démocratique commun. Ce consensus commun pourrait être le nouveau point de départ permettant de s'engager à nouveau sur la voie du débat politique. C'est du moins l'interprétation que l'on peut faire des réflexions d'Arendt sur la juridiction, que l'on retrouve disséminées tout au long de son œuvre, et de sa distinction stricte entre le pouvoir et l'autorité. Ce qu'Arendt considère comme « caractéristique » de la Cour suprême, c'est « qu'elle est le siège de l'autorité, et non le lieu du pouvoir (le peuple)

1. J. Waldron, « The Core of the Case Against Judicial Review », art. cit., p. 1354.

2. *Ibid.*, p. 1354 *sq.*

3. A. Arato, J. L. Cohen, « Banishing the Sovereign. Internal and External Sovereignty », *in* S. Benhabib (ed.), *Politics in Dark Times : Encounters with Hannah Arendt*, Cambridge, Cambridge University Press, 2010, p. 161.

ni la source du droit (la constitution écrite) »[1]. Le peuple a le pouvoir, mais l'autorité appartient aux tribunaux. Si les deux coïncident, ce sera le despotisme. Les tribunaux utilisent donc leur autorité pour introduire un nouveau niveau de débat entre les parties en conflit et, ce faisant, pour établir un type de relation nouveau entre elles. Et seule pareille conception de la justice et de la juridiction peut préserver le droit en tant que relation. Dans ce cas, la rationalité du droit ne résulte pas simplement de la volonté d'une élite administrative instruite qui s'en tient aux règles du formalisme juridique, mais de la capacité d'une décision juridique à ouvrir un nouvel espace politique dans lequel on peut agir de concert et dans lequel la « syntaxe et la grammaire »[2] d'une sphère publique et politique active peut être préservée. Cela semble plus conforme à la théorie politique d'Arendt, à ses remarques éparses sur la théorie constitutionnelle et au théorème de la déhiérarchisation, tiré de son analyse du déclin de l'État-nation européen.

Néanmoins, mes réflexions restent sommaires et sont de nature plutôt spéculative et exploratoire ; il n'y a pas assez d'informations substantielles dans son œuvre pour apporter une véritable réponse arendtienne à la question de savoir comment traduire ses analyses juridico-philosophiques et sa théorie politique en une conception appropriée et adéquate de la juridiction et du contrôle juridique – une conception qui répondrait aux exigences d'une sphère politique publique active et qui écarterait le danger d'ignorer la pluralité et le caractère relationnel du politique. De telles considérations auraient été nécessaires pour corroborer en des termes propres à la théorie du droit l'idée d'une forme déhiérarchisée du constitutionnalisme. Certes, Arendt n'a jamais eu l'intention de formuler une telle théorie du droit. Néanmoins, c'est ce qu'elle aurait dû faire si elle avait pris plus au sérieux les implications normatives de ses analyses critiques des événements politiques et si elle avait approfondi les divers aspects de ses réflexions sur la relation entre le droit et la politique, la constitution et la démocratie, l'ordre et la liberté, la préservation et l'action. Or, toute future théorie du constitutionnalisme inspirée par les réflexions d'Arendt sur la politique et le politique – et il y a de bonnes raisons pour que cette théorie voie le jour – doit prendre en compte ces questions relatives à la théorie du droit.

1. M. Goldoni, C. McCorkindale, « The Role of the Supreme Court in Arendt's Political Constitution », *in* M. Goldoni, C. McCorkindale (eds.), *Hannah Arendt and the Law*, *op. cit.*, p. 119.

2. Voir OR, p. 165, trad. fr., p. 265.

CONCLUSION

Au cours des dernières décennies, différentes interprétations de l'œuvre d'Arendt se sont affrontées : une interprétation délibérative, une interprétation agonistique ou encore une interprétation décisionniste[1]. De façon paradigmatique, chaque interprétation s'articule autour de différents concepts clés : la discussion et la délibération, l'intervention, la réceptivité, l'extraordinaire et l'auto-institution de la société. Dans ce livre, j'ai défendu une interprétation nouvelle qui diffère des précédentes : Arendt en tant que penseuse de l'ordre politique. Selon moi, ses réflexions soulignent l'importance d'un ordre politique durable, stable et libre dans lequel et grâce auquel la lutte politique, le débat et l'« agir l'un avec l'autre » peuvent avoir lieu, apparaître et faire l'objet d'une expérience. Pour que la liberté politique devienne réalité, il est essentiel de participer à ces débats et controverses publiques. L'histoire et le présent de la pensée politique ont produit différentes conceptions et représentations de la liberté politique. La liberté politique telle que définie par Arendt signifie faire l'expérience « d'avoir le pouvoir d'agir politiquement ». Afin de pouvoir perpétuer une telle expérience de la liberté, un ordre politique institutionnalisé adéquat est nécessaire. L'objet de ce livre était de donner un aperçu de cet ordre de la liberté. L'État souverain moderne ne peut pas réaliser un tel ordre. C'est pourquoi Arendt a réfléchi tout au long de sa vie à une forme alternative d'organisation politique, au sein de laquelle et grâce à laquelle un ordre de la liberté pourrait se réaliser.

J'ai soutenu tout au long de ce livre que dans cet ordre institutionnalisé, les concepts de droit et de politique sont non seulement reconfigurés mais qu'ils se trouvent également dans une relation déhiérarchisée l'un

1. Pour une interprétation décisionniste, voir M. Jay, « The Political Existentialism of Hannah Arendt », *Partisan Review* 45, 3, 1978, ainsi que la critique approfondie qu'en fait B. Honig dans « Between Decision and Deliberation : Political Paradox in Democratic Theory », *American Political Science Review* 101, 1, 2007.

par rapport à l'autre. Ils sont liés de telle manière que l'action politique est considérée comme légitime lorsqu'elle est menée sur le mode de « l'agir l'un avec l'autre », respectant ainsi la « syntaxe et la grammaire » d'Arendt. La tâche du droit est d'assurer et de perpétuer ces règles dans le processus de formation de l'opinion politique et de la prise de décision. Le droit et la politique ne sont pas pour autant identiques. L'*autonomie du droit* réside dans le fait que seuls des moyens techniques juridiques peuvent être utilisés dans la juridiction [*law finding*], et que seule la législation en vigueur est prise comme base de décision. Inversement, l'*autonomie du politique* tient au fait que le mode d'action supposé est exercé d'une manière qui correspond à la nature conflictuelle des débats et des controverses politiques. L'« agir l'un avec l'autre » en tant que mode d'action politique spécifique met en œuvre la « procédure méthodique » de la faculté de juger. Mes remarques ont montré que, pour Arendt, la faculté de juger ne se situe pas uniquement au niveau de l'individu : au contraire, elle doit justement être étendue aux institutions politiques. Ce qui rend possible ce changement de perspective, c'est de mettre en évidence le fait que la mise en œuvre de la méthode de « l'opération de la réflexion » est la condition *sine qua non* de la formation de la faculté de juger. Ce n'est qu'en suivant les étapes de la procédure de la faculté de juger que l'on peut légitimement espérer que la « rationalité de la faculté de juger » sera également prise en compte dans la sphère politique. Cependant, la faculté de juger n'est pas identique à ces étapes ou à ces principes procéduraux. Ils ne peuvent en aucun cas garantir la faculté de juger : ce qu'ils peuvent faire, c'est *rendre possible* le développement de la faculté de juger dans la sphère politique. Sans ces étapes et principes procéduraux, la « politique de la faculté de juger » ne peut être qu'illusoire. La liberté politique ne signifie donc pas agir contre ou en dehors de l'ordre; la liberté politique ne peut se déployer que là où la capacité d'agir est garantie par autrui. Le droit est un outil central pour exprimer la garantie de perpétuer et consolider cette capacité. Arendt tire cette toile de fond politico-normative non seulement de son analyse du système politique américain, mais aussi de son interprétation des institutions politiques qui ont été d'une importance capitale au cours des révolutions – les conseils, les sections, les sociétés populaires et les assemblées municipales – qu'elle qualifie tous d'« organes d'ordre »[1]. Il se pourrait donc bien qu'un commencement soit possible en tout lieu, mais on ne peut parler de *commencement libre* que là où l'action politique s'exerce sur le mode de l'« agir l'un avec l'autre ».

1. OR, p. 275, trad. fr., p. 414.

L'objectif central de mon étude était de montrer qu'Arendt – bien qu'elle critique l'État moderne en tant que forme d'organisation politique – est soucieuse de repenser l'idée d'ordre politique : l'examen des « paradoxes de l'État-nation » montre que la question de l'ordre juridico-politique est une question centrale de la pensée d'Arendt. La théorie d'Arendt sur le déclin de l'ordre des États-nations en Europe signifie l'effondrement de l'État de droit. Selon elle, le problème de l'ordre est donc aussi un problème de droit. Le traitement inadapté des minorités et des apatrides dans l'entre-deux-guerres entraîne la dissolution de l'État de droit et de la structure constitutionnelle des États-nations. Il s'ensuit que les régimes autoritaires prennent la place des États constitutionnels démocratiques et que les normes et les valeurs morales commencent à disparaître parallèlement à la « chute de l'État-nation » en tant que forme de gouvernement. Le déclin de la culture politique et morale en Europe est donc directement lié au déclin de l'ordre politico-juridique de l'État-nation. Il s'agit là d'une première étape décisive dans l'assez long processus de préparation à l'extermination des êtres humains.

À partir de là, deux axes d'argumentation se dégagent, qui se rejoignent à nouveau dans le chapitre IV consacré à la critique de la souveraineté populaire. Le premier axe analyse la nation en tant qu'idée politique d'ordre. Au centre de cette analyse se trouve la critique de la *volonté générale** de Rousseau. Le discours de Rousseau est une analyse de la conception du politique qui voit la solidarité et l'identité de la communauté émaner de l'intégrité morale de l'individu. Cette *intériorisation du politique* se manifeste le plus clairement dans le « patriotisme du cœur », le noyau de la nation. Le second axe porte sur le discours de Weber : il s'agit ici de mettre en évidence l'héritage de Weber dans les considérations d'Arendt sur l'État moderne d'Europe continentale et de discuter de la notion de droit rationnel. La critique d'Arendt des appareils impérialistes de domination montre qu'elle ne veut en aucun cas renoncer à la vérifiabilité et à la fiabilité du droit rationnel d'un État de droit moderne. Dans le même temps, en revanche, ses réflexions sur la configuration politico-institutionnelle de l'État montrent clairement que la rationalité du droit dans la tradition de l'Europe continentale, telle qu'elle est décrite de façon exemplaire par Weber, repose sur des préalables systémiques qui promeuvent une culture politique et une mentalité parmi les citoyens qui sapent précisément ce que le droit rationnel est censé préserver : l'ordre politique[1]. Puisque,

1. Compte tenu du discours d'Arendt sur Weber, nous voyons à quel point Jean Cohen et Andrew Arato ont tort de supposer qu'Arendt plaide en faveur d'une « constitution des juges » (A. Arato, J. L. Cohen, « Banishing the Sovereign. Internal and External Sovereignty », *in* S. Benhabib (ed.), *Politics in Dark Times : Encounters with Hannah Arendt*, *op. cit.*, p. 161)

selon Weber, la rationalité du droit dépend du fait que la découverte et la création du droit [*law finding and law making*] soient complètement isolées de « l'opinion publique »[1], la massification politique, le manque d'expérience et la méfiance sont renforcés, ce qui constitue alors le terrain idéal pour un mouvement de masse antidémocratique. Le problème de l'ordre se manifeste ici sous la forme d'une culture politique dépolitisée. Dans le même temps, il apparaît clairement que l'État moderne, en tant que forme d'organisation politique, n'est pas approprié et incapable de réaliser l'ordre de la liberté. Arendt considère donc que l'ordre politique doit être conçu à l'encontre de l'État moderne comme complexe de pouvoir hiérarchiquement structuré et centralisé.

Le droit et la politique sont intrinsèquement liés l'un à l'autre. Si, dans ce contexte, le droit est censé être en mesure de remplir sa fonction d'ordre, il doit refléter les besoins d'une sphère publique active et démocratique. Le droit légitime est le droit qui favorise l'action politique. À l'inverse, le discours d'Arendt sur Rousseau révèle les dangers qui surviennent lorsque le droit est assimilé à « l'opinion publique ». Un ordre juridique tel que celui décrit par Rousseau crée un droit au contenu indéfini – le droit comme commandement – et ne peut être fondé que sur des clauses générales. En raison de sa soi-disant suprématie morale de la plus haute souveraineté, la volonté générale est *potestas legibus soluta*. Cette prétention à la souveraineté ne peut être traduite en codes juridiques et ancrée dans l'ordre juridique *qu'à l'aide* de clauses générales. Un ordre juridique dont les éléments clés ou les principes fondamentaux sont contenus dans des clauses générales n'est ni fiable, ni digne de confiance, et il n'est pas rationnel. La rationalité du droit ne peut être réalisée sur la base d'une quelconque « politique de la volonté générale ». Le droit ne peut déployer sa fonction d'ordre que dans le cadre d'une conception accommodante du politique, qui respecte l'autonomie du droit. Ainsi, alors

et de la primauté du droit ou même de la souveraineté juridique. Au contraire, Jan Klabbers a raison d'affirmer que pour Arendt, l'idée de « faire en sorte que les juges résolvent les débats politiques ou déterminent les issues politiques dans le cadre du contrôle judiciaire se heurterait à de sérieuses difficultés » (« Possible Islands of Predictability : The Legal Thought of Hannah Arendt », art. cit., p. 22). Pour une comparaison entre Arato et Cohen et Klabbers, voir également M. Goldoni, C. McCorkindale, « The Role of the Supreme Court in Arendt's Political Constitution », *in* M. Goldoni, C. McCorkindale (eds.), *Hannah Arendt and the Law*, *op. cit.*, p. 118.

1. Une critique similaire du processus de gouvernance mondiale a été formulée récemment par Jan Klabbers, en référence à Arendt. Voir J. Klabbers, « Hannah Arendt and the Languages of Global Governance », *in* M. Goldini, C. McCorkindale (eds.), *Hannah Arendt and the Law*, *op. cit.*

que la critique politique de la souveraineté populaire d'Arendt se mue en une critique du concept de droit, sa critique juridico-politique exige un autre concept, différent, du politique.

Au début de ce livre, j'ai indiqué que l'expression « ordre de la liberté » est empruntée aux considérations de Walter Benjamin dans *Critique de la violence* (*Zur Kritik der Gewalt*). Dans cet ouvrage, Benjamin affirme qu'une critique profonde et exhaustive du droit ne peut être développée qu'à partir d'un « ordre supérieur de liberté »[1]. Une des caractéristiques de la métaphysique politique de Benjamin est qu'il considère que cet ordre supérieur repose sur la justice divine. Si nous passons outre le monisme apolitique de la pensée de Benjamin qui, fermement convaincu que la « justice divine »[2] est vraiment juste, occulte la pluralité humaine, ses pensées se réfugient dans un espoir métaphysique, car il conçoit le droit comme une substance. Pour Benjamin, chaque loi humaine est l'expression juridiquement figée de la domination. C'est précisément pour cette raison qu'il revient à l'idée d'une justice divine, qui établirait une sorte de point zéro de la justice, au service duquel toutes les forces juridiques de maintien de l'ordre pourraient entrer. La « manifestation sacralisée »[3] de la pure violence divine, qui n'est soumise qu'au principe de justice, est ainsi censée créer une issue à l'éternel recommencement de la répression et de la violence.

En concevant le pouvoir – au moyen de sa déconstruction du concept de domination –, et donc le consentement et le soutien, comme le cœur du politique, Arendt réussit à penser le droit comme une relation. Pour Arendt, le droit n'est pas la substance de la volonté de domination, mais plutôt la description juridique formelle des relations de consentement. Cela lui permet de différencier les formes de consentement et de soutien, c'est-à-dire les formes de parole et d'action – et donc de pouvoir – selon qu'elles contribuent – ou non – à établir un espace dans lequel l'« agir politique l'un avec l'autre » est possible et où la pluralité humaine peut se manifester et être expérimentée politiquement. Arendt se libère ainsi du fatalisme de Benjamin, qui ne voit derrière chaque loi que la force de la domination.

Même la peine infligée au « criminel normal » ne modifie en rien le caractère relationnel du droit. Car c'est justement parce que le criminel fait

1. W. Benjamin, « Zur Kritik der Gewalt », *in* W. Benjamin (Hrsg.), *Zur Kritik der Gewalt und andere Aufsätze*, *op. cit.*, p. 41, trad. fr. N. Casanova, *Critique de la violence*, Paris, Payot et Rivages, 2018, p. 71.

2. Cf. *ibid.*, p. 57, trad. modifiée, p. 92.

3. *Ibid.*, p. 60, trad. fr., p. 96.

sciemment une exception pour lui-même et qu'il juge son crime comme un crime, qu'il est d'accord avec le consensus sur ce qui est autorisé et ce qui ne l'est pas dans une communauté. Ce n'est que lorsque ce consensus est rompu que « la sanction [devient] un acte de vengeance ou d'autodéfense ou l'intérêt d'une majorité »[1]. Adolf Eichmann personnifie cette violation. Du point de vue d'Eichmann, la sanction est un acte de vengeance, et le droit n'est que violence[2]. L'aspect décisif dans le cas d'Eichmann n'est pas que les règles supposées de la communauté internationale aient été enfreintes – les réflexions d'Arendt sur la période de l'entre-deux-guerres en Europe n'ont que trop souligné à quel point les États européens étaient éloignés d'un consensus commun. Ce qui importe bien plus, selon Arendt, c'est le fait que la politique nationale-socialiste d'extermination a tenté d'établir des règles entièrement nouvelles[3]. Parce qu'Eichmann a contribué à ce projet, Arendt estime qu'il doit le payer de sa vie. C'est ce qui ressort clairement de la sentence idéale qu'elle prononce dans les dernières pages d'Eichmann à Jérusalem :

> Et puisque vous avez soutenu et exécuté une politique qui consistait à refuser de partager la terre avec le peuple juif et les peuples d'un certain nombre d'autres nations – comme si vous et vos supérieurs aviez le droit de décider qui doit et ne doit pas habiter le monde – nous estimons qu'on ne peut attendre de personne, c'est-à-dire d'aucun membre de l'espèce humaine, qu'il veuille partager la terre avec vous. C'est pour cette raison, et pour cette raison seule, que vous devez être pendu[4].

Il ne s'agit pas d'un verdict moral final, mais plutôt d'un plaidoyer politico-juridique en faveur du consensus d'une communauté internationale future. Le but de ce jugement idéal est qu'Arendt voulait faire de la pluralité une norme politique en tant que « fait » de la coexistence humaine. Cette norme devait exprimer le consensus d'une communauté

1. DT, p. 244.

2. *Cf.* EJ, p. 93 *sq.*

3. Dans *Responsabilité personnelle et régime dictatorial*, Arendt affirme que la dimension politico-juridique de la politique nationale-socialiste d'extermination ne peut être comprise que si l'on reconnaît que les crimes des nationaux-socialistes ont été commis dans le cadre d'un ordre légal. La pierre angulaire juridique de l'ordre nazi était, en termes simples, « "Tu tueras", non pas ton ennemi, mais des gens innocents qui n'étaient même pas potentiellement dangereux » (« Personal Responsibility und Dictatorship », *in* H. Arendt, *Responsibility and Judgement*, *op. cit.*, p. 42, trad. fr., *Responsabilité et jugement*, *op. cit.*, p. 84-85). Son argument est que les nazis ont donné leur bénédiction juridique à une politique d'extermination et d'éradication, et qu'ils ont même érigé l'extermination en norme juridique.

4. EJ, p. 279, trad. fr. A. Guérin *et al.*, *Les origines du totalitarisme. Eichmann à Jérusalem*, « Quarto », Paris, Gallimard, 2002, p. 1287.

internationale future et constituer le premier pas pour faire de l'humanité un concept politique. Ce n'est que dans le contexte d'un tel consensus et du développement des institutions politiques qui s'y rattachent que l'on peut parler du « droit d'avoir des droits » comme d'une réalité vécue.

Des auteurs tels que Seyla Benhabib ont souligné à juste titre le fait qu'Arendt ne présente aucun argument moral raisonnable expliquant pourquoi l'individu pourrait avoir le droit de revendiquer le « droit d'avoir des droits ». On peut y voir un manque, mais il faut être conscient du fait que la question de la raison morale des droits de l'homme n'est pas celle d'Arendt. Arendt s'intéresse aux conditions politiques en vertu desquelles tout « droit d'avoir des droits » peut être garanti. Elle ne se soucie pas de la raison d'être, mais plutôt de l'élaboration de ce contexte politique dans lequel chaque personne se voit garantir une place dans le monde. Ainsi, nous ne trouverons pas de modes d'argumentation dans le style de l'universalisme fondateur de la philosophie morale, dans lequel la reconnaissance d'autrui découle de la grammaire de la réciprocité. Ce qu'on peut trouver chez Arendt, comme je me suis efforcé de le montrer, c'est une normativité politique qui décrit la reconnaissance de l'autre comme condition *sine qua non* d'un ordre politique stable, durable et libre. Ayant cela à l'esprit, il devrait être clair à présent que, selon Arendt, la tradition d'Europe continentale de l'idée d'État et de souveraineté populaire n'est pas en mesure de préserver un ordre stable et durable, et ce justement en raison du fait qu'il ne peut ni réaliser ni garantir juridiquement la reconnaissance de l'autre. L'identité et la solidarité au sein d'une communauté organisée selon le principe de la souveraineté ne peuvent être suscitées qu'au moyen du mécanisme de l'inclusion et de l'exclusion. Il en résulte que la reconnaissance de l'autre en tant qu'autre ne peut se refléter dans la vie politique quotidienne. L'autre n'obtient la reconnaissance qu'en tant qu'il est mon image. Avec une telle conception du politique, « une garantie de paix est aussi utopique que la quadrature du cercle »[1] dans un monde mondialisé. En revanche, si l'on suit Arendt, un ordre stable et durable ne peut se fonder que sur la reconnaissance de la pluralité. Et même si l'exclusion de l'autre, voire son extermination, est un fait documenté par le XXe siècle comme aucun siècle auparavant, cette exclusion et cette extermination n'ont jamais conduit à un ordre durable et stable. Un ordre durable et stable ne peut être qu'un ordre libre. Voilà le cœur de la normativité politique d'Arendt. Ce n'est cependant pas une vérité, mais le récit possible d'une conviction commune.

1. TPR, p. 229.

POSTFACE À L'ÉDITION FRANÇAISE

L'ÉDITION DE L'ŒUVRE DE HANNAH ARENDT : LA QUESTION DES ORIGINAUX

On ne cesse de s'intéresser à l'œuvre de Hannah Arendt. À intervalles réguliers paraissent de nouveaux livres et articles, qui cherchent tous à interpréter ses écrits sous un jour nouveau. Tout porte à croire que la pensée politique d'Arendt est toujours en mesure d'inspirer et d'orienter notre propre pensée, surtout en ces temps sombres marqués par le populisme de droite, le nouvel autoritarisme, la politique de la post-vérité et l'exclusion apparemment sans fin d'êtres humains sous la forme d'expulsions, de fuites et d'emprisonnements. Mais quelle est la base textuelle de ces interprétations ? Sur quels textes repose notre exégèse de la pensée arendtienne et à partir de quels textes peut-on prétendre à la plausibilité herméneutique ?

Il semble qu'une hypothèse largement répandue dans les milieux scientifiques et philosophiques, ainsi que dans la communauté internationale de recherche arendtienne, soit de dire que les écrits d'Arendt en anglais, c'est-à-dire les écrits de langue anglaise dont nous disposons, forment notre base textuelle. Si l'on exclut quelques écrits mineurs de langue allemande, pour la plupart rédigés au cours de sa première phase de création, on part généralement du principe que les éditions anglaises sont les textes « originaux ». Et ainsi que ce qui est écrit (ou omis) dans ces « originaux » est la base textuelle et donc l'objet de l'interprétation et de l'exégèse de son œuvre. C'est pourquoi, comparées aux « originaux » anglais, les versions allemandes de son œuvre sont considérées comme de « simples traductions ». La *Vita activa* comme la traduction de *The Human Condition ; Über die Revolution* comme la traduction d'*On Revolution ; Elemente und Ursprünge totaler Herrschaft* comme celle de *Origins of Totalitarianism* et ainsi de suite – avec pour conséquence que l'original anglais doit naturellement avoir le dernier mot sur les éléments textuels.

Mais de toute évidence, cela est trop réducteur. « Dans l'œuvre littéraire d'Arendt », constate à juste titre Marie Luise Knot, « l'idée communément admise de "l'original" n'est plus valable »[1]. À quoi cela est-ce dû ? Une des raisons est que

1. M. L. Knott, « The Human Condition/Vita activa oder Vom tätigen Leben », *in* W. Heuer, B. Heiter, S. Rosenmüller (Hrsg.), *Arendt-Handbuch. Leben-Werk-Wirkung*, Stuttgart, Metzler Verlag, 2011, p. 68.

les prétendus « originaux » d'Arendt, à savoir les versions anglaises des œuvres majeures, sont elles-mêmes toujours des traductions. La publication pionnière du *Journal de pensée* d'Arendt – près de 1200 pages, qui sont majoritairement rédigées en allemand – démontre de façon impressionnante qu'Arendt – bien que basée aux États-Unis – a en fait rédigé la majeure partie de ses considérations conceptuelles, dont sont issues ses publications en anglais, en langue allemande. En outre, l'ensemble de sa pensée et de son activité politico-philosophique a toujours été en lien direct avec le passé et le présent de l'Allemagne et de l'Europe – en histoire, en politique, en philosophie et en littérature. On peut dire, en forçant un peu le trait, qu'Arendt a passé toute sa vie à travailler sur la tradition européenne de la pensée politique et philosophique. Cette tradition était son véritable point de référence. C'est pourquoi elle s'est attachée à tirer parti de ses expériences dans et avec la tradition américaine de la pensée politique pour réorienter une pensée politique forgée en Europe et par l'Europe. Pour ce faire, elle a non seulement voyagé fréquemment en Europe, mais elle s'est aussi efforcée de transmettre sa réorientation de la pensée politico-philosophique par le biais d'articles, de conférences ou d'interviews à la radio en Allemagne et dans d'autres pays européens. Dans ces contributions Arendt élabore, varie et développe les thèmes de ses livres – et nombre de ces contributions ne sont disponibles qu'en allemand ou ont été traduites en anglais[1].

Mais il y a une autre raison, tout à fait décisive, qui fait que distinguer l'« original » anglais de la traduction allemande est une profonde erreur : Arendt était, comme on le sait, très active dans la « traduction » (ou la retraduction ?) de ses œuvres. Par conséquent, et notamment grâce au processus de traduction lui-même (la confrontation avec ce qui était alors un « texte étranger », l'adoption d'une perspective spécifique afin d'écrire pour un nouveau public, etc.), presque toutes les versions allemandes de ses œuvres principales sont à la fois plus complètes et plus riches que les versions anglaises, tout en étant indépendantes d'un point de vue linguistique et stylistique. Marie Luise Knott en conclut que « la version américaine et la version allemande des œuvres principales d'Arendt sont deux originaux différents, bien que très proches l'un de l'autre »[2]. Ce constat s'applique à quasiment tous ses principaux écrits de philosophie politique.

S'agissant des différences entre *On Revolution* et *Über die Revolution*, Wolfgang Heuer a montré que le texte allemand, en raison de l'ajout de sections et de passages supplémentaires, est plus long que la version anglaise de près d'un quart – et ce n'est pas tout. Heuer a également mis en évidence que des thèmes centraux (l'analyse de la pitié chez Rousseau et de l'intériorisation du politique ; le rôle et l'importance de l'opposition ; le thème de la refondation, de

1. Une compilation de toutes les publications en allemand et en anglais des œuvres de Hannah Arendt jusqu'en 1996 se trouve dans H. Arendt, *Ich will verstehen. Selbstauskünfte zu Leben und Werk*, éd. U. Ludz, München, Piper Taschenbuch, 1998, p. 255-332.

2. M. L. Knott, « The Human Condition/Vita activa oder Vom tätigen Leben », *in* W. Heuer, B. Heiter, S. Rosenmüller (Hrsg.), *Arendt-Handbuch*, *op. cit.*, p. 68.

la révolution et des conseils en tant que « nouvelle forme de gouvernement »[1] ; la pensée de Montesquieu et bien d'autres) sont traités de manière plus détaillée et plus approfondie que dans la version anglaise[2].

Il en va de même, dans une bien plus large mesure, pour le livre *Vita activa oder Vom tätigen Leben*, l'équivalent allemand de *The Human Condition*. Rares sont les œuvres majeures qui varient autant dans leurs deux versions que ces deux écrits[3]. Dans son analyse, Marie Luise Knott retrace la manière dont le travail de traduction d'Arendt a dû se dérouler : *The Human Condition* est issue d'une conférence qui a ensuite été adaptée par un éditeur américain et publiée en 1958. D'après les notes du *Journal de pensée*, on peut voir qu'une grande partie de la conception du livre a été réalisée en allemand, puis traduite en anglais par Arendt. Après la parution de la version anglaise, Charlotte Beradt, une de ses amies journalistes, a réalisé une traduction brute en allemand. Arendt a travaillé sur cette traduction brute pendant trois ans avant que le livre ne soit publié en allemand en 1961. Dans la version allemande, elle n'a pas seulement vérifié les citations et corrigé les erreurs. Marie Luise Knott montre que des passages entiers de clarification et d'explication ont été ajoutés, ce qui rend la version allemande nettement plus longue (près de 40 % de plus), mais pas seulement. En fait, la version allemande se présente aussi, à bien des égards, comme une révision de *The Human Condition*[4].

Il existe également des différences importantes entre plusieurs contributions de *Between Past and Future* et la version allemande *Zwischen Vergangenheit und Zukunft*[5]. Par exemple, il y a une différence flagrante entre les essais « What is Freedom ? » et son équivalent présumé en allemand « Freiheit und Politik »[6]. Les versions anglaise et allemande ne divergent pas seulement dans leur formulation. La version allemande du texte comporte cinq parties ; dans la version anglaise, la cinquième partie est totalement absente. Mais ce qui est bien plus crucial, c'est que, dans la version allemande, Arendt fait beaucoup plus d'efforts pour livrer

1. ÜR, p. 327, trad. fr., p. 391.

2. W. Heuer, « On Revolution/Über die Revolution », *in* W. Heuer, B. Heiter, S. Rosenmüller (Hrsg.), *Arendt-Handbuch, op. cit.*, p. 90 *sq.*

3. Voir M. L. Knott, « The Human Condition/Vita activa oder Vom tätigen Leben », in *ibid.*, p. 68.

4. Dans un article paru en 2002, Roy Tsao avait déjà mis en évidence à quel point la représentation des Grecs par Arendt différait entre la version allemande et la version anglaise (« Arendt against Athens. Rereading *The Human Condition* », *Political Theory* 30, 1, 2002, p. 97-123). La version allemande traite plus en détail des apories de l'action, des questions du pardon et de la promesse, du concept de monde, du concept de sphère publique, de la critique de l'agonalité grecque – pour ne citer que quelques thèmes.

5. Voir W. Heuer et S. Rosenmüller, « Between Past and Future/Zwischen Vergangenheit und Zukunft », *in* W. Heuer, B. Heiter, S. Rosenmüller (Hrsg.), *Arendt-Handbuch, op. cit.*, p. 70-84.

6. Concernant la genèse des essais, voir U. Ludz, « Nachwort der Herausgeberin », *in* H. Arendt, *Zwischen Vergangenheit und Zukunft*, éd. U. Ludz, München, Piper, 2000.

une définition positive de la liberté politique. Le contenu normatif du concept de liberté politique qu'elle a élaboré – et ce également à la différence de « What is Freedom ? », où ces passages sont totalement absents – repose sur le fait que l'action se déroule dans un « espace » accordé par d'autres, « dans lequel l'action peut avoir un impact et devenir visible »[1].

Origins of Totalitarianism se distingue également à bien des égards de *Elemente und Ursprünge totaler Herrschaft*, le titre en langue allemande. Là aussi, le texte est plus long que les cinq à dix pour cent habituels qui sont souvent le lot des traductions de l'anglais vers l'allemand. La version allemande compte près de 1000 pages de texte pur et elle est bien plus riche en matière, ce qui se traduit par des notes de bas de page plus longues, de nouvelles notes ajoutées, et des paragraphes supplémentaires. Ce que j'appelle « l'architecture politico-théorique »[2] de son livre sur le totalitarisme n'est en fait développé de façon véritablement compréhensible que dans la version allemande. Mais il y a un autre thème qui a une importance capitale dans notre cas : l'analyse que fait Arendt de l'État moderne et sa discussion avec Max Weber, qui ne peut être reconstruite de manière plausible qu'à partir de *Elemente und Ursprünge totaler Herrschaft*. D'une part, parce que cette discussion commence dans la partie du livre consacrée à l'antisémitisme et que cette partie est plus riche et plus détaillée dans la version allemande que dans la version anglaise. (Arendt ébauche dans cette partie son idée de l'État moderne – et cette ébauche est liée à la question du rapport des Juifs à l'État et à la société)[3]. D'autre part, l'analyse qu'Arendt fait de Weber ne peut être reconstituée de manière plausible qu'à l'aide de la version allemande, car seule la comparaison avec la version allemande permet de constater leur proximité terminologique, sa reprise et son adaptation de la terminologie de Weber.

Que pouvons-nous retenir de tout cela ? Eh bien, que si l'on aborde aujourd'hui l'œuvre d'Arendt avec une intention exégétique, il ne suffit plus de se limiter aux écrits de langue anglaise. Je suis fermement convaincu qu'aujourd'hui, selon les critères de la probité scientifique, on ne peut plus travailler sur Arendt de

1. FuP, p. 216. Dans le chapitre v, j'esquisse en détail cette conception de la liberté. Dans la version allemande, Arendt écrit à ce sujet : « L'être libre lui-même est établi dans l'action, et son pouvoir est garanti par les autres comme une certitude. La liberté ne réside pas dans un "je veux", auquel un "je peux" peut alors correspondre ou qu'il peut contredire selon les cas, sans pour autant remettre en question la liberté humaine ; l'être libre ne commence qu'avec l'action, de sorte que le ne-pas-pouvoir-agir et le ne-pas-être-libre signifient une seule et même chose, même lorsque le libre arbitre (philosophique) reste intact. En d'autres termes, la liberté politique n'est pas une "liberté intérieure", elle ne peut se retrancher dans aucun intérieur ; *elle dépend du fait qu'une nation libre accorde ou non l'espace dans lequel l'action peut avoir un impact et devenir visible* » (*ibid.*, nous soulignons).

2. Voir à ce sujet « L'architecture politico-théorique du livre d'Arendt sur le totalitarisme » du chapitre IV, p. 178.

3. Un bref aperçu de la bibliographie des *Origines du totalitarisme* suffit à montrer que les réflexions d'Arendt s'appuient sur l'*Histoire économique* de Weber, sur *Parlement et gouvernement dans l'Allemagne réorganisée* et sur l'ouvrage de Weber intitulé *La Bourse*.

manière exégétique sans être également à même de mobiliser et de travailler avec les versions allemandes en tant qu'écrits indépendants, en tant qu'« originaux ». C'est donc une grande chance qu'une équipe de rédaction composée de spécialistes d'Arendt se soit attelée à la tâche d'établir une édition critique complète dont nous avons grand besoin, qui compare et commente les versions anglaise et allemande[1].

Mon livre ne peut et n'a pas l'intention de proposer une telle vue d'ensemble. J'ai néanmoins fait de mon mieux pour rendre justice au fait qu'il existe « deux originaux différents, bien que très proches l'un de l'autre », à savoir l'œuvre anglaise et l'œuvre allemande d'Arendt. Outre le fait que ce livre, en se consacrant à la question du droit dans la pensée de Hannah Arendt, s'est aventuré en terre inconnue, il est aussi le premier ouvrage à travailler et à argumenter fondamentalement à la fois avec la version anglaise et la version allemande de l'œuvre de Hannah Arendt. C'est pourquoi, pour chaque citation, j'ai vérifié si le passage en allemand était (plus ou moins) identique à la version anglaise. Si tel est le cas, je cite la version anglaise. Si ce n'est pas le cas, je cite la version qui exprime le plus clairement les idées qui m'intéressent à cet endroit. Ce qui pourrait profiter à la discussion internationale sur l'œuvre de Hannah Arendt en général et en particulier en France, c'est que le contenu des œuvres en allemand soit ainsi intégré dans le débat, que les différences soient mises en évidence et que le débat puisse ainsi être relancé – par exemple en ce qui concerne le droit ou l'héritage de Weber dans la pensée d'Arendt. Nous verrons bien.

La pensée de Hannah Arendt en débat

Comme je l'évoquais en introduction[2], l'œuvre de Hannah Arendt suscite aujourd'hui encore de vifs débats, témoins de la fécondité de son entreprise intellectuelle. J'ai rassemblé ici[3] quelques références complémentaires concernant différentes interprétations de la pensée arendtienne qui ne sont pas développées dans ce livre :

a) Sur la question de sa justification des droits de l'homme, la discussion a été initié par Peg Birmingham dans son livre *Hannah Arendt and Human Rights*. Seyla Benhabib y a répondu par ses réflexions sur l'« autre universalisme » dans son article « Another Universalism : On the Unity and Diversity of Human Rights ». Lors de la conférence sur Arendt qui a eu lieu à Berlin à l'occasion de son centième anniversaire, Étienne Balibar et Stefan Gosepath, tout comme Peg Birmingham, ont abordé cette question de la justification arendtienne des droits de l'homme. Voir :

1. De plus amples informations sur l'édition critique des œuvres complètes d'Arendt sont disponibles sur le site : https://www.arendteditionprojekt.de.

2. Voir « Introduction », p. 11 *sq.*

3. À la différence des éditions allemande, anglaise et portugaise de ce volume, où ces références sont indiquées en note dans l'introduction.

BIRMINGHAM P., *Hannah Arendt and Human Rights*, Bloomington, IN, Indiana University Press, 2006.

BENHABIB S., « Another Universalism : On the Unity and Diversity of Human Rights », *Proceedings and Addresses of the American Philosophical Association* 81, 2, 2007, p. 7-32.

BALIBAR É., « (De)constructing the Human as Human Institution. A Reflection on the Coherence of Hannah Arendt's Practical Philosophy », *in* Heinrich-Boll-Stiftung (ed.), *Hannah Arendt : Verborgene Tradition – Unzeitgemäße Aktualität ?*, Berlin, Akademie Verlag, 2007.

GOSEPATH S., « Hannah Arendts Kritik der Menschenrechte und ihr "Recht, Rechte zu haben" », *in* Heinrich-Boll-Stiftung (ed.), *Hannah Arendt : Verborgene Tradition – Unzeitgemäße Aktualität ?*, Berlin, Akademie Verlag, 2007.

BIRMINGHAM P., « The An-Archic Event of Natality and the "Right to have rights" », *in* Heinrich-Boll-Stiftung (ed.), *Hannah Arendt : Verborgene Tradition – Unzeitgemäße Aktualität ?*, Berlin, Akademie Verlag, 2007.

b) Dans le champ de la recherche arendtienne, il y a un débat philosophique quant à savoir si le jugement et l'action, la pensée et le jugement, et la pensée et l'action sont liées ou non. Sur ce débat philosophique, voir entre autres :

BARLEY D., *Hannah Arendt. Einführung in ihr Werk*, München, Alber, 1990, p. 143 ; R. Beiner, « Hannah Arend über das Urteilen », *in* H. Arendt, *Das Urteilen. Texte zu Kants Politischer Philosophie*, R. Beiner (Hrsg.), München, Piper, 1985, p. 176.

BENHABIB S., *The Reluctant Modernism of Hannah Arendt*, Lanham, Rowman & Littlefield, 2003, p. 185-193.

BERNSTEIN R. J., « Judging – the Actor and the Spectator », *in* R. J. Bernstein (ed.), *Philosophical Profiles : Essays in a Pragmatic Mode*, Philadelphia, PA, University of Pennsylvania Press, 1986, p. 234-237.

BIELEFELDT H., *Wiedergewinnung des Politischen. Eine Einführung in Hannah Arendt*, Würzburg, Königshausen & Neumann, 1993, p. 82.

BRADSHAW L., *Acting and Thinking : The Political Thought of Hannah Arendt*, Toronto, University of Toronto Press, 1989, p. 68-71.

BRUNKHORST H., *Hannah Arendt*, München, CH Beck, 1999.

CANOVAN M., « Socrates or Heidegger ? Hannah Arendt Reflections on Philosophy and Politics », *Social Reseach* 57, n°1, 1990, p. 135.

D'ENTRÈVES M. P., *The Political Thought of Hannah Arendt*, London, Routledge, 1994, p. 103.

GRAY G., « Die Winde des Denkens », *in* A. Reif (ed.) *Hannah Arendt : Materialen zu ihrem Werk*, Wien, Europaverlag, 1979, p. 336.

HABERMAS J., « Hannah Arendts Begriff der Macht », *in* A. Reif (Hrsg.), *Hannah Arendt : Materialen zu ihrem Werk*, Wien, Europaverlag, 1979, p. 302.

HERMENAU F., *Urteilskraft als politisches Vermögen. Zu Hannah Arendts Theorie der Urteilskraft*, Lüneburg, Zuklampen, 1999.

HEUER W., *Citizen. Persönliche Integrität und politisches Handeln. Eine Rekonstruktion des politischen Humanismus Hannah Arendts*, Berlin, Akademie Verlag, 1992, p. 348-370.

JONAS H., « Handeln, Erkennen, Denken : Zu Hannah Arendts philosophischem Werk », *in* A. Reif (Hrsg.), *Hannah Arendt : Materialien zu ihrem Werk*, Wien, Baulino Verlag, 1979, p. 355.

KATEB G., *Hannah Arendt. Politics, Conscience, Evil*, Oxford, Robertson, 1984, p. 189.

MINNICH E. K., « To Judge in Freedom : Hannah Arendt on the Relation of Thinking and Morality », *in* G. T. Kaplan et C. S. Kessler (eds.), *Hannah Arendt – Thinking, Judging, Freedom*, Sydney, Allen & Unwin, 1989, p. 136.

OPSTAELE D. J., *Politik, Geist und Kritik : Eine hermeneutische Rekonstruktion von Hannah Arendts Philosophiebegriff*, Würzburg, Königshausen & Neumann, 1999, p. 97.

SAAVEDRA E. M., *Die deliberative Rationalität des Politischen : Eine Interpretation der Urteilslehre Hannah Arendts*, Würzburg, Königshausen & Neumann, 2002.

VILLA D. R., *Arendt and Heidegger. The Fate of the Political*, Princeton, NJ, Princeton University Press, 1996.

VOLLRATH E., « Hannah Arendts "Kritik der politischen Urteilskraft" », *in* P. Kemper (Hrsg.), *Die Zukunft des Politischen : Ausblicke auf Hannah Arendt*, Frankfurt, Fischer, 1993.

ZERILLI L., « "We Feel our Freedom". Imagination and Judgement in the Thought of Hannah Arendt », *Political Theory* 33, n° 2, p. 179, trad. fr. J. Bingen, « "Nous sentons notre liberté" : Imagination et jugement dans la pensée d'Hannah Arendt », transversal 6, 2004.

c) Le débat sur l'usage que fait Arendt de la banalité du mal a fait rage depuis la publication du livre sur Eichmann.

Les contributions d'Agamben, de Zimmermann et de Bernstein ont ramené la question au premier plan. Voir :

AGAMBEN G., *Remnants of Auschwitz*, New York, Zone York, 1999, p. 70 *sq.*

ZIMMERMANN R., *Philosophie nach Auschwitz*, Reinbek bei Hamburg, Rowohlt, 2005, p. 30 *sq.*

BERNSTEIN R. J., « Sind Hannah Arendt Reflexionen über das Böse noch relevant ? », *Deutsche Zeitschrift für Philosophie* 55, n°4, 2007. Ainsi que mes remarques dans C. Volk, « Hannah Arendt über das Böse und die Zukunft des Politischen », *Internationale Zeitschrift für Philosophie* 16, n°1, 2007.

Pour l'histoire de la réception du livre sur Eichmann, les deux ouvrages collectifs *Hannah Arendt Revisited : Eichmann in Jerusalem und die Folgen* et *Hannah Arendt in Jerusalem* ont une importance particulière :

SMITH G. (Hrsg.), *Hannah Arendt Revisited : Eichmann in Jerusalem und die Folgen*, Frankfurt am Main, Surhkamp, 2000.

ASCHHEIM S. E. (ed.), *Hannah Arendt in Jerusalem*, Berkeley, CA, University of California Press, 2001.

Sur l'histoire de la réception de la théorie de la banalité et un aperçu global de la littérature et des commentaires, voir aussi :

VOLK C., *Urteilen in dunklen Zeiten. Eine Lesart von Hannah Arendts « Banalität des Bösen »*, Berlin, Lukas Verlag, 2005, p. 9-20.
– « "Wo das Wort versagt und das Denken scheitert". Überlegungen zu Hannah Arendts Eichmann-Charakterisierung », *Aschkenas. Zeitschrift für Geschichte und Kultur der Juden* 16, n°1, 2006.
VILLA D. R., *Politics, Philosophy, Terror : Essay on the Thought of Hannah Arendt*, Princeton, NJ, Princeton University Press, 1999.

PRÉCISIONS SUR LE PRÉSENT VOLUME ET SA TRADUCTION FRANÇAISE

Quand ce livre fut publié en allemand en janvier 2010, il fut le premier à analyser le concept de droit dans la pensée de Hannah Arendt, conceptuellement et systématiquement. Avec l'article de Jeremy Waldron, qui souligne la signification de « la structure, la formalité et la procédure »[1], et insiste ainsi sur la valeur des questions juridiques chez Arendt[2], Jan Klabbers et Hans Lindahl faisaient partie des rares à avoir également examiné – quoique seulement sous forme d'articles – la question du droit dans la pensée d'Arendt. Si Klabbers, par exemple, prétend initialement être capable d'identifier une « relation intime et réciproque entre le droit et la politique »[3] dans sa pensée, il ne donne que quelques indications quant à la manière dont les idées d'Arendt sur le procès Eichmann pourraient enrichir notre compréhension du droit international. Il conclut : « Arendt n'a jamais été très claire sur sa vision du droit, en particulier de la législation. Il lui manquait le bagage juridique pour en saisir certaines subtilités »[4]. Cette affirmation est juste eu égard à la mise en œuvre spécifique des problèmes juridiques chez Arendt, mais elle ne s'applique en aucune façon aux questions juridico-politiques. Mais cette dimension juridico-politique ne se révèle qu'en étudiant le discours politico-théorique d'Arendt pour son contenu juridico-philosophique, ou en dirigeant son attention vers les questions de philosophie du droit. Dans ses remarques instructives, Klabbers se cantonne à des références ponctuelles ; il n'envisage pas une reconstruction systématique.

1. J. Waldron, « Arendt's Constitutional Politics », *in* D. R. Villa (ed.) *The Cambridge Companion to Hannah Arendt*, Cambridge, Cambridge University Press, 2005, p. 202.

2. Voir sur ce point le chap. V.

3. J. Klabbers, « Possible Islands of Predictability : The Legal Thought of Hannah Arendt », *Leiden Journal of International Law* 20, n°1, 2007, p. 2.

4. *Ibid.*, p. 11.

Dans les années qui ont suivi, toute une série d'études sur le concept de droit dans l'œuvre de Hannah Arendt sont parues. La thèse de Stefanie Rosenmüller[1] sur la position du droit dans la pensée de Hannah Arendt est certainement l'une des plus importantes, se concentrant sur la question de la rationalité des décisions judiciaires. À noter également l'anthologie *Hannah Arendt et le droit* de Goldoni et McCorkindale[2]. Pour la plupart, cependant, la question du droit dans la pensée de Hannah Arendt n'a été étudiée que sous forme d'articles[3].

Le livre a été publié pour la première fois en allemand sous le titre *Die Ordnung der Freiheit. Recht und Politik im Denken Hannah Arendts* en janvier 2010 chez Nomos Verlag. En 2013, Hart Publishing, qui fait désormais partie de Bloomsbury Publishing, a accepté de publier le livre en traduction anglaise. La version qui en a résulté, profondément remaniée, rallongée et traduite, s'intitule *Arendtian Constitutionalism. Law, Politics and the Order of Freedom*, et a été publiée en 2015. En 2022, le livre est paru en portugais. Pour la traduction française, j'ai choisi le titre de l'édition originale allemande, car c'est celui qui reflète le mieux le contenu du livre. J'ai seulement apporté quelques petites mises à jour dans l'introduction, en soulignant les récents défis politiques qui forment le contexte dans lequel nous nous tournons aujourd'hui vers Hannah Arendt. Je n'ai pas intégré la littérature académique récente publiée depuis la parution de la traduction anglaise en 2015 – ni celle qui traite directement de mon livre. Comme tout livre, celui-ci a un « noyau temporel ». Et seule une discussion conjointe permettra de mettre en lumière les aspects de mes réflexions qui sont encore pertinents et plausibles face aux défis auxquels nous sommes confrontés, et ceux qui ne le sont pas. C'est justement pour cette raison que je me réjouis que ce livre trouve un nouveau public grâce à sa traduction en français. Je suis très honoré et remercie les éditions Vrin d'avoir accepté de publier mon livre.

1. S. Rosenmüller, *Orte des Rechts. Gemeinsinn und richterliches Urteilen nach Hannah Arendt*, Baden-Baden, Nomos, 2013.

2. M. Goldoni, C. McCorkindale (eds.), *Hannah Arendt and the Law*, Oxford, Hart Publishing, 2012 ; voir, entre autres, ma recension de ce livre dans C. Volk, « Hannah Arendt et le droit », *International Journal of Constitutional Law* 11, n° 1, 2013.

3. Voir par exemple S. Rosenmüller, « "Rechte als Zäune ?" Hannah Arendt und das Problem des Urteilen », *in* C. Kupke, B. Heiter (eds.), *Andersheit, Fremdheit Exklusion*, Berlin, Parodos, 2009, et « Recht kraft Urteilens : zum Recht im Denken Hannah Arendts », *in* J. Schulze Wessel, C. Volk, S. Salzborn (Hrsg.), *Ambivalenzen der Ordnung. Der Staat im Denken Hannah Arendts*, Wiesbaden, Springer VS, 2013 ; J. Waldron, « Arendt's Constitutional Politics », *in* D. R. Villa (ed.) *The Cambridge Companion to Hannah Arendt*, *op. cit.* ; H. Lindhal, « Give and Take. Arendt and the Nomos of Political Community », *Philosophy and Social Criticism* 32, n° 7, 2006 ; L. Maxwell, « Toward an Agonistic Understanding of Law. Law and Politics in Hannah Arendt's Eichmann in Jerusalem », *Contemporary Political Theory* 11, n° 1, 2012.

REMERCIEMENTS

Traduire un livre est une tâche qui demande beaucoup de temps et d'efforts. Ma traductrice, Emilie Brusson, a réalisé un excellent travail – un travail que l'on ne peut faire que si l'on dispose non seulement d'un grand sens de la langue et d'un talent philosophique, mais aussi de l'intérêt et des capacités nécessaires pour « entrer » dans la pensée de Hannah Arendt. La précision et la minutie avec lesquelles Emilie Brusson a entrepris cette traduction, la manière dont elle a réfléchi aux concepts, au sens des mots et à la structure de l'argumentation, m'ont beaucoup impressionné. Je lui suis très reconnaissant pour le travail formidable qu'elle a accompli. Je tiens également à remercier tout particulièrement Niklas Plätzer, qui est lui-même un excellent connaisseur de l'œuvre de Hannah Arendt, qui me met sans cesse au défi et m'inspire par ses travaux, ses objections et réflexions avisées, et qui a gracieusement accepté d'assurer la relecture finale de la version française du livre.

Bien plus que je ne peux l'exprimer ici, je dois beaucoup à mes amies et amis, ainsi qu'à ma famille. Je leur dédie ce livre.

BIBLIOGRAPHIE

ŒUVRES DE HANNAH ARENDT

ARENDT H., « The Nation », *The Review of Politics* 8, 1, 1946, p. 138, trad. fr. F. Bouillot, « La Nation », dans *Humanité et terreur*, Paris, Payot, 2017.

Die ungarische Revolution und der totalitäre Imperialismus, München, Piper, 1958, trad. fr. A. Guérin *et al.*, « La révolution hongroise », *Les origines du totalitarisme*, « Quarto », Paris, Gallimard, 2002.

Von der Menschlichkeit in finsteren Zeiten. Rede über Lessing, München, Piper, 1960, trad. fr. trad. E. Adda *et al.*, « De l'humanité dans de "sombres temps" », dans *Vies politiques*, Paris, Gallimard, 1986.

On Revolution, New York, Viking, 1963, trad. fr. M. Berrane *et al.*, *De la révolution*, Paris, Gallimard, 2013.

On Violence, New York, Harvest Books, 1970, trad. fr. G. Durand, « Sur la violence », dans *Du mensonge à la violence, Essais de politique contemporaine*, Paris, Calmann-Lévy, 1972.

« Civil Disobedience », *in* H. Arendt, *Crises of the Republic*, New York, Harvest Books, 1972, trad. fr. G. Durand, « La désobéissance civile », dans *Du mensonge à la violence. Essais de politique contemporaine*, Paris, Calmann-Lévy, 1972.

« Thoughts on Politics and Revolution. A Commentary », *in* H. Arendt, *Crises of the Republic*, New York, Harvest Books, 1972, trad. fr. G. Durand, « Politique et révolution », dans *Du mensonge à la violence. Essais de politique contemporaine*, Paris, Calmann-Lévy, 1972.

« Lying in Politics », *in* H. Arendt, *Crises of the Republic*, New York, Harvest Books, 1972, trad. fr. G. Durand, « Du mensonge en politique », dans *Du mensonge à la violence. Essais de politique contemporaine*, Paris, Calmann-Lévy, 1972.

« Public Rights and Private Interests », *in* M. Mooney, F. Stuber (eds.), *Small Comforts for Hard Times : Humanists on Public Policy*, New York, Columbia University Press, 1977, trad. fr. F. Bouillot, « Droits publics et intérêts privés. Une réponse à Charles Frankel » [1974], dans *Penser librement*, Paris, Payot, 2021.

« Walter Benjamin » [1968], *in* H. Arendt, *Menschen in finsteren Zeiten*, éd. U. Lutz, München, Piper, 1989, trad. fr. É. Adda, « Walter Benjamin », dans *Vies politiques*, Paris, Gallimard, 1986.

Was ist Existenz-Philosophie ? [1948], Frankfurt, Hain, 1990, trad. fr. M. Ziegler, *Qu'est-ce que la philosophie de l'existence ?*, Paris, Rivages, 2002.

« Philosophy and Politics » [1954], *Social Research* 57 (Spring), 1990, p. 73-103, trad. fr. F. Collin, « Philosophie et politique, *Les cahiers du GRIF* 33, 1986, p. 84-94.

The Origins of Totalitarianism [1951], New York, Harvest Books, 1994, trad. fr. A. Guérin *et. al.*, *Les origines du totalitarisme*, « Quarto », Paris, Gallimard, 2002.

« Foreign Affairs in the Foreign-Language Press » [1944], *in* H. Arendt, *Essays in Understanding 1930-1954. Formation, Exile, and Totalitarianism*, éd. J. Kohn, New York, Schocken, 1994, trad. fr. F. Bouillot, « Affaires étrangères dans la presse en langue étrangère », dans *Humanité et terreur*, Paris, Payot, 2017.

« Power Politics Triumphs » [1945], *in* H. Arendt, *Essays in Understanding 1930 –1954. Formation, Exile, and Totalitarianism*, éd. J. Kohn, New York, Schocken, 1994, trad. fr. F. Bouillot, « Le triomphe de la politique de pouvoir », Paris, Payot, 2017.

« Rand School Lecture » [1948/1949], *in* H. Arendt, *Essays in Understanding 1930 –1954. Formation, Exile, and Totalitarianism*, éd. J. Kohn, New York, Schocken, 1994, trad. fr. M.-I. Brudny, « Conférence de la Rand School », dans *La philosophie de l'existence, et autres essais*, Paris, Payot, 2015.

« Concern with Politics in Recent European Philosophical Thought » [1954], *in* H. Arendt, *Essays in Understanding 1930-1954. Formation, Exile, and Totalitarianism*, éd. J. Kohn, New York, Schocken, 1994, trad. fr. M.-I. Brudny, « L'intérêt pour la politique dans la pensée philosophique européenne aujourd'hui », dans *La philosophie de l'existence, et autres essais*, Paris, Payot, 2015.

« Europe and the Atom Bomb » [1954], *in* H. Arendt, *Essays in Understanding 1930-1954. Formation, Exile, and Totalitarianism*, éd. J. Kohn, New York, Schocken, 1994, trad. fr. F. Bouillot, « L'Europe et la bombe atomique », dans *Humanité et terreur*, Paris, Payot, 2017.

The Human Condition [1958], Chicago, IL, Chicago University Press, 1998, trad. fr. G. Fradier, *La condition de l'homme moderne*, Paris, Calmann-Lévy, 2018.

« Diskussionen mit Freunden und Kollegen in Toronto (November 1972) » [1979], *in* H. Arendt, *Ich will verstehen. Selbstauskünfte zu Leben und Werk*, éd. R. Beiner et U. Ludz, München, Piper, 1998, trad. fr. M. Köller et D. Séglard, « Pensée et action, discussion télévisée avec des amis et des collègues à Toronto (du 3 au 6 décembre 1972) », dans H. Arendt, *Édifier un monde. Interventions, 1971-1975*, Paris, Seuil, 2007.

« Fernsehgespräche mit Günter Gaus (Oktober 1964) » [1964], *in* H. Arendt, *Ich will verstehen. Selbstauskünfte zu Leben und Werk*, éd. U. Ludz, München, Piper, 1998, trad. fr. F. Bouillot, « Ce qui reste ? Il reste la langue maternelle » Conversation avec Günter Gaus », dans *Humanité et terreur*, Paris, Payot, 2017.

Macht und Gewalt [1970], München, Piper, 1998.

« Interview mit Hannah Arendt. Von Adelbert Reif » [1970], *in* H. Arendt (ed.), *Macht und Gewalt*, München, Piper, 1998.

Über die Revolution [1963], München, Piper, 2000.

« Was ist Autoriät ? » [1956], *in* H. Arendt, *Zwischen Vergangenheit und Zukunft. Übungen im politischen Denken I*, München, Piper, 2000, trad. fr. P. Lévy, « Qu'est-ce que l'autorité ? », dans *La crise de la culture*, Paris, Gallimard, 1989.

« Die Krise in der Erziehung » [1958]), *in* H. Arendt, *Zwischen Vergangenheit und Zukunft. Übungen im politischen Denken I*, éd. U. Ludz, München, Piper, 2000, trad. fr. P. Lévy, « La crise de l'éducation », dans *La crise de la culture*, Paris, Gallimard, 1989.

« Kultur und Politik » [1958], *in* H. Arendt, *Zwischen Vergangenheit und Zukunft. Übungen im politischen Denken I*, éd. U. Ludz, München, Piper, 2000.

« Wahrheit und Politik » [1964], *in* H. Arendt, *Zwischen Vergangenheit und Zukunft. Übungen im politischen Denken I*, éd. U. Ludz, München, Piper, 2000, trad. fr. P. Lévy, « Vérité et politique », dans *La crise de la culture*, Paris, Gallimard, 1989.

Vita activa oder Vom tätigen Leben [1958], München, Piper, 2002.

Vom Leben des Geistes : Das Denken. Das Wollen, M. McCarthy (Hrsg), München, Hermann Vetter, 2002, trad. fr. L. Lotringer, *La vie de l'esprit. La pensée. Le vouloir*, Paris, Puf, 2013.

Elemente und Ursprünge totaler Herrschaft. Antisemitismus, Imperialismus, totale Herrschaft [1951], München, Piper, 2003.

« Some Questions of Moral Philosophy », *in* H. Arendt, *Responsibility and Judgement*, éd. J. Kohn, New York, Random House, 2003, trad. fr. J.-L. Fidel, « Questions de philosophie morale », dans *Responsabilité et jugement*, Paris, Payot et Rivages, 2009.

« Home to Roost » [1975], *in* H. Arendt, *Responsibility and Judgement*, éd. J. Kohn, New York, Random House, 2003.

« Reflections on Little Rock » [1959], *in* H. Arendt, *Responsibility and Judgement*, éd. J. Kohn, New York, Random House, 2003, trad. fr. J.-L. Fidel, « Réflexions sur Little Rock », dans *Responsabilité et jugement*, Paris, Payot et Rivages, 2009.

« Personal responsibility und dictatorship » [1964], *in* H. Arendt, *Responsibility and Judgement*, éd. J. Kohn, New York, Random House, 2003, trad. fr. J.-L. Fidel, « Responsabilité personnelle et régime dictatorial », *Responsabilité et jugement*, Paris, Payot et Rivages, 2009.

« Nationalstaat und Demokratie » [1963], in *Hannah Arendt.net-Zeitschrift für politisches Denken* 1, 2, 2006.

« What is Freedom ? » [1961], *in* H. Arendt (ed.), *Between Past and Future*, New York, Penguin Classics, 2006, trad. fr. P. Lévy, « Qu'est-ce que la liberté ? », dans *La crise de la culture*, Paris, Gallimard, 1989.

Vita activa oder Vom tätigen Leben [1958], München, Piper, 2002.

Eichmann in Jerusalem. A report on the banality of Evil [1963], New York, Penguin, 2006, trad. fr. A. Guérin *et. al.*, « Eichmann à Jérusalem », *Les origines du totalitarisme*, « Quarto », Paris, Gallimard, 2002.

« The Great Tradition I. Law and Power » [1953], *Social Research* 74, 3, 2007, p. 713.

« The Great Tradition II. Ruling and Being Ruled » [1953], *Social Research* 74, 4, 2007, p. 941.

The Promise of Politics [1950], éd. J. Kohn, New York, Random House, 2007.

Arendt H. et Jaspers K., *Briefwechsel 1926–1969* [1985], éd. L. Köhler et H. Saner, München, Piper, 2001, trad. fr. E. Kaufholz-Messmer, *Correspondance*, 1926-1969, Paris, Payot-Rivages, 1996.

The Jewish Writings, éd. J. Kohn et R. H. Feldmann, New York, Schocken, 2007, trad. fr. S. Courtine-Denamy, *Écrits juifs*, Paris, Fayard, 2011.

Was ist Politik. Fragmente aus dem Nachlaß [1993], éd. U. Ludz, München, Piper, 2003, trad. fr. M. Frantz-Widmaier, S. Taussig, C. Nail, *Qu'est-ce que la politique ?*, Paris, Seuil, 2014.

Denktagebuch, vol. 1 et 2, U. Ludz et I. Nordmann, München, Piper, 2003, trad. fr. S. Courtine-Denamy, *Journal de pensée*, t. 1 et 2, Paris, Seuil, 2005.

LITTERATURE SECONDAIRE ET AUTRES ÉCRITS

ABENSOUR M., « Die rebellierende Demokratie », *Blätter für deutsche und internationale Politik* 57, 5, 2012, p. 90.

ACKERMAN B., « Constitutional Politics/Constitutional Law », *Yale Law Journal* 99, 3, 1989, p. 453.

– *We the People. Transformations*, vol. 2, Boston (Mass.), Harvard University Press, 1998, trad. fr. J.-F. Spitz, *Au nom du peuple : Les fondements de la démocratie américaine*, Paris, Calmann-Lévy, 1998.

ADORNO T. W., « Die Aktualität der Philosophie » [1931], *in* R. Tiedemann (Hrsg.), *Philosophische Frühschriften, Gesammelte Schriften*, vol. 1, Frankfurt, Suhrkamp, 1997, trad. fr. J.-O. Bégot *et al.*, *L'actualité de la philosophie et autres écrits*, Paris, Rue d'Ulm, 2008.

– « Minima Moralia. Reflexionen aus dem beschädigten Leben » [1951], *in* T. W. Adorno, *Gesammelte Schriften*, vol. 4, éd. R. TIEDEMANN, Frankfurt, Suhrkamp, 1997, trad. fr. E. Kaufholz et J.-R. Ladmiral, *Minima Moralia. Réflexions sur la vie mutilée*, Paris, Payot, 1980.

– « Negative Dialektik » [1966], *in* T. W. Adorno, *Gesammelte Schriften*, vol. 6, éd. R. Tiedemann, Frankfurt, Suhrkamp, 1997, trad. fr. Collège de philosophie, *Dialectique négative*, Paris, Payot, 1978.

– « Der Essay als Form » [1958], *in* T. W. Adorno, *Noten zur Literatur, Gesammelte Schriften*, vol. 11, éd. R. Tiedemann, Frankfurt, Suhrkamp, 1997, trad. fr. S. Muller, *Notes sur la littérature*, Paris, Flammarion, 2004.

AGAMBEN G., *Remnants of Auschwitz*, New York, Zone York, 1999, trad. fr. P. Alféri, *Ce qui reste d'Auschwitz*, Paris, Payot et Rivages, 2003.

– *Homo sacer. Sovereign Power and Bare Life*, Stanford, CA, Stanford University Press, 2002, trad. fr. M. Raiola, *Homo Sacer* I, *Le pouvoir souverain et la vie nue*, Paris, Seuil, 1997.

– *State of Exception*, Chicago, IL, The University of Chicago Press, 2005, trad. fr. J. Gayraud, *Homo Sacer* II, *État d'exception*, Paris, Éditions du Seuil, 2003.

AHRENS S., *Die Gründung der Freiheit. Hannah Arendts politisches Denken über die Legitimität demokratischer Ordnungen*, Frankfurt, Peter Lang Publishing, 2005.

ALLEN A., « Power, Subjectivity, and Agency : Between Arendt and Foucault », *International Journal of Philosophical Studies* 10, 2, 2010, p. 143.

ALTE SYNAGOGE (Hrsg.), *Hannah Arendt. Lebensgeschichte einer deutschen Jüdin*, Essen, Klartext Verlagsgesellschaft, 1997.

ANDERSON B., *Die Erfindung der Nation. Zur Karriere eines erfolgreichen Konzepts*, Frankfurt, Campus, 1996.

ANTER A., *Max Webers Theorie des modernen Staates. Herkunft, Struktur und Bedeutung*, Berlin, Duncker & Humblodt, 1995.

– « Modernität und Ambivalenz in Georg Jellineks Staatsdenken », *in* A. Anter (Hrsg.), *Die normative Kraft des Faktischen. Das Staatsverständnis Georg Jellineks*, Baden-Baden, Nomos, 2004.

– *Die Macht der Ordnung. Aspekte einer Grundkategorie des Politischen*, Tübingen, Mohr Siebeck, 2007.

– *Theorien der Macht. Zur Einführung*, Hamburg, Junius, 2012.

ARATO A. et COHEN J. F., « Banishing the Sovereign. Internal and External Sovereignty », *in* S. Benhabib (ed.), *Politics in Dark Times : Encounters with Hannah Arendt*, Cambridge, Cambridge University Press, 2010.

BAEHR P., « The Grammar of Prudence. Arendt, Jaspers, and the Appraisal of Max Weber », *in* S. E. Aschheim (ed.), *Hannah Arendt in Jerusalem*, Los Angeles, CA, University of California Press, 2001.

– « Personal Dilemma or Intellectual Influence ? The Relationship between Hannah Arendt and Max Weber », *Max Weber Studies* 5, 1, 2005, p. 125.

BALIBAR É., « Is a Philosophy of Human Civic Rights Possible ? New Reflections on Equaliberty », *The South Atlantic Quarterly* 103, 2-3, 2004, p. 311.

– « (De)constructing the Human as Human Institution. A Reflection on the Coherence of Hannah Arendt's Practical Philosophy », *in* Heinrich-Böll-Stiftung (Hrsg.), *Hannah Arendt : Verborgene Tradition – Unzeitgemäße Aktualität ?*, Berlin, Akademie Verlag, 2007.

BALUCH F., « Arendt's Machiavellian Moment », *European Journal of Political Theory* 13, 2, 2014, p. 154.

BARLEY D., *Hannah Arendt. Einführung in ihr Werk*, München, Alber, 1990.

BEINER R. « Action, Natality, and Citizenship : Hannah Arendt's Concept of Freedom », *in* Z. Pelczynski et J. Gray (eds.), *Conceptions of Liberty in Political Philosophy*, New York, Continuum International, 1984.

– « Hannah Arendt über das Urteilen », *in* H. Arendt, *Das Urteilen. Texte zu Kants Politischer Philosophie*, éd. R. Beiner, München, Piper, 1985.

BELL D. et BANSAL P., « The Republican Revival and Racial Politics », *Yale Law Journal : Symposium on the Republican Revival* 97, 8, 1988, p. 1609.

BELLAMY R., « Sovereignty, Post-Sovereignty and Pre-Sovereignty : Three Models of State, Democracy and Rights within the EU », *in* N. Walker (ed)., *Sovereignty in Transition*, Oxford, Hart Publishing, 2006.

– *Political Constitutionalism. A Republican Defence of the Constitutionality of Democracy*, Cambridge, Cambridge University Press, 2007.

BEMAL A., « A Revolution in Law's Republic : Arendt and Michelman in Dialogue », *HannahArendtNet* 5, 1, 2009, p. 1-19.

BENHABIB S., *Kritik, Norm und Utopie. Die normativen Grundlagen der Kritischen Theorie*, Frankfurt, Fischer, 1992.

– « Models of Public Space », *in* S. Benhabib (ed.), *Situating the Self : Gender, Community and Postmodernism in Contemporary Ethics*, Cambridge, Polity Press, 1992.

– « Modelle des "öffentlichen Raums". Hannah Arendt, die liberale Tradition und Jürgen Habermas », *in* S. Benhabib (ed.), *Selbst im Kontext*, Frankfurt, Suhrkamp, 1995.

– « Über das Urteilen und die moralische Grundlagen der Politik im Denken Hannah Arendts », *in* S. Benhabib (ed.), *Selbst im Kontext*, Frankfurt, Suhrkamp, 1995.

– *The Reluctant Modernism of Hannah Arendt*, Lanham, Rowman & Littlefield, 2003.

– *The Rights of Others*, Cambridge, Cambridge University Press, 2004.

– *Hannah Arendt. Die melancholische Denkerin der Moderne*, Frankfurt, Suhrkamp, 2006.

– « Another Universalism : On the Unity and Diversity of Human Rights », *Proceedings and Addresses of the American Philosophical Association* 81, 2, 2007, p. 7.

BENJAMIN W., « Geschichtsphilosophische Thesen » [1940], *in* W. Benjamin et S. Unseld (Hrsg.), *Illuminationen. Ausgewählte Schriften*, Frankfurt, Suhrkamp, 1961, trad. fr. O. Mannoni, *Sur le concept d'histoire*, Paris, Payot et Rivages, 2017.

– « Zur Kritik der Gewalt » [1920-1921], *in* W. Benjamin (Hrsg.), *Zur Kritik der Gewalt und andere Aufsätze. Mit einem Nachwort versehen von Herbert Marcuse*, Frankfurt, Suhrkamp, 1965, trad. fr. N. Casanova, *Critique de la Violence*, Payot et Rivages, Paris, 2012.

– « Das Kunstwerk im Zeitalter seiner technischen Reproduzierbarkeit » [1936], *in* W. Benjamin, *Abhandlungen, Gesammelte Schriften*, vol. 1, éd. R. Tiedemann et H. Schweppenhäuser, Frankfurt, Suhrkamp, 1980, trad. fr. F. Joly, *L'œuvre d'art à l'époque de sa reproductibilité technique*, Paris, Payot et Rivages, 2013.

– « Reflections : Essays, Aphorisms, Autobiographical Writings » [1978], éd. P. Demetz, New York, Schocken, 1986.

– *Das Passagen-Werk. Aufzeichnungen und Materialen, Gesammelte Schriften* [1928-1929, 1934-1940], vol. 1, éd. R. Tiedemann et H. Schweppenhäuser, Frankfurt, Suhrkamp, 1991, trad. fr. J. Lacoste, *Paris, capitale du* XIX*e siècle. Livre des passages*, Paris, Cerf, 1989.

BERLIN I., *Freiheit : Vier Versuche*, Frankfurt, Fischer, 2006.

BERNSTEIN R. J., « Judging – the Actor and the Spectator », *in* R. J. Bernstein (ed.), *Philosophical Profiles : Essays in a Pragmatic Mode*, Philadelphia, PA, University of Pennsylvania Press, 1986.

– « Rethinking the Social and the Political », *in* R. J. Bernstein (ed.), *Philosophical Profiles : Essays in a Pragmatic Mode*, Philadelphia, PA, University of Pensylvania Press, 1986.

– « Hannah Arendt on the Stateless », *Parallax* 11, 1, 2005, p. 46-60.

– « Sind Hannah Arendts Reflexionen über das Böse noch relevant ? », *Deutsche Zeitschrift für Philosophie* 55, 4, 2007, p. 573.

BIELEFELDT H., *Wiedergewinnung des Politischen. Eine Einführung in Hannah Arendt*, Würzburg, Königshaussen & Neumann, 1993.

BILSKY L., « Between Justice and Politics : The Competition of Storytellers in the Eichmann Trial », *in* S. E. Aschheim (ed.), *Hannah Arendt in Jerusalem*, Los Angeles, CA, University of California Press, 2001.

– *Transformative Justice. Israeli Identity on Trial*, Ann Arbor, MI, The University of Michigan Press, 2004.

BIRMINGHAM P., *Hannah Arendt and Human Rights. The Predicament of Common Responsibility*, Bloomington, IN, Indiana of University Press, 2006.

– « The An-Archic Event of Natality and the "Right to have Rights" », *in* Heinrich-Böll-Stiftung (Hrsg.), *Hannah Arendt : Verborgene Tradition – Unzeitgemäße Aktualität ?*, Berlin, Akademie Verlag, 2007.

BLUHM H., *Die Ordnung der Ordnung. Das politische Philosophieren von Leo Strauss*, Berlin, Akademie Verlag, 2002.

– « Niccolò Machiavelli », *in* W. Heuer, B. Heiter, S. Rosenmüller (Hrsg.), *Arendt-Handbuch. Leben – Werk –Wirkung*, Stuttgart, Metzler Verlag, 2011, p. 198-199.

BOBBIO N., « Max Weber und Hans Kelsen », *in* M. Rehbinder et K. P. Tieck (Hrsg.), *Max Weber als Rechtssoziologie*, Berlin, Duncker & Humblot, 1987.

BOWEN-MOORE P., *Hannah Arendt's Philosophy of Natality*, New York, St Martin's Press, 1989.

BRADSHAW L., *Acting and Thinking : The Political Thought of Hannah Arendt*, Toronto, University of Toronto Press, 1989.

BREEN K., « Violence and Power : A Critique of Hannah Arendt on the "Political" », *Philosophy and Social Criticism* 33, 3, 2007, p. 343.

– « Law beyond Command ? An Evaluation of Arendt's Understanding of Law », *in* M. Goldoni et C. McCorkindale (eds.) *Hannah Arendt and the Law*, Oxford, Hart Publishing 2012, p. 15-34.

BREIER K. H., *Hannah Arendt zur Einführung*, Hamburg, Junius, 2001.

BREUER S., « Max Webers Staatssoziologie », *Kölner Zeitschrift für Soziologie und Sozialpsychologie* 45, 2, 1993, p. 199.

– *Der Staat. Entstehung, Typen, Organisationsstadien*, Reinbek, Rowohlt, 1998.

BREUER S., TREIBER H. et WALTHER M., « Entstehungsbedingungen des modernen Anstaltsstaates. Überlegungen im Anschluss an Max Weber », *in* S. Breuer et H. Treiber (Hrsg.), *Entstehung und Strukturwandel des Staates*, Opladen, Westdeutscher Verlag, 1982.

BRUBAKER R., *Staats-Bürger*, Hamburg, Hamburger Edition, 1994.

BRUMLIK M., « Zwischen Polis und Weltgesellschaft. Hannah Arendt in unserer Gegenwart », *in* Heinrich-Böll-Stiftung (Hsrg.), *Hannah Arendt : Verborgene Tradition – Unzeitgemäße Aktualität ?*, Berlin, Akademie Verlag, 2007.

BRUNKHORST H., « Brot und Spiele ? Hannah Arendts zweideutiger Begriff von der Öffentlichkeit », *in* U. Kubes-Hofmann (Hrsg.), *Sagen, was ist. Zur Aktualität Hannah Arendts*, Wien, Verlag für Gesellschaftskritik, 1994.

– « Sind Menschenrechte Aporien ? Kritische Bemerkungen zu einer These Hannah Arendts », *Kritische Justiz* 29, 3, 1996, p. 335-343.

– *Hannah Arendt*, München, CH Beck, 1999.

– « Equality and Elitism in Arendt », *in* D. R. Villa (ed.), *The Cambridge Companion to Hannah Arendt*, Cambridge, Cambridge University Press, 2005.

BUCHSTEIN H. et JÖRKE D., « Das Unbehagen an der Demokratietheorie », *Leviathan* 31, 4, 2003, p. 470.

CALHOUN C., « Plurality, Promises, and Public Spaces », *in* C. Calhoun et J. McGowan (eds.), *Hannah Arendt and the Meaning of Politics*, Minneapolis, MN, University of Minnesota Press, 1997.

CANOVAN M., « The Contradictions of Hannah Arendt's Political Thought », *Political Theory* 6, 1, 1978, p. 5.

– « Socrates or Heidegger ? Hannah Arendt Reflections on Philosophy and Politics », *Social Research* 57, 1, 1990, p. 135.

– *Hannah Arendt : A Reinterpretation of Her Political Thought*, Cambridge, Cambridge University Press, 1992.

– « Lasting institutions. Arendtian Thoughts on Nations and Republics », *Graduate Faculty Philosophy Journal* 21, 2, 1998, p. 133.

CASTORIADIS C., *L'Institution imaginaire de la société*, Paris, Seuil, 1975, trad. all. H. Brühmann, *Gesellschaft als imaginäre Institution. Entwurf einer politischen Philosophie*, Frankfurt, Suhrkamp, 1990.

CELIKATES R., « Ziviler Ungehorsam zwischen Gewaltfreiheit und Gewalt », *in* F. Martinsen et O. Flügel-Martinsen (Hrsg.), *Gewaltbefragungen. Beiträge zur Politischen Philosophie der Gewalt*, Bielefeld, transcript, 2013.

COHEN J. F., « Rights, Citizenship, and the Modern Form of the Social : Dilemmas of Arendtian Republicanism », *Constellations* 3, 2, 1996, p. 164.

– « Sovereignty and Rights : Thinking with and beyond Hannah Arendt », *in* Heinrich-Böll-Stiftung (Hrsg.), *Hannah Arendt : Verborgene Tradition – Unzeitgemäße Aktualität ?*, Berlin, Akademie Verlag, 2007.

COING H., *Grundzüge der Rechtsphilosophie*, Frankfurt, De Gruyter, 1969.

CORNELL D. L., « Institutionalization of Meaning, Recollective Imagination and the Potential for Transformative Legal Interpretation », *University of Pennsylvania Law Review* 136, 4, 1988, p. 1135.

CURTIS K., *Our Sense of the Real. Aesthetic Experience and Arendtian Politics*, Ithaca (NY)-New York, Cornell University Press, 1999.

D'ENTRÈVES M. P., *The Political Thought of Hannah Arendt*, London, Routledge, 1994.

DEITELHOFF N., « Was vom Tage übrig blieb. Inseln der Überzeugung im vermachteten Alltagsgeschäft internationalen Regierens », *in* P. Niesen and B. Herborth (Hrsg.) *Anarchie der kommunikativen Freiheit. Jürgen Habermas und die Theorie der internationalen Politik*, Frankfurt, Suhrkamp, 2007, p. 26.

DELOS J.-T., *La Nation*, 2. vol., Montreal, Édition de l'Arbre, 1944.

DERRIDA J., *Force de loi. Le « Fondement mystique de l'autorité »*, Paris, Galilée, 1994, trad. all. *Gesetzeskraft. Der « mystische Grund der Autorität »*, Frankfurt, Suhrkamp, 1991.

DEWEY J., « The Public and its Problems » [1927], *in* J. A. Boydston (ed.), *John Dewey. The Later Works 1925-1935*, vol 2 : *1925-1927*, Carbondale, IL, Southern Illinois University Press, 1985, trad. fr. J. Zask, *Le public et ses problèmes*, Paris, Gallimard, 2010.

DINER D. (Hrsg.), *Zivilisationsbruch : Denken nach Auschwitz*, Frankfurt, Fischer, 1988.

DISCH L., *Hannah Arendt and the Limits of Philosophy*, Ithaca (NY)-New York-London, Cornell University Press, 1994.

– « How Could Hannah Arendt Glorify the American Revolution and Revile the French ? Placing *On Revolution* in the Historiography of the French and American Revolutions », *European Journal of Political Theory* 10, 3, 2011, p. 350.

DOLAN F. M., « The Paradoxical Liberty of Bio-power. Hannah Arendt and Michel Foucault on Modern Politics », *Philosophy and Social Criticism* 31, 3, 2005, p. 369.

DWORKIN R., « Taking Rights Seriously in the Abortion Case », *Ratio Juris* 3, 1, 1990, p. 68-80.

– « Gleichheit, Demokratie und die Verfassung : Wir, das Volk, und die Richter », *in* U. K. Preuß (Hrsg.), *Zum Begriff der Verfassung. Die Ordnung des Politischen*, Frankfurt, Fischer, 1994.

– *Law's Empire*, Oxford, Harvard University Press, 1998, trad. fr. E. Soubrenie, *L'Empire du droit*, Paris, Puf, 1994.

– *Taking Rights Seriously*, Cambridge (Mass.), Harvard University Press, 2005, trad. fr. M. J. Rossignol *et al.*, *Prendre les droits au sérieux*, Paris, Puf, 1995.

– *Justice in Robes*, Cambridge (Mass.), Harvard University Press, 2006.

ELIAS N., *Über den Prozess der Zivilisation. Soziogenetische und psychogenetische Untersuchungen* [1939], 2 vol., Frankfurt, Suhrkamp, 1997, trad. fr. P. Kamnitzer, *La civilisation des mœurs*, Paris, Pocket, 2003.

ELY J. H., *Democracy and Distrust. A Theory of Juridical Review*, Cambridge (Mass.), Harvard University Press, 2002.

EUBEN P. J., « Arendt's Hellenism », *in* D. R. Villa (ed.), *The Cambridge Companion to Hannah Arendt*, Cambridge, Cambridge University Press, 2005.

FEBBRAJO A., « Kapitalismus, moderner Staat und national-formales Recht », *in* M. Rehbinder et K. P. Tieck (Hrsg.), *Max Weber als Rechtssoziologie*, Berlin, Duncker & Humblot, 1987.

FEHRENBACH E., « Nation », *in* E. Fehrenbach, H. W. Hahn et J. Müller (Hrsg.), *Politischer Umbruch und gesellschaftliche Bewegung. Ausgewählte Aufsätze zur Geschichte Frankreichs und Deutschlands im 19. Jahrhundert*, München, Oldenbourg, 1997.

FÖRSTER J., « Leben im Ausnahmezustand – Über den Widerspruch zwischen Freiheit und Sicherheit », *in* M. Biegi *et al* (Hrsg.), *Demokratie, Recht und Legitimität im 21. Jahrhundert*, Wiesbaden, VS Verlag für Sozialwissenschaften, 2008.

– *Die Sorge um die Welt und die Freiheit des Handelns. Zur institutionellen Verfassung der Freiheit im politischen Denken Hannah Arendts*, Würzburg, Königshausen & Neumann, 2009.

FOUCAULT M., *Surveiller et punir. Naissance de la prison*, Paris, Gallimard, 1975, trad. all. W. Seitter, *Überwachen und Strafen. Die Geburt des Gefängnisses*, Frankfurt, Suhrkamp, 1994.

– *Sécurité, Territoire, Population*, Paris, Gallimard, 2004, trad. all. C. Brede-Konersmann et J. Schröder, *Geschichte der Gouvernementalität I. Sicherheit, Territorium, Bevölkerung, Vorlesung am Collège de France, 1977-1978*, éd. M. Sennelart, Frankfurt, Suhrkamp, 2004.

– « Qu'est-ce que les Lumières ? », dans *Dits et Écrits*, t. 4, Paris, Gallimard, 1994, trad. angl. R. Hurley *et al.*, « What is Enlightenment ? », *in* M. Foucault, *Ethics : Subjectivity and Truth*, éd. P. Rabinow, New York, The New Press, 2006.

FRANK J. A., *Constituent Moments : Enacting the People in Postrevolutionary America*, Durham, NC, Duke University Press, 2010.

FRANKENBERG G., « Feindes Wiederkehr ? Zur Verfassung des unbequemen Verhältnisses von Recht und Politik », *in* G. Frankenberg (Hrsg.), *Autorität und Integration. Zur Grammatik von Recht und Verfassung*, Frankfurt, Suhrkamp, 2003.

FRASER N., « Hannah Arendt in the 21st Century », *Contemporary Political Theory* 3, 3, 2004, p. 253.

FREUD S., « Jenseits des Lustprinzips » [1920], *in* S. Freud, *Gesammelte Werke*, vol. 13, éd. A. Freud, Frankfurt, Fischer, 1999, trad. fr. J. Althounian *et al.*, *Au-delà du principe de plaisir*, Paris, Puf, 2010.

– « Das Unbehagen in der Kultur » [1930], *in* S. Freud, *Gesammelte Werke*, vol. 14, éd. A. Freud, Frankfurt, Fischer, 1999, trad. fr. D. Astor, *Le malaise dans la culture*, Paris, GF-Flammarion, 2010, .

– « Der Mann Moses und die monotheistische Religion » [1939], *in* S. Freud, *Gesammelte Werke*, vol. 14, éd. A. Freud, Frankfurt, Fischer, 1999, trad. fr. C. Heim, *L'homme Moïse et la religion monothéiste*, Paris, Gallimard, 1993.

FREUND J., « Die Rationalisierung des Rechts nach Max Weber », *in* M. Rehbinder et K. P. Tieck (Hrsg.), *Max Weber als Rechtssoziologie*, Berlin, Duncker & Humblot, 1987.

GADAMER H. G., *Wahrheit und Methode. Grundzüge einer philosophischen Hermeneutik*, Tübingen, Mohr Siebeck, 1975, trad. fr. É. Sacre *et al.*, *Vérité et méthode*, Paris, Seuil, 1996.

GELLNER E., *Nationalismus und Moderne*, Berlin, Rotbuch Verlag, 1995.

GERSTENBERG O., *Bürgerrechte und deliberative Demokratie. Elemente einer pluralistischen Verfassungstheorie*, Frankfurt, Suhrkamp, 1997.

GÖHLER G., « "Power to" and "Power over" », *in* R. Stewart et M. Haugaard (eds.), *The SAGE Handbook of Power*, London, SAGE, 2009, p. 32.

GOLDONI M. et MCCORKINDALE C., « The Role of the Supreme Court in Arendt's Political Constitution », *in* M. Goldoni et. C. McCorkindale (eds.), *Hannah Arendt and the Law*, Oxford, Hart Publishing, 2012, p. 117-132.

GOSEPATH S., « Hannah Arendts Kritik der Menschenrechte und ihr "Recht, Rechte zu haben" », *in* Heinrich-Böll-Stiftung (Hrsg.), *Hannah Arendt : Verborgene Tradition – Unzeitgemäße Aktualität ?*, Berlin, Akademie Verlag, 2007.

GRAHAM H. D., *The Civil Rights Era. Origins and Development of a National Policy 1960 –1972*, Oxford, Oxford University Press, 1990.

GRAY G., « Die Winde des Denkens », *in* A. Reif (Hrsg.), *Hannah Arendt : Materialien zu ihrem Werk*, Wien, Baulino Verlag, 1979.

GREVEN M. T., « Verschwindet das Politische in der politischen Gesellschaft ? Über Strategien der Kontingenzverleugnung », *in* T. Bedorf *et al.* (Hrsg.), *Das Politische und die Politik*, Frankfurt, Suhrkamp, 2010.

GUGGENBERG B., « Das Ende der Arbeitsgesellschaft und die Erosion des Politischen : Eine Erkundung mit Hannah Arendt », *in* P. Kemper (Hrsg.), *Die Zukunft des Politischen : Ausblicke auf Hannah Arendt*, Frankfurt, Fischer, 1993.

GÜNTHER K., « Diskurstheorie des Rechts oder Naturrecht in diskurstheoretischem Gewande ? », *Kritische Justiz* 27, 4, 1994, p. 470.

HABERMAS J., « Hannah Arendt's Communication Concept of Power », *Social Research* 44, 1, 1977, p. 3.

– « Die Geschichte von den zwei Revolutionen », *in* J. Habermas (Hrsg.), *Philosophisch-politische Profile*, Frankfurt, Suhrkamp, 1981.

– *Strukturwandel der Öffentlichkeit. Untersuchungen zu einer Kategorie der bürgerlichen Gesellschaft*, Frankfurt, Suhrkamp, 1990, trad. fr. M. B. de Launay, *L'espace public*, Paris, Payot, 1988.

– *Faktizität und Geltung*, Frankfurt, Suhrkamp, 1994, trad. fr. R. Rochlitz et C. Bouchindhomme, *Droit et démocratie. Entre faits et normes*, Paris, Gallimard, 1997.

– « The European Nation-State : On the Past and Future of Sovereignty and Citizenship », *in* J. Habermas (ed.), *The Inclusion of Other : Studies in Political Theory*, Boston (Mass.), MIT Press, 1998.

– « Eine genealogische Betrachtung zum kognitiven Gehalt der Moral », *in* J. Habermas (Hrsg.), *Die Einbeziehung des Anderen. Studien zur politischen Theorie*, Frankfurt, Suhrkamp, 1999.

– « Versöhnung durch öffentlichen Vernunftgebrauch », *in* J. Habermas (Hrsg.), *Die Einbeziehung des Anderen. Studien zur politischen Theorie*, Frankfurt, Suhrkamp, 1999.

HAMMER D., « Hannah Arendt and Roman Political Thought : The Practice of Theory », *Political Theory* 30, 1, 2002, p. 124.

HANSEN P., « Hannah Arendt and Bearing with Strangers », *Contemporary Political Theory* 13, 3, 2004, p. 3.

HAYES C., *The Historical Evolution of Modern Nationalism*, New York, The MacMillan Company, 1949.

HEGEL G. W. F., *Grundlinien der Philosophie des Rechts oder Naturrecht und Staatswissenschaft im Grundriss* [1820], works vol. 7, Frankfurt, Suhrkamp, 1986, trad. fr. A. Kahn, *Principes de la philosophie du droit*, [1821], Paris, Gallimard, 1940.

HEIDEGGER M., *Sein und Zeit* [1927], Tübingen, Mohr Siebeck, 2001, trad. fr. F. Vezin, *Être et Temps*, Paris, Gallimard, 1986.

HELLER H., « Die Souveränität. Ein Beitrag zur Theorie des Staats- und Völkerrechts » [1927], *in* H. Heller (Hrsg.), *Gesammelte Schriften. Recht, Staat, Macht*, 2 vol., Leiden, Sijthoff, 1971.

HENNIS W., *Das Problem der Souveränität. Ein Beitrag zur neueren Literaturgeschichte und gegenwärtigen Problematik der politischen Wissenschaften*, Tübingen, Mohr Siebeck, 2003.

HERB K., *Rousseaus Theorie legitimer Herrschaft. Voraussetzungen und Begründungen*, Würzburg, Königshausen & Neumann, 1989.

HERMENAU F., *Urteilskraft als politisches Vermögen. Zu Hannah Arendts Theorie der Urteilskraft*, Lüneburg, Zuklampen, 1999.

HEUER W., *Citizen. Persönliche Integrität und politisches Handeln. Eine Rekonstruktion des politischen Humanismus Hannah Arendts*, Berlin, Akademie Verlag, 1992.

– « Europa und seine Flüchtlinge. Hannah Arendt über die notwendige Politisierung von Minderheiten », *in* Heinrich-Böll-Stiftung (Hrsg.), *Hannah Arendt : Verborgene Tradition – Unzeitgemäße Aktualität ?*, Berlin, Akademie Verlag, 2007.

– « On Revolution/Über die Revolution », *in* W. Heuer, B. Heiter, S. Rosenmüller (Hrsg.), *Arendt-Handbuch. Leben – Werk – Wirkung*, Stuttgart, Metzler Verlag, 2011, p. 84-91.

— et ROSENMÜLLER S., « Between Past and Future/Zwischen Vergangeheit und Zukunft », *in* W. Heuer, B. Heiter, S. Rosenmüller (Hrsg.), *Arendt-Handbuch. Leben –Werk –Wirkung*, Stuttgart, Metzler Verlag, 2011, p. 70-84.

HIRSCHMAN A. O., *Shifting Involvements. Private Interests and Public Action*, Princeton, Princeton University Press, 1982.

HOBBES T., *Leviathan oder Stoff, Form und Gewalt eines kirchlichen und bürgerlichen Staates* [1651], Frankfurt, Suhrkamp, 1984, trad. fr. R. Anthony, *Léviathan ou La matière, la forme et la puissance d'un état ecclésiastique et civil*, Paris, Marcel Giard, 1921.

HOBSBAWM E. J., « Hannah Arendt on Revolution », *in* E. J. Hobsbawm (ed.), *Revolutionaries*, London, Quartet Books, 1977.

– *Nationen und Nationalismus*, Frankfurt, Campus, 1991.

HÖFFE O., « Politische Ethik im Gespräch mit Hannah Arendt », *in* P. Kemper (Hrsg.), *Die Zukunft des Politischen : Ausblicke auf Hannah Arendt*, Frankfurt, Fischer, 1993.

HONIG B., « Arendt, Identity, and Difference », *Political Theory* 16, 1, 1988, p. 77.

– « Declarations of Independence : Arendt and Derrida on the Problem of Founding a Republic », *American Political Science Review* 85, 1, 1991, p. 97.

– « Between Decision and Deliberation : Political Paradox in Democratic Theory », *American Political Science Review* 101, 1, 2007, p. 1.

HOWARD D., *Die Grundlegung der amerikanischen Demokratie*, Frankfurt, Suhrkamp, 2001.

HUME D., « Über den ursprünglichen Vertrag » [1748], *in* D. Hume, *Politische und ökonomische Essays*, vol. 1, éd. U. Bermbach, Hamburg, Meiner, 1988, trad. fr. M. Malherbe, « Du contrat primitif », *Essais et traités sur plusieurs sujets* II, Paris, Vrin, 2009.

IGNATIEFF M., *Human Rights as Politics and Idolatry*, Princeton, NJ, Princeton University Press, 2001.

ISAAC C. J., *Arendt, Camus and Modern Rebellion*, New Haven, CT, Yale University Press, 1992.

JACOBY R., « Wege des Ruhms. Hannah Arendt war keine bedeutende Philosophin, aber eine große Essayistin », *Merkur* 695, 3, 2007, p. 263.

JAEGGI R., *Welt und Person : Zum anthropologischen Hintergrund der Gesellschaftskritik Hannah Arendts*, Berlin, Lukas, 1997.

– « Was ist eine (gute) Institution », *in* R. Forst *et al* (Hrsg.), *Sozialphilosophie und Kritik*, Frankfurt, Suhrkamp, 2009, trad. fr. B. Thériault, « Qu'est-ce qu'une (bonne) institution ? », *Trivium* 32, 2021.

JAY M., « The Political Existentialism of Hannah Arendt », *Partisan Review* 45, 3, 1978, p. 2.

JONAS F., « Hannah Arendts Theorie der Revolution », *in* A. Reif (Hrsg.), *Hannah Arendt : Materialien zu ihrem Werk*, Wien, Europaverlag, 1979.

JONAS H., « Handeln, Erkennen, Denken : Zu Hannah Arendts philosophischen Werk », *in* A. Reif (Hrsg.), *Hannah Arendt : Materialien zu ihrem Werk*, Wien, Europaverlag, 1979.

KALYVAS A., « From the Act to the Decision : Hannah Arendt and the Question of Decisionism », *Political Theory* 32, 3, 2004, p. 320.

– *Democracy and the Politics of the Extraordinary : Max Weber, Carl Schmitt, and Hannah Arendt*, Cambridge, Cambridge University Press, 2008.

KANT I., *Die Metaphysik der Sitten* [1797], vol. VIII, Frankfurt, Suhrkamp, 1977, trad. fr. A. Renaut, *Métaphysique des mœurs*, t. 1 et 2, Paris, GF-Flammarion, 2018.

– *Kritik der reinen Vernunft* [1781], Hamburg, Meiner, 1998, trad. fr. A. Renaut, *Critique de la raison pure*, Paris, GF-Flammarion, 2018.

– *Zum ewigen Frieden* [1795], Stuttgart, Reclam, 1999, trad. fr. M. Marcuzzi, *Vers la paix perpétuelle. Un projet philosophique*, Paris, Vrin, 2007.

– « Grundlegung zur Metaphysik der Sitten » [1785], *in* I. Kant, *Grundlegung zur Metaphysik der Sitten*, éd. B Kraft et D. Schönecker, Hamburg, Meiner, 1999, trad. fr. V. Delbos, *Fondements de la métaphysique des mœurs*, Paris, Vrin, 1992.

– « Kritik der Urteilskraft » [1790], *in* I. Kant, *Kritik der Urteilskraft*, éd. H. F. Klemme, Hamburg, Meiner, 2001, trad. fr. A. Philonenko, *Critique de la faculté de juger*, Paris, Vrin, 1993.

KATEB G., *Hannah Arendt. Politics, Conscience, Evil*, Oxford, Robertson, 1984.

KEENAN A., « Promises, Promises : The Abyss of Freedom and the Loss of the Political in the Work of Hannah Arendt », *Political Theory* 22, 2, 1994, p. 297.

– *Democracy in Question : Democratic Openness in a Time of Political Closure*, Stanford, CA, Stanford University Press, 2003.

KELSEN H., *Reine Rechtslehre. Einleitung in die rechtswissenschaftliche Problematik* [1934], Aalen, Scientia-Verlag, 1994, trad. fr. C. Eisenmann, *La théorie pure du droit*, Paris, LGDJ, 1999.

– *Pure Theory of Law* [1934], trad. angl. M. Knight, Berkeley, CA, University of California Press, 2002.

KERSTING W., *Die politische Philosophie des Gesellschaftsvertrags*, Darmstadt, Primus-Verlag, 1996.

KLABBERS J., « Possible Islands of Predictability : The Legal Thought of Hannah Arendt », *Leiden Journal of International Law* 20, 1, 2007, p. 1.

– « Hannah Arendt and the Languages of Global Governance », *in* M. Goldini et C. McCorkindale (eds.), *Hannah Arendt and the Law*, Oxford, Hart Publishing, 2012.

KNOTT M. L., « The Human Condition/Vita activa oder Vom tätigen Leben », *in* W. Heuer, B. Heiter et S. Rosenmüller (Hrsg.), *Arendt-Handbuch. Leben – Werk – Wirkung*, Stuttgart, Metzler Verlag, 2011, p. 61.

KÖNIG H., *Politik und Gedächtnis*, Weilerswist, Velbrück Wissenschaft, 2008.

KRISTEVA J., *Étrangers à nous-mêmes*, Paris, Fayard, 1988, trad. angl. L. S. Roudiez, *Strangers to Ourselves*, New York, Columbia University Press, 1991.

– *Nations without Nationalism*, trad. angl. L. S. Roudiez, New York, Columbia University Press, 1993.

– *Le Génie féminin. Hannah Arendt*, Paris, Fayard, 1999, trad. angl. R. Guberman, *Hannah Arendt*, New York, Columbia University Press, 2001.

KUPKA T., « Demokratie ohne Naturrecht. Eine rechtsphilosophische Entwicklungsskizze in vier Schritten und einem Ausblick », *in* H. Brunkhorst (Hrsg.), *Demokratischer Experimentalismus. Politik in der komplexen Gesellschaft*, Frankfurt, Suhrkamp, 1998.

LACLAU E., « Deconstruction, Pragmatism, Hegemony », *in* C. Mouffe (ed.), *Deconstruction and Pragmatism*, London, Routledge, 1996, trad. fr. J. Abriel, N. Doutey et Y. Krepplak, « Déconstruction, pragmatisme, hégémonie », dans C. Mouffe (éd.), *Déconstruction et pragmatisme*, Besançon, Les solitaires intempestifs, 2010.

— et C. Mouffe, *Hégémonie et stratégie socialiste. Vers une radicalisation de la démocratie*, Paris, Fayard, 2019, trad. angl. *Hegemony and the Socialist Strategy. Towards A Radical Democratic Politics*, London-New York, Verso, 2001.

LEFORT C., *The Political Forms of Modern Society*, Cambridge (Mass.), MIT Press, 1986.

– *Essais sur le politique. XIXe-XXe siècles*, Paris, Seuil, 1986.

– *Democracy and Political Theory*, trad. angl. D. Macey, Minneapolis, MN, University of Minnesota Press, 1988.

– « La question de la démocratie », dans *Essais sur le politique. XIXe-XXe siècles*, Paris, Seuil, 1986, trad. all. K. Menke, « Die Frage der Demokratie », *in* U. Rödel (Hrsg.), *Autonome Gesellschaft und libertäre Demokratie*, Frankfurt, Suhrkamp, 1990.

LINDAHL H., « Give and take. Arendt and the Nomos of Political Community », *Philosophy and Social Criticism* 32, 7, 2006, p. 881.

LINDNER B., « Derrida. Benjamin. Holocaust : Zur politischen Problematik der Kritik der Gewalt », *Zeitschrift für Kritische Theorie* 5, 5, 1997, p. 65.

LUBAN D., « On Habermas, on Arendt, on Power » *Philosophy and Social Criticism* 6, 1, 1979, p. 80.

LUDZ U., « Nachwort der Herausgeberin », *in* H. Arendt, *Zwischen Vergangenheit und Zukunft*, éd. U. Ludz, München, Piper, 2000, p. 371.

MACHIAVELLI N., *Der Fürst* [1532], Frankfurt, Insel-Verlag, 2001.

– *Le Prince*, trad. fr. J.-L. Fournel et J.-Cl. Zancarini, Paris, Puf, 2014.

MAHRDT H., « Phronesis bei Aristoteles und Hannah Arendt. Von der Sorge um das Leben und das Selbst zur Sorge um die Welt », *Deutsche Zeitschrift für Philosophie* 55, 4, 2007, p. 587.

MANTHE U., *Geschichte des Römischen Rechts*, München, CH Beck, 2003.

MARKELL P., « Contesting Consensus : Rereading Habermas on the public sphere », *Constellations* 3, 3, 1997, p. 377.

– « Making Affects Safe for Democracy ? », *Political Theory* 28, 1, 2000, p. 38.

– *Bound by Recognition*, Princeton, NJ, Princeton University Press, 2003.

– « The Rule of the People : Arendt, Archê, and Democracy », *American Political Science Review* 100, 1, 2006, p. 1.

– « The Insufficiency of Non-Domination », *Political Theory* 36, 1, 2008, p. 9.

MARRUS M., *The Unwanted. European Refugees in the Twentieth Century*, Oxford, Oxford University Press, 1985.

MARX K., « Verhandlungen des 6. Rheinischen Landtags. Debatten über das Holzdiebstahlsgesetz » [1842], *in* Institut für Marxismus-Leninismus des ZK der SED (Hrsg.), *MEW*, vol. 1, Berlin, Dietz, 1961, trad. fr. J. Molitor, *La loi sur les vols de bois*, Paris, Éditions des Équateurs, 2013.

– « Zur Judenfrage » [1844], *in* Institut für Marxismus-Leninismus des ZK der SED (Hrsg.), *MEW*, vol. 1, Berlin, Dietz, 1961, trad. fr. J.-F. Poirier, *Sur la question juive*, Paris, La Fabrique, 2006.

MASSING O., « Souveränität – ein unverzichtbarer Anachronismus », *in* R. Voigt (Hrsg.), *Abschied vom Staat – Rückkehr zum Staat ?*, Baden-Baden, Nomos, 1993.

MAUS I., *Zur Aufklärung der Demokratietheorie. Rechts- und demokratietheoretische Überlegungen im Anschluß an Kant*, Frankfurt, Suhrkamp, 1994.

MAXWELL L., « Toward an Agonistic Understanding of Law. Law and Politics in Hannah Arendt's Eichmann in Jerusalem », *Contemporary Political Theory* 11, 1, 2012, p. 88.

MCGOWAN J., « Arendt's Utopian Vision », *in* C. Calhoun et J. McGowan (eds.), *Hannah Arendt and the Meaning of Politics*, Minneapolis, MN, University of Minnesota Press, 1997.

MCMAHON K. J., *Reconsidering Roosevelt on Race. How the Presidency Paved the Road to Brown*, Chicago, IL, University of Chicago Press, 2004.

MEINECKE F., *Die Idee der Staatsräson in der neueren Geschichte* [1924], München, Oldenbourg, 1929, trad. fr. M. Chevallier, *L'idée de la raison d'État dans l'histoire des Temps modernes*, Genève, Librairie Droz, 1973.

MEINTS W., « Globalisierung und Menschenrechte. Zur Aktualität der Krisendiagnose von Hannah Arendt », *Mittelweg* 36, 5, 2003, p. 53.

MEINTS-STENDER W., « Hannah Arendt und das Problem der Exklusion – eine Aktualisierung », in Heinrich-Böll-Stiftung (Hrsg.), *Hannah Arendt : Verborgene Tradition – Unzeitgemäße Aktualität ?*, Berlin, Akademie Verlag, 2007.

– *Partei ergreifen im Interesse der Welt. Eine Studie zur politischen Urteilskraft im Denken Hannah Arendts*, Bielefeld, transcript, 2011.

– « Reflektierende Urteilskraft als Ethos der Macht – eine Annäherung an einen emanzipatorischen Begriff von Macht », *in* K.-H. Brier et A. Gantschow (Hrsg.), *Politische Existenz und republikanische Ordnung*, Baden-Baden, Nomos, 2012.

MEUTER G., *Der Katechon. Zu Carl Schmitts fundamentalistischer Kritik der Zeit*, Berlin, Duncker & Humblot, 1994.

MICHELMAN F. I., « Law's Republic », *Yale Law Journal* 97, 8, 1988, p. 1493.

– « Kollektiv, Gemeinschaft und das liberale Denken in Verfassungen », *in* G. Frankenberg (Hrsg.), *Auf der Suche nach der gerechten Gesellschaft*, Frankfurt, Fischer, 1994.

– « Parsing "a Right to have Rights" », *Constellations* 3, 2, 1996, p. 200.

MILL J. S., *On the Liberty and Subjection of Women* [1879], New York, Penguin, 2006, trad. fr. M.-F. Cachin, *L'Asservissement des femmes*, Paris, Payot et Rivages, 2016.

MINNICH E. K., « To judge in freedom : Hannah Arendt on the relation of thinking and morality », *in* G. T. Kaplan et C. S. Kessler (eds.), *Hannah Arendt – Thinking, Judging, Freedom*, Sydney, Allen & Unwin, 1989.

MÖLLERS C., *Staat als Argument*, München, CH Beck, 2000.

MONTESQUIEU C. L. de, *De l'Esprit des Lois*, *Œuvres complètes*, « Bibliothèque de la Pléiade », Paris, Gallimard, 1951, trad. all. E. Forsthoff, *Vom Geist der Gesetze* [1748], vol. 1 et 2, Tübingen, Mohr, 1992, trad. angl. A. M. Cohler *et al.*, *The Spirit of the Laws* [1748], Cambridge, Cambridge University Press, 2002.

MORUZZI N. C., *Speaking through the Mask : Hannah Arendt and the Politics of Social Identity*, Ithaca (NY)-New York, Cornell University Press, 2000.

MOUFFE C., *Dimensions of Radical Democracy. Pluralism, Citizenship, Community*, London, Verso, 1992.

– « Dekonstruktion, Pragmatismus und die Politik der Demokratie », *in* C. Mouffe (Hrsg.), *Dekonstruktion und Pragmatismus : Demokratie, Wahrheit und Vernunft*, Wien, Passagen-Verlag, 1999, trad. fr. J. Abriel, N. Doutey et Y. Krepplak, « Déconstruction, pragmatisme, la politique de la démocratie », dans *Déconstruction et pragmatisme*, Besançon, Les solitaires intempestifs, 2010..

– *The Democratic Paradox*, London, Verso, 2000.

– *On the Political*, London, Routledge, 2005, trad. fr. P. Colonna d'Istria, *L'illusion du consensus*, Paris, Albin Michel, 2016, trad. all. N. Neumeier, *Über das Politische. Wider die kosmopolitische Illusion*, Frankfurt, Suhrkamp, 2007.

MUMFORD L., *The City in History*, London, Harcourt Brace Jovanovitch, 1966.

NEUMANN F., « Der Funktionswandel des Gesetzes im Recht der bürgerlichen Gesellschaft », *in* F. Neumann (Hrsg.), *Demokratischer Staat und autoritärer Staat. Beiträge zur Soziologie der Politik*, Frankfurt, Europäische Verlagsanstalt, 1970.

NIETZSCHE F., « Menschliches, Allzumenschliches » [1878], *in* F. Nietzsche, *Werke*, vol. 1, éd. K. Schlechta, Frankfurt, Ullstein, 1972, trad. fr. P. Wotling, *Humain, trop humain* I, Paris, GF-Flammarion, 2019.

– « Morgenröte. Gedanken über die moralischen Vorurteile » [1881], *in* F. Nietzsche, *Werke*, vol. 2, éd. K. Schlechta, Frankfurt, Ullstein, 1972, trad. fr. É. Blondel *et al.*, *Aurore*, Paris, GF-Flammarion, 2012.

– « Die Fröhliche Wissenschaft » [1882], *in* F. Nietzsche, *Werke*, vol. 2, éd. K. Schlechta, Frankfurt, Ullstein, 1972, trad. fr. P. Wotling, *Le gai savoir*, Paris, GF-Flammarion, 2020.

– « Jenseits von Gut und Böse » [1886], *in* F. Nietzsche, *Werke*, vol. 3, éd. K. Schlechta, Frankfurt, Ullstein, 1972, trad. fr. P. Wotling, *Par-delà bien et mal*, Paris, GF-Flammarion, 2022.

NISBET R., « Hannah Arendt und die amerikanische Revolution », *in* A. Reif (ed.), *Hannah Arendt : Materialien zu ihrem Werk*, Wien, Europaverlag, 1979.

NOIRIEL G., *La tyrannie du National. Le droit d'asile en Europe, (1793-1993)*, Paris, Calmann-Lévy, 1991, trad. all. *Die Tyrannei des Nationalen*, Lüneburg, zu Klampen, 1994.

NUSSBAUM M. C., « Toleranz, Mitleid und Gnade », *in* R. Forst (Hrsg.), *Toleranz. Philosophische Grundlagen und gesellschaftliche Praxis einer umstrittenen Tugend*, Frankfurt, Campus-Verlag, 2000.

O'SULLIVAN N. K., « Politics, totalitarianism and freedom : The political thought of Hannah Arendt », *Political Studies* 21, 2, 1973, p. 183-198.

– « Hellenic Nostalgia and Industrial Society », *in* A. de Crespigny et K. Minogue (eds.), *Contemporary Political Philosophers*, New York, Dodd, Mead, 1975.

OPSTAELE D. J., *Politik, Geist und Kritik : Eine hermeneutische Rekonstruktion von Hannah Arendts Philosophiebegriff*, Würzburg, Königshausen & Neumann, 1999.

OTTEN H. R., « Befehl und Gebot ? Über Carl Schmitt, das Gesetz und die Gewalt », *in* U. Erzgräber et A. Hirsch (Hrsg.), *Sprache und Gewalt*, Berlin, Berlin Verlag, 2001.

OWENS P., « Humanity, Sovereignty and the Camps », *International Politics* 45, 4, 2008, p. 522.

PALONEN K., « Was hätte Max Weber zu Hannah Arendt gesagt? Reflexionen zu Hannah Arendts Kritik der repräsentativen Demokratie », *in* H. Buchstein et R. Schmalz-Bruns (Hrsg.), *Politik der Integration. Symbole, Repräsentation, Institution*, Baden-Baden, Nomos, 2006.

PAREKH B., *Hannah Arendt and the Search for a New Political Philosophy*, Atlantic Highlands, NJ, Humanities Press, 1981.

PAREKH S., « A Meaningful Place in the World : Hannah Arendt on the Nature of Human Rights », *Journal of Human Rights* 3, 1, 2004, p. 41.

PARVIKKO T., « A Note on Max Weber's Impact on Hannah Arendt's Thought », *Max Weber Studies* 4, 2, 2004, p. 235.

PEARSON R., *National Minorities in Eastern Europe 1848-1945*, London, Macmillan, 1983.

PETTIT P., *Republicanism. A Theory of Freedom and Government*, Oxford, Oxford University Press, 1999, trad. fr. J.-F. Spitz, *Républicanisme. Une théorie de la liberté et du gouvernement*, Paris, Gallimard, 2004.

– « Democracy : Electoral and Contestatory », *in* I. Shapiro et S. Macedo (eds.), *Designing Democratic Institutions*, New York, New York University Press, 2000.

PITKIN H. F., *The Concept of Representation*, Berkeley, CA, University of California Press, 1972.

– *The Attack of the Blob. Hannah Arendt's Concept of the Social*, Chicago, IL, University of Chicago Press, 1998.

PREUSS U. K. *Revolution, Fortschritt und Verfassung. Zu einem neuen Verfassungsverständnis*, Berlin, Wagenbach, 1990.

– « Zu einem neuen Verfassungsverständnis. Wie kann der Geist der Revolution institutionalisiert werden ? », *in* G. Frankenberg (Hrsg.), *Auf der Suche nach der gerechten Gesellschaft*, Frankfurt, Fischer, 1994.

– « Constitutional Powermaking for the New Polity : Some Deliberations on the Relations between Constituent Power and the Constitution », *in* R. Bellamy (ed.), *Constitutionalism and Democracy*, Aldershot, Ashgate, 2006.

– « Souveränität – Zwischenbemerkung zu einem Schlüsselbegriff des Politischen », *in* T. Stein *et al.* (Hrsg.), *Souveränität, Recht, Moral. Die Grundlagen politischer Gemeinschaft*, Frankfurt, Campus Verlag, 2007.

RANCIÈRE J., *La Mésentente : Politique et philosophie*, Paris, Galilée, 1995.

– « Who is the Subject of the Rights of Man ? » *South Atlantic Quarterly* 103, 2-3, 2004 p. 297.

RAWLS J., *A Theory of Justice*, Cambridge (Mass.), Harvard University Press, 1971, trad. fr. C. Audard, *Théorie de la justice*, Paris, Seuil, 1987, trad. all. H. Vetter, *Eine Theorie der Gerechtigkeit*, Frankfurt, Suhrkamp, 1998.

RENAN E., *Qu'est-ce qu'une nation ?*, Paris, Presses Pocket, 1992.

– « Lettre à M. Strauss du 29 septembre 1870 » et « Nouvelle Lettre à M. Strauss du 15 septembre 1971 », *Qu'est-ce qu'une nation ? et autres essais politiques*,

Paris, Presses Pockett, 1992, trad. all. M. Fehringer, « Renan an Strauß, Briefe vom 29. September 1870 und 15. September 1871 » [1882], *in* E. Renan, *Was ist eine Nation? und andere politische Schriften, mit einem einleitenden Essay von Walter Euchner und einem Nachwort von Silvio Lanaro*, Wien, Folio-Verlag, 1995.

RICHTE E., *Die Wurzeln der Demokratie*, Weilerswist, Velbrück Wissenschaft, 2008.

RÖDIG J., *Einführung in die analytische Rechtslehre*, éd. H. Kindermann, Berlin, Springer, 1986.

ROHE K., « Parteien und Parteiensysteme », *in* H. Kastendiek *et al.* (Hrsg.), *Länderbericht Großbritannien. Geschichte, Politik, Wirtschaft Gesellschaft*, Bonn, Bundeszentrale für politische Bildung, 1998.

ROSENMÜLLER S., « "Rechte als Zäune"? Hannah Arendt und das Problem des Urteilens », *in* C. Kupke and B. Heiter (Hrsg.), *Andersheit, Fremdheit, Exklusion*, Berlin, Parodos, 2009.

– *Orte des Rechts. Gemeinsinn und richterliches Urteilen nach Hannah Arendt*, Baden-Baden, Nomos, 2013.

– « Recht kraft Urteilens : zum Recht im Denken Hannah Arendts », *in* J. Schulze Wessel, C. Volk et S. Salzborn (Hrsg.), *Ambivalenzen der Ordnung. Der Staat im Denken Hannah Arendts*, Wiesbaden, Springer VS, 2013.

ROSSI P., « Die Rationalisierung des Rechts und ihre Beziehung zur Wirtschaft », *in* M. Rehbinder et K. P. Tieck (Hrsg.), *Max Weber als Rechtssoziologe*, Berlin, Ducker & Humblot, 1987.

ROUSSEAU J.-J., *Du Contrat social* [1762], Paris, GF-Flammarion, 2012, trad. angl. « The Social Contract », *in* V. Gourevitch (ed.), *The Social Contract and Other Later Political Writings*, Cambridge, Cambridge University Press, 2012.

– *Émile ou De l'éducation* [1762], éd. A. Charrak, Paris, GF-Flammarion, 2009, trad. angl. A. Bloom, *Emile : Or On Education*, New York, Basic Books, 1979.

– *Essai sur l'origine des langues* [1753], éd. C. Kintzler, Paris, GF-Flammarion, 1993, trad. all. E. Koch, « Versuch über den Ursprung der Sprachen, in dem von der Melodie und der musikalischen Nachahmung die Rede ist », *in* I. Fetscher (Hrsg.), *Sozialphilosophie und politische Schriften*, München, Artemis & Winkler, 1981.

– *Discours sur l'origine et les fondements de l'inégalité parmi les hommes*, éd. B. Bachofen, B. Bernardi, Paris, GF-Flammarion, 2012, trad. all. K. Weigand, « Abhandlung über den Ursprung und die Grundlagen der Ungleichheit unter den Menschen » [1755], *in* K. Weigand (Hrsg.), *Schriften zur Kulturkritik*, Hamburg, Meiner, 1995.

SAAVEDRA E. M., *Die deliberative Rationalität des Politischen : Eine Interpretation der Urteilslehre Hannah Arendts*, Würzburg, Königshausen & Neumann, 2002.

SCHIEDER T., DANN O. et WEHLER H. U. (eds.), *Nationalismus und Nationalstaat. Studien zum nationalen Problem im modernen Europa*, Göttingen, Vandenhoeck & Ruprecht, 1991.

SCHLUCHTER W., *Die Entwicklung des Okzidentalen Rationalismus*, Tübingen, Mohr, 1979.

SCHMID B., *Sittliche Existenz in Entfremdung. Eine Untersuchung zur Ethik Jean-Jacques Rousseau*, Düsseldorf, Patmos-Verlag, 1983.

SCHMITT C., *Der Wert des Staates und die Bedeutung des Einzelnen*, Tübingen, Mohr, 1914, trad. fr. S. Baume, *La valeur de l'état et la signification de l'individu*, Genève, Droz, 2003.

– *Die geistesgeschichtliche Lage des heutigen Parlamentarismus* [1923], Berlin, Duncker & Humblot, 1991, trad. fr. J.-L. Schlegel, *Parlementarisme et démocratie*, Paris, Seuil, 1988.

– *Über die drei Arten des rechtswissenschaftlichen Denkens* [1934], Berlin, Duncker & Humblot, 1993, trad. fr. M. Köller et D. Séglard, *Les trois types de pensée juridique*, Paris, Puf, 1995.

– *Der Hüter der Verfassung* [1931], Berlin, Duncker & Humblot, 1996, trad. fr. H. Mouton *et al.*, *Le gardien de la Constitution*, Paris, Dalloz, 2015.

– *Der Begriff des Politischen* [1932], Berlin, Duncker & Humblot, 2002, trad. fr. M.-L. Steinhauser, *La notion de politique*, Paris, Champs-Flammarion, 2009.

– *Politische Theologie. Vier Kapitel zur Lehre von der Souveränität* [1922], Berlin, Duncker & Humblot, 2004, trad. J.-L. Schlegel, *Théologie politique I*, Paris, Gallimard, 1988.

SCHÖTTKER D. et WIZISLA E., « Hannah Arendt und Walter Benjamin. Konstellationen, Debatten, Vermittlungen », *in* D. Schöttker et E. Wizisla (eds.), *Arendt und Benjamin. Texte, Briefe, Dokumente*, Frankfurt, Suhrkamp, 2006.

SEELMANN K., *Rechtsphilosophie*, München, Beck, 2001.

SIEYÈS E. J., *Qu'est-ce que le tiers-état ?*, Paris, Puf, 1982.

SIMPSON Sir J. H., *The Refugee Problem. Report of a Survey*, Oxford, Oxford University Press, 1939.

SITTON J. F., « Hannah Arendt's Argument for Council Democracy », *Polity* 20, 1, 1987, p. 80.

SKRAN C., *Refugees in Inter-War Europe. The Emergence of a Regime*, Oxford, Oxford University Press, 1995.

SMEND R., « Staat und Politik » [1945], *in* R. Smend (Hrsg.), *Staatsrechtliche Abhandlungen und andere Aufsätze*, Berlin, Duncker & Humblot, 1994.

SMITH R. M., *Civic Ideals. Conflicting Visions of Citizenship in US History*, New Haven, CT, Yale University Press, 1999.

SPETH R., *Nation und Revolution. Politische Mythen im 19. Jahrhundert*, Opladen, Leske + Budrich, 2000.

SPRINGBORG P., « Hannah Arendt and the Classical Republican Tradition », *in* G. T. Kaplan et C. S. Kessler (eds.), *Hannah Arendt – Thinking, Judging, Freedom*, Sydney, Allen & Unwin, 1989.

STERNBERGER D., « Metamorphosen der Bürgerschaft », *in* A. Reif (Hrsg.), *Hannah Arendt : Materialien zu ihrem Werk*, Wien, Europaverlag, 1979.

– « Hannah Arendt – Denkerin der Polis », *in* E. Nordhofen (Hrsg.), *Physiognomien. Philosophen des 20. Jahrhunderts in Portraits*, Königstein, Athenäum-Verlag, 1980.

STRAUSS L., *Naturrecht und Geschichte*, Stuttgart, Koehler, 1956.

TAMINEAUX J., « Athens and Rome », *in* D. R. Villa (ed.), *The Cambridge Companion to Hannah Arendt*, Cambridge, Cambridge University Press, 2000.

TAYLOR C., « Wieviel Gemeinschaft braucht die Demokratie ? », *in* C. Taylor (Hrsg.), *Wieviel Gemeinschaft braucht die Demokratie ?*, Frankfurt, Suhrkamp, 2002.

– *Negative Freiheit ? : Zur Kritik des neuzeitlichen Individualismus*, Frankfurt, Suhrkamp, 2008.

THAA W., « Hannah Arendt : Politik und Weltentfremdung », *Politische Vierteljahreszeitschrift* 38, 4, 1997, p. 695.

– « Kritik und Neubewertung politischer Repräsentation : vom Hindernis zur Möglichkeitsbedingung politischer Freiheit », *Politische Vierteljahresschrift* 49, 2008, p. 618.

– « Die Krise politische Repräsentation – eine Folge der Auflösung gesellschaftlicher Großgruppen und sozio-kultureller Milieus ? », *in* W. Thaa et M. Linden (eds.), *Krise und Reform politischer Repräsentation*, Baden-Baden, Nomos, 2011.

– *Politisches Handeln. Demokratietheoretische Überlegungen im Anschluss an Hannah Arendt*, Baden-Baden, Nomos Verlag, 2011.

THIEL T., *Republikanismus und die Europäische Union*, Baden-Baden, Nomos, 2012.

– « Politik, Freiheit und Demokratie – Hannah Arendt und der Moderne Republikanismus », *in* J. Schulze-Wessel, C. Volk et S. Salzborn (Hrsg.), *Ambivalenzen der Ordnung. Der Staat im Denken Hannah Arendts*, Wiesbaden, Springer VS, 2013.

TOCQUEVILLE A. DE, *L'Ancien Régime et la Révolution*, Paris, Folio, 1985, trad. all. T. Oelckers, *Der alte Staat und die Revolution* [1856], éd. J. P. Mayer, Reinbek bei Hamburg, Rowohlt, 1969.

– *De la démocratie en Amérique* [1835], Paris, Pagnerre, 1848, trad. angl. H. C. Mansfield et D. Winthrop, *Democracy in America*, Chicago, IL, University of Chicago Press, 2002.

TSAO R. T., « Arendt against Athens. Rereading the Human Condition », *Political Theory* 30, 1, 2002, p. 97.

– « Arendt and the Modern State : Variations on Hegel in *The Origins of Totalitarianism* », *The Review of Politics* 66, 1, 2004, p. 105.

VILLA D. R., *Arendt and Heidegger. The Fate of the Political*, Princeton, NJ, Princeton University Press, 1996.

– *Politics, philosophy, terror : Essays on the thought of Hannah Arendt*, Princeton, NJ, Princeton University Press, 1999.

VOLK C., *Urteilen in dunklen Zeiten. Eine neue Lesart von Hannah Arendts « Banalität des Bösen »*, Berlin, Lukas Verlag, 2005.

– « “Wo das Wort versagt und das Denken scheitert”. Überlegungen zu Hannah Arendts Eichmann-Charakterisierung », *Aschkenas. Zeitschrift für Geschichte und Kultur der Juden* 16, 1, 2006, p. 195.

– « Hannah Arendt über das Böse und die Zukunft des Politischen », *Internationale Zeitschrift für Philosophie* 16, 1, 2007, p. 52.

– « Die Garantie der Menschenrechte als politisches Argument. Eine Skizze des Arendtschen Rechtsverständnisses », *in* M. Biegi *et al.* (eds.), *Demokratie, Recht und Legitimität im 21. Jahrhundert*, Wiesbaden, Verlag für Sozialwissenschaften, 2008.

– « From Nomos to Lex. Hannah Arendt on Law, Politics and Order », *Leiden Journal of International Law* 23, 4, 2010, p. 759.

– « Hannah Arendt und die Kritik der Macht », *Deutsche Zeitschrift für Philosophie* 61, 4, 2013, p. 505.

– « Hannah Arendt and the Law », *International Journal of Constitutional Law* 11, 1, 2013, p. 261.

– « Towards a Critical Theory of the Political. Hannah Arendt on Power and Critique », *Philosophy and Social Criticism*, February 13, 2015, DOI10.1177/0191453715568921.

VOLLRATH E., *Die Rekonstruktion der politischen Urteilskraft*, Stuttgart, Klett, 1977.

– « Politik und Metaphysik : Zum Denken Hannah Arendts », *in* A. Reif (Hrsg.), *Hannah Arendt : Materialien zu ihrem Werk*, Wien, Europaverlag, 1979.

– « Hannah Arendt und die Methode des politischen Denkens », *in* A. Reif (Hrsg.), *Hannah Arendt : Materialien zu ihrem Werk* Wien, Europaverlag, 1979.

– « Hannah Arendt über Meinung und Urteilskraft », *in* A. Reif (Hrsg.), *Hannah Arendt : Materialien zu ihrem Werk* Wien, Europaverlag, 1979.

– *Grundlegung einer philosophischen Theorie des Politischen*, Würzburg, Königshausen & Neumann, 1987.

– « Hannah Arendts “Kritik der politischen Urteilskraft” », *in* P. Kemper (Hrsg.), *Die Zukunft des Politischen : Ausblicke auf Hannah Arendt*, Frankfurt, Fischer, 1993.

– « Revolution und Konstitution als republikanische Grundmotive bei Hannah Arendt », *in* B. Baule (Hrsg.), *Hannah Arendt und die Berliner Republik*, Berlin, Aufbau-Verlag, 1996.

WALDRON J., « Arendt's Constitutional Politics », *in* D. R. Villa (ed.), *The Cambridge Companion to Hannah Arendt*, Cambridge, Cambridge University Press, 2005.

– « The Core of the Case Against Judicial Review », *Yale Law Journal* 115, 2006, p. 1346.

WALT J. VAN DER, « Law and the Space of Appearance in Arendt's Thought », *in* M. Goldoni et C. McCorkindale (eds.), *Hannah Arendt and the Law*, Oxford, Hart Publishing, 2012, p. 63.

WALZER M., *Kritik und Gemeinsinn. Drei Wege der Gesellschaftskritik*, Frankfurt, Fischer, 1993.

– *Interpretation and Social Criticism*, New Haven, CT, Harvard University Press, 1993.

WEBER M., *Wirtschaftsgeschichte* [1923], München, Duncker & Humblodt, 1924, trad. angl. F. H. Knight, *General Economic History*, New York, Cosimo, Inc., 2007, trad. fr. C. Bouchindhomme, *Histoire économique. Esquisse d'une histoire universelle de l'économie et de la société*, Paris, Gallimard, 1992.

– « Vorbemerkung zu den "Gesammelten Aufsätze zur Religionssoziologie" » [1920], *in* M. Weber, *Gesammelte Aufsätze zur Rechtssoziologie*, vol. 1, Tübingen, Mohr, 1972.

– « Die Wirtschaftsethik der Weltreligionen. Vergleichende religionssoziologische Versuche » [1915-1919], *in* M. Weber, *Gesammelte Aufsätze zur Rechtssoziologie*, vol. 1, Tübingen, Mohr, 1972.

– « R. Stammlers "Überwindung" der materialistischen Geschichtsauffassung » [1922], *in* J. Winckelmann (Hrsg.), *Gesammelte Aufsätze zur Wissenschaftslehre*, Tübingen, Mohr, 1973.

– « Wirtschaft und Gesellschaft. Grundriss der verstehenden Soziologie, 1. und 2. Halbband » [1921], *in* J. Winkelmann (Hrsg.), *Gesammelte Politische Schriften*, Tübingen, Mohr, 1976, trad. angl. et éd. G. Roth, C. Wittich, Berkley, *Economy and Society. An Outline of Interpretive Sociology* [1921], CA, University of California Press, 1978, vol. 1 et 2., trad. fr. J. Freund *et al.*, *Économie et société*, I, *Les catégories de la sociologie*, Paris, Pocket, 1995.

– « Parlament und Regierung im neugeordneten Deutschland » [1918], *in* J. Winckelmann (Hrsg.), *Gesammelte Politische Schriften*, Tübingen, Mohr, 1980.

– « Politik als Beruf » [1919], *in* J. Winckelmann (Hrsg.), *Gesammelte Politische Schriften*, Tübingen, Mohr, 1980, trad. fr. C. Colliot-Thèlène, *Le savant et le politique*, Paris, La Découverte, 2003

– *Sociologie du droit*, trad. fr. J. Grosclaude, Paris, Puf, 2013.

WELLMER A., *Ethik und Dialog. Elemente des moralischen Urteils bei Kant und in der Diskursethik*, Frankfurt, Suhrkamp, 1986.

– « Menschenrechte und Demokratie », *in* S. Gosepath et G. Lohmann (Hrsg.), *Philosophie der Menschenrechte*, Frankfurt, Suhrkamp, 1998.

– « Hannah Arendt über die Revolution », *in* H. Brunkhorst *et al.* (Hrsg.), *Recht auf Menschenrechte. Menschenrechte, Demokratie und internationale Politik*, Frankfurt, Suhrkamp, 1999.

– « Arendt on Revolution », *in* D. R. Villa (ed.), *The Cambridge Companion to Hannah Arendt*, Cambridge, Cambridge University Press, 2000.

WOLIN S. S., « Fugitive Democracy », *Constellations* 1, 1, 1994, p. 11.

YOUNG I. M., « Power, Violence and Legitimacy : A Reading of Hannah Arendt in an Age of Police Brutality and Humanitarian Intervention », *in* M. Minow (ed.), *Breaking the Cycles of hatred : Memory, Law and Repair*, Princeton, NJ, Princeton University Press, 2002.

YOUNG-BRUEHL E., *Hannah Arendt : Leben, Werk und Zeit*, Frankfurt, Fischer, 1991.
– *Why Arendt Matters*, New Haven, CT, Yale University Press, 2006.
ZERILLI L. M., « "We Feel our Freedom". Imagination and Judgment in the Thought of Hannah Arendt », *Political Theory* 33, 2, 2005, p. 158, trad. fr. J. Bingen, « "Nous sentons notre liberté" : Imagination et jugement dans la pensée d'Hannah Arendt », transversal 6, 2004.
ZIEGLER H. O., *Die moderne Nation. Ein Beitrag zur politischen Soziologie*, Tübingen, Mohr, 1931.
ZIMMERMANN R., *Philosophie nach Auschwitz*, Reinbek bei Hamburg, Rowohlt, 2005.
ŽIŽEK S., *Ein Plädoyer für die Intoleranz*, Wien, Passagen Verlag, 2009, trad. fr. F. Joly, *Plaidoyer en faveur de l'intolérance*, Paris, Éditions Climats, 2004.
ZOLBERG A., « The Formation of New States as a Refugee-Generating Process », *The Annals of the American Academy of Political and Social Science* 467, 24, 1983, p. 24.

INDEX DES NOMS

INDEX DES NOTIONS

TABLE DES MATIÈRES

Achevé d'imprimer en mars 2025
sur les presses de
La Manufacture - Imprimeur – 52200 Langres
Tél. : (33) 325 845 892
N° imprimeur 250163 – Dépôt légal : mars 2025
Imprimé en France